LA CLEF

DES

GRANDS MYSTÈRES

SUIVANT HÉNOCH, ABRAHAM, HERMÈS TRISMÉGISTE ET SALOMON

PAR

ÉLIPHAS LÉVI

La religion dit : Croyez et vous comprendrez. La science vient vous dire : Comprenez et vous croirez.

« Alors, toute la science changera de face ; l'esprit, longtemps détrôné et oublié, reprendra sa place ; il sera démontré que les traditions antiques sont toutes vraies ; que le paganisme entier n'est qu'un système de vérités corrompues et déplacées ; qu'il suffit de les *nettoyer* pour ainsi dire et de les remettre à leur place, pour les voir briller de tous leurs rayons. En un mot, toutes les idées changeront ; et, puisque de tous côtés une foule d'élus s'écrient de concert : « Venez, Seigneur, venez ! » pourquoi blâmeriez-vous les hommes qui s'élancent dans cet avenir majestueux et se glorifient de le deviner...? »

(J. DE MAISTRE, *Soirées de Saint-Pétersbourg*.)

Nouvelle édition avec gravures dans le texte

PARIS

ANCIENNE LIBRAIRIE GERMER BAILLIÈRE ET Cⁱᵉ

FÉLIX ALCAN, ÉDITEUR

108, BOULEVARD SAINT-GERMAIN, 108

LA CLEF

DES

GRANDS MYSTÈRES

FÉLIX ALCAN, ÉDITEUR
108, BOULEVARD SAINT-GERMAIN, PARIS

ŒUVRES D'ÉLIPHAS LÉVI

Les travaux d'Éliphas Lévi sur la science des anciens mages forment un cours complet divisé en trois parties :
La première partie contient le *Dogme* et le *Rituel de la haute magie*; la seconde, l'*Histoire de la magie*; la troisième, la *Clef des grands mystères*.
Chacune de ces parties, étudiée séparément, donne un enseignement complet et semble contenir toute la science; mais, pour avoir une intelligence pleine et entière de l'une, il sera indispensable d'étudier avec soin les deux autres.

Dogme et rituel de la haute magie. 3ᵉ édit., 1894, augmentée d'un *Discours préliminaire sur les tendances religieuses, philosophiques et morales des livres de M. Éliphas Lévi sur la magie*, et d'un article sur la *Magie des campagnes* et la *Sorcellerie des bergers*. 2 vol. in-8 avec 25 figures. . . . . 18 fr.

Histoire de la magie, avec une exposition claire et précise de ses procédés, de ses rites et de ses mystères. 2ᵉ édit., 1893, 1 vol. in-8 avec 90 figures. . . . . 12 fr.

La clef des grands mystères, suivant Hénoch, Abraham, Hermès Trismégiste et Salomon. 1 vol. in-8 avec 22 planches. Nouvelle édition. . . . . 12 fr.

La science des esprits, *révélations du dogme secret des kabbalistes, esprit occulte des évangiles, appréciations des doctrines et des phénomènes spirites*. 1 vol. in-8, 2ᵉ édit. 1891. . . . . 7 fr.

ŒUVRES DU BARON DU POTET

Traité complet de magnétisme, cours complet en 12 leçons, 4ᵉ édit., 1 v. in-8. 8 fr.

Manuel de l'étudiant magnétiseur, ou *Nouvelle instruction pratique sur le magnétisme, fondée sur trente années d'expériences et d'observations*. 5ᵉ édit., 1894, 1 vol. gr. in-18 avec figures. . . . . 3 fr. 50

Le magnétisme opposé à la médecine, *Histoire du magnétisme en France et en Angleterre*. 1 vol. in-8. . . . . 6 fr.

La magie dévoilée ou principes des sciences occultes, 2ᵉ tirage (*il ne reste que très peu d'exemplaires de cet ouvrage*), 1 vol. in-4 sur papier fort, avec un portrait de l'auteur et de nombreuses gravures, relié. . . . . 100 fr.

ŒUVRES DE CH. LAFONTAINE

L'art de magnétiser, ou *le Magnétisme animal considéré sous le point de vue théorique, pratique et thérapeutique*, 6ᵉ édit., 1 vol. in-8. . . . . 5 fr.

Mémoires d'un magnétiseur. 2 vol. gr. in-18. . . . . 7 fr.

ŒUVRES DE CAHAGNET

Sanctuaire du spiritualisme, ou *Étude de l'âme humaine et de ses rapports avec l'univers a après le somnambulisme et l'extase*. 1 vol. in-18. . . . . 5 fr.

Magie magnétique, ou *Traité historique et pratique de fascinations, de miroirs kabbalistiques, d'apports, de suspensions, de pactes, de charmes des vents, convulsions, de possessions, d'envoûtement, de sortilèges, de magie de la parole, de correspondances sympathiques et de nécromancie*. 2ᵉ édit. 1 vol. gr. in-8. . . . . 7 fr.

Méditations d'un penseur, ou *mélanges de philosophie et de spiritualisme, d'appréciations, d'aspirations et de déceptions*. 2 vol. in-18. . . . . 10 fr.

Encyclopédie magnétique et spiritualiste, *traité de faits physiologiques*. Magie magnétique, swendenborgianisme, nécromancie, magie céleste, 1854 à 1860, 7 vol. gr. in-18. . . . . 28 fr.

CHARTRES. — IMPRIMERIE DURAND, RUE FULBERT.

LA CLEF

DES

GRANDS MYSTÈRES

SUIVANT HÉNOCH, ABRAHAM, HERMÈS TRISMÉGISTE ET SALOMON

PAR

ÉLIPHAS LÉVI

La religion dit : Croyez et vous comprendrez. La science vient vous dire : Comprenez et vous croirez.

« Alors, toute la science changera de face ; l'esprit, longtemps détrôné et oublié, reprendra sa place ; il sera démontré que les traditions antiques sont toutes vraies ; que le paganisme entier n'est qu'un système de vérités corrompues et déplacées ; qu'il suffit de les *nettoyer* pour ainsi dire et de les remettre à leur place, pour les voir briller de tous leurs rayons. En un mot, toutes les idées changeront ; et, puisque de tous côtés une foule d'élus s'écrient de concert : « Venez, Seigneur, venez ! » pourquoi blâmeriez-vous les hommes qui s'élancent dans cet avenir majestueux et se glorifient de le deviner... ! »

(J. DE MAISTRE, *Soirées de Saint-Pétersbourg*.)

Nouvelle édition avec gravures dans le texte

Clef absolue des sciences occultes donnée par Guillaume Postel et complétée par Éliphas Lévi.

PARIS

ANCIENNE LIBRAIRIE GERMER BAILLIÈRE ET Cⁱᵉ

FÉLIX ALCAN, ÉDITEUR

108, BOULEVARD SAINT-GERMAIN, 108

Tous droits réservés

PRÉFACE

Les esprits humains ont le vertige du mystère. Le mystère est l'abîme qui attire sans cesse notre curiosité inquiète par ses formidables profondeurs.

Le plus grand mystère de l'infini c'est l'existence de Celui pour qui seul tout est sans mystère.

Comprenant l'infini qui est essentiellement incompréhensible, il est lui-même le mystère infini et éternellement insondable, c'est-à-dire qu'il est en toute apparence, cet absurde par excellence, auquel croyait Tertullien.

Nécessairement absurde, puisque la raison doit renoncer pour jamais à l'atteindre ; nécessairement croyable, puisque la science et la raison, loin de démontrer qu'il n'est pas, sont fatalement entraînées à laisser croire qu'il est et à l'adorer elles-mêmes les yeux fermés.

C'est que cet absurde est la source infinie de la raison, la lumière ressort éternellement des ténèbres éternelles, la science, cette Babel de l'esprit, peut tordre et entasser ses spirales en montant toujours ; elle pourra faire osciller la terre, elle ne touchera jamais au ciel.

Dieu, c'est ce que nous apprendrons éternellement à connaître. C'est par conséquent ce que nous ne saurons jamais.

Le domaine du mystère est donc un champ ouvert aux conquêtes de l'intelligence. On peut y marcher avec audace, jamais on en amoindrira l'étendue, on changera seulement d'horizons. Tout savoir est le rêve de l'impossible, mais malheur à qui n'ose pas tout apprendre, et qui ne sait pas que pour savoir quelque chose il faut se résigner à étudier toujours !

On dit que pour bien apprendre il faut oublier plusieurs fois. Le monde a suivi cette méthode. Tout ce qui est en question de nos jours avait été résolu par des anciens ; antérieures à nos annales, leurs solutions écrites en hiéroglyphes n'avaient plus de sens pour nous ; un homme en a retrouvé la clef, il a ouvert les nécropoles de la science antique et il donne à son siècle tout un monde de théorèmes oubliés, de synthèses simples et sublimes comme la nature, rayonnant toujours de l'unité et se multipliant comme les nombres, avec des proportions si exactes que le connu démontre et révèle l'inconnu. Comprendre cette science c'est voir Dieu. L'auteur de ce livre, en terminant son ouvrage, pensera l'avoir démontré.

Puis, quand vous aurez vu Dieu, l'hiérophante vous dira : Tournez-vous, et dans l'ombre que vous projetez en présence de ce soleil des intelligences, il vous fera apparaître le diable, ce fantôme noir que vous voyez quand vous ne regardez pas Dieu, et quand vous croyez remplir le ciel de votre ombre, parce que les vapeurs de la terre semblent la grandir en montant.

Accorder dans l'ordre religieux la science avec la révélation, et la raison avec la foi, démontrer en philosophie les principes absolus qui concilient toutes les antinomies, révéler enfin l'équilibre universel des forces naturelles, tel est le triple but de cet ouvrage, qui sera, par conséquent, divisé en trois parties.

Nous montrerons donc la vraie religion avec de tels caractères que personne, croyant ou non, ne pourra la méconnaître, ce sera l'absolu en matière de religion. Nous établirons en philosophie les caractères immuables de cette VÉRITÉ, qui est en science RÉALITÉ, en jugement RAISON, et en morale JUSTICE. Enfin, nous ferons connaître ces lois de la nature, dont l'équilibre est le maintien, et nous montrerons combien sont vaines les fantaisies de notre imagination devant les réalités fécondes du mouvement et de la vie. Nous inviterons aussi les grands poëtes de l'avenir à refaire la divine comédie, non plus d'après les rêves de l'homme, mais suivant les mathématiques de Dieu.

Mystères des autres mondes, forces cachées, révélations étranges, maladies mystérieuses, facultés exceptionnelles, esprits, apparitions, paradoxes magiques, arcanes hermétiques, nous dirons tout et nous expliquerons tout. Qui donc nous a donné cette puissance? Nous ne craignons pas de le révéler à nos lecteurs.

Il existe un alphabet occulte et sacré que les Hébreux attribuent à Hénoch, les Égyptiens à Thauth ou à Mercure Trismégiste, les Grecs à Cadmus et à Palamède. Cet alphabet, connu des pythagoriciens, se compose d'idées absolues attachées à des signes et à des nombres, et réalise par ses combinaisons les mathématiques de la pensée. Salomon avait représenté cet alphabet par soixante-douze noms écrits sur trente-six talismans, et c'est ce que les initiés de l'Orient nomment encore les petites clefs ou clavicules de Salomon. Ces clefs sont décrites et leur usage est expliqué dans un livre dont le dogme traditionnel remonte au patriarche Abraham, c'est le Sépher-Jésirah, et avec l'intelligence du Sépher-Jézirah, on pénètre le sens caché du Zohar, le grand livre dogmatique de la Kabbale des Hébreux. Les Clavicules de Salomon, oubliées avec le temps et qu'on disait perdues, nous les avons retrouvées et nous avons ouvert sans peine toutes les portes des vieux sanctuaires où la vérité absolue semblait dormir, toujours jeune et toujours belle, comme cette princesse d'une légende enfantine qui attend pendant un siècle de sommeil l'époux qui doit la réveiller.

Après notre livre il y aura encore des mystères, mais plus haut et plus loin dans les profondeurs infinies. Cette publication est une lumière ou une folie, une mystification ou un monument. Lisez, réfléchissez et jugez.

LA CLEF DES GRANDS MYSTÈRES

PREMIÈRE PARTIE

MYSTÈRES RELIGIEUX

PROBLÈMES A RÉSOUDRE.

I. Démontrer d'une manière certaine et absolue l'existence de Dieu et en donner une idée satisfaisante pour tous les esprits.

II. Établir l'existence d'une vraie religion de manière à la rendre incontestable.

III. Indiquer la portée et la raison d'être de tous les mystères de la religion seule, vraie et universelle.

IV. Tourner les objections de la philosophie en arguments favorables à la vraie religion.

V. Marquer la limite entre la religion et la superstition, et donner la raison des miracles et des prodiges.

CONSIDÉRATIONS PRÉLIMINAIRES.

Quand le comte Joseph de Maistre, cette grande logique passionnée, a dit avec désespoir : Le monde est sans religion, il a ressemblé à ceux qui disent témérairement : Il n'y a pas de Dieu.

Le monde, en effet, est sans la religion du comte Joseph de Maistre, comme il est probable que Dieu, tel que le conçoivent la plupart des athées, n'existe pas.

La religion est une idée appuyée sur un fait constant et universel ; l'humanité est religieuse : le mot religion a donc un sens nécessaire et absolu. La nature elle-même consacre l'idée que représente ce mot, et l'élève à la hauteur d'un principe.

Le besoin de croire se lie étroitement au besoin d'aimer : c'est pour cela que les âmes ont besoin de communier aux mêmes espérances et au même amour. Les croyances isolées ne sont que des doutes : c'est le lien de la confiance mutuelle qui fait la religion en créant la foi.

La foi ne s'invente pas, ne s'impose pas, ne s'établit pas par convention politique ; elle se manifeste, comme la vie, avec une sorte de fatalité. Le même pouvoir qui dirige les phénomènes de la nature étend et limite, en dehors de toutes les prévisions humaines, le domaine surnaturel de la foi. On n'imagine pas les révélations, on les subit et on y croit. L'esprit a beau protester contre les obscurités du dogme, il est subjugué par l'attrait de ces obscurités mêmes, et souvent le plus indocile des raisonneurs rougirait d'accepter le titre d'homme sans religion.

La religion tient une plus grande place parmi les réalités de la vie que n'affectent de le croire ceux qui se passent de religion, ou qui ont la prétention de s'en passer. Tout ce qui élève l'homme au-dessus de l'animal, l'amour moral, le dévouement, l'honneur, sont des sentiments essentiellement religieux. Le culte de la patrie et du foyer, la religion du serment et des souvenirs, sont des choses que l'humanité n'abjurera jamais sans se dégrader complètement, et qui ne sauraient exister sans la croyance en quelque chose de plus grand que la vie mortelle, avec toutes ses vicissitudes, ses ignorances et ses misères.

Si la perte éternelle dans le néant devait être le résultat de toutes nos aspirations aux choses sublimes que nous sentons être éternelles, la jouissance du présent, l'oubli du passé et l'insouciance de l'avenir seraient nos seuls devoirs, et il serait rigoureusement vrai de dire, avec un sophiste célèbre, que l'homme qui pense est un animal dégradé.

Aussi, de toutes les passions humaines, la passion religieuse est-elle la plus puissante et la plus vivace. Elle se produit soit par l'affirmation, soit par la négation, avec un égal fanatisme, les uns affirmant avec obstination le dieu qu'ils ont fait à leur image, les autres niant Dieu avec témérité, comme s'ils avaient pu comprendre et dévaster par une seule pensée tout l'infini qui rattache à son grand nom.

Les philosophes n'ont pas assez réfléchi au fait physiologique de la religion dans l'humanité : la religion, en effet, existe en dehors de toute discussion dogmatique. C'est une faculté de l'âme humaine, tout aussi bien que l'intelligence et l'amour. Tant qu'il y aura des hommes, la religion existera. Considérée ainsi, elle n'est autre chose que le besoin d'un idéalisme infini, besoin qui justifie toutes les aspirations au progrès, qui inspire tous les dévouements, qui seul empêche la vertu et l'honneur d'être uniquement des mots servant à leurrer la vanité des faibles et des sots au profit des forts et des habiles.

C'est à ce besoin inné de croyance qu'on pourrait proprement donner le nom de religion naturelle, et tout ce qui tend à rapetisser et à limiter l'essor de ces croyances est, dans l'ordre religieux, en opposition avec la nature. L'essence de l'objet religieux, c'est le mystère, puisque la foi commence à l'inconnu et abandonne tout le reste aux investigations de la science. Le doute est d'ailleurs mortel à la foi ; elle sent que l'intervention de l'être divin est nécessaire pour combler l'abîme qui sépare le fini de l'infini, et elle affirme cette intervention avec tout l'élan de son cœur, avec toute la docilité de son intelligence. En dehors de cet acte de foi, le besoin religieux ne trouve pas de satisfaction, et se change en scepticisme et en désespoir. Mais, pour que l'acte de foi ne soit pas un acte de folie, la raison veut qu'il soit dirigé et réglé. Par quoi ? par la science ? Nous avons vu que la science n'y peut rien. Par l'autorité civile ? C'est absurde. Faites donc surveiller les prières par des gendarmes !

Reste donc l'autorité morale, qui seule peut constituer le dogme et établir la discipline du culte, de concert cette fois avec l'autorité civile, mais non d'après ses ordres ; il faut, en un mot, que la foi donne au besoin religieux une satisfaction réelle, entière, permanente, indubitable. Pour cela, il faut l'affirmation absolue, invariable, d'un dogme conservé par une hiérarchie autorisée. Il faut un culte efficace, donnant, avec une foi absolue, une réalisation substantielle aux signes de la croyance.

La religion, ainsi comprise, étant la seule qui satisfasse le besoin naturel de religion, doit être appelée la seule vraiment naturelle. Et nous arrivons de nous-mêmes à cette double définition : la vraie religion naturelle, c'est la religion révélée ; la vraie religion révélée, c'est la religion hiérarchique et traditionnelle, qui s'affirme absolument au-dessus des discussions humaines par la communion à la foi, à l'espérance et à la charité.

Représentant l'autorité morale et la réalisant par l'efficacité de son ministère, le sacerdoce est saint et infaillible autant que l'humanité est sujette au vice et à l'erreur. Le prêtre, agissant comme prêtre, est toujours le représentant de Dieu. Peu importent les fautes ou même les crimes de l'homme. Lorsque Alexandre VI faisait une ordination, ce n'était pas l'empoisonneur qui imposait les mains aux évêques, c'était le pape. Or le pape Alexandre VI n'a jamais ni corrompu ni falsifié les dogmes qui le condamnaient lui-même, les sacrements qui, entre ses mains, sauvaient les autres et ne le justifiaient pas. Il y a eu toujours et partout des hommes menteurs et criminels ; mais, dans l'Église hiérarchique et divinement autorisée, il n'y a jamais eu et il n'y aura jamais ni mauvais papes ni mauvais prêtres. Mauvais et prêtre sont deux mots qui ne s'accordent pas.

Nous avons parlé d'Alexandre VI, et nous croyons que ce nom suffira, sans qu'on nous oppose d'autres souvenirs justement exécrés. De grands criminels ont pu se déshonorer doublement eux-mêmes, à cause du caractère sacré dont ils étaient revêtus ; mais il ne leur a pas été donné de déshonorer ce caractère, qui reste toujours rayonnant et splendide au-dessus de l'humanité qui tombe.

Nous avons dit qu'il n'y a pas de religion sans mystères ; ajoutons qu'il n'y a pas de mystères sans symboles. Le symbole étant la formule ou l'expression du mystère, n'en exprime la profondeur inconnue que par des images paradoxales empruntées au connu. La forme symbolique devant caractériser ce qui est au-dessus de la raison scientifique, doit nécessairement se trouver en dehors de cette raison : de là le mot célèbre et parfaitement juste d'un Père de l'Église : Je crois parce que c'est absurde, *credo quia absurdum.*

Si la science affirmait ce qu'elle ne sait pas, elle se détruirait elle-même. La science ne saurait donc faire l'œuvre de la foi, pas plus que la foi ne peut décider en matière de science. Une affirmation de foi dont la science a la témérité de s'occuper ne peut donc être qu'une absurdité pour elle, de même qu'une affirmation de science qu'on nous donnerait comme article de foi serait une absurdité dans l'ordre religieux. Croire et savoir sont deux termes qui ne peuvent jamais se confondre.

Ils ne sauraient non plus s'opposer l'un à l'autre dans un antagonisme quelconque. Il est impossible, en effet, de croire le contraire de ce qu'on sait sans cesser, pour cela même, de le savoir, et il est également impossible d'arriver à savoir le contraire de ce qu'on croit sans cesser immédiatement de croire.

Nier ou même contester les décisions de la foi, et cela au nom de la science, c'est prouver qu'on ne comprend ni la science ni la foi : en effet, le mystère d'un Dieu en trois personnes n'est pas un problème de mathématiques ; l'incarnation du Verbe n'est pas un phénomène qui appartienne à la médecine ; la rédemption échappe à la critique des historiens. La science est absolument impuissante à décider qu'on ait tort ou raison de croire ou de ne pas croire au dogme ; elle peut constater seulement les résultats de la croyance, et si la foi rend évidemment les hommes meilleurs, si d'ailleurs la foi en elle-même, considérée comme un fait physiologique, est évidemment une nécessité et une force, il faudra bien que la science l'admette, et prenne le sage parti de compter toujours avec la foi.

Osons affirmer maintenant qu'il existe un fait immense, également appréciable et par la foi et par la science ; un fait qui rend Dieu visible en quelque sorte sur la terre ; un fait incontestable et d'une portée universelle : ce fait, c'est la manifestation dans le monde, à partir de l'époque où commence la révélation chrétienne, d'un esprit inconnu aux anciens, d'un esprit évidemment divin plus positif que la science dans ses œuvres, plus magnifiquement idéal dans ses aspirations que la plus haute poésie, un esprit pour lequel il fallait créer un nom nouveau tout à fait inouï dans les sanctuaires de l'antiquité. Aussi ce nom fut-il créé, et nous démontrerons que ce nom, que ce mot est en religion, tant pour la science que pour la foi, l'expression de l'absolu : le mot est CHARITÉ, et l'esprit dont nous parlons s'appelle l'*esprit de charité*.

Devant la charité, la foi se prosterne et la science vaincue s'incline. Il y a évidemment ici quelque chose de plus grand que l'humanité ; la charité prouve par ses œuvres qu'elle n'est pas un rêve. Elle est plus forte que toutes les passions ; elle triomphe de la souffrance et de la mort ; elle fait comprendre Dieu à tous les cœurs, et semble remplir déjà l'éternité par la réalisation commencée de ses légitimes espérances.

Devant la charité vivante et agissante, quel est le Proudhon qui osera blasphémer? Quel est le Voltaire qui osera rire?

Entassez les uns sur les autres les sophismes de Diderot, les arguments critiques de Strauss, *les Ruines* de Volney, si bien nommées, car cet homme ne pouvait faire que des ruines, les blasphèmes de cette révolution dont la voix s'est éteinte une fois dans le sang et une autre fois dans le silence du mépris ; joignez-y ce que l'avenir peut nous garder de monstruosités et de rêveries; puis vienne la plus humble et la plus simple de toutes les sœurs de charité, le monde laissera là toutes ses sottises, tous ses crimes, toutes ses rêveries malsaines, pour s'incliner devant cette réalité sublime.

Charité! mot divin, mot qui seul fait comprendre Dieu, mot qui contient une révélation tout entière! Esprit de charité, alliance de deux mots qui sont toute une solution et tout un avenir! A quelle question, en effet, ces deux mots ne peuvent-ils pas répondre?

Qu'est-ce que Dieu pour nous, sinon l'esprit de charité? qu'est-ce que l'orthodoxie? n'est-ce pas l'esprit de charité qui ne discute pas sur la foi afin de ne pas altérer la confiance des petits et afin de ne pas troubler la paix de la communion universelle? Or l'Église universelle est-elle autre chose qu'une communion en esprit de charité? C'est par l'esprit de charité que l'Église est infaillible. C'est l'esprit de charité qui est la vertu divine du sacerdoce.

Devoir des hommes, garantie de leurs droits, preuve de leur immortalité, éternité de bonheur commencée pour eux sur la terre, but glorieux donné à leur existence, fin et moyen de leurs efforts, perfection de leur morale individuelle, civile et religieuse, l'esprit de charité comprend tout, s'applique à tout, peut tout espérer, tout entreprendre et tout accomplir.

C'est par l'esprit de charité que Jésus expirant sur la croix donnait à sa mère un fils dans la personne de saint Jean, et, triomphant des angoisses du plus affreux supplice, poussait un cri de délivrance et de salut, en disant : « Mon père, je remets mon esprit entre tes mains. »

C'est par la charité que douze artisans de Galilée ont conquis le monde ; ils ont aimé la vérité plus que leur vie, et ils sont allés seuls la dire aux peuples et aux rois ; éprouvés par les tortures, ils ont été trouvés fidèles. Ils ont montré aux multitudes l'immortalité vivante dans leur mort, et ils ont arrosé la terre d'un sang dont la chaleur ne pouvait s'éteindre parce qu'ils étaient tout brûlants des ardeurs de la charité.

C'est par la charité que les apôtres ont constitué leur symbole. Ils ont dit que croire ensemble vaut mieux que douter séparément ; ils ont constitué la hiérarchie sur l'obéissance rendue si noble et si grande par l'esprit de charité que servir ainsi, c'est régner ; ils ont formulé la foi de tous, et l'espérance de tous, et ils ont mis ce symbole sous la garde de la charité de tous. Malheur à l'égoïste qui s'approprie un seul mot de cet héritage du Verbe, car c'est un déicide qui veut démembrer le corps du Seigneur.

Le symbole, c'est l'arche sainte de la charité, quiconque y touche est frappé de mort éternelle, car la charité se retire de lui. C'est l'héritage sacré de nos enfants, c'est le prix du sang de nos pères !

C'est par la charité que les martyrs se consolaient dans les prisons des césars et attiraient à leur croyance leurs gardiens même et leurs bourreaux.

C'est au nom de la charité que saint Martin, de Tours, protestait contre le supplice des pricillianistes et se séparait de la communion du tyran qui voulait imposer la foi par le glaive.

C'est par la charité que tant de saints ont consolé le monde des crimes commis au nom de la religion même et des scandales du sanctuaire profané !

C'est par la charité que saint Vincent de Paul et Fénelon se sont imposés à l'admiration des siècles, même les plus impies, et ont fait tomber d'avance le rire des enfants de Voltaire devant le sérieux imposant de leurs vertus.

C'est par la charité enfin que la folie de la croix est devenue la sagesse des nations, parce que tous les nobles cœurs ont compris qu'il est plus grand de croire avec ceux qui aiment et se dévouent, que de douter avec les égoïstes et les esclaves du plaisir !

ARTICLE PREMIER.

SOLUTION DU PREMIER PROBLÈME.

LE VRAI DIEU.

Dieu ne peut être défini que par la foi ; la science ne peut ni nier ni affirmer qu'il existe.

Dieu est l'objet absolu de la foi humaine. Dans l'infini, c'est l'intelligence suprême et créatrice de l'ordre. Dans le monde, c'est l'esprit de charité.

L'Être universel est-il une machine fatale qui broie éternellement des intelligences de hasard ou une intelligence providentielle qui dirige les forces pour l'amélioration des esprits ?

La première hypothèse répugne à la raison, elle est désespérante et immorale.

La science et la raison doivent donc s'incliner devant la seconde.

Oui, Proudhon, Dieu est une hypothèse ; mais c'est une hypothèse tellement nécessaire que, sans elle, tous les théorèmes deviennent absurdes ou douteux.

Pour les initiés à la kabbale, Dieu est l'unité absolue qui crée et anime les nombres.

L'unité de l'intelligence humaine démontre l'unité de Dieu.

La clé des nombres est celle des symboles, parce que les symptômes sont les figures analogiques de l'harmonie qui vient des nombres.

Les mathématiques ne sauraient démontrer la fatalité aveugle, puisqu'elles sont l'expression de l'exactitude qui est le caractère de la plus suprême raison.

L'unité démontre l'analogie des contraires ; c'est le principe, l'équilibre et la fin des nombres. L'acte de foi part de l'unité et retourne à l'unité.

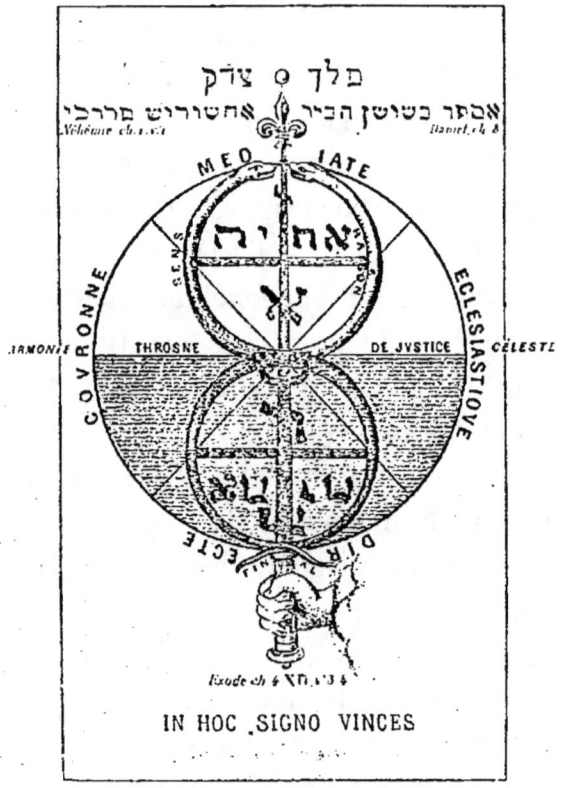

Le signe du grand arcane G∴ A∴

Nous allons esquisser une explication de la Bible par les nombres, parce que la Bible est le livre des images de Dieu.

Nous demanderons aux nombres la raison des dogmes de la religion éternelle, et les nombres nous répondront toujours en se réunissant dans la synthèse de l'unité.

Les quelques pages qui vont suivre sont de simples aperçus des hypothèses kabbalistiques ; elles sont en dehors de la foi, et nous les indiquons seulement comme des recherches curieuses. Il ne nous appartient pas d'innover en matière de dogme, et nos assertions comme initié sont entièrement subordonnées à notre soumission comme chrétien.

ESQUISSE DE LA THÉOLOGIE PROPHÉTIQUE DES NOMBRES.

I.

L'UNITÉ.

L'unité est le principe et la synthèse des nombres, c'est l'idée de Dieu et de l'homme, c'est l'alliance de la raison et de la foi.

La foi ne peut être opposée à la raison, elle est nécessitée par l'amour, elle est identique à l'espérance. Aimer, c'est croire et espérer, et ce triple élan de l'âme est appelé vertu, parce qu'il faut du courage pour le faire. Mais y aurait-il du courage en cela, si le doute n'était pas possible? Or, pouvoir douter, c'est douter. Le doute est la force équilibrante de la foi et il en fait tout le mérite.

La nature elle-même nous induit à croire, mais les formules de foi sont des constatations sociales des tendances de la foi à une époque donnée. C'est ce qui fait l'infaillibilité de l'église, infaillibilité d'évidence et de fait.

Dieu est nécessairement le plus inconnu de tous

les êtres, puisqu'il n'est défini qu'en sens inverse de nos expériences, il est tout ce que nous ne sommes pas, c'est l'infini opposé au fini par hypothèse contradictoire.

La foi, et, par conséquent, l'espérance et l'amour sont si libres que l'homme, loin de pouvoir les imposer aux autres, ne se les impose pas à soi-même.

Ce sont des grâces, dit la religion. Or, est-il concevable qu'on exige la grâce, c'est-à-dire qu'on veuille forcer les hommes à ce qui vient librement et gratuitement du ciel? Il faut le leur souhaiter.

Raisonner sur la foi, c'est déraisonner, puisque l'objet de la foi est en dehors de la raison. Si l'on me demande : Y a-t-il un Dieu? je réponds : Je le crois. Mais en êtes-vous sûr? — Si j'en étais sûr, je ne le croirais pas, je le saurais.

Formuler la foi, c'est convenir des termes de l'hypothèse commune.

La foi commence où la science finit. Agrandir la science, c'est en apparence ôter à la foi, et en réalité, c'est en agrandir également le domaine, car c'est en amplifier la base.

On ne peut deviner l'inconnu que par ses proportions supposées et supposables avec le connu.

L'analogie était le dogme unique des anciens mages. Dogme vraiment médiateur, car il est moitié scientifique, moitié hypothétique, moitié raison et moitié poésie. Ce dogme a été et sera toujours le générateur de tous les autres.

Qu'est-ce que l'Homme-Dieu? C'est celui qui réalise dans la vie la plus humaine l'idéal le plus divin.

La foi est une divination de l'intelligence et de l'amour dirigés par les indices de la nature et de la raison.

Il est donc de l'essence des choses de foi d'être inaccessibles à la science, douteuses pour la philosophie, et indéfinies pour la certitude.

La foi est une réalisation hypothétique et une détermination conventionnelle des fins dernières de l'espérance. C'est l'adhésion au signe visible des choses qu'on ne voit pas.

> Sperandarum substantia rerum
> Argumentum non apparentium.

Pour affirmer sans folie que Dieu est ou qu'il n'est pas, il faut partir d'une définition raisonnable ou déraisonnable de Dieu. Or, cette définition pour être raisonnable doit être hypothétique, analogique et négative du fini connu. On peut nier un Dieu quelconque, mais le Dieu absolu ne se nie pas plus qu'il ne se prouve ; on le suppose raisonnablement et on y croit.

Heureux ceux qui ont le cœur pur, car ils verront Dieu, a dit le Maître ; voir par le cœur, c'est croire, et, si cette foi se rapporte au vrai bien, elle ne saurait être trompée, pourvu qu'elle ne cherche pas à trop définir suivant les inductions risquées de l'ignorance personnelle. Nos jugements, en matière de foi, s'appliquent à nous-mêmes, il nous sera fait comme nous aurons cru. C'est-à-dire que nous nous faisons nous-mêmes à la ressemblance de notre idéal.

Que ceux qui font les dieux leur deviennent semblables, dit le psalmiste, ainsi que tous ceux qui leur donnent leur confiance.

L'idéal divin du vieux monde a fait la civilisation qui finit, et il ne faut pas désespérer de voir le dieu de nos barbares pères devenir le diable de nos enfants mieux éclairés. On fait des diables avec les dieux de rebuts, et Satan n'est si incohérent et si difforme que parce qu'il est fait de toutes les déchirures des anciennes théogonies. C'est le sphinx sans mot, c'est l'énigme sans solution, c'est le mystère sans vérité, c'est l'absolu sans réalité et sans lumière.

L'homme est le fils de Dieu, parce que Dieu manifesté, réalisé et incarné sur la terre, s'est appelé le Fils de l'homme.

C'est après avoir fait Dieu dans son intelligence et dans son amour que l'humanité a compris le Verbe sublime qui a dit : Soit faite la lumière !

L'homme, c'est la forme de la pensée divine, et Dieu c'est la synthèse idéalisée de la pensée humaine.

Ainsi le Verbe de Dieu est le révélateur de l'homme, et le Verbe de l'homme est le révélateur de Dieu.

L'homme est le Dieu du monde, et Dieu est l'homme du ciel.

Avant de dire : Dieu veut, l'homme a voulu.

Pour comprendre et honorer Dieu tout-puissant, il faut que l'homme soit libre.

Obéissant et s'abstenant par crainte du fruit de la science, l'homme eût été innocent et stupide comme l'agneau, curieux et rebelle comme l'ange de lumière, il a coupé lui-même le cordon de sa naïveté, et, en tombant libre sur la terre, il a entraîné Dieu dans sa chute.

Et c'est pourquoi du fond de cette chute sublime il

se relève glorieux avec le grand condamné du Calvaire et entre avec lui dans le royaume du ciel.

Car le royaume du ciel appartient à l'intelligence et à l'amour, tous deux enfants de la liberté !

Dieu a montré à l'homme la liberté comme une amante, et, pour éprouver son cœur, il a fait passer entre elle et lui le fantôme de la mort.

L'homme a aimé et il s'est senti Dieu ; il a donné pour elle ce que Dieu venait de lui donner : l'espérance éternelle.

Il s'est élancé vers sa fiancée à travers l'ombre de la mort et le spectre s'est évanoui.

L'homme possédait la liberté ; il avait embrassé la vie.

Expie maintenant ta gloire, ô Prométhée !

Ton cœur dévoré sans cesse ne peut mourir ; c'est ton vautour et c'est Jupiter qui mourront.

Un jour nous nous éveillerons enfin des rêves pénibles d'une vie tourmentée, l'œuvre de notre épreuve sera finie, nous serons assez forts contre la douleur pour être immortels.

Alors nous vivrons en Dieu d'une plus abondante vie, et nous descendrons dans ses œuvres avec la lumière de sa pensée, nous serons emportés dans l'infini par le souffle de son amour.

Nous serons sans doute les aînés d'une race nouvelle ; les anges des hommes à venir.

Messagers célestes, nous voguerons dans l'immensité et les étoiles seront nos blanches nacelles.

Nous nous transformerons en douces visions pour reposer les yeux qui pleurent ; nous cueillerons des lis rayonnants dans des prairies inconnues, et nous en secouerons la rosée sur la terre.

Nous toucherons la paupière de l'enfant qui s'endort et nous réjouirons doucement le cœur de sa mère au spectacle de la beauté de son fils bien-aimé.

II.

LE BINAIRE.

Le binaire est plus particulièrement le nombre de la femme, épouse de l'homme et mère de la société.

L'homme est l'amour dans l'intelligence, la femme est l'intelligence dans l'amour.

La femme est le sourire du Créateur content de lui-même, et c'est après l'avoir faite qu'il se reposa, dit la céleste parabole.

La femme est avant l'homme, parce qu'elle est mère, et tout lui est pardonné d'avance parce qu'elle enfante avec douleur.

La femme s'est initiée la première à l'immortalité par la mort ; l'homme alors l'a vue si belle et l'a comprise si généreuse qu'il n'a pas voulu lui survivre, et il l'a aimée plus que sa vie, plus que son bonheur éternel.

Heureux proscrit ! puisqu'elle lui a été donnée pour compagne de son exil !

Mais les enfants de Caïn se sont révoltés contre la mère d'Abel et ils ont asservi leur mère.

La beauté de la femme est devenue une proie pour la brutalité des hommes sans amour.

Alors la femme a fermé son cœur comme un sanctuaire ignoré et a dit aux hommes indignes d'elle : « Je suis vierge, mais je veux être mère, et mon fils vous apprendra à m'aimer. »

O Ève! sois saluée et adorée dans ta chute!

O Marie! sois bénie et adorée dans tes douleurs et dans ta gloire!

Sainte crucifiée qui survivais à ton Dieu pour ensevelir ton fils, sois pour nous le dernier mot de la révélation divine!

Moïse appelait Dieu Seigneur, Jésus l'appelait mon Père, et nous, en songeant à toi, nous dirons à la Providence : « Vous êtes notre mère! »

Enfants de la femme, pardonnons à la femme déchue.

Enfants de la femme, adorons la femme régénérée.

Enfants de la femme, qui avons dormi sur son sein, été bercés dans ses bras et consolés par ses caresses, aimons-la et entr'aimons-nous!

III.

LE TERNAIRE.

Le ternaire est le nombre de la création.

Dieu se crée éternellement lui-même, et l'infini qu'il remplit de ses œuvres est une création incessante et infinie.

L'amour suprême se contemple dans la beauté comme dans un miroir, et il essaye toutes les formes comme des parures, car il est le fiancé de la vie.

L'homme aussi s'affirme et se crée lui-même : il se pare de ses conquêtes, il s'illumine de ses conceptions, il se revêt de ses œuvres comme d'un habit nuptial.

La grande semaine de la création a été imitée par le génie humain divinisant les formes de la nature.

Chaque jour a fourni une révélation nouvelle, chaque nouveau roi progressif du monde a été pour un jour l'image et l'incarnation de Dieu! Rêve sublime qui explique les mystères de l'Inde et justifie tous les symbolismes!

La haute conception de l'homme-Dieu correspond à la création d'Adam, et le christianisme, semblable aux premiers jours de l'homme typique dans le paradis terrestre, n'a été qu'une aspiration et un veuvage.

Nous attendons le culte de l'épouse et de la mère, nous aspirons aux noces de l'alliance nouvelle.

Alors les pauvres, les aveugles, tous les proscrits du vieux monde seront conviés au festin et recevront une robe nuptiale; et ils se regarderont les uns les autres avec une grande douceur et un ineffable sourire, parce qu'ils auront pleuré longtemps.

IV.

LE QUATERNAIRE.

Le quaternaire est le nombre de la force. C'est le ternaire complété par son produit, c'est l'unité rebelle réconciliée à la trinité souveraine.

Dans la fougue première de la vie, l'homme ayant oublié sa mère ne comprit plus Dieu que comme un père inflexible et jaloux.

Le sombre Saturne, armé de sa faux parricide, se mit à dévorer ses enfants.

Jupiter eut des sourcils qui ébranlaient l'Olympe,

et Jehovah des tonneres qui assourdissaient les solitudes du Sinaï.

Et pourtant le père des hommes, ivre parfois comme Noé, laissait apercevoir au monde les mystères de la vie.

Psyché, divinisée par ses tourments, devenait l'épouse de l'Amour; Adonis ressuscité retrouvait Vénus dans l'Olympe; Job, victorieux du mal, retrouvait plus qu'il n'avait perdu.

La loi est une épreuve du courage.

Aimer la vie plus qu'on ne craint les menaces de la mort, c'est mériter la vie.

Les élus sont ceux qui osent ; malheur aux timides!

Ainsi les esclaves de la loi qui se font les tyrans des consciences, et les serviteurs de la crainte, et les avares d'espérance, et les pharisiens de toutes les synagogues et de toutes les églises, ceux-là sont les réprouvés et les maudits du Père!

Le Christ n'a-t-il pas été excommunié et crucifié par la synagogue?

Savonarole n'a-t-il pas été brûlé par l'ordre d'un souverain pontife de la religion chrétienne?

Les pharisiens ne sont-ils pas aujourd'hui ce qu'ils étaient au temps de Caïphe?

Si quelqu'un leur parle au nom de l'intelligence et de l'amour, l'écouteront-ils?

C'est en arrachant les enfants de la liberté à la tyrannie des Pharaons que Moïse a inauguré le règne du Père.

C'est en brisant le joug insupportable du pharisaïsme mosaïque que Jésus a convié tous les hommes à la fraternité du fils unique de Dieu.

Quand tomberont les dernières idoles, quand se briseront les dernières chaînes matérielles des consciences, quand les derniers tueurs de prophètes, quand les derniers étouffeurs de Verbe seront confondus, ce sera le règne de l'Esprit-Saint.

Gloire donc au Père qui a enseveli l'armée de Pharaon dans la mer Rouge !

Gloire au Fils qui a déchiré le voile du temple, et dont la croix trop lourde posée sur la couronne des Césars a brisé contre terre le front des Césars !

Gloire au Saint-Esprit, qui doit balayer de la terre par son souffle terrible tous les voleurs et tous les bourreaux pour faire place au banquet des enfants de Dieu !

Gloire au Saint-Esprit qui a promis la conquête de la terre et du ciel à l'ange de la liberté !

L'ange de la liberté est né avant l'aurore du premier jour, avant le réveil même de l'intelligence, et Dieu l'a appelé l'étoile du matin.

O Lucifer ! tu t'es détaché volontairement et dédaigneusement du ciel où le soleil te noyait dans sa clarté, pour sillonner de tes propres rayons les champs incultes de la nuit.

Tu brilles quand le soleil se couche, et ton regard étincelant précède le lever du jour.

Tu tombes pour remonter ; tu goûtes la mort pour mieux connaître la vie.

Tu es pour les gloires antiques du monde, l'étoile du soir ; pour la vérité renaissante, la belle étoile du matin !

La liberté n'est pas la licence : car la licence c'est la tyrannie.

La liberté est la gardienne du devoir, parce qu'elle revendique le droit.

Lucifer, dont les âges de ténèbres ont fait le génie du mal, sera vraiment l'ange de la lumière, lorsqu'ayant conquis la liberté au prix de la réprobation, il en fera usage pour se soumettre à l'ordre éternel, inaugurant ainsi les gloires de l'obéissance volontaire.

Le droit n'est que la racine du devoir, il faut posséder pour donner.

Or, voici comment une haute et profonde poésie explique la chute des anges.

Dieu avait donné aux esprits la lumière et la vie, puis il leur a dit : Aimez.

Qu'est-ce qu'aimer? répondirent les esprits.

Aimer, c'est se donner aux autres, répondit Dieu. Ceux qui aimeront, souffriront, mais ils seront aimés.

— Nous avons droit de ne rien donner et nous ne voulons rien souffrir, dirent les esprits ennemis de l'amour.

— Restez dans votre droit, répondit Dieu, et séparons-nous. Moi et les miens, nous voulons souffrir et mourir, même pour aimer. C'est notre devoir !

L'ange déchu est donc celui qui dès le commencement a refusé d'aimer ; il n'aime pas et c'est tout son supplice ; il ne donne pas, et c'est sa misère ; il ne souffre pas, et c'est son néant ; il ne meurt pas, et c'est son exil.

L'ange déchu n'est pas Lucifer le porte-lumière, c'est Satan, le calomniateur de l'amour.

Être riche c'est donner ; ne rien donner c'est être

pauvre; vivre c'est aimer; ne rien aimer c'est être mort; être heureux c'est se dévouer; n'exister que pour soi c'est se réprouver soi-même et se séquestrer dans l'enfer.

Le ciel c'est l'harmonie des sentiments généreux; l'enfer c'est le conflit des instincts lâches.

L'homme du droit c'est Caïn qui tue Abel par envie; l'homme du devoir c'est Abel qui meurt pour Caïn par amour.

Et telle a été la mission du Christ, le grand Abel de l'humanité.

Ce n'est pas pour le droit que nous devons tout oser, c'est pour le devoir.

C'est le devoir qui est l'expansion et la jouissance de la liberté; le droit isolé est le père de la servitude.

Le devoir c'est le dévouement, le droit c'est l'égoïsme.

Le devoir c'est le sacrifice, le droit c'est la rapine et le vol.

Le devoir c'est l'amour, et le droit c'est la haine.

Le devoir c'est la vie infinie, le droit c'est la mort éternelle.

S'il faut combattre pour la conquête du droit, ce n'est que pour acquérir la puissance du devoir: et pourquoi donc serions-nous libres, si ce n'est pour aimer, nous dévouer et ainsi ressembler à Dieu!

S'il faut enfreindre la loi, c'est lorsqu'elle captive l'amour dans la crainte.

Celui qui veut sauver son âme la perdra, dit le livre saint; et celui qui consentira à la perdre la sauvera.

Le devoir c'est d'aimer: périsse tout ce qui fait obstacle à l'amour! Silence aux oracles de la haine!

Anéantissement aux faux dieux de l'égoïsme et de la peur! Honte aux esclaves avares d'amour!

Dieu aime les enfants prodigues!

V.

LE QUINAIRE.

Le quinaire est le nombre religieux, car c'est le nombre de Dieu réuni à celui de la femme.

La foi n'est pas la crédulité stupide de l'ignorance émerveillée.

La foi c'est la conscience et la confiance de l'amour.

La foi c'est le cri de la raison qui persiste à nier l'absurde, même devant l'inconnu.

La foi est un sentiment nécessaire à l'âme, comme la respiration à la vie : c'est la dignité du cœur, c'est la réalité de l'enthousiasme.

La foi ne consiste pas dans l'affirmation de tel ou tel symbole, mais dans l'aspiration vraie et constante aux vérités voilées par tous les symbolismes.

Un homme repousse une idée indigne de la divinité, il en brise les fausses images, il se révolte contre d'odieuses idolâtries, et vous dites que c'est un athée?

Les persécuteurs de la Rome déchue appelaient aussi les premiers chrétiens des athées, parce qu'ils n'adoraient pas les idoles de Caligula ou de Néron.

Nier toute une religion et toutes les religions même, plutôt que d'adhérer à des formules que la conscience réprouve, c'est un courageux et sublime acte de foi.

Tout homme qui souffre pour ses convictions est un martyr de la foi.

Il s'explique peut-être mal, mais il préfère à toute chose la justice et la vérité ; ne le condamnez pas sans l'entendre.

Croire à la vérité suprême ce n'est pas la définir, et déclarer qu'on y croit c'est reconnaître qu'on l'ignore.

L'apôtre saint Paul borne toute la foi à ces deux choses : Croire que Dieu est et qu'il récompense ceux qui le cherchent.

La foi est plus grande que les religions parce qu'elle précise moins les articles de la croyance.

Un dogme quelconque ne constitue qu'une croyance et appartient à une communion spéciale ; la foi est un sentiment commun à l'humanité tout entière.

Plus on discute pour préciser, moins on croit ; un dogme de plus c'est une croyance qu'une secte s'approprie et enlève ainsi en quelque sorte à la foi universelle.

Laissons les sectaires faire et refaire leurs dogmes, laissons les superstitieux détailler et formuler leurs superstitions, laissons les morts ensevelir leurs morts, comme disait le Maître, et croyons à la vérité indicible, à l'absolu que la raison admet sans le comprendre, à ce que nous pressentons sans le savoir.

Croyons à la raison suprême.

Croyons à l'amour infini et prenons en pitié les stupidités de l'école et les barbaries de la fausse religion.

O homme ! dis-moi ce que tu espères, et je te dirai ce que tu vaux.

Tu pries, tu jeûnes, tu veilles et tu crois que tu

échapperas ainsi seul ou presque seul à la perte immense des hommes dévorés par un Dieu jaloux? Tu es un hypocrite et un impie.

Tu fais de la vie une orgie et tu espères le néant pour sommeil, tu es un malade ou un insensé.

Tu es prêt à souffrir comme les autres et pour les autres, et tu espères le salut de tous, tu es un sage et un juste.

Espérer ce n'est pas avoir peur.

Avoir peur de Dieu! quel blasphème!

L'acte d'espérance c'est la prière.

La prière est l'épanchement de l'âme dans la sagesse et dans l'amour éternels.

C'est le regard de l'esprit vers la vérité, et le soupir du cœur vers la beauté suprême.

C'est le sourire de l'enfant à sa mère.

C'est le murmure du bien-aimé qui se penche vers les baisers de sa bien-aimée.

C'est la douce joie de l'âme aimante qui se dilate dans un océan d'amour.

C'est la tristesse de l'épouse en l'absence du nouvel époux.

C'est le soupir du voyageur qui pense à sa patrie.

C'est la pensée du pauvre qui travaille pour nourrir sa femme et ses enfants.

Prions en silence et levons vers notre Père inconnu un regard de confiance et d'amour; acceptons avec foi et résignation la part qu'il nous donne dans les peines de la vie, et tous les battements de notre cœur seront des paroles de prière.

Est-ce que nous avons besoin d'apprendre à Dieu

quelles choses nous lui demandons, et ne sait-il pas ce qui nous est nécessaire ?

Si nous pleurons, présentons-lui nos larmes; si nous nous réjouissons, adressons-lui notre sourire ; s'il nous frappe, baissons la tête ; s'il nous caresse, endormons-nous entre ses bras !

Notre prière sera parfaite quand nous prierons sans savoir même qui nous prions.

La prière n'est pas un bruit qui frappe l'oreille, c'est un silence qui pénètre le cœur.

Et de douces larmes viennent humecter les yeux, et des soupirs s'échappent comme la fumée de l'encens.

L'on se sent pris d'un ineffable amour pour tout ce qui est beauté, vérité, justice; l'on palpite d'une nouvelle vie et l'on ne craint plus de mourir. Car la prière est la vie éternelle de l'intelligence et de l'amour ; c'est la vie de Dieu sur la terre.

Aimez-vous les uns les autres, voilà la loi et les prophètes ! Méditez et comprenez cette parole.

Et quand vous aurez compris, ne lisez plus, ne cherchez plus, ne doutez plus, aimez !

Ne soyez plus sages, ne soyez plus savants, aimez ! C'est toute la doctrine de la vraie religion; religion veut dire charité, et Dieu lui-même n'est qu'amour.

Je vous l'ai déjà dit: aimer c'est donner.

L'impie est celui qui absorbe les autres.

L'homme pieux est celui qui s'épanche dans l'humanité.

Si le cœur de l'homme concentre en lui-même le feu dont Dieu l'anime, c'est un enfer qui dévore tout et ne se remplit que de cendres ; s'il le fait rayonner au dehors, il devient un doux soleil d'amour.

L'homme se doit à sa famille ; la famille se doit à la patrie, la patrie à l'humanité.

L'égoïsme de l'homme mérite l'isolement et le désespoir, l'égoïsme de la famille mérite la ruine et l'exil, l'égoïsme de la patrie mérite la guerre et l'invasion.

L'homme qui s'isole de tout amour humain, en disant : Je servirai Dieu, celui-là se trompe. Car, dit l'apôtre saint Jean, s'il n'aime pas son prochain qu'il voit, comment aimera-t-il Dieu qu'il ne voit pas ?

Il faut rendre à Dieu ce qui est à Dieu, mais il ne faut pas refuser même à César ce qui est à César.

Dieu est celui qui donne la vie, César c'est celui qui peut donner la mort.

Il faut aimer Dieu et ne pas craindre César, car il est dit dans le livre sacré : Celui qui frappe avec l'épée, périra par l'épée.

Voulez-vous être bons, soyez justes ; voulez-vous être justes, soyez libres !

Les vices qui rendent l'homme semblable à la brute, sont les premiers ennemis de sa liberté.

Regardez l'ivrogne et dites-moi si cette brute immonde peut être libre !

L'avare maudit la vie de son père, et, comme le corbeau, il a faim de cadavres.

L'ambitieux veut des ruines, c'est un envieux en délire ; le débauché cracha sur le sein de sa mère et remplit d'avortons les entrailles de la mort.

Tous ces cœurs sans amours sont punis par le plus cruel des supplices : la haine.

Car, sachons-le bien, l'expiation est renfermée dans le péché.

L'homme qui fait le mal est comme un vase de terre mal réussi, il se brisera, la fatalité le veut.

Avec les débris des mondes Dieu refait des étoiles, avec les débris des âmes il refait des anges.

VI.

LE SENAIRE.

Le senaire est le nombre de l'initiation par l'épreuve ; c'est le nombre de l'équilibre, c'est l'hiéroglyphe de la science du bien et du mal.

Celui qui cherche l'origine du mal cherche d'où vient ce qui n'est pas.

Le mal, c'est l'appétit désordonné du bien, c'est l'essai infructueux d'une volonté inhabile.

Chacun possède le fruit de ses œuvres, et la pauvreté n'est que l'aiguillon du travail.

Pour le troupeau des hommes, la souffrance est comme le chien de berger qui mord la laine des brebis pour les remettre dans la voie.

C'est à cause de l'ombre que nous pouvons voir la lumière ; c'est à cause du froid que nous ressentons la chaleur ; c'est à cause de la peine que nous sommes sensibles au plaisir.

Le mal est donc pour nous l'occasion et le commencement du bien.

Mais, dans les rêves de notre intelligence imparfaite, nous accusons le travail providentiel faute de le comprendre.

Nous ressemblons à l'ignorant qui juge le tableau sur le commencement de l'ébauche et dit, lorsque la tête est faite : « Cette figure n'a donc pas de corps ? »

La nature reste calme et fait son œuvre.

Le soc n'est pas cruel lorsqu'il déchire le sein de la terre, et les grandes révolutions du monde sont le labourage de Dieu.

Tout est bien dans son temps : aux peuples féroces, des maîtres barbares ; au bétail, des bouchers ; aux hommes, des juges et des pères.

Si le temps pouvait changer les moutons en lions, ils mangeraient les bouchers et les bergers.

Les moutons ne changent jamais parce qu'ils ne s'instruisent pas, mais les peuples s'instruisent.

Bergers et bouchers des peuples, vous avez donc raison de regarder comme vos ennemis ceux qui parlent à votre troupeau.

Troupeaux qui ne connaissez encore que vos bergers et qui voulez ignorer leur commerce avec les bouchers, vous êtes excusables de lapider ceux qui vous humilient et qui vous inquiètent en vous parlant de vos droits.

O Christ ! les grands te condamnent, tes disciples te renient, le peuple te maudit et acclame ton supplice, ta mère seule te pleure, Dieu t'abandonne !

Eli ! Eli ! Lamma Sabachtani !

VII.

LE SEPTÉNAIRE.

Le septénaire est le grand nombre biblique. Il est la clef de la création de Moïse et le symbole de toute la religion. Moïse a laissé cinq livres et la loi se résume en deux testaments.

La Bible n'est pas une histoire, c'est un recueil de poèmes, c'est un livre d'allégories et d'images.

Adam et Ève ne sont que les types primitifs de l'humanité ; le serpent qui tente, c'est le temps qui éprouve ; l'arbre de la science, c'est le droit ; l'expiation par le travail, c'est le devoir.

Caïn et Abel représentent la chair et l'esprit, la force et l'intelligence, la violence et l'harmonie.

Les géants sont les anciens usurpateurs de la terre ; le déluge a été une immense révolution.

L'arche c'est la tradition conservée dans une famille : la religion, à cette époque, devient un mystère et la propriété d'une race. Cham est maudit pour s'en être fait le révélateur.

Nemrod et Babel sont les deux allégories primitives du despote unique et de l'empire universel toujours rêvé depuis ; entrepris successivement par les Assyriens, les Mèdes, les Perses, Alexandre, Rome, Napoléon, les successeurs de Pierre le Grand, et toujours inachevé à cause de la dispersion des intérêts, figurée par la confusion des langues.

L'empire universel ne devait pas se réaliser par la force, mais par l'intelligence et par l'amour. Aussi, à Nemrod, l'homme du droit sauvage, la Bible oppose-t-elle Abraham, l'homme du devoir, qui s'exile pour chercher la liberté et la lutte sur une terre étrangère dont il s'empare par la pensée.

Il a une épouse stérile, c'est sa pensée, et une esclave féconde, c'est sa force ; mais quand la force a produit son fruit, la pensée devient féconde, et le fils de l'intelligence fait exiler l'enfant de la force. L'homme d'intelligence est soumis à de rudes épreuves; il doit confirmer ses conquêtes par le sacrifice. Dieu veut qu'il immole son fils, c'est-à-dire que le doute doit éprouver le dogme et que l'homme intellectuel doit être prêt à tout sacrifier devant la raison suprême. Dieu intervient alors : la raison universelle cède aux efforts du travail, elle se montre à la science, et le côté matériel du dogme est seul immolé. C'est ce que représente le bélier arrêté par les cornes dans les broussailles. L'histoire d'Abraham est donc un symbole à la manière antique, et contient une haute révélation des destinées de l'âme humaine. Prise à la lettre, c'est un récit absurde et révoltant. Saint Augustin ne prenait-il pas à la lettre l'âne d'or d'Apulée! Pauvres grands hommes!

L'histoire d'Isaac est une autre légende. Rebecca est le type de la femme orientale, laborieuse, hospitalière, partiale dans ses affections, rusée et retorte dans ses manœuvres. Jacob et Ésaü sont encore les deux types reproduits de Caïn et d'Abel; mais ici Abel se venge : l'intelligence émancipée triomphe par la ruse. Tout le génie israélite est dans le caractère de Jacob, le patient et laborieux supplantateur, qui cède à la colère d'Ésaü, devient riche et achète le pardon de son frère. Quand les anciens voulaient philosopher, ils racontaient, il ne faut jamais l'oublier.

L'histoire ou la légende de Joseph contient en germe tout le génie de l'Évangile, et le Christ, méconnu par son peuple, a dû pleurer plus d'une fois en relisant cette scène où le gouverneur de l'Égypte se jette au cou de Benjamin en poussant un grand cri et en disant : « Je suis Joseph ! »

Israël devient le peuple de Dieu, c'est-à-dire le conservateur de l'idée et le dépositaire du verbe. Cette idée, c'est celle de l'indépendance humaine et de la royauté par le travail, mais on la cache avec soin comme un germe précieux. Un signe douloureux et indélébile est imprimé aux initiés, toute image de la vérité est interdite, et les enfants de Jacob veillent le sabre à la main autour de l'unité du tabernacle. Hemor et Sichem veulent s'introduire de force dans la famille sainte et périssent avec leur peuple à la suite d'une feinte initiation. Pour dominer sur les peuples, il faut que le sanctuaire s'entoure déjà de sacrifices et de terreur.

La servitude des enfants de Jacob prépare leur délivrance : car ils ont une idée, et l'on n'enchaîne pas l'idée ; ils ont une religion, et l'on ne violente pas une religion ; ils sont un peuple enfin, et l'on n'enchaîne pas un vrai peuple. La persécution suscite des vengeurs, l'idée s'incarne dans un homme, Moïse se lève, Pharaon tombe, et la colonne de nuées et de flammes qui précède un peuple affranchi s'avance majestueusement dans le désert.

Le Christ, c'est le prêtre et le roi par l'intelligence et par l'amour.

Il a reçu l'onction sainte, l'onction du génie, l'onction de la foi, l'onction de la vertu, qui est la force.

Il vient lorsque le sacerdoce est épuisé, lorsque les vieux symboles n'ont plus de vertu, lorsque la patrie de l'intelligence est éteinte.

Il vient pour rappeler Israël à la vie, et s'il ne peut galvaniser Israël, tué par les pharisiens, il ressuscitera le monde abandonné au culte mort des idoles !

Le Christ, c'est le droit du devoir !

L'homme a le droit de faire son devoir et il n'en a pas d'autre.

Homme, tu as le droit de résister jusqu'à la mort à quiconque t'empêche de faire ton devoir !

Mère ! ton enfant se noie ; un homme t'empêche de le secourir ; tu frappes cet homme et tu cours sauver ton fils !... Qui donc osera te condamner ?...

Le Christ est venu pour opposer le droit du devoir au devoir du droit.

Le droit chez les juifs c'était la doctrine des pharisiens. Et en effet, ils semblaient avoir acquis le privilège de dogmatiser ; n'étaient-ils pas les héritiers légitimes de la synagogue ?

Ils avaient droit de condamner le Sauveur, et le Sauveur savait que son devoir était de leur résister.

Le Christ c'est la protestation vivante.

Mais la protestation de quoi ? de la chair contre l'intelligence ? Non !

Du droit contre le devoir ? — Non !

De l'attrait physique contre l'attrait moral ? — Non ! non !

De l'imagination contre la raison universelle ? De la folie contre la sagesse ? — Non, et mille fois non, encore une fois !

Le Christ c'est le devoir réel qui proteste éternellement contre le droit imaginaire.

C'est l'émancipation de l'esprit qui brise la servitude de la chair.

C'est le dévouement révolté contre l'égoïsme.

C'est la modestie sublime qui répond à l'orgueil : Je ne t'obéirai pas !

Le Christ est veuf, le Christ est seul, le Christ est triste : pourquoi ?

C'est que la femme s'est prostituée.

C'est que la société est accusée de vol.

C'est que la joie égoïste est impie !

Le Christ est jugé, il est condamné, il est exécuté et on l'adore !

Cela s'est passé dans un monde aussi sérieux peut-être que le nôtre.

Juges du monde où nous vivons, soyez attentifs et songez à celui qui jugera vos jugements.

Mais, avant de mourir, le Sauveur a légué à ses enfants le signe immortel du salut : la communion.

Communion ! union commune ! dernier mot du Sauveur du monde.

Le pain et le vin partagés entre tous, a-t-il dit, c'est ma chair et mon sang !

Il a donné sa chair aux bourreaux, son sang à la terre qui a voulu le boire : et pourquoi ?

Pour que tous partagent le pain de l'intelligence et le vin de l'amour.

Oh ! signe de l'union des hommes ! oh ! table commune, oh ! banquet de la fraternité et de l'égalité, quand donc seras-tu mieux compris ?

Martyrs de l'humanité, vous tous qui avez donné votre vie afin que tous aient le pain qui nourrit et le vin qui fortifie, ne dites-vous pas aussi en imposant les mains sur ces signes de la communion universelle : Ceci est notre chair et notre sang !

Et vous, hommes du monde entier, vous que le Maître appelle ses frères ; oh ! ne sentez-vous pas que le pain universel, le pain fraternel, le pain de la communion, c'est Dieu !

Débiteurs du crucifié.

Vous tous qui n'êtes pas prêts à donner à l'humanité votre sang, votre chair et votre vie, vous n'êtes pas dignes de la communion du Fils de Dieu ! Ne faites pas couler son sang sur vous, car il vous ferait des taches sur le front !

N'approchez pas vos lèvres du cœur de Dieu, il sentirait votre morsure.

Ne buvez pas le sang du Christ, il vous brûlerait les entrailles ; c'est bien assez qu'il ait coulé inutilement pour vous !

VIII.

LE NOMBRE HUIT.

L'octenaire est le nombre de la réaction et de la justice équilibrante.

Toute action produit une réaction.

C'est la loi universelle du monde.

Le christianisme devait produire l'antichristianisme.

L'antéchrist, c'est l'ombre, c'est le repoussoir, c'est la preuve du Christ.

L'antéchrist se produisait déjà dans l'Église à l'époque des apôtres : Que celui qui tient maintenant tienne jusqu'à la mort, disait saint Paul, et le fils de l'iniquité se manifestera.

Les protestants ont dit : L'antéchrist, c'est le pape.

Le pape a répondu : Tout hérétique est un antéchrist.

L'antéchrist n'est pas plus le pape que Luther : l'antéchrist, c'est l'esprit opposé à celui du Christ.

C'est l'usurpation du droit pour le droit ; c'est l'orgueil de la domination et le despotisme de la pensée.

C'est l'égoïsme prétendu religieux des protestants tout aussi bien que l'ignorance crédule et impérieuse des mauvais catholiques.

L'antéchrist, c'est ce qui divise les hommes au lieu de les unir ; c'est l'esprit de dispute, l'entêtement des docteurs et des sectaires, le désir impie de s'approprier la vérité et d'en exclure les autres, ou de forcer tout le monde à subir l'étroitesse de nos jugements.

L'antéchrist, c'est le prêtre qui maudit au lieu de bénir, qui éloigne au lieu de ramener, qui scandalise au lieu d'édifier, qui damne au lieu de sauver.

C'est le fanatisme haineux qui décourage la bonne volonté.

C'est le culte de la mort, de la tristesse et de la laideur.

Quel avenir ferons-nous à notre fils? ont dit des parents insensés ; il est faible d'esprit et de corps, et son cœur ne donne pas encore signe de vie : nous en ferons un prêtre afin qu'il vive de l'autel. Et ils n'ont pas compris que l'autel n'est pas une mangeoire pour les animaux fainéants.

Aussi regardez les prêtres indignes, contemplez ces prétendus serviteurs de l'autel. Que disent à votre cœur ces hommes gras ou cadavéreux, aux yeux sans regards, aux lèvres pincées ou béantes?

Écoutez-les parler : que vous apprend ce bruit désagréable et monotone?

Ils prient comme ils dorment et ils sacrifient comme ils mangent.

Ce sont des machines à pain, à viande, à vin, et à paroles vides de sens.

Et lorsqu'ils se réjouissent, comme l'huître au soleil, d'être sans pensée et sans amour, on dit qu'ils ont la paix de l'âme.

Ils ont la paix de la brute, et pour l'homme celle du tombeau est meilleure : ce sont les prêtres de la sottise et de l'ignorance, ce sont les ministres de l'antéchrist.

Le vrai prêtre du Christ est un homme qui vit, qui souffre, qui aime et qui combat pour la justice. Il ne dispute point, il ne réprouve point, il répand le pardon, l'intelligence et l'amour.

Le vrai chrétien est étranger à l'esprit de secte ; il est tout à tous, et regarde tous les hommes comme les enfants d'un père commun qui veut les sauver tous ; le symbole entier n'a pour lui qu'un sens de douceur et d'amour : il laisse à Dieu les secrets de la justice et ne comprend que la charité.

Il regarde les mauvais comme des malades qu'il faut plaindre et guérir ; le monde avec ses erreurs et ses vices est pour lui l'hôpital de Dieu, et il veut en être l'infirmier.

Il ne se croit meilleur que personne ; il dit seulelement : Tant que je me porterai mieux, servons les autres, et quand il faudra tomber et mourir, d'autres peut-être prendront ma place et nous serviront.

IX.

LE NOMBRE NEUF.

Voici l'ermite du tarot ; voici le nombre des initiés et des prophètes.

Les prophètes sont des solitaires, car c'est leur destinée de n'être jamais écoutés.

Ils voient autrement que les autres ; ils pressentent les malheurs à venir. Aussi on les emprisonne, on les tue, ou on les bafoue, on les repousse comme des lépreux, et on les laisse mourir de faim.

Puis, quand les événements arrivent, on dit : Ce sont ces gens-là qui nous ont porté malheur.

Maintenant, comme toujours à la veille des grands désastres, nos rues sont pleines de prophètes.

J'en ai rencontré dans les prisons ; j'en ai vu qui mouraient oubliés dans des galetas.

Toute la grande ville en a vu un dont la prophétie silencieuse était de tourner sans cesse et de marcher toujours couvert de haillons dans le palais du luxe et de la richesse.

J'en ai vu un dont le visage rayonnait comme celui du Christ : il avait les mains calleuses et le vêtement du travailleur, et il pétrissait des épopées avec de l'argile. Il tordait ensemble le glaive du droit et le sceptre du devoir, et sur cette colonne d'or et d'acier il inaugurait le signe créateur de l'amour.

Un jour, dans une grande assemblée du peuple, il descendit dans la rue tenant un pain qu'il rompit et qu'il distribua, en disant : Pain de Dieu, fais-toi pain pour tous !

J'en connais un autre qui s'est écrié : Je ne veux plus adorer le Dieu du diable ; je ne veux pas d'un bourreau pour mon Dieu ! Et l'on a cru qu'il blasphémait.

Non ; mais l'énergie de sa foi débordait en paroles inexactes et imprudentes.

Il disait encore, dans la folie de sa charité blessée :

Tous les hommes sont solidaires, et ils expient les uns pour les autres, comme ils méritent les uns pour les autres.

La peine du péché, c'est la mort.

Le péché lui-même est d'ailleurs une peine, et la plus grande des peines. Un grand crime n'est qu'un grand malheur.

Le plus mauvais des hommes, c'est celui qui se croit meilleur que les autres.

Les hommes passionnés sont excusables, puisqu'ils sont passifs. Passion veut dire souffrance et rédemption par la douleur.

Ce que nous appelons liberté n'est que la toute-puissance de l'attrait divin. Les martyrs disaient : Il vaut mieux obéir à Dieu qu'aux hommes.

Le moins parfait des actes d'amour vaut mieux que la meilleure parole de piété.

Ne jugez pas, ne parlez guère, aimez et agissez.

Un autre est venu qui a dit : Protestez contre les mauvaises doctrines par les bonnes œuvres, mais ne vous séparez de personne.

Relevez tous les autels, purifiez tous les temples, et tenez-vous prêts pour la visite de l'esprit d'amour.

Que chacun prie suivant son rite et communie avec les siens, mais ne condamnez pas les autres.

Une pratique de religion n'est jamais méprisable, car c'est le signe d'une grande et sainte pensée.

Prier ensemble, c'est communier à la même espérance, à la même foi et à la même charité.

Le signe n'est rien par lui-même : c'est la foi qui le sanctifie.

La religion est le lien le plus sacré et le plus fort de l'association humaine, et faire acte de religion, c'est faire acte d'humanité.

Quand les hommes comprendront enfin qu'il ne faut pas disputer sur les choses qu'on ignore,

Quand ils sentiront qu'un peu de charité vaut mieux que beaucoup d'influence et de domination,

Quand tout le monde respectera ce que Dieu même respecte dans la moindre de ses créatures : la spontanéité de l'obéissance et la liberté du devoir,

Alors il n'y aura plus qu'une religion dans le monde, la religion chrétienne et universelle, la vraie religion catholique, qui ne reniera plus elle-même par des restrictions de lieux ou de personnes.

Femme, disait le Sauveur à la Samaritaine, je te dis en vérité que le temps vient où les hommes n'adoreront plus Dieu ni dans Jérusalem ni sur cette montagne, car Dieu est esprit, et ses véritables adorateurs doivent le servir en esprit et en vérité.

X.

NOMBRE ABSOLU DE LA KABBALE.

La clef des sephiroths (voir *Dogme et rituel de la haute magie*).

XI.

LE NOMBRE ONZE.

Le onze est le nombre de la force ; c'est celui de la lutte et du martyre.

Tout homme qui meurt pour une idée est un martyr, car chez lui les aspirations de l'esprit ont triomphé des frayeurs de l'animal.

Tout homme qui tombe à la guerre est un martyr, car il meurt pour les autres.

Tout homme qui meurt de misère est un martyr, car il est comme un soldat frappé dans la bataille de la vie.

Ceux qui meurent pour le droit sont aussi saints dans leur sacrifice que les victimes du devoir, et dans les grandes luttes de la révolution contre le pouvoir, les martyrs tombaient également des deux côtés.

Le droit étant la racine du devoir, notre devoir est de défendre nos droits.

Qu'est-ce qu'un crime? C'est l'exagération d'un droit. Le meurtre et le vol sont des négations de la société ; c'est le despotisme isolé d'un individu qui usurpe la royauté et fait la guerre à ses risques et périls.

Le crime doit être réprimé sans doute, et la société

doit se défendre ; mais qui donc est assez juste, assez grand, assez pur, pour avoir la prétention de punir?

Paix donc à tous ceux qui tombent à la guerre, même à la guerre illégitime ; car ils ont joué leur tête et ils l'ont perdue, et quand ils ont payé que pouvons-nous réclamer encore !

Honneur à tous ceux qui combattent bravement et loyalement ! Honte seulement aux traîtres et aux lâches !

Le Christ est mort entre deux voleurs, et il en a emmené un avec lui au ciel.

Le royaume des cieux est pour les lutteurs, et on l'emporte de vive force.

Dieu donne sa toute-puissance à l'amour. Il aime à triompher de la haine, mais il vomit la tiédeur.

Le devoir c'est de vivre, ne fût-ce qu'un instant !

Il est beau d'avoir régné un jour, une heure même ! quand ce serait sous l'épée de Damoclès ou sur le bûcher de Sardanapale !

Mais il est plus beau d'avoir vu à ses pieds toutes les couronnes du monde, et d'avoir dit : Je serai le roi des pauvres et mon trône sera sur le Calvaire.

Il y a un homme plus fort que celui qui tue, c'est celui qui meurt pour sauver.

Il n'y a pas de crimes isolés ni d'expiations solitaires.

Il n'y a pas de vertus personnelles ni de dévouements perdus.

Quiconque n'est pas irréprochable est complice de tout mal, et quiconque n'est pas absolument pervers peut participer à tout bien.

C'est pour cela qu'un supplice est toujours une expiation humanitaire, et que toute tête qu'on ramasse sous un échafaud peut être saluée et honorée comme la tête d'un martyr.

C'est pour cela aussi que le plus noble et le plus saint des martyrs pouvait, en rentrant dans sa conscience, se trouver digne de la peine qu'il allait endurer et dire, en saluant le glaive prêt à le frapper : Que justice soit faite !

Pures victimes des catacombes de Rome, juifs et protestants massacrés par d'indignes chrétiens.

Prêtres de l'Abbaye et des Carmes, guillotinés de la terreur, royalistes égorgés, révolutionnaires sacrifiés à votre tour, soldats de nos grandes armées qui avez semé vos ossements autour du monde, vous tous qui êtes morts à la peine, travailleurs, lutteurs, oseurs de toutes sortes, braves enfants de Prométhée qui n'avez eu peur ni de la foudre ni du vautour, honneur à vos cendres dispersées ! paix et vénération à vos mémoires ! vous êtes les héros du progrès, les martyrs de l'humanité !

XII.

LE NOMBRE DOUZE.

Le 12 est le nombre cyclique ; c'est celui du symbole universel.

Voici une traduction en vers techniques du symbole magique et catholique sans restriction :

Je crois en un seul Dieu tout-puissant, notre père,
Éternel créateur du ciel et de la terre.

Je crois au Roi sauveur, chef de l'humanité,
Fils, parole et splendeur de la Divinité.

De l'éternel amour conception vivante,
Divinité visible et lumière agissante.

Désiré par le monde, en tout temps, en tout lieu,
Mais qui n'est pas un Dieu séparable de Dieu.

Descendu parmi nous pour affranchir la terre,
Il a sanctifié la femme dans sa mère.

C'était l'homme céleste, un homme sage et doux.
Il est né pour souffrir et mourir comme nous.

Proscrit par l'ignorance, accusé par l'envie,
Il est mort sur la croix pour nous rendre la vie.

Tous ceux qui le prendront pour guide et pour appui
Peuvent, par sa doctrine, être Dieu comme lui.

Il est ressuscité pour régner sur les âges ;
Il doit de l'ignorance abaisser les nuages.

Ses préceptes, un jour mieux connus et plus forts,
Seront le jugement des vivants et des morts.

Je crois en l'Esprit-Saint, dont les seuls interprètes
Sont l'esprit et le cœur des saints et des prophètes.

C'est un souffle de vie et de fécondité,
Qui procède du Père et de l'humanité.

Je crois à la famille unique et toujours sainte
Des justes que le ciel réunit dans sa crainte.

Je crois en l'unité du symbole, du lieu,
Du pontife et du culte en l'honneur d'un seul Dieu.

Je crois qu'en nous changeant la mort nous renouvelle,
Et qu'en nous comme en Dieu la vie est éternelle.

XIII.

LE NOMBRE TREIZE.

Le treize est le nombre de la mort et de la naissance ; c'est celui de la propriété et de l'héritage, de la société et de la famille, de la guerre et des traités.

La société a pour bases les échanges du droit, du devoir et de la foi mutuelle.

Le droit, c'est la propriété; l'échange, c'est la nécessité; la bonne foi, c'est le devoir.

Celui qui veut recevoir plus qu'il ne donne, ou qui veut recevoir sans donner, est un voleur.

La propriété est le droit de dispensation d'une partie de la fortune commune; ce n'est ni le droit de destruction ni le droit de séquestration.

Détruire ou séquestrer le bien public, ce n'est pas posséder, c'est voler.

Je dis le bien public, parce que le vrai propriétaire de toutes choses, c'est Dieu, qui veut que tout soit à tous. Quoi que vous fassiez, vous n'emporterez rien en mourant des biens de ce monde. Or, ce qui doit vous être repris un jour n'est pas réellement à vous. Cela ne vous a été que prêté.

Quant à l'usufruit, c'est le résultat du travail ; mais le travail même n'est pas une garantie assurée de possession, et la guerre peut venir, par la dévastation et l'incendie, déplacer la propriété.

Faites donc un bon usage de ces choses qui périssent, vous qui périrez avant elles!

Songez que l'égoïsme provoque l'égoïsme et que l'immoralité du riche répondra des crimes des pauvres.

Que veut le pauvre, s'il est honnête?

Il veut du travail. Usez de vos droits, mais faites votre devoir : le devoir du riche, c'est de répandre la richesse; le bien qui ne circule pas est mort, ne thésaurisez pas la mort.

Un sophiste a dit : La propriété, c'est le vol. Et il voulait parler sans doute de la propriété absorbée, soustraite à l'échange, détournée de l'utilité commune.

Si telle était sa pensée, il pouvait aller plus loin et dire qu'une telle suppression de la vie publique est un véritable assassinat.

C'est le crime d'accaparement que l'instinct public a toujours regardé comme un crime de lèse-majesté humaine.

La famille est une association naturelle qui résulte du mariage.

Le mariage, c'est l'union de deux êtres que l'amour réunit et qui se promettent un dévouement mutuel dans l'intérêt des enfants qui peuvent naître.

Deux époux qui ont un enfant et qui se séparent sont des impies. Veulent-ils donc exécuter le jugement de Salomon et séparer aussi l'enfant?

Se promettre un amour éternel, c'est une puérilité : l'amour sexuel est une émotion divine, sans doute, mais accidentelle, involontaire et transitoire ; mais la promesse du dévouement réciproque est l'essence du mariage et le principe de la famille.

La sanction et la garantie de cette promesse doivent être une confiance absolue.

Toute jalousie est un soupçon, et tout soupçon est un outrage.

Le véritable adultère, c'est celui de la confiance : la femme qui se plaint de son mari près d'un autre homme ; l'homme qui confie à une autre femme que la sienne les chagrins ou les espérances de son cœur, ceux-là trahissent véritablement la foi conjugale.

Les surprises des sens ne sont des infidélités qu'à cause des entraînements du cœur, qui s'abandonne plus ou moins à la reconnaissance du plaisir. Hors de là, ce sont des fautes humaines, dont il faut rougir et qu'on doit cacher : ce sont des indécences qu'il faut prévenir en écartant les occasions, mais qu'il ne faut jamais chercher à surprendre : les mœurs sont la proscription du scandale.

Tout scandale est une turpitude. On n'est pas indécent parce qu'on a des organes que la pudeur ne nomme pas ; mais on est obscène lorsqu'on les montre.

Maris, cachez les plaies de votre ménage ; ne déshabillez pas vos femmes devant la risée publique !

Femmes, n'affichez pas les misères du lit conjugal : ce serait vous inscrire dans l'opinion publique comme des prostituées.

Il faut une haute dignité de cœur pour garder la foi conjugale; c'est un pacte d'héroïsme dont les grandes âmes seules peuvent comprendre toute l'étendue.

Les mariages qui se rompent ne sont pas des mariages : ce sont des accouplements.

Une femme qui abandonne son mari, que peut-elle devenir? Elle n'est plus épouse, elle n'est pas veuve ; qu'est-elle donc? C'est une apostate de l'honneur, qui est forcée d'être licencieuse, parce qu'elle n'est ni vierge ni libre.

Un mari qui abandonne sa femme la prostitue et mérite le nom infâme qu'on donne aux amants des filles perdues.

Le mariage est donc sacré, indissoluble, lorsqu'il existe réellement.

Mais il ne peut exister réellement que pour des êtres d'une haute intelligence et d'un noble cœur.

Les animaux ne se marient pas, et les hommes qui vivent comme les animaux subissent les fatalités de leur nature.

Ils font sans cesse des essais malheureux pour agir raisonnablement. Leurs promesses sont des essais et des semblants de promesses ; leurs mariages, des essais et des semblants de mariage ; leurs amours, des essais et des semblants d'amour. Ils voudraient toujours et ne veulent jamais ; ils entreprennent toujours et n'achèvent jamais. Pour de pareilles gens, les lois ne sont applicables que du côté de la répression.

De pareils êtres peuvent avoir une nichée, mais ils n'ont jamais de famille : le mariage, la famille, sont les droits de l'homme parfait, de l'homme émancipé, de l'homme intelligent et libre.

Aussi interrogez les annales des tribunaux et lisez l'histoire des parricides.

Soulevez le voile noir de toutes ces têtes coupées et demandez-leur ce qu'elles ont pensé du mariage et de la famille ; quel lait elles ont sucé, quelles caresses les ont ennoblies... Puis frémissez, vous tous qui ne donnez pas à vos enfants le pain de l'intelligence et de l'amour, vous tous qui ne sanctionnez pas l'autorité paternelle par la vertu du bon exemple...

Ces misérables étaient des orphelins par l'esprit et par le cœur, et ils se sont vengés de leur naissance!...

Nous vivons dans un siècle où plus que jamais la famille est méconnue dans ce qu'elle a d'auguste et de sacré : l'intérêt matériel tue l'intelligence et l'amour ; les leçons de l'expérience sont méprisées, l'on marchande les choses de Dieu. La chair insulte l'esprit, la fraude rit au nez de la loyauté. Plus d'idéal, plus de justice : la vie humaine s'est rendue orpheline des deux côtés.

Courage et patience! Ce siècle ira où doivent aller les grands coupables. Voyez comme il est triste ! L'ennui est le voile noir de sa tête... le tombereau roule, et la foule suit en frémissant...

Bientôt un siècle de plus sera jugé par l'histoire, et on écrira sur un grand tombeau de ruines :

Ici a fini le siècle parricide ! le siècle bourreau de son Dieu et de son Christ!

A la guerre on a le droit de tuer pour ne pas

mourir : mais dans la bataille de la vie, le plus sublime des droits c'est celui de mourir pour ne pas tuer.

L'intelligence et l'amour doivent résister à l'oppression jusqu'à la mort, jamais jusqu'au meurtre.

Homme de cœur, la vie de celui qui t'a offensé est entre tes mains, car celui-là est maître de la vie des autres qui ne tient pas à la sienne... Écrase-le de ta grandeur : fais-lui grâce !

Mais est-il défendu de tuer le tigre qui nous menace ?

— Si c'est un tigre à face humaine, il est plus beau de se laisser dévorer, toutefois ici la morale ne prescrit rien.

— Mais si le tigre menace mes enfants ?...

— Que la nature elle-même vous réponde.

Harmodius et Aristogiton avaient des fêtes et des statues dans l'ancienne Grèce. La Bible a consacré les noms de Judith et d'Aod et l'une des plus sublimes figures du livre saint c'est celle de Samson aveugle et enchaîné qui secoue les colonnes du temple en s'écriant : Que je meure avec les Philistins !

Croyez-vous toutefois que si Jésus, avant de mourir, était allé à Rome poignarder Tibère, il eût sauvé le monde comme il l'a fait en pardonnant à ses bourreaux et en mourant même pour Tibère ?

Brutus en tuant César a-t-il sauvé la liberté romaine ? En tuant Caligula Cherea n'a fait que de la place pour Claude et pour Néron. Protester contre la violence par la violence, c'est la justifier et la forcer de se reproduire.

Mais triompher du mal par le bien, de l'égoïsme par l'abnégation, de la férocité par le pardon : c'est le secret du christianisme et c'est celui de la victoire éternelle.

J'ai vu la place où la terre saignait encore du meurtre d'Abel, et sur cette place passait un ruisseau de pleurs.

Et des myriades d'hommes s'avançaient conduits par les siècles, en laissant tomber des larmes dans le ruisseau.

Et l'éternité, accroupie et morne, contemplait les larmes qui tombaient, elle les comptait une à une et il n'y en avait jamais assez pour laver une tache de sang.

Mais entre deux multitudes et deux âges vint le Christ, pâle et rayonnante figure.

Et dans la terre du sang et des larmes il planta la vigne de la fraternité, et les larmes et le sang aspirés par les racines de l'arbre divin devinrent la sève délicieuse du raisin qui doit enivrer d'amour les fils de l'avenir.

XIV.

LE NOMBRE QUATORZE.

Le quatorze est le nombre de la fusion, de l'association et de l'unité universelle, et c'est au nom de ce qu'il représente que nous ferons ici un appel aux nations en commençant par la plus ancienne et la plus sainte.

Enfants d'Israël, pourquoi au milieu du mouvement des nations, restez-vous immobiles comme si vous gardiez les tombeaux de vos pères?

Vos pères ne sont pas ici, ils sont ressuscités; car le Dieu d'Abraham, d'Isaac et de Jacob n'est pas le Dieu des morts!

Pourquoi imprimez-vous toujours à votre génération la marque sanglante du couteau ?

Dieu ne veut plus vous séparer des autres hommes ; soyez nos frères, et mangez avec nous des hosties pacifiques sur des autels que le sang ne souille jamais.

La loi de Moïse est accomplie : lisez vos livres et comprenez que vous avez été un peuple aveugle et dur, comme le disent tous vos prophètes.

Mais vous avez été aussi un peuple courageux et persévérant dans la lutte.

Enfants d'Israël, devenez les enfants de Dieu : comprenez et aimez !

Dieu a effacé de votre front le signe de Caïn, et les peuples en vous voyant passer ne diront plus : Voilà les Juifs ! ils s'écrieront : Place à nos frères ! place à nos aînés dans la foi !

Et nous irons tous les ans manger la pâque avec vous dans la Jérusalem nouvelle.

Et nous nous reposerons sous votre vigne et sous votre figuier ; car vous serez encore les amis du voyageur, en souvenir d'Abraham, de Tobie et des anges qui les visitaient.

Et en souvenir de celui qui a dit : Celui qui reçoit le plus petit d'entre vous me reçoit moi-même.

Car désormais vous ne refuserez plus un asile dans votre maison et dans votre cœur à votre frère Joseph que vous avez vendu aux nations.

Parce qu'il est devenu puissant dans la terre d'Égypte où vous cherchiez du pain pendant les jours de stérilité.

Et il s'est ressouvenu de son père Jacob et de Benjamin son jeune frère ; et il vous pardonne votre jalousie et il vous embrasse en pleurant.

Enfants des croyants, nous chanterons avec vous : Il n'y a pas d'autre Dieu que Dieu et Mahomet est son prophète.

Dites avec les enfants d'Israël : Il n'est point d'autre Dieu que Dieu et Moïse est son prophète !

Dites avec les chrétiens : Il n'y a point d'autre Dieu que Dieu et Jésus-Christ est son prophète !

Mahomet c'est l'ombre de Moïse. Moïse c'est le précurseur de Jésus.

Qu'est-ce qu'un prophète ? C'est un représentant de l'humanité qui cherche Dieu. Dieu est Dieu, l'homme est le prophète de Dieu, lorsqu'il fait que nous croyons à Dieu.

La Bible, le Coran et l'Évangile sont trois traductions différentes du même livre. Il n'y a qu'une loi comme il n'y a qu'un Dieu.

O femme idéalisée, ô récompense des élus, es-tu plus belle que Marie ?

O Marie, fille de l'Orient, chaste comme le pur amour, grande comme les aspirations maternelles, viens apprendre aux enfants de l'Islam les mystères du ciel et les secrets de la beauté.

Invites-les au festin de l'alliance nouvelle, là, sur trois trônes étincelants de pierreries, trois prophètes seront assis.

L'arbre tuba fera de ses branches recourbées un dais à la table céleste.

L'épouse sera blanche comme la lune et vermeille comme le sourire du matin.

Tous les peuples accourront pour la voir et ils ne craindront plus de passer Al Sirah, car sur ce pont tranchant comme une lame de rasoir, le Sauveur étendra sa croix et viendra tendre la main à ceux qui chancelleront, et à ceux qui seront tombés l'épouse tendra son voile embaumé et les attirera vers elle.

Peuples, frappez des mains et applaudissez au dernier triomphe de l'amour! La mort seule restera morte et l'enfer seul sera brûlé.

O nations de l'Europe, à qui l'Orient tend les mains, unissez-vous pour repousser les ours du Nord! Que la dernière guerre fasse triompher l'intelligence et l'amour, que le commerce entrelace les bras du monde et qu'une civilisation nouvelle sortie de l'Évangile armé réunisse tous les troupeaux de la terre sous la houlette du même pasteur!

Telles seront les conquêtes du progrès; tel est le but vers lequel nous pousse le mouvement tout entier du monde.

Le progrès c'est le mouvement; et le mouvement c'est la vie.

Nier le progrès c'est affirmer le néant et déifier la mort.

Le progrès est l'unique réponse que la raison puisse opposer aux objections relatives à l'existence du mal.

Tout n'est pas bien, mais tout sera bien un jour. Dieu commence et il finira son œuvre.

Sans le progrès, le mal serait immuable comme Dieu!

Le progrès explique les ruines et console Jérémie qui pleure.

Les nations se succèdent comme les hommes et rien n'est stable parce que tout marche vers la perfection.

Le grand homme qui meurt lègue à sa patrie le fruit de ses travaux ; la grande nation qui s'éteint sur la terre, se transfigure en une étoile pour éclairer les obscurités de l'histoire.

Ce qu'elle a écrit par ses actions reste gravé dans le livre éternel ; elle a ajouté une page à la bible du genre humain.

Ne dites pas que la civilisation est mauvaise ; car elle ressemble à la chaleur humide qui mûrit les moissons, elle développe rapidement les principes de vie et les principes de mort, elle tue et elle vivifie.

Elle est comme l'ange du jugement, qui sépare les méchants du milieu des bons.

La civilisation transforme en anges de lumière les hommes de bonne volonté, et rabaisse l'égoïste au-dessous de la brute ; c'est la corruption des corps et l'émancipation des âmes.

Le monde impie des géants a élevé au ciel l'âme d'Hénoch ; au-dessus des bacchanales de la Grèce primitive, s'élève l'esprit harmonieux d'Orphée.

Socrate et Pythagore, Platon et Aristote, résument en les expliquant toutes les aspirations et toutes les gloires de l'ancien monde ; les fables d'Homère sont restées plus vraies que l'histoire, et il ne nous reste des grandeurs de Rome que les écrits immortels qu'élabora le siècle d'Auguste.

Ainsi Rome n'avait peut-être ébranlé le monde de

ses guerrières convulsions que pour enfanter son Virgile.

Le christianisme est le fruit des méditations de tous les sages de l'Orient, qui revivent en Jésus-Christ.

Ainsi la lumière des esprits s'est levée où se lève le soleil du monde ; le Christ a conquis l'Occident, et les doux rayons du soleil de l'Asie ont touché les glaçons du Nord.

Remuées par cette chaleur inconnue, des fourmilières d'hommes nouveaux se sont répandues sur un monde épuisé ; les âmes des peuples morts ont rayonné sur les peuples rajeunis et ont augmenté en eux l'esprit de vie.

Il est au monde une nation qui s'appelle franchise et liberté, car ces deux mots sont synonymes du nom de France.

Cette nation a toujours été, en quelque sorte, plus catholique que le pape et plus protestante que Luther.

La France des croisades, la France des troubadours et des chansons, la France de Rabelais et de Voltaire, la France de Bossuet et de Pascal, c'est elle qui est la synthèse des peuples ; c'est elle qui consacre l'alliance de la raison et de la foi, de la révolution et du pouvoir, de la croyance la plus tendre et de la dignité humaine la plus fière.

Aussi, voyez comme elle marche, comme elle s'agite, comme elle lutte, comme elle grandit !

Souvent trompée et blessée, jamais abattue, enthousiaste de ses triomphes, audacieuse dans ses revers, elle rit, elle chante, elle meurt, et elle enseigne au monde la foi en l'immortalité.

La vieille garde ne se rend pas, mais elle ne meurt pas non plus: croyez-en l'enthousiasme de nos enfants, qui veulent être un jour, eux aussi, des soldats de la vieille garde !

Napoléon n'est plus un homme, c'est le génie même de la France, c'est le second sauveur du monde, et lui aussi il a donné pour signe, à ses apôtres, la croix !

Sainte-Hélène et le Golgotha sont les jalons de la civilisation nouvelle ; ce sont les deux piles d'une arche immense que forme l'arc-en-ciel du dernier déluge et qui jette un pont entre deux mondes.

Et vous pourriez croire qu'un passé sans auréole et sans gloire pourrait reprendre et dévorer tant d'avenir?

Et vous penseriez que l'éperon d'un Tartare déchirera un jour le pacte de nos gloires, le testament de nos libertés !

Dites plutôt que nous redeviendrons des enfants et que nous rentrerons dans le sein de nos mères !

Marche! marche ! dit la voix divine à Aasverus. Avance! avance! crie à la France la destinée du monde !... Et où allons-nous ? A l'inconnu, à l'abîme peut-être; n'importe ! Mais au passé, mais vers les cimetières de l'oubli, mais vers les langes que notre enfance elle-même a déchirés, mais vers l'imbécillité et l'ignorance des premiers âges... jamais ! jamais !

XV.

LE NOMBRE QUINZE.

Quinze est le nombre de l'antagonisme et de la catholicité.

Le christianisme se partage maintenant en deux églises : l'Église civilisatrice et l'Église barbare, l'Église progressive et l'Église stationnaire.

L'une est active, l'autre est passive : l'une a commandé aux nations et les gouverne toujours, puisque les rois la craignent ; l'autre a subi tous les despotismes et ne peut être qu'un instrument de servitude.

L'Église active réalise Dieu pour les hommes et croit seule à la divinité du Verbe humain interprète de celui de Dieu.

Qu'est-ce, après tout, que l'infaillibilité du pape, sinon l'autocratie de l'intelligence confirmée par le suffrage universel de la foi ?

A ce titre, dira-t-on, le pape devrait être le premier génie de son siècle. Pourquoi ? Mieux vaut, en réalité, qu'il soit un esprit ordinaire. Sa suprématie n'en est que plus divine, parce qu'elle est, en quelque sorte, plus humaine.

Les événements ne parlent-ils pas plus haut que les rancunes et que les ignorances irréligieuses ? Ne voyez-vous pas la France catholique soutenir d'une main la papauté défaillante et de l'autre tenir l'épée pour combattre à la tête de l'armée du progrès ?

Catholiques, Israélites, Turcs, protestants, combattent déjà sous la même bannière ; le croissant s'est rallié à la croix latine, et tous ensemble nous luttons contre l'invasion des barbares et contre leur abrutissante orthodoxie.

C'est pour jamais un fait accompli. En admettant des dogmes nouveaux, la chaire de saint Pierre vient de se prononcer solennellement progressive.

La patrie du christianisme catholique est celle des sciences et des beaux-arts, et le Verbe éternel de l'Évangile vivant et incarné dans une autorité visible est encore la lumière du monde.

Silence donc aux Pharisiens de la synagogue nouvelle ! Silence aux traditions haineuses de l'École, au presbytérianisme arrogant, au jansénisme absurde, et à toutes ces honteuses et superstitieuses interprétations du dogme éternel, si justement stigmatisées par le génie impitoyable de Voltaire !

Voltaire [1] et Napoléon sont morts catholiques. Et savez-vous ce que doit être le catholicisme de l'avenir ?

Ce sera le dogme évangélique, éprouvé comme l'or par la critique dissolvante de Voltaire, et réalisé dans le gouvernement du monde par le génie d'un Napoléon chrétien !

Ceux qui ne voudront pas marcher, les événements les traîneront ou passeront sur eux !

D'immenses calamités peuvent encore peser sur le monde. Les armées de l'Apocalypse vont peut-être un jour déchaîner les quatre fléaux. Le sanctuaire sera épuré. La sainte et sévère pauvreté enverra ses apôtres pour soutenir tout ce qui chancelle, relever ce qui est brisé et répandre l'huile sainte sur toutes les meurtrissures.

Le despotisme et l'anarchie, ces deux monstres altérés de sang, se déchireront et s'anéantiront l'un l'autre après s'être mutuellement soutenus pour un peu de temps par l'étreinte même de leur lutte.

---

1. On ne dit pas que Voltaire soit mort en bon catholique, mais il est mort catholique.

Et le gouvernement de l'avenir sera celui dont le modèle nous est montré dans la nature par la famille, dans l'idéal religieux par la hiérarchie des pasteurs. Les élus doivent régner avec Jésus-Christ pendant mille ans, disent les traditions apostoliques : c'est-à-dire que pendant une suite de siècles, l'intelligence et l'amour des hommes d'élite dévoués aux charges du pouvoir administreront les intérêts et les biens de la famille universelle.

Alors, selon la promesse de l'Évangile, il n'y aura plus qu'un troupeau et un pasteur.

XVI.

LE NOMBRE SEIZE.

Seize est le nombre du temple.

Disons ce que sera le temple de l'avenir.

Lorsque l'esprit d'intelligence et d'amour se sera révélé, toute la trinité se manifestera dans sa vérité et dans sa gloire.

L'humanité devenue reine et comme ressuscitée aura la grâce de l'enfance dans sa poésie, la vigueur de la jeunesse dans sa raison et la sagesse de l'âge mûr dans ses œuvres.

Toutes les formes qu'a successivement revêtues la pensée divine, renaîtront immortelles et parfaites.

Tous les traits qu'avait esquissés l'art successif des nations se réuniront et formeront l'image complète de Dieu.

Jérusalem rebâtira le temple de Jéhova sur le modèle prophétisé par Ézéchiel; et le Christ, nouveau et éternel Salomon, y chantera, sous des lambris de cèdre et de cyprès, ses noces avec la sainte liberté, la jeune épouse du cantique !

Mais Jéhova aura déposé sa foudre pour bénir des deux mains le fiancé et la fiancée : il apparaîtra souriant entre les deux époux, et se réjouira d'être appelé père.

Cependant la poésie de l'Orient, dans ses magiques souvenirs, l'appellera encore Brama et Jupiter. L'Inde apprendra à nos climats enchantés les fables merveilleuses de Wishnou, et nous essayerons au front encore sanglant de notre Christ bien-aimé, la triple couronne de perles de la mystique Trimourti. Vénus, purifiée sous le voile de Marie, ne pleurera plus désormais son Adonis.

L'époux est ressuscité pour ne plus mourir, et le sanglier infernal a trouvé la mort dans sa passagère victoire.

Relevez-vous, temples de Delphes et d'Éphèse ! Le dieu de la lumière et des arts est devenu le dieu du monde, et le verbe de Dieu veut bien être nommé Apollon ! Diane ne régnera plus veuve dans les champs solitaires de la nuit ; son croissant argenté est maintenant sous les pieds de l'épouse.

Mais Diane n'est pas vaincue par Vénus ; son Endymion vient de se réveiller, et la virginité va s'enorgueillir d'être mère !

Sors de la tombe, ô Phidias, et réjouis-toi de la destruction de ton premier Jupiter : c'est maintenant que tu vas enfanter un Dieu !

O Rome ! que tes temples se relèvent à côté de tes

SOLUTION DU PREMIER PROBLÈME.

basiliques; sois encore la reine du monde et le panthéon des nations; que Virgile soit couronné au Capitole par la main de saint Pierre; et que l'Olympe et le Carmel unissent leurs divinités sous le pinceau de Raphaël !

Transfigurez-vous, antiques cathédrales de nos pères; élancez jusque dans les nues vos flèches ciselées et vivantes, et que la pierre raconte en figures animées les sombres légendes du Nord, égayées par les apologues dorés et merveilleux du Coran !

Que l'Orient adore Jésus-Christ dans ses mosquées, et que, sur les minarets d'une nouvelle Sainte-Sophie, la croix s'élève au milieu du croissant !

Que Mahomet affranchisse la femme pour donner au vrai croyant les houris qu'il a tant rêvées, et que les martyrs du Sauveur apprennent de chastes caresses aux beaux anges de Mahomet.

Toute la terre revêtue de riches ornements que lui ont brodés tous les arts ne sera plus qu'un temple magnifique, dont l'homme sera le prêtre éternel !

Tout ce qui a été vrai, tout ce qui a été beau, tout ce qui a été doux dans les siècles passés, revivra glorieux dans cette transfiguration du monde.

Et la forme belle restera inséparable de l'idée vraie, comme le corps sera un jour inséparable de l'âme, quand l'âme, parvenue à toute sa puissance, se sera fait un corps à son image.

Ce sera là le royaume du ciel sur la terre, et les corps seront les temples de l'âme, comme l'univers régénéré sera le temple de Dieu.

Et les corps et les âmes, et la forme et la pensée, et

l'univers entier, seront la lumière, le verbe et la révélation permanente et visible de Dieu. Amen! qu'il en soit ainsi!

XVII.

LE NOMBRE DIX-SEPT.

Dix-sept est le nombre de l'étoile ; c'est celui de l'intelligence et de l'amour.

Intelligence guerrière, audacieuse, complice du divin Prométhée, fille aînée de Lucifer, salut à toi dans ton audace ! Tu as voulu savoir pour avoir, tu as bravé tous les tonnerres et affronté tous les abîmes !

Intelligence, toi que de pauvres pécheurs ont aimée jusqu'au délire, jusqu'au scandale, jusqu'à la réprobation ! droit divin de l'homme, essence et âme de la liberté, salut à toi ! Car ils t'ont poursuivie en foulant aux pieds, pour toi, les rêves les plus chers de leur imagination, les fantômes les plus aimés de leur cœur !

Pour toi, ils ont été repoussés et proscrits ; pour toi, ils ont souffert la prison, le dénûment, la faim, la soif, l'abandon de ceux qu'ils aimaient, et les sombres tentations du désespoir ! Tu étais leur droit, et ils t'ont conquise ! Maintenant ils peuvent pleurer et croire, ils peuvent se soumettre et prier !

Caïn repentant eût été plus grand qu'Abel : c'est le légitime orgueil satisfait qui a le droit de se faire humble !

Je crois, parce que je sais pourquoi et comment il faut croire ; je crois, parce que j'aime et parce que je ne crains plus rien.

Amour! amour! rédempteur et réparateur sublime ; toi qui fais tant de bonheur avec tant de tortures, toi le sacrificateur du sang et des larmes, toi qui es la vertu même et le salaire de la vertu ; force de la résignation, liberté de l'obéissance, joie des douleurs, vie de la mort, salut! salut et gloire à toi! Si l'intelligence est une lampe, tu en es la flamme ; si elle est le droit, tu es le devoir ; si elle est la noblesse, tu es le bonheur! Amour plein de fierté et de pudeur dans tes mystères, amour divin, amour caché, amour insensé et sublime, Titan qui prends à deux mains le ciel et qui le forces à descendre, dernier et ineffable secret du veuvage chrétien, amour éternel, amour infini, idéal qui suffirait pour créer des mondes, amour! amour! bénédiction et gloire à toi! Gloire aux intelligences qui se voilent pour ne pas offenser les yeux malades! Gloire au droit qui se transforme tout entier en devoir et qui devient le dévouement! aux âmes veuves qui aiment et se consument sans être aimées! à ceux qui souffrent et ne font rien souffrir, à ceux qui pardonnent aux ingrats, à ceux qui aiment leurs ennemis! Oh! heureux toujours, heureux plus que jamais ceux qui s'appauvrissent d'eux-mêmes et qui s'épuisent pour se donner! Heureuses les âmes qui font toujours la paix! Heureux les cœurs purs et simples qui ne se croient meilleurs que personne! Humanité ma mère, humanité fille et mère de Dieu, humanité conçue sans péché, Église universelle, Marie! heureux qui a tout osé pour te connaître et te comprendre, et qui est prêt encore à tout souffrir pour te servir et pour t'aimer!

XVIII.

LE NOMBRE DIX-HUIT.

Ce nombre est celui du dogme religieux, qui est toute poésie et tout mystère.

L'Évangile dit qu'à la mort du Sauveur le voile du temple s'est déchiré, parce que cette mort a manifesté le triomphe du dévouement, le miracle de la charité, la puissance de Dieu dans l'homme, l'humanité divine et la divinité humaine, le dernier et le plus sublime des arcanes, le dernier mot de toutes les initiations.

Mais le Sauveur savait qu'on ne le comprendrait pas d'abord, et il avait dit : Vous ne supporteriez pas maintenant toute la lumière de ma doctrine ; mais quand se manifestera l'esprit de vérité, il vous enseignera toute la vérité et il vous suggérera le sens de ce que je vous ai dit.

Or l'esprit de vérité, c'est l'esprit de science et d'intelligence, l'esprit de force et de conseil ;

Cet esprit qui s'est manifesté solennellement dans l'Église romaine, lorsqu'elle a déclaré dans les quatre articles de son décret du 12 décembre 1845 :

1° Que si la foi est supérieure à la raison, la raison doit appuyer les inspirations de la foi ;

2° Que la foi et la science ont chacune leur domaine séparé, et que l'une ne doit pas usurper les fonctions de l'autre ;

3° Que le propre de la foi et de la grâce, ce n'est pas d'affaiblir, mais au contraire d'affermir et de développer la raison ;

4° Que le concours de la raison, qui examine non les décisions de la foi, mais les bases naturelles et rationnelles de l'autorité qui décide, loin de nuire à la foi, ne saurait que lui être utile ; en d'autres termes, que la foi parfaitement raisonnable dans ses principes ne doit pas craindre, mais doit, au contraire, désirer l'examen sincère de la raison.

Un pareil décret, c'est toute une révolution religieuse accomplie, c'est l'inauguration du règne du Saint-Esprit sur la terre.

XIX.

LE NOMBRE DIX-NEUF.

C'est le nombre de la lumière.

C'est l'existence de Dieu prouvée par l'idée même de Dieu.

Ou il faut dire que l'Être immense est un tombeau universel ou se meut par un mouvement automatique, une forme toujours morte et cadavéreuse, ou il faut admettre le principe absolu de l'intelligence et de la vie.

La lumière universelle est-elle morte ou vivante? Fatalement vouée à l'œuvre de la destruction ou providentiellement dirigée pour un enfantement immortel?

S'il n'y a pas de Dieu, l'intelligence n'est qu'une déception, car elle manque d'absolu et son idéal est un mensonge.

Sans Dieu, l'être est un néant qui s'affirme, et la vie une mort qui se déguise.

La lumière est une nuit toujours trompée par le mirage des songes.

Le premier et le plus essentiel des actes de foi est donc celui-ci.

L'Être est, et l'être de l'être, la vérité de l'être, c'est Dieu.

L'Être est vivant avec intelligence, et l'intelligence vivante de l'Être absolu, c'est Dieu.

La lumière est réelle et vivifiante; or la réalité et la vie de toute lumière, c'est Dieu.

Le Verbe de la raison universelle est une affirmation et non une négation.

Aveugles ceux qui ne voient pas que la lumière physique n'est que l'instrument de la pensée!

La pensée seule voit la lumière et la crée en l'employant à ses usages.

L'affirmation de l'athéisme, c'est le dogme de l'éternelle nuit; l'affirmation de Dieu, c'est le dogme de la lumière!

Nous nous arrêtons ici au dix-neuvième nombre, bien que l'alphabet sacré ait vingt-deux lettres; mais les dix-neuf premières sont les clés de la théologie occulte. Les autres sont les clés de la nature; nous y reviendrons dans la troisième partie de cet ouvrage.

Résumons ce que nous avons dit de Dieu en citant une belle invocation empruntée à la lithurgie israélite. C'est une page de Kether-Malchut, poème cabalistique de rabbin Salomon, fils Gabirol.

« Vous êtes un, le commencement de tous les nombres, et le fondement de tous les édifices; vous êtes un, et dans le secret de votre unité, les hommes les plus savants se perdent, parce qu'ils ne la connaissent point. Vous êtes un, et votre unité ne diminue jamais, ni n'augmente, ni ne souffre aucune altération. Vous êtes un, mais non pas comme un en fait de calcul, car votre unité n'admet ni multiplication, ni changement, ni forme. Vous êtes un, auquel pas une de mes imaginations ne peut fixer une limite et donner une définition; c'est pourquoi, je veillerai sur ma conduite, en me préservant de manquer par ma langue. Vous êtes un enfin, dont l'excellence est si élevée, qu'elle ne peut tomber d'aucune façon que ce soit, et non pas comme cet un qui peut cesser d'être.

« Vous êtes existant; cependant l'entendement et la vue des mortels ne peuvent atteindre votre existence, ni placer en vous le où, le comment, et le pourquoi. Vous êtes existant, mais en vous-même, puisqu'aucun autre ne peut exister avec vous. Vous êtes existant, dès avant le temps, et sans lieu. Vous êtes enfin existant, et votre existence est si cachée et si profonde, que personne ne peut en découvrir ni en pénétrer le secret.

« Vous êtes vivant, mais non pas depuis un temps connu et fixe; vous êtes vivant, mais non par un esprit ou une âme; car vous êtes l'âme de toutes les âmes. Vous êtes vivant; mais non pas comme les vies des mortels qui sont comparées à un souffle, et dont la fin sera la nourriture des vers. Vous êtes vivant, et celui qui peut atteindre vos mystères jouira des délices éternelles, et vivra à perpétuité.

« Vous êtes grand, et auprès de votre grandeur toutes ces grandeurs fléchissent, et tout ce qu'il y a de plus excellent devient défectueux. Vous êtes grand au-dessus de toute imagination, et vous vous élevez au-dessus de toutes les hiérarchies célestes. Vous êtes grand, au-dessus de toute grandeur, et vous êtes exalté au-dessus de toutes louanges. Vous êtes fort, et pas une de toutes vos créatures ne fera les œuvres que vous faites, ni sa force ne pourra être comparée à la vôtre. Vous êtes fort ; et c'est à vous qu'appartient cette force invincible qui ne change ni ne s'altère jamais. Vous êtes fort, et par votre magnanimité vous pardonnez dans le temps de votre plus ardente colère, et vous vous montrez patient envers les pécheurs. Vous êtes fort, et vos miséricordes, qui ont existé de tout temps, s'étendent sur toutes vos créatures. Vous êtes la lumière éternelle, que les âmes pures verront, et que la nuée des péchés cachera aux yeux des pécheurs. Vous êtes la lumière, qui est cachée dans ce monde, et visible dans l'autre, où la gloire du Seigneur se montre. Vous êtes souverain, et les yeux de l'entendement qui désirent de vous voir sont tout étonnés de n'en pouvoir atteindre qu'une partie et jamais le tout. Vous êtes le Dieu des dieux, témoins toutes vos créatures ; et en l'honneur de ce grand nom elles vous doivent toutes rendre leur culte. Vous êtes Dieu, et tous les créés sont vos serviteurs et vos adorateurs ; votre gloire n'est point ternie quoiqu'on en adore d'autres, parce que leur intention est de s'adresser à vous ; ils sont comme des aveugles, dont le but est de suivre le grand chemin, et ils s'égarent ; l'un se noie dans un puits, et l'autre tombe dans une fosse ; tous en général croient être parvenus à leurs désirs, et cependant ils se sont fatigués en vain. Mais vos serviteurs sont comme des clairvoyants qui marchent dans un chemin assuré, et qui ne s'en écartent jamais ni à droite ni à gauche, jusqu'à ce qu'ils entrent dans le parvis du palais du roi. Vous êtes Dieu, qui soutenez par votre déité tous les êtres et qui assistez par votre unité toutes les créatures. Vous êtes Dieu, et il n'y a point de différence entre votre déité, votre unité, votre éternité, et votre existence ; car tout est un même mystère ; et quoique les noms varient tout revient au même. Vous êtes savant, et cette science qui est la source de la vie émane de vous-même ; et en comparaison de votre science tous les hommes les plus savants sont des stupides. Vous êtes savant, et l'ancien des anciens, et la science s'est toujours nourrie auprès de vous. Vous êtes savant, et vous n'avez appris la science de personne, ni ne l'avez acquise d'autre que de vous. Vous êtes savant, et vous avez, comme un ouvrier et un architecte, réservé de votre science une divine volonté, dans un temps marqué, pour attirer l'être, du rien ; de même que la lumière qui sort des yeux est attirée de son même centre sans aucun instrument ni outil. Cette divine volonté a creusé, tracé, purifié et fondu ; elle a ordonné au rien de s'ouvrir, à l'être de s'enfoncer, et au monde de s'étendre. Elle a mesuré les cieux avec le palme, avec sa puissance a assemblé le pavillon des sphères, avec les lacets de son pouvoir a serré les rideaux des créatures de l'univers, et en touchant avec sa force le bord du rideau de la création, a joint la partie supérieure à l'inférieure. »

(*Extrait des prières de Kippour*).

Nous avons donné à ces hardies spéculations kabbalistiques la seule forme qui leur convienne, celle de la poésie ou de l'inspiration du cœur.

Les âmes croyantes n'auront pas besoin des hypothèses rationnelles contenues dans cette explication nouvelle des figures de la Bible, mais les cœurs sincères affligés par le doute, et que la critique du xviiie siècle tourmente, comprendront, en la lisant, que la raison même sans la foi peut trouver dans le livre sacré autre chose que des écueils ; si les voiles dont les textes divins sont couverts projettent une grande ombre, cette ombre est si merveilleusement dessinée par les oppositions de la lumière qu'elle devient la seule image intelligible de l'idéal divin.

Idéal incompréhensible comme l'infini, et indispensable comme l'essence même du mystère.

ARTICLE II.

SOLUTION DU DEUXIÈME PROBLÈME.

LA VRAIE RELIGION.

La religion existe dans l'humanité comme dans l'amour.

Elle est unique comme lui.

Comme lui, elle existe ou n'existe pas dans telle ou telle âme; mais, qu'on l'accepte ou qu'on la nie, elle est dans l'humanité, elle est donc dans la vie, elle est dans la nature, elle est incontestable devant la science et même devant la raison.

La vraie religion, c'est celle qui a toujours existé, qui existe et qui existera toujours.

On peut nous dire que la religion est ceci ou cela; la religion est ce qu'elle est. La religion, c'est elle, et les fausses religions sont les superstitions imitées d'elle, empruntées à elle, ombres mensongères d'elle-même.

On peut dire de la religion ce qu'on dit de l'art véritable. Les essais barbares de peinture ou de sculpture sont des tentatives de l'ignorance pour arriver à la vérité. L'art se prouve par lui-même, il rayonne de sa propre splendeur, il est unique et éternel comme la beauté.

La vraie religion est belle, et c'est par ce caractère divin qu'elle s'impose aux respects de la science et à l'assentiment de la raison.

La science ne saurait sans témérité affirmer ou

nier ces hypothèses du dogme qui sont des vérités pour la foi; mais elle peut reconnaître, à des caractères certains, la religion seule véritable, c'est-à-dire celle qui mérite seule le nom de religion en réunissant tous les caractères qui conviennent à cette grande et universelle aspiration de l'âme humaine.

Une seule chose évidemment divine pour tous s'est manifestée dans le monde.

C'est la charité.

L'œuvre de la vraie religion doit être de produire, de conserver et de répandre l'esprit de charité.

Pour parvenir à ce but, il faut qu'elle ait elle-même tous les caractères de la charité, en sorte qu'on puisse la bien définir en la nommant elle-même *la charité organisée*.

Or, quels sont les caractères de la charité.

C'est saint Paul qui va nous l'apprendre.

La charité est patiente.

Patiente comme Dieu, parce qu'elle est éternelle comme lui. Elle souffre les persécutions et ne persécute jamais personne.

Elle est bienveillante et débonnaire, appelant à elle les petits et ne repoussant pas les grands.

Elle est sans jalousie. De qui et de quoi serait-elle jalouse, n'a-t-elle pas cette meilleure part qui ne lui sera jamais ôtée?

Elle n'est ni remuante ni intrigante.

Elle est sans orgueil, sans ambition, sans égoïsme, sans colère.

Elle ne suppose jamais le mal et ne triomphe jamais par l'injustice, car elle met toute sa joie dans la vérité.

Elle endure tout sans jamais tolérer le mal.

Elle croit tout, sa foi est simple, soumise, hiérarchique et universelle.

Elle soutient tout, et n'impose jamais de fardeaux qu'elle ne porte la première.

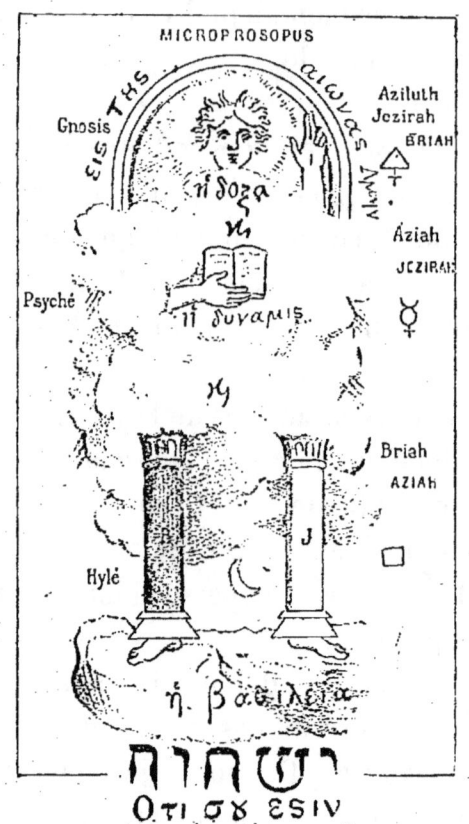

Grand Pantacle tiré de la vision de Saint-Jean.

La religion est patiente, c'est la religion des grands travailleurs de la pensée : c'est la religion des martyrs.

Elle est bienveillante comme le Christ et les apôtres comme les Vincent de Paul et les Fénelon.

Elle n'envie ni les dignités ni les biens de la terre. C'est la religion des pères du désert, de saint François d'Assises et de saint Bruno, des sœurs de la charité et des frères de Saint-Jean-de-Dieu.

Elle n'est ni remuante, ni intrigante, elle prie, elle fait le bien et elle attend.

Elle est humble, elle est douce, elle n'inspire que le dévouement et le sacrifice. Elle a enfin tous les caractères de la charité, parce qu'elle est la charité même.

Les hommes, au contraire, sont impatients, persécuteurs, jaloux, cruels, ambitieux, injustes, et ils se sont montrés tels, même au nom de cette religion qu'ils ont pu calomnier, mais qu'ils ne feront jamais mentir. Les hommes passent et la vérité est éternelle.

Fille de la charité et créant à son tour la charité, la vraie religion est essentiellement réalisatrice ; elle croit aux miracles de la foi, parce qu'elle les accomplit tous les jours lorsqu'elle fait la charité. Or, une religion qui fait la charité peut se flatter de réaliser tous les rêves de l'amour divin. Aussi la foi de l'Église hiérarchique transforme-t-elle le mysticisme en réalisme par l'efficacité de ses sacrements. Plus de signes, plus de figures qui n'aient leur force dans la grâce et qui ne donnent réellement ce qu'elles promettent. La foi anime tout, rend tout en quelque sorte visible et palpable ; les paraboles mêmes de Jésus-Christ prennent un corps et une âme. On montre à Jérusalem la maison du mauvais riche. Les symbolismes épars des religions primitives, délaissés par la science et privés de la vie de la foi, ressemblaient à ces ossements blanchis qui couvraient la campagne d'Ézéchiel. L'esprit du Sauveur, l'esprit de foi, l'esprit de charité a soufflé sur cette poussière, et tout ce qui était mort a repris une vie si réelle qu'on ne reconnaît plus dans ces vivants d'aujourd'hui les cadavres d'hier. Et pourquoi les reconnaîtrait-on, puisque le monde est renouvelé, puisque saint Paul a brûlé à Éphèse les livres des hiérophantes. Était-ce donc un barbare que saint Paul, et ne commettait-il pas un attentat contre la science? Non, mais il brûlait les suaires des ressuscités pour leur faire oublier la mort. Pourquoi donc aujourd'hui rappelons-nous les origines kabbalistiques du dogme? Pourquoi rattachons-nous les figures de la Bible aux allégories d'Hermès? Est-ce pour condamner saint Paul, est-ce pour apporter le doute aux croyants? Non certes, car les croyants n'ont pas besoin de notre livre, ils ne le liront pas, ils ne voudront pas le comprendre. Mais nous voulons montrer à la foule innombrable de ceux qui doutent que la foi se rattache à la raison de tous les siècles, à la science de tous les sages. Nous voulons forcer la liberté humaine à respecter l'autorité divine, la raison à reconnaître les bases de la foi, pour que la foi et l'autorité, à leur tour, ne proscrivent plus à jamais la liberté ni la raison.

ARTICLE III.

SOLUTION DU TROISIÈME PROBLÈME.

RAISON DES MYSTÈRES.

La foi étant l'aspiration à l'inconnu, l'objet de la foi est absolument et nécessairement le mystère.

La foi pour formuler ses aspirations est forcée d'emprunter au connu des aspirations et des images.

Mais elle spécialise l'emploi de ces formes en les assemblant d'une manière impossible dans l'ordre connu. Telle est la profonde raison de l'apparente absurdité du symbolisme.

Donnons un exemple :

Si la foi disait que Dieu est impersonnel, on pourrait en conclure que Dieu n'est qu'un mot ou tout au plus une chose.

Si elle disait que Dieu est une personne, on se représenterait l'infini intelligent sous la forme nécessairement bornée d'un individu.

Elle dit, Dieu est un en trois personnes, pour exprimer qu'on conçoit en Dieu l'unité et le nombre.

La formule du mystère exclut nécessairement l'intelligence même de cette formule, en tant qu'elle est empruntée au Verbe des choses connues, car si on la comprenait, elle exprimerait le connu et non l'inconnu.

Elle appartiendrait alors à la science et non plus à la religion, c'est-à-dire à la foi.

L'objet de la foi est un problème de mathématiques, dont l'X échappe aux procédés de notre algèbre.

Les mathématiques absolues prouvent seulement la nécessité, et par conséquent l'existence de cet inconnu représenté par l'X intraduisible.

Or, la science aura beau faire dans son progrès indéfini, mais toujours relativement fini, elle ne trouvera jamais dans la langue du fini l'expression complète de l'infini. Le mystère est donc éternel.

Faire rentrer dans la logique du connu les termes d'une profession de foi, c'est les faire sortir de la foi qui a pour bases positives l'illogisme, c'est-à-dire l'impossibilité d'expliquer logiquement l'inconnu.

Pour les israélites, Dieu est séparé de l'humanité, il ne vit pas dans les créatures, c'est un égoïsme infini.

Pour les musulmans, Dieu est un mot devant lequel on se prosterne sur la foi de Mahomet.

Pour les chrétiens, Dieu s'est révélé dans l'humanité, il se prouve par la charité, il règne par l'ordre qui constitue la hiérarchie.

La hiérarchie est gardienne du dogme, dont elle veut qu'on respecte la lettre et l'esprit. Les sectaires qui, au nom de leur raison ou plutôt de leur déraison individuelle, ont touché au dogme, ont par le fait même perdu l'esprit de charité, ils se sont excommuniés eux-mêmes.

Le dogme catholique, c'est-à-dire universel, mérite ce beau nom en résumant toutes les aspirations religieuses du monde ; il affirme l'unité de Dieu avec Moïse et Mahomet, il reconnaît en lui la trinité infinie de la génération éternelle avec Zoroastre, Hermès et Platon, il concilie avec le Verbe unique de saint Jean les nombres vivants de Pythagore, voilà ce que la science et la raison peuvent constater. C'est donc devant la raison même et devant la science le dogme le plus parfait, c'est-à-dire le plus complet, qui se soit encore produit dans le monde. Que la science et la raison nous accordent cela, nous ne leur demandons rien de plus.

Dieu existe, il n'y a qu'un Dieu, et il punit ceux qui font le mal, avait dit Moïse.

Dieu est partout, il est en nous, et ce que nous faisons de bien aux hommes, nous le faisons à Dieu, a dit Jésus.

Craignez, telle était la conclusion du dogme de Moïse.

Aimez, c'est la conclusion du dogme de Jésus.

L'idéal typique de la vie de Dieu dans l'humanité, c'est l'incarnation.

L'incarnation nécessite la rédemption et l'opère au nom de la reversibilité de la solidarité, en d'autres termes de la communion universelle, principe dogmatique de l'esprit de charité.

Substituer l'arbitraire humain au despotisme légitime de la loi, mettre, en d'autres termes, la tyrannie à la place de l'autorité, c'est l'œuvre de tous les protestantismes et de toutes les démocraties. Ce que les hommes appellent la liberté, c'est la sanction de l'autorité illégitime, ou plutôt la fiction du pouvoir non sanctionné par l'autorité.

Jean Calvin protestait contre les bûchers de Rome pour se donner le droit de brûler Michel Servet. Tout peuple qui s'affranchit d'un Charles Ier ou d'un Louis XVI subit un Robespierre ou un Cromwel, et il y a un antipape plus ou moins absurde derrière toutes les protestations contre la papauté légitime.

La divinité de Jésus-Christ n'existe que dans l'Église catholique à laquelle il transmet hiérarchiquement sa vie et ses pouvoirs divins. Cette divinité est sacerdotale et royale par communion, mais, en dehors de cette communion, toute affirmation de la divinité de Jésus-Christ est idolâtrique, parce que Jésus-Christ ne saurait être un Dieu séparé.

Peu importe à la vérité catholique le nombre des protestants.

Si tous les hommes étaient aveugles, serait-ce une raison pour nier l'existence du soleil ?

La raison, en protestant contre le dogme, prouve assez qu'elle ne l'a pas inventé, mais elle est forcée d'admirer la morale qui résulte de ce dogme. Or, si la morale est une lumière, il faut que le dogme soit un soleil ; la clarté ne vient pas des ténèbres.

Entre les deux abîmes du polythéisme et d'un déisme absurde et borné, il n'y a qu'un milieu possible : le mystère de la très sainte Trinité.

Entre l'athéisme spéculatif et l'anthropomorphisme, il n'y a qu'un milieu possible : le mystère de l'incarnation.

Entre la fatalité immorale et la responsabilité draconienne qui conclurait à la damnation de tous les êtres, il n'y a qu'un milieu possible : le mystère de la rédemption.

La trinité c'est la foi.

L'incarnation c'est l'espérance.

La rédemption c'est la charité.

La trinité c'est la hiérarchie.

L'incarnation c'est l'autorité divine de l'Église.

La rédemption c'est le sacerdoce unique, infaillible, indéfectible et catholique.

L'Église catholique possède seule un dogme invariable et se trouve par sa constitution même dans l'impossibilité de corrompre la morale ; elle n'innove pas, elle explique. Ainsi, par exemple, le dogme de l'immaculée conception n'est pas nouveau, il était contenu tout entier dans le théotokon du concile d'Éphèse, et le théotokon est une conséquence rigoureuse du dogme catholique de l'incarnation.

De même l'Église catholique ne fait pas les excommunications, elle les déclare et peut seule les déclarer, parce qu'elle est seule gardienne de l'unité.

Hors du vaisseau de Pierre, il n'y a que l'abîme. Les protestants ressemblent à des gens qui, fatigués du langage, se seraient jetés à l'eau pour éviter le mal de mer.

C'est de la catholicité, telle qu'elle est constituée dans l'Église romaine, qu'il faut dire ce que Voltaire a dit de Dieu avec tant de hardiesse.

Si elle n'existait pas, il faudrait l'inventer. Mais si un homme eût été capable d'inventer l'esprit de charité, celui-là aussi aurait inventé Dieu. La charité ne s'invente pas, elle se révèle par ses œuvres, et c'est alors qu'on peut s'écrier avec le Sauveur du monde : Heureux ceux qui ont le cœur pur, car ils verront Dieu !

Comprendre l'esprit de charité, c'est avoir l'intelgence de tous les mystères.

ARTICLE IV.

SOLUTION DU QUATRIÈME PROBLÈME.

LA RELIGION PROUVÉE PAR LES OBJECTIONS QU'ON LUI OPPOSE.

Les objections qu'on peut faire contre la religion peuvent être faites, soit au nom de la science, soit au nom de la raison, soit au nom de la foi.

La science ne peut nier les faits de l'existence de la religion, de son établissement et de son influence sur les événements de l'histoire.

Il lui est défendu de toucher au dogme ; le dogme appartient tout entier à la foi.

La science s'arme ordinairement contre la religion d'une série de faits qu'elle a le droit d'apprécier, qu'elle apprécie en effet sévèrement, mais que la religion condamne plus énergiquement encore que la science.

En faisant cela, la science donne raison à la religion et se donne tort à elle-même ; elle manque de logique, accuse le désordre que toute passion haineuse introduit dans l'esprit des hommes, et le besoin qu'il a sans cesse d'être redressé et dirigé par l'esprit de charité.

La raison, de son côté, examine le dogme et le trouve absurde.

Mais s'il ne l'était pas, la raison le comprendrait ; si elle le comprenait, ce ne serait plus la formule de l'inconnu.

Ce serait une démonstration mathématique de l'infini.

Ce serait l'infini fini, l'inconnu connu, l'incommensurable mesuré, l'indicible nommé.

C'est-à-dire que le dogme ne cesserait d'être absurde devant la raison que pour devenir devant la foi, la science, la raison et le bon sens réunis, la plus monstrueuse et la plus impossible de toutes les absurdités.

Restent les objections de la foi dissidente.

Les israélites, nos pères en religion, nous reprochent d'avoir attenté à l'unité de Dieu, d'avoir changé une loi immuable et éternelle, d'adorer la créature au lieu du créateur.

Ces reproches si graves sont fondés sur une notion parfaitement fausse du christianisme.

Notre Dieu est le Dieu de Moïse, Dieu unique, immatériel, infini, seul adorable et toujours le même.

Comme les juifs, nous le croyons présent partout, mais comme ils devraient faire, nous le croyons vivant, pensant et aimant dans l'humanité, et nous l'adorons dans ses œuvres.

Nous n'avons pas changé sa loi, car le décalogue des israélites est aussi la loi des chrétiens.

La loi est immuable parce qu'elle est fondée sur les principes éternels de la nature ; mais le culte nécessité par les besoins des hommes peut changer et se modifier avec les hommes.

Ce que signifie le culte est immuable, mais le culte se modifie comme les langues.

Le culte est un enseignement, c'est une langue, il faut le traduire quand les nations ne le comprennent plus.

Nous avons traduit et non détruit le culte de Moïse et des prophètes.

En adorant Dieu dans la création, nous n'adorons pas la création elle-même.

En adorant Dieu en Jésus-Christ, c'est Dieu seul que nous adorons, mais Dieu uni à l'humanité.

En rendant l'humanité divine, le christianisme a révélé la divinité humaine.

Le Dieu des juifs était inhumain, parce qu'ils ne le comprenaient pas dans ses œuvres.

Nous sommes donc plus israélites que les israélites eux-mêmes. Ce qu'ils croient nous le croyons avec eux et mieux qu'eux. Ils nous accusent de nous être séparés d'eux, et ce sont eux au contraire qui veulent rester séparés de nous.

Nous les attendons à cœur et à bras ouverts.

Nous sommes comme eux les disciples de Moïse.

Comme eux, nous venons de l'Égypte et nous en détestons la servitude. Mais nous sommes entrés dans la terre promise, et eux ils s'obstinent à demeurer et à mourir dans le désert.

Les musulmans sont les bâtards d'Israël ou plutôt ils en sont les frères déshérités, comme Ésaü.

Leur croyance est illogique, car ils admettent que Jésus est un grand prophète, et ils traitent les chrétiens d'infidèles.

Ils reconnaissent l'inspiration divine de Moïse et ils ne regardent pas les juifs comme des frères.

Ils croient aveuglément à leur aveugle prophète, le fataliste Mahomet, l'ennemi du progrès et de la liberté.

N'ôtons pas pourtant à Mahomet la gloire d'avoir proclamé l'unité de Dieu parmi les Arabes idolâtres.

On trouve dans le Coran des pages pures et sublimes.

C'est en lisant ces pages qu'on peut dire avec les enfants d'Ismaël : Il n'y a pas d'autre Dieu que Dieu, et Mahomet est son prophète.

Il y a trois trônes dans le ciel pour les trois prophètes des nations; mais, à la fin des temps, Mahomet sera remplacé par Élie.

Les musulmans ne reprochent rien aux chrétiens, ils les injurient.

Ils les appellent infidèles et giaours, c'est-à-dire chiens. Nous n'avons rien à leur répondre.

Il ne faut pas réfuter les Turcs et les Arabes, il faut les instruire et les civiliser.

Restent les chrétiens dissidents, c'est-à-dire ceux qui, ayant rompu le lien de l'unité, se déclarent étrangers à la charité de l'Église.

L'orthodoxie grecque, ce jumeau de l'Église romaine, qui n'a pas grandi depuis sa séparation, qui ne compte plus dans les fastes religieux, qui, depuis Photius, n'a pas inspiré une seule éloquence; Église devenue toute temporelle et dont le sacerdoce n'est plus qu'une fonction réglée par la politique impériale du czar de toutes les Russies; momie curieuse de la primitive Église coloriée encore et dorée de toutes ses légendes et de tous ses rites que les popes ne comprennent plus; ombre d'une Église vivante, mais qui a voulu s'arrêter quand cette Église marchait, et qui n'en est plus que la silhouette effacée et sans tête.

Puis les protestants, ces éternels régulateurs de l'anarchie, qui ont brisé le dogme et qui essayent toujours de le remplir de raisonnements comme le tonneau des Danaïdes ; ces fantaisistes religieux dont toutes les innovations sont négatives, qui ont formulé à leur usage un inconnu, soi-disant mieux connu, des mystères mieux expliqués, un infini plus défini, une immensité plus restreinte, une foi plus douteuse, qui ont quintessencié l'absurde, scindé la charité et pris des actes d'anarchie pour les principes d'une hiérarchie à jamais impossible ; ces hommes qui veulent réaliser le salut par la foi seule, parce que la charité leur échappe, et qui ne peuvent plus rien réaliser, même sur la terre, car leurs sacrements prétendus ne sont plus que des momeries allégoriques, ils ne donnent plus la grâce, ils ne font plus voir Dieu et toucher Dieu, ce ne sont plus, en un mot, les signes de la toute-puissance de la foi, mais les témoignages forcés de l'impuissance éternelle du doute.

C'est donc contre la foi même que la réforme a protesté. Les protestants ont eu raison seulement contre le zèle inconsidéré et persécuteur qui voulait forcer les consciences. Ils ont réclamé le droit de douter, le droit d'avoir moins de religion ou même de n'en avoir pas du tout ; ils ont versé leur sang pour ce triste privilège ; ils l'ont conquis, ils le possèdent, mais ils ne nous ôteront pas celui de les plaindre et de les aimer. Quand le besoin de croire les reprendra, quand leur cœur se révoltera à son tour contre la tyrannie d'une raison faussée, quand ils se lasseront des froides abstractions de leur dogme arbitraire, des vaines observances de leur culte sans effet, quand leur communion sans présence réelle, leurs églises sans divinité et leur morale sans pardon les épouvanteront enfin, lorsqu'ils seront malades de la nostalgie de Dieu, ne se lèveront-ils pas comme l'enfant prodigue et ne viendront-ils pas se jeter aux pieds du successeur de Pierre en lui disant : Père, nous avons péché contre le ciel et contre vous, déjà nous ne sommes plus dignes d'être appelés vos fils, mais comptez-nous du moins parmi les plus humbles de vos serviteurs.

Nous ne parlerons pas de la critique de Voltaire. Ce grand esprit était dominé par un ardent amour de la vérité et de la justice, mais il lui manquait cette droiture du cœur qui donne l'intelligence de la foi. Voltaire ne pouvait pas admettre la foi, parce qu'il ne savait pas aimer. L'esprit de charité ne s'est pas révélé à cette âme sans tendresse, et il a critiqué amèrement un foyer dont il ne sentait pas la chaleur, et une lampe dont il ne voyait pas la lumière. Si la religion était telle qu'il l'a vue, il aurait eu mille fois raison de l'attaquer, et il faudrait être à genoux devant l'héroïsme de son courage. Voltaire serait le messie du bon sens, l'Hercule destructeur du fanatisme... Mais cet homme riait trop pour comprendre celui qui a dit : Heureux ceux qui pleurent, et la philosophie du rire n'aura jamais rien de commun avec la religion des larmes.

Voltaire a parodié la Bible, le dogme, le culte, puis il a persiflé, bafoué, vilipendé sa parodie.

Ceux-là seuls peuvent s'en offenser, qui voient la religion dans la parodie de Voltaire. Les voltairiens ressemblent aux grenouilles de la fable qui sautent sur le soliveau et se moquent ensuite de la majesté royale. Libre à eux de prendre le soliveau pour un roi, libre à eux de refaire cette caricature romaine dont riait autrefois Tertullien, et qui représentait le Dieu des chrétiens sous la figure d'un homme à tête d'âne. Les chrétiens hausseront les épaules en voyant cette polissonnerie et prieront Dieu pour les pauvres ignorants qui prétendent les insulter.

M. le comte Joseph de Maistre après avoir, dans un de ses plus éloquents paradoxes, représenté le bourreau comme un être sacré et comme une incarnation permanente de la justice divine sur la terre, voudrait qu'on fit élever au vieillard de Ferney une statue par la main du bourreau. Il y a de la profondeur dans cette pensée. Voltaire en effet aussi a été dans le monde un être à la fois providentiel et fatal, doué d'insensibilité pour l'accomplissement de ses terribles fonctions. C'était dans le domaine de l'intelligence un exécuteur des hautes-œuvres, un exterminateur armé par la justice même de Dieu.

Dieu a envoyé Voltaire entre le siècle de Bossuet et celui de Napoléon pour anéantir tout ce qui sépare ces deux génies et les réunir en un seul.

C'était le Samson de l'esprit, toujours prêt à secouer les colonnes du temple ; mais pour lui faire tourner malgré lui la meule du progrès religieux, la Providence semblait avoir aveuglé son cœur.

ARTICLE V.

SOLUTION DU DERNIER PROBLÈME.

SÉPARER LA RELIGION DE LA SUPERSTITION ET DU FANATISME.

La superstition, du mot latin *superstes*, survivant, c'est le signe qui survit à l'idée ; c'est la forme préférée à la chose, c'est le rit sans raison, c'est la foi devenue insensée, parce qu'elle s'isole. C'est par conséquent le cadavre de la religion, c'est la mort de la vie, c'est l'abrutissement substitué à l'inspiration.

Le fanatisme c'est la superstition passionnée, son nom vient du mot *fanum*, qui signifie temple, c'est le temple mis à la place de Dieu, c'est l'intérêt humain et temporel du prêtre substitué à l'honneur du sacerdoce, c'est la passion misérable de l'homme exploitant la foi du croyant.

Dans la fable du baudet chargé de reliques, La Fontaine nous dit que l'animal crut être adoré, il ne nous dit pas que certaines gens crurent en effet adorer l'animal. Ces gens-là étaient les superstitieux.

Si quelqu'un eût ri de leur bêtise, ils l'eussent peut-être assassiné, car de la superstition au fanatisme il n'y a qu'un pas.

La superstition c'est la religion interprétée par la bêtise ; le fanatisme c'est la religion servant de prétexte à la fureur.

Ceux qui confondent à dessein et de parti pris la religion elle-même avec la superstition et le fanatisme, empruntent à la bêtise ses préventions aveugles et emprunteraient peut-être de même au fanatisme ses injustices et ses colères.

Inquisiteurs ou septembriseurs, qu'importent les noms ? La religion de Jésus-Christ condamne et a toujours condamné les assassins.

RÉSUMÉ DE LA PREMIÈRE PARTIE

EN FORME DE DIALOGUE.

LA FOI, LA SCIENCE, LA RAISON.

LA SCIENCE.

Jamais vous ne me ferez croire à l'existence de Dieu.

LA FOI.

Vous n'avez pas le privilège de croire, mais vous ne me prouverez jamais que Dieu n'existe pas.

LA SCIENCE.

Pour vous le prouver, il faut d'abord que je sache ce que c'est que Dieu.

LA FOI.

Vous ne le saurez jamais. Si vous le saviez, vous pourriez me l'apprendre, et quand je le saurais, je ne le croirais plus.

LA SCIENCE.

Vous croyez donc sans savoir ce que vous croyez?

LA FOI.

Oh! ne jouons pas sur les mots. C'est vous qui ne savez pas ce que je crois, et je le crois précisément, parce que vous ne le savez pas. Avez-vous la prétention d'être infinie? N'êtes-vous pas à chaque instant arrêtée par le mystère? Le mystère c'est pour vous une ignorance infinie qui réduirait à néant le fini de votre savoir, si je ne l'illuminais de mes ardentes aspirations, et, si quand vous dites : Je ne sais plus, je ne m'écriais : Et moi, je commence à croire.

LA SCIENCE.

Mais vos aspirations et leur objet ne sont et ne peuvent être pour moi que des hypothèses.

LA FOI.

Sans doute, mais ce sont des certitudes pour moi, puisque sans ces hypothèses, je douterais même de vos certitudes.

LA SCIENCE.

Mais si vous commencez où je m'arrête, vous commencez toujours trop tôt témérairement. Mes progrès attestent que je marche toujours.

LA FOI.

Qu'importent vos progrès si je marche toujours devant vous ?

LA SCIENCE.

Toi, marcher ! rêveuse d'éternité, tu as trop dédaigné la terre, tes pieds sont engourdis.

LA FOI.

Je me fais porter par mes enfants.

LA SCIENCE.

Ce sont des aveugles qui en portent un autre, gare aux précipices !

LA FOI.

Non, mes enfants ne sont point aveugles, bien au contraire, ils jouissent d'une double vue, ils voient par tes yeux ce que tu peux leur démontrer sur la terre, et ils contemplent par les miens ce que je leur montre dans le ciel.

LA SCIENCE.

Qu'en pense la raison?

LA RAISON.

Je pense, ô mes chères institutrices, que vous pourriez réaliser un apologue touchant, celui du paralytique et de l'aveugle. La science reproche à la foi de ne savoir pas marcher sur la terre, et la foi dit que la science ne voit rien dans le ciel des aspirations et de l'éternité. Au lieu de se quereller, la science et la foi devraient s'unir; que la science porte la foi, et que la foi console la science en lui apprenant à espérer et à aimer.

LA SCIENCE.

Cette idée est belle, mais c'est une utopie. La foi me dira des absurdités, et je voudrai marcher sans elle.

LA FOI.

Qu'appelles-tu absurdités?

LA SCIENCE.

J'appelle absurdités des propositions contraires à mes démonstrations, comme, par exemple, que trois font un, qu'un Dieu s'est fait homme, c'est-à-dire que l'infini s'est fait fini. Que l'Éternel est mort, que Dieu a puni son fils innocent du péché des hommes coupables...

LA FOI.

N'en dis pas davantage. Émises par toi, ces propositions sont en effet des absurdités. Sais-tu ce que c'est que le nombre en Dieu, toi qui ne connais pas Dieu? Peux-tu raisonner sur les opérations de l'inconnu, peux-tu comprendre les mystères de la charité? Je dois toujours être absurde pour toi, car, si tu les comprenais, mes affirmations seraient absorbées par tes théorèmes; je serais toi, et tu serais moi, pour mieux dire, je n'existerais plus, et la raison, en présence de l'infini, s'arrêterait toujours aveuglée par tes doutes aussi infinis que l'espace.

LA SCIENCE.

Au moins n'usurpe jamais mon autorité, ne me donne pas de démentis dans mes domaines.

LA FOI.

Je ne l'ai jamais fait et je ne puis jamais le faire.

LA SCIENCE.

Ainsi, tu n'as jamais cru, par exemple, qu'une vierge puisse être mère sans cesser d'être vierge, et cela dans l'ordre physique, naturel, positif, en dépit de toutes les lois de la nature; tu n'affirmes pas qu'un morceau de pain est non seulement un Dieu, mais un vrai corps humain avec ses os et ses veines, ses organes, son sang, en sorte que tu fais de tes enfants qui mangent ce pain un petit peuple d'anthropophages.

LA FOI.

Il n'est pas un chrétien qui ne soit révolté de ce que tu viens de dire. Cela prouve assez qu'ils ne comprennent pas mes enseignements de cette manière positive et grossière. Le surnaturel que j'affirme est au-dessus de la nature et ne saurait, par conséquent, s'opposer à elle ; les paroles de foi ne sont comprises que par la foi ; rien qu'en les répétant, la science les dénature. Je me sers de tes mots, parce que je n'en ai pas d'autres ; mais puisque tu trouves mes discours absurdes, tu dois en conclure que je donne à ces mêmes mots une signification qui t'échappe. Le Sauveur, en révélant le dogme de la présence réelle n'a-t-il pas dit : La chair ici ne sert de rien, mes paroles sont esprit et vie. Je ne te donne pas le mystère de l'incarnation pour un phénomène d'anatomie, ni celui de la transsubstantiation pour une manipulation chimique. De quel droit crierais-tu à l'absurdité ? Je ne raisonne sur rien de ce que tu connais ; de quel droit dirais-tu que je déraisonne ?

LA SCIENCE.

Je commence à te comprendre, ou plutôt je vois que je ne te comprendrai jamais. En ce cas, restons séparées, jamais je n'aurai besoin de toi.

LA FOI.

Je suis moins orgueilleuse et je reconnais que tu

peux m'être utile. Peut-être aussi sans moi serais-tu bien triste et bien désespérée, et je ne veux me séparer de toi que si la raison y consent.

LA RAISON.

Gardez-vous bien de le faire. Je vous suis nécessaire à toutes deux. Et moi, que ferais-je sans vous? J'ai besoin de savoir et de croire pour être juste. Mais je ne dois jamais confondre ce que je sais avec ce que je crois. Savoir ce n'est plus croire, croire c'est ne pas savoir encore. L'objet de la science est le connu, la foi ne s'en occupe pas et le laisse tout à la science. L'objet de la foi est l'inconnu, la science peut le chercher, mais non le définir ; elle est donc forcée, du moins provisoirement, d'accepter les définitions de la foi qu'il lui est impossible même de critiquer. Seulement si la science renonce à la foi, elle renonce à l'espérance et à l'amour dont l'existence et la nécessité sont pourtant aussi évidentes pour la science que pour la foi. La foi, comme fait psychologique, est du domaine de la science, et la science, comme manifestation de la lumière de Dieu dans l'intelligence humaine, est du domaine de la foi. La science et la foi doivent donc s'admettre, se respecter mutuellement, se soutenir même et se porter secours au besoin, mais sans jamais empiéter l'une sur l'autre. Le moyen de les unir c'est de ne jamais les confondre. Jamais il ne peut y avoir de contradiction entre elles, car en se servant des mêmes mots, elles ne parlent pas la même langue.

LA FOI.

Eh bien! ma sœur la science, qu'en dites-vous?

LA SCIENCE.

Je dis que nous étions séparées par un déplorable malentendu et que désormais nous pouvons marcher ensemble. Mais auquel de tes différents symboles vas-tu me rattacher? Serai-je juive, catholique, musulmane ou protestante?

LA FOI.

Tu resteras la science et tu seras universelle.

LA SCIENCE.

C'est-à-dire catholique, si je comprends bien. Mais que dois-je penser des différentes religions?

LA FOI.

Juge-les par leurs œuvres. Cherche la charité véritable et quand tu l'auras trouvée, demande-lui à quel culte elle appartient.

LA SCIENCE.

Ce n'est certainement pas à celui des inquisiteurs et des bourreaux de la Saint-Barthélemy.

LA FOI.

C'est à celui de saint Jean l'Aumônier, de saint François de Sales, de saint Vincent de Paul, de Fénelon et de tant d'autres.

LA SCIENCE.

Avouez que si la religion a produit quelque bien, elle a fait aussi bien du mal.

LA FOI.

Lorsqu'on tue au nom du Dieu qui a dit : Tu ne tueras pas, lorsqu'on persécute au nom de celui qui veut qu'on pardonne à ses ennemis, lorsqu'on propage les ténèbres au nom de celui qui ne veut pas qu'on mette la lumière sous le boisseau, est-il juste d'attribuer le crime à la loi même qui le condamne ? Dis, si tu veux être juste, que malgré la religion bien du mal a été fait sur la terre. Mais aussi combien de vertus n'a-t-elle pas fait naître, combien de dévouements et de sacrifices ignorés ? As-tu compté ces nobles cœurs des deux sexes qui ont renoncé à toutes les joies pour se mettre au service de toutes les douleurs ? Ces âmes dévouées au travail et à la prière qui ont passé en faisant le bien ? Qui donc a fondé des asiles pour les orphelins et les vieillards, des hospices pour les malades, des retraites pour le repentir ? Ces institutions aussi glorieuses qu'elles sont modestes sont les œuvres réelles dont se remplissent les annales de l'Église ; les guerres de religion et les supplices des sectaires appartiennent à la politique des siècles barbares. Les sectaires d'ailleurs étaient eux-mêmes des meurtriers. Avez-vous oublié le bûcher de Michel Servet et le massacre de nos prêtres renouvelé encore au nom de l'humanité et de la raison par les révolutionnaires ennemis de l'inquisition et de la Saint-Barthélemy ? Toujours les hommes sont cruels, mais c'est quand ils oublient la religion qui bénit et qui pardonne.

LA SCIENCE.

O foi! pardonne-moi donc si je ne puis croire, mais je sais maintenant pourquoi tu es croyante. Je respecte tes espérances et je partage tes désirs. Mais c'est en cherchant que je trouve et il faut que je doute pour chercher.

LA RAISON.

Travaille donc et cherche, ô science, mais respecte les oracles de la foi. Lorsque ton doute laissera une lacune dans l'enseignement universel, permets à la foi de la remplir. Marchez distinguées l'une de l'autre, mais appuyées l'une sur l'autre et vous ne vous égarerez jamais.

DEUXIÈME PARTIE

MYSTÈRES PHILOSOPHIQUES

CONSIDÉRATIONS PRÉLIMINAIRES.

On a dit que le beau est la splendeur du vrai.

Or la beauté morale c'est la bonté. Il est beau d'être bon.

Pour être bon avec intelligence il faut être juste.

Pour être juste il faut agir avec raison.

Pour agir avec raison il faut avoir la science de la réalité.

Pour avoir la science de la réalité il faut avoir conscience de la vérité.

Pour avoir conscience de la vérité il faut avoir une notion exacte de l'être.

L'être, la vérité, la raison et la justice sont les objets communs des recherches de la science et des aspirations de la foi. La conception, soit réelle, soit hypothétique d'un pouvoir suprême, transforme la justice en Providence, et la notion divine, à ce point de vue, devient accessible à la science elle-même.

La science étudie l'être dans ses manifestations partielles, la foi le suppose ou plutôt l'admet *à priori* dans sa généralité.

La science cherche la vérité en toutes choses, la foi rapporte toutes choses à une vérité universelle et absolue.

La science constate des réalités en détail, la foi les explique par une réalité d'ensemble que la science ne peut constater, mais que l'existence même des détails semble la forcer de reconnaître et d'admettre.

La science soumet les raisons des personnes et des choses à la raison mathématique universelle; la foi cherche ou plutôt suppose aux mathématiques elles-mêmes et au-dessus des mathématiques une raison intelligente et absolue.

La science démontre la justice par la justesse; la foi donne une justesse absolue à la justice en la subordonnant à la Providence.

On voit ici tout ce que la foi emprunte à la science et tout ce que la science à son tour doit à la foi.

Sans la foi, la science est circonscrite par un doute absolu et se trouve éternellement parquée dans l'empirisme hasardeux d'un scepticisme raisonneur; sans la science, la foi construit ses hypothèses au hasard et ne peut que préjuger aveuglément les causes des effets qu'elle ignore.

La grande chaîne qui réunit la science à la foi c'est l'analogie.

La science est forcée de respecter une croyance dont les hypothèses sont analogues aux vérités démontrées. La foi qui attribue tout à Dieu est forcée d'admettre la science comme une révélation naturelle qui, par la manifestation partielle des lois de la raison éternelle, donne une échelle de proportion à toutes les aspirations et à tous les élans de l'âme dans le domaine de l'inconnu.

C'est donc la foi seule qui peut donner une solution aux mystères de la science, et c'est en revanche la science seule qui démontre la raison d'être des mystères de la foi.

En dehors de l'union et du concours de ces deux forces vives de l'intelligence, il n'y a pour la science que scepticisme et désespoir, pour la foi que témérité et fanatisme.

Si la foi insulte la science elle blasphème ; si la science méconnaît la foi elle abdique.

Maintenant, écoutons-les parler de concert.

L'être est partout, dit la science, il est multiple et variable dans ses formes, unique dans son essence et immuable dans ses lois. Le relatif démontre l'existence de l'absolu. L'intelligence existe dans l'être. L'intelligence anime et modifie la matière.

— L'intelligence est partout, dit la foi. Nulle part la vie n'est fatale puisqu'elle est réglée. La règle est l'expression d'une sagesse suprême. L'absolu en intelligence, le régulateur suprême des formes, l'idéal vivant des esprits, c'est Dieu.

— Dans son identité avec l'idée, l'être est la vérité, dit la science.

— Dans son identité avec l'idéal, la vérité c'est Dieu, reprend la foi.

— Dans son identité avec mes démonstrations, l'être est la réalité, dit la science.

— Dans son identité avec mes légitimes aspirations, la réalité c'est mon dogme, dit la foi.

— Dans son identité avec le verbe, l'être est la raison, dit la science.

— Dans son identité avec l'esprit de charité, la plus haute raison c'est mon obéissance, dit la foi.

— Dans son identité avec le motif des actes raisonnables, l'être est la justice, dit la science.

— Dans son identité avec le principe de la charité, la justice c'est la Providence, répond la foi.

Accord sublime de toutes les certitudes avec toutes les espérances, de l'absolu en intelligence et de l'absolu en amour. L'Esprit-Saint, l'esprit de charité doit ainsi tout concilier et tout transformer en sa propre lumière. N'est-il pas l'esprit d'intelligence, l'esprit de science, l'esprit de conseil, l'esprit de force ? Il doit venir, dit la liturgie catholique, et ce sera comme une création nouvelle et il changera la face de la terre.

« C'est déjà philosopher que de se moquer de la philosophie, » a dit Pascal, faisant allusion à cette philosophie sceptique et douteuse qui ne reconnaît point la foi. Et s'il existait une foi qui foulât aux pieds la science, nous ne dirons pas que se moquer d'une foi pareille ce serait faire acte de véritable religion, car la religion, qui est toute charité, ne tolère pas la moquerie, mais on aurait raison de blâmer cet amour pour l'ignorance et de dire à cette foi téméraire : Puisque tu méconnais ta sœur, tu n'es pas la fille de Dieu !

Vérité, réalité, raison, justice, providence, tels sont les cinq rayons de l'étoile flamboyante au centre de laquelle la science écrira le mot Être, auquel la foi ajoutera le nom ineffable de Dieu.

SOLUTION
DES PROBLÈMES PHILOSOPHIQUES.

PREMIÈRE SÉRIE.

Demande. Qu'est-ce que la vérité ?
Réponse. C'est l'idée identique avec l'être.
D. Qu'est-ce que la réalité ?
R. C'est la science identique avec l'être.
D. Qu'est-ce que la raison ?
R. C'est le verbe identique avec l'être.
D. Qu'est-ce que la justice ?
R. C'est le motif des actes identiques avec l'être.
D. Qu'est-ce que l'absolu ?
R. C'est l'être.
D. Conçoit-on quelque chose au-dessus de l'être ?
R. Non, mais on conçoit dans l'être même quelque chose de suréminent et de transcendental.
D. Qu'est-ce ?
R. La raison suprême de l'être.
D. La connaissez-vous et pouvez-vous la définir ?
R. La foi seule l'affirme et la nomme Dieu.
D. Y a-t-il quelque chose au-dessus de la vérité ?
R. Au-dessus de la vérité connue il y a la vérité inconnue.
D. Comment peut-on raisonnablement supposer cette vérité ?
R. Par l'analogie et la proportion.
D. Comment peut-on la définir ?

R. Par les symboles de la foi.

D. Peut-on dire de la réalité la même chose que de la vérité ?

R. Exactement la même chose.

D. Y a-t-il quelque chose au-dessus de la raison ?

R. Au-dessus de la raison finie il y a la raison infinie.

D. Qu'est-ce que la raison infinie ?

R. C'est cette raison suprême de l'être que la foi appelle Dieu.

D. Y a-t-il quelque chose au-dessus de la justice ?

R. Oui, suivant la foi, il y a la providence chez Dieu, et chez l'homme le sacrifice.

D. Qu'est-ce que le sacrifice ?

R. C'est l'abandon bienveillant et spontané du droit.

D. Le sacrifice est-il raisonnable ?

R. Non, c'est une sorte de folie plus grande que la raison, car la raison est forcée de l'admirer.

D. Comment appelle-t-on un homme qui agit suivant la vérité, la réalité, la raison et la justice ?

R. C'est un homme moral.

D. Et si pour la justice il sacrifie ses attraits ?

R. C'est un homme d'honneur.

D. Et si, pour imiter la grandeur et la bonté de la Providence, il fait plus que son devoir et sacrifie son droit au bien des autres ?

R. C'est un héros.

D. Quel est le principe du véritable héroïsme ?

R. C'est la foi.

D. Quel en est le soutien ?

R. L'espérance.

D. Et la règle?

R. La charité.

D. Qu'est-ce que le bien?

R. C'est l'ordre.

D. Qu'est-ce que le mal?

R. Le désordre.

D. Quel est le plaisir permis?

R. La jouissance de l'ordre.

D. Quel est le plaisir défendu?

R. La jouissance du désordre.

D. Quelles sont les conséquences de l'un et de l'autre?

R. La vie et la mort dans l'ordre moral.

D. L'enfer avec toutes ses horreurs a donc sa raison d'être dans le dogme religieux?

R. Oui, c'est la conséquence rigoureuse d'un principe.

D. Et quel est ce principe?

R. La liberté.

D. Qu'est-ce que la liberté?

R. C'est le droit de faire son devoir avec la possibilité de ne le pas faire.

D. Qu'est-ce que manquer à son devoir?

R. C'est perdre son droit. Or le droit étant éternel, le perdre c'est faire une perte éternelle.

D. Ne peut-on réparer une faute?

R. Oui, par l'expiation.

D. Qu'est-ce que l'expiation?

R. C'est une surcharge de travail. Ainsi, parce que j'ai été paresseux hier, je dois accomplir aujourd'hui une double tâche.

D. Que penser de ceux qui s'imposent des souffrances volontaires ?

R. Si c'est pour remédier à l'attrait brutal du plaisir, ils sont sages ; si c'est pour souffrir à la place des autres, ils sont généreux ; mais s'ils le font sans conseil et sans mesure, ils sont imprudents.

D. Ainsi devant la vraie philosophie la religion est sage dans tout ce qu'elle ordonne ?

R. Vous le voyez.

D. Mais si enfin nous étions trompés dans nos espérances éternelles ?

R. La foi n'admet point ce doute. Mais la philosophie elle-même doit répondre que tous les plaisirs de la terre ne valent pas un jour de sagesse, et que tous les triomphes de l'ambition ne valent pas un seul instant d'héroïsme et de charité.

DEUXIÈME SÉRIE.

D. Qu'est-ce que l'homme ?

R. L'homme est un être intelligent et corporel fait à l'image de Dieu et du monde, un en essence, triple en substance, immortel et mortel.

D. Vous dites triple en substance. L'homme aurait-il deux âmes ou deux corps ?

R. Non, il y a en lui une âme spirituelle, un corps matériel et un médiateur plastique.

D. Quelle est la substance de ce médiateur ?

R. Elle est lumière en partie volatile et en partie fixée.

D. Qu'est-ce que la partie volatile de cette lumière ?

R. C'est le fluide magnétique.

D. Et la partie fixée ?

R. C'est le corps fluidique ou aromal.

D. L'existence de ce corps est-elle démontrée ?

R. Oui, par les expériences les plus curieuses et les plus concluantes. Nous en parlerons dans la troisième partie de cet ouvrage.

D. Ces expériences sont-elles articles de foi ?

R. Non, elles appartiennent à la science.

D. Mais la science s'en préoccupera-t-elle ?

R. Elle s'en préoccupe déjà, puisque nous avons écrit ce livre et puisque vous le lisez.

D. Donnez-nous quelques notions sur ce médiateur plastique.

R. Il est formé de lumière astrale ou terrestre et en transmet au corps humain la double aimantation. L'âme, en agissant sur cette lumière par ses volitions, peut la dissoudre ou la coaguler, la projeter ou l'attirer. Elle est le miroir de l'imagination et des rêves. Elle réagit sur le système nerveux, et produit ainsi les mouvements du corps. Cette lumière peut se dilater indéfiniment et communiquer ses images à des distances considérables, elle aimante les corps soumis à l'action de l'homme, et peut, en se resserrant, les attirer vers lui. Elle peut prendre toutes les formes évoquées par la pensée et, dans les coagulations passagères de sa partie rayonnante, apparaître aux yeux et offrir même une sorte de résistance au contact. Mais ces manifestations et ces usages du médiateur plastique étant anormaux, l'instrument lumineux de précision ne peut les produire sans être faussé, et ils causent nécessairement soit l'hallucination habituelle, soit la folie.

D. Qu'est-ce que le magnétisme animal?

R. C'est l'action d'un médiateur plastique sur un autre pour dissoudre ou coaguler. En augmentant l'élasticité de la lumière vitale et sa force de projection, on l'envoie aussi loin qu'on veut et on la retire toute chargée d'images, mais il faut que cette opération soit favorisée par le sommeil du sujet, qu'on produit en coagulant davantage la partie fixe de son médiateur.

D. Le magnétisme est-il contraire à la morale et à la religion?

R. Oui, lorsqu'on en abuse.

D. Qu'est-ce qu'en abuser?

R. C'est s'en servir d'une manière désordonnée ou pour une fin désordonnée.

D. Qu'est-ce qu'un magnétisme désordonné?

R. C'est une émission fluidique malsaine, et faite à mauvaise intention, par exemple pour savoir les secrets des autres ou pour arriver à des fins injustes.

D. Quel en est alors le résultat?

R. Il fausse chez le magnétiseur et chez le magnétisé l'instrument fluidique de précision. C'est à cette cause qu'il faut attribuer les immoralités et les folies reprochées à un grand nombre des personnes qui s'occupent de magnétisme.

D. Quelles sont les conditions requises pour magnétiser convenablement?

R. La santé de l'esprit et du corps; l'intention droite et la pratique discrète.

SOLUTION DES PROBLÈMES PHILOSOPHIQUES. 113

D. Quels résultats avantageux peut-on obtenir par le magnétisme bien dirigé ?

R. La guérison des maladies nerveuses, l'analyse des pressentiments, le rétablissement des harmonies fluidiques, la découverte de certains secrets de la nature.

D. Expliquez-nous tout ceci d'une manière plus complète.

R. Nous le ferons dans la troisième partie de cet ouvrage qui traitera spécialement des mystères de la nature.

TROISIÈME PARTIE

LES MYSTÈRES DE LA NATURE

LE GRAND AGENT MAGIQUE.

Nous avons parlé d'une substance répandue dans l'infini.

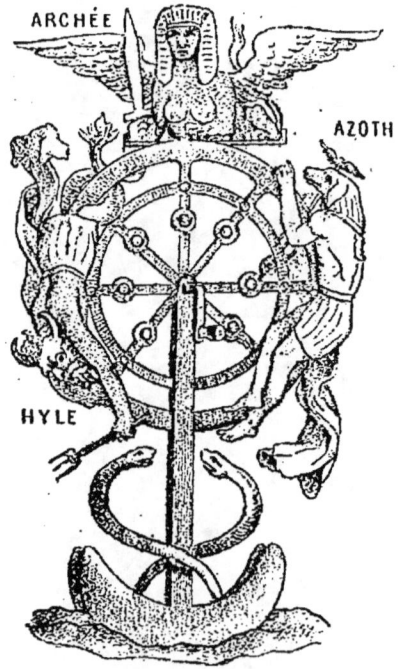

La dixième clé du Tarot.

La substance une qui est ciel et terre, c'est-à-dire suivant ses degrés de polarisation, subtile ou fixe.

Cette substance est ce qu'Hermès Trismégiste appelle le grand *Telesma*. Lorsqu'elle produit la splendeur, elle se nomme lumière.

C'est cette substance que Dieu crée avant toute chose lorsqu'il dit : Que la lumière soit.

Elle est à la fois substance et mouvement.

C'est un fluide et une vibration perpétuelle.

La force qui la met en mouvement et qui lui est inhérente se nomme *magnétisme*.

Dans l'infini, cette substance unique est l'éther ou la lumière éthérée.

Dans les astres qu'elle aimante, elle devient lumière astrale.

Dans les êtres organisés, lumière ou fluide magnétique.

Dans l'homme, elle forme le *corps astral* ou le *médiateur plastique*.

La volonté des êtres intelligents agit directement sur cette lumière et, par son moyen, sur toute la nature soumise aux modifications de l'intelligence.

Cette lumière est le miroir commun de toutes les pensées et de toutes les formes ; elle garde les images de tout ce qui a été, les reflets des mondes passés et, par analogie, les ébauches des mondes à venir. C'est l'instrument de la thaumaturgie et de la divination, comme il nous reste à l'expliquer dans la troisième et dernière partie de cet ouvrage.

LIVRE PREMIER

LES MYSTÈRES MAGNÉTIQUES

CHAPITRE PREMIER

LA CLEF DU MESMÉRISME.

Mesmer a retrouvé la science secrète de la nature, il ne l'a point inventée.

La substance première unique et élémentaire dont il proclame l'existence dans ses aphorismes était connue d'Hermès et de Pythagore.

Synésius qui la chante dans ses hymnes, en avait trouvé la révélation parmi les souvenirs platoniciens de l'école d'Alexandrie :

> Μια παγα, μια ριζα
> Τριφαης ελαμψε μορφα.
> . . . .
> Περι γαν σπαρεισα πνοια
> Χθονος εζωωσε μοιρας
> Πολυδαιδαλοισι μορφαις.

« Une seule source, une seule racine de lumière jaillit et s'épanouit en trois branches de splendeur. Un souffle circule autour de la terre et vivifie, sous d'innombrables formes, toutes les parties de la substance animée. »

(*Hymnes de Synésius*, hymne II.)

Mesmer a vu dans la matière élémentaire une substance indifférente au mouvement comme au repos. Soumise au mouvement, elle est volatile, retombée dans le repos elle est fixe, et il n'a pas compris que le mouvement est inhérent à la substance première, qu'il résulte non de son indifférence, mais de son aptitude combinée à un mouvement et à un repos équilibrés l'un par l'autre; que le repos absolu n'est nulle part dans la matière universellement vivante, mais que le fixe attire le volatil pour le fixer, tandis que le volatil ronge le fixe pour le volatiliser. Que le prétendu repos des particules fixées en apparence n'est qu'une lutte plus acharnée et une tension plus grande de leurs forces fluidiques qui s'immobilisent en se neutralisant. C'est ainsi que, suivant Hermès, ce qui est en haut est comme ce qui est en bas, la même force qui dilate la vapeur, resserre et durcit le glaçon; tout obéit aux lois de la vie inhérentes à la substance première; cette substance attire et repousse et se coagule et se dissout avec une constante harmonie; elle est double; elle est androgyne; elle s'embrasse et se féconde; elle lutte, elle triomphe, elle détruit, elle renouvelle, mais elle ne s'abandonne jamais à l'inertie, car l'inertie pour elle serait la mort.

C'est cette substance première que désigne le récit hiératique de la Genèse lorsque le verbe des Eloïm fait la lumière en lui ordonnant d'être.

Eloïm dit: Que la lumière soit et la lumière fut.

Cette lumière, dont le nom hébreu est אור, *aour*, est l'or fluide et vivant de la philosophie hermétique. Son principe positif est leur soufre; son principe négatif leur mercure, et ses principes équilibrés forment ce qu'ils ont nommé leur sel.

Il faudrait donc au lieu du sixième aphorisme de Mesmer ainsi conçu :

« La matière est indifférente à être en mouvement ou à être en repos. »

Établir celui-ci :

La matière universelle est nécessitée au mouvement par sa double aimantation et cherche fatalement l'équilibre.

Et en déduire les suivants :

La régularité et la variété dans le mouvement résultent des combinaisons diverses de l'équilibre.

Un point équilibré de tous côtés reste immobile pour cela même qu'il est doué de mouvement.

Le fluide est une matière en grand mouvement et toujours agitée par la variation des équilibres.

Le solide est la même matière en petit mouvement ou en repos apparent, parce qu'elle est plus ou moins solidement équilibrée.

Il n'est pas de corps solide qui ne puisse immédiatement être pulvérisé, s'évanouir en fumée et devenir invisible si l'équilibre de ses molécules venait à cesser tout à coup.

Il n'est pas de corps fluide qui ne puisse devenir à l'instant même plus dur que le diamant, si l'on pouvait en équilibrer immédiatement les molécules constitutives.

Diriger les aimants, c'est donc détruire ou créer les formes, c'est produire en apparence ou anéantir les corps, c'est exercer la toute-puissance de la nature.

Notre médiateur plastique est un aimant qui attire ou qui repousse la lumière astrale sous la pression de la volonté. C'est un corps lumineux qui reproduit avec la plus grande facilité les formes correspondantes aux idées.

C'est le miroir de l'imagination. Ce corps se nourrit de lumière astrale, exactement comme le corps organique se nourrit des produits de la terre. Pendant le sommeil il absorbe la lumière astrale par immersion, et pendant la veille, par une sorte de respiration plus ou moins lente. Quand se produisent les phénomènes du somnambulisme naturel, le médiateur plastique est surchargé d'une nourriture qu'il digère mal. La volonté alors, bien que liée par la torpeur du sommeil, repousse instinctivement le médiateur vers les organes pour le dégager, et il se fait une réaction, en quelque sorte mécanique, qui équilibre par le mouvement du corps la lumière du médiateur. C'est pour cela qu'il est si dangereux d'éveiller les somnambules en sursaut, car le médiateur engorgé peut se retirer alors subitement vers le réservoir commun et abandonner entièrement les organes qui se trouvent alors séparés de l'âme, ce qui occasionne la mort.

L'état de somnambulisme, soit naturel, soit factice, est donc extrêmement dangereux, parce qu'en réunissant les phénomènes de la veille à ceux du sommeil, il constitue une sorte de grand écart entre deux mondes. L'âme remuant les ressorts de la vie particulière, tout en se baignant dans la vie universelle, éprouve un bien-être inexprimable et lâcherait volontiers les branches nerveuses qui la tiennent suspendue au-dessus du courant. Dans les extases de toutes sortes la situation est la même. Si la volonté s'y plonge avec un effort passionné ou même s'y abandonne tout entière, le sujet peut rester idiot, paralysé ou mourir.

Les hallucinations et les visions résultent de blessures faites au médiateur plastique et de sa paralysie locale. Tantôt il cesse de rayonner et substitue des images condensées en quelque sorte aux réalités montrées par la lumière, tantôt il rayonne avec trop de force et se condense en dehors autour de quelque foyer fortuit et déréglé, comme le sang dans les excroissances de chair, alors les chimères de notre cerveau prennent un corps et semblent prendre une âme, nous nous apparaissons à nous-mêmes radieux ou difformes comme l'idéal de nos désirs ou de nos craintes.

Les hallucinations étant des rêves de personnes éveillées, supposent toujours un état analogue au somnambulisme. Mais, en sens contraire ; le somnambulisme c'est le sommeil empruntant au réveil ses phénomènes ; l'hallucination c'est la veille assujettie encore en partie à l'ivresse astrale du sommeil.

Nos corps fluidiques s'attirent et se repoussent les uns les autres, suivant des lois conformes à celles de l'électricité. C'est ce qui produit les sympathies et les antipathies instinctives. Ils s'équilibrent ainsi les uns les autres, et c'est pour cela que les hallucinations sont souvent contagieuses ; les projections anormales changent les courants lumineux ; la perturbation d'un malade gagne les natures les plus sensitives, un cercle d'illusions s'établit et toute une foule y est facilement entraînée. C'est l'histoire des apparitions étranges et des prodiges populaires. Ainsi s'expliquent les miracles des *mediums* d'Amérique et les vertiges des tourneurs de tables qui reproduisent de nos jours les extases des derviches tourneurs. Les sorciers lapons avec leurs tambours magiques et les jongleurs médecins des sauvages arrivent à des résultats pareils par des procédés semblables; leurs dieux ou leur diable n'y sont pour rien.

Les fous et les idiots sont plus sensibles au magnétisme que les personnes saines d'esprit; on doit en comprendre la raison : il faut peu de chose pour tourner complètement la tête d'un homme ivre, et l'on gagne plus facilement une maladie quand tous les organes sont disposés d'avance à en subir les impressions et à en manifester les désordres.

Les maladies fluidiques ont leurs crises fatales. Toute tension anormale de l'appareil nerveux aboutit à la tension contraire suivant les lois nécessaires de l'équilibre. Un amour exagéré se change en aversion, et toute haine exaltée touche de bien près à l'amour; la réaction se fait soudainement avec l'éclat et la violence de la foudre. L'ignorance alors se désole ou s'indigne; la science se résigne et se tait.

Il y a deux amours, celui du cœur et celui de la tête, l'amour du cœur ne s'exalte jamais, il se recueille et grandit lentement à travers les épreuves et les sacrifices; l'amour de la tête purement nerveux et passionné ne vit que d'enthousiasme, se heurte contre tous les devoirs, traite l'objet aimé en chose conquise, est égoïste, exigeant, inquiet, tyrannique et traîne fatalement après lui le suicide pour catastrophe finale, ou l'adultère pour remède. Ces phénomènes sont constants comme la nature, inexorables comme la fatalité.

Une jeune artiste pleine d'avenir et de courage avait pour mari un honnête homme, un chercheur de science, un poète auquel elle ne pouvait reprocher qu'un excès d'amour pour elle, elle l'a quitté en l'outrageant, et depuis elle continue à le haïr. Elle aussi cependant est une honnête femme, mais le monde impitoyable la juge et la condamne. Ce n'est pourtant pas maintenant qu'elle est coupable. Sa faute, s'il est permis de lui en reprocher une, c'est d'avoir d'abord follement et passionnément aimé son mari.

Mais, dira-t-on, l'âme humaine n'est donc pas libre ? — Non, elle ne l'est plus dès qu'elle s'abandonne au vertige des passions. Il n'y a que la sagesse qui soit libre, les passions désordonnées sont le domaine de la folie, et la folie c'est la fatalité.

Ce que nous avons dit de l'amour peut se dire aussi de la religion qui est le plus puissant, mais aussi le plus enivrant des amours. La passion religieuse a aussi ses excès et ses réactions fatales. On peut avoir des extases et des stigmates, comme saint François d'Assise, et tomber ensuite dans des abîmes de débauche et d'impiété.

Les natures passionnées sont des aimants exaltés, elles attirent ou repoussent avec force.

On peut magnétiser de deux manières : premièrement, en agissant par la volonté sur le médiateur plastique d'une autre personne dont la volonté et les actes se trouvent, par conséquent, subordonnés à cette action.

Secondement, en agissant par la volonté d'une personne, soit par l'intimidation, soit par la persuasion, pour que la volonté impressionnée modifie à notre gré le médiateur plastique et les actes de cette personne.

On magnétise par le rayonnement, par le contact, par le regard et par la parole.

Les vibrations de la voix modifient le mouvement de la lumière astrale et sont un véhicule puissant du magnétisme.

Le souffle chaud magnétise positivement, et le souffle froid magnétise négativement.

Une insufflation chaude et prolongée sur la colonne vertébrale, au-dessous du cervelet, peut occasionner des phénomènes érotiques.

Si l'on met la main droite sur la tête et la main gauche sous les pieds d'une personne enveloppée de laine ou de soie, on la traverse tout entière d'une étincelle magnétique, et l'on peut occasionner une révolution nerveuse dans son organisme avec la rapidité de la foudre.

Les passes magnétiques ne servent qu'à diriger la volonté du magnétiseur en la confirmant par des actes. Ce sont des signes et rien de plus. L'acte de la volonté est exprimé et non opéré par ces signes.

Le charbon en poudre absorbe et retient la lumière astrale. C'est ce qui explique le miroir magique de Dupotet.

Des figures tracées au charbon apparaissent lumineuses à une personne magnétisée et prennent pour elle, suivant la direction donnée par la volonté du magnétiseur, les formes les plus gracieuses ou les plus effrayantes.

La lumière astrale ou plutôt vitale du médiateur plastique absorbée par le charbon, devient toute négative, c'est pourquoi les animaux que l'électricité tourmente, comme par exemple les chats, aiment à se rouler sur le charbon. La médecine utilisera un jour cette propriété, et les personnes nerveuses y trouveront un grand soulagement.

CHAPITRE II.

LA VIE ET LA MORT. — LA VEILLE ET LE SOMMEIL.

Le sommeil est une mort incomplète ; la mort est un sommeil parfait.

La nature nous soumet au sommeil pour nous habituer à l'idée de la mort, et nous avertit par les rêves de la persistance d'une autre vie.

La lumière astrale dans laquelle nous plonge le sommeil est comme un océan où flottent d'innombrables images, débris des existences naufragées, mirages et reflets de celles qui passent, pressentiments de celles qui vont naître.

Notre disposition nerveuse attire à nous celles de ces images qui correspondent à notre agitation, à notre fatigue spéciale, comme un aimant promené parmi des détritus métalliques attirerait et choisirait surtout la limaille de fer.

Les songes nous révèlent la maladie ou la santé, le calme ou l'agitation de notre médiateur plastique, et, par conséquent aussi, de notre appareil nerveux.

Ils formulent nos pressentiments par l'analogie des images.

Car toutes les idées ont un double signe pour nous, relatif à notre double vie.

Il existe une langue du sommeil dont il est impossible dans l'état de veille de comprendre et même de rassembler les mots.

La langue du sommeil est celle de la nature, hiéroglyphique dans ses caractères et seulement rythmée dans ses sons.

Le sommeil peut être vertigineux ou lucide.

La folie est un état permanent de somnambulisme vertigineux.

Une commotion violente peut éveiller les fous aussi bien qu'elle peut les tuer.

Les hallucinations, lorsqu'elles entraînent l'adhésion de l'intelligence, sont des accès passagers de folie.

Toute fatigue de l'esprit provoque le sommeil ; mais si la fatigue est accompagnée d'irritation nerveuse, le sommeil peut être incomplet et prendre les caractères du somnambulisme.

On s'endort parfois sans s'en apercevoir au milieu de la vie réelle, et alors, au lieu de penser, on rêve.

Pourquoi avons-nous des réminiscences de choses qui ne nous sont jamais arrivées ? C'est que nous les avons rêvées tout éveillés.

Ce phénomène du sommeil involontaire et non senti, traversant tout à coup la vie réelle, se produit fréquemment chez tous ceux qui surexcitent leur organisme nerveux par des excès, soit de travail, soit de veilles, soit de boisson, soit d'un éréthisme quelconque.

Les monomanes dorment lorsqu'ils se livrent à des actes déraisonnables et n'ont plus conscience de rien au réveil.

Lorsque Papavoine fut arrêté par les gendarmes, il leur dit tranquillement ces paroles remarquables :

— *Vous prenez l'autre pour moi.*

C'était encore le somnambule qui parlait.

Edgar Poë, ce malheureux homme de génie qui s'enivrait, a décrit d'une manière terrible le somnambulisme des monomanes. Tantôt c'est un assassin qui entend et qui croit que tout le monde entend à travers les dalles du tombeau battre le cœur de sa victime, tantôt c'est un empoisonneur qui, à force de se dire : Je suis en sûreté, pourvu que je n'aille pas me dénoncer moi-même, finit par rêver tout haut qu'il se dénonce et se dénonce en effet. Edgar Poë lui-même n'a inventé ni les personnages, ni les faits de ses étranges nouvelles, il les a rêvés tout éveillé, et c'est pour cela qu'il leur donne si bien les couleurs d'une épouvantable réalité.

Le docteur Brière de Boismont, dans son remarquable ouvrage sur les *Hallucinations,* raconte l'histoire d'un Anglais, très raisonnable d'ailleurs, qui croyait avoir rencontré un homme avec lequel il avait fait connaissance, qui l'avait mené déjeuner à sa taverne, puis, l'ayant invité à visiter avec lui l'église de Saint-Paul, avait tenté de le précipiter du haut de la tour où ils étaient montés ensemble.

Depuis ce moment l'Anglais était obsédé par cet inconnu que lui seul pouvait voir et qu'il rencontrait toujours lorsqu'il était seul et qu'il venait de bien dîner.

Les abîmes attirent ; l'ivresse appelle l'ivresse ; la folie a d'invincibles attraits pour la folie. Lorsqu'un homme succombe au sommeil, il a en horreur tout ce qui pourrait l'éveiller. Il en est de même des hallucinés, des somnambules statiques, des maniaques, des épileptiques et de tous ceux qui s'abandonnent au délire d'une passion. Ils ont entendu la musique fatale, ils sont entrés dans la danse macabre, et ils se sentent entraînés dans le tourbillon du vertige. Vous leur parlez, ils ne vous entendent plus, vous les avertissez, ils ne vous comprennent plus, mais votre voix les importune ; ils ont sommeil du sommeil de la mort.

La mort est un courant qui entraîne, un gouffre qui absorbe, mais du fond duquel le moindre mouvement peut vous faire remonter. La force de répulsion étant égale à celle de l'attraction, souvent au moment même d'expirer, on se rattache violemment à la vie, souvent aussi par la même loi d'équilibre, on passe du sommeil à la mort; par complaisance pour le sommeil.

Une nacelle se balance près des rives du lac. L'enfant y entre, l'eau brillante de mille reflets danse autour de lui et l'appelle, la chaîne qui retient le bateau se tend et semble vouloir se rompre ; un oiseau merveilleux s'élance alors du rivage et plane en chantant sur les flots joyeux ; l'enfant veut le suivre, il porte la main à la chaîne, il détache l'anneau.

L'antiquité avait deviné le mystère de la mort attrayante et l'avait représenté dans la fable d'Hylas. Fatigué d'une longue navigation, Hylas est arrivé dans une île fleurie, il s'approche d'une fontaine pour y puiser de l'eau, un mirage gracieux lui sourit ; il voit une nymphe lui tendre les bras, les siens s'énervent et ne peuvent retirer la cruche appesantie ; la fraîcheur de la source l'endort, les parfums du rivage l'enivrent, le voilà penché sur l'eau comme un narcisse, dont un enfant en se jouant a blessé la tige ; la cruche pleine retombe au fond et Hylas la suit, il meurt en rêvant à des nymphes qui le caressent, et n'entend plus la voix d'Hercule qui le rappelle aux travaux de la vie, et qui parcourt tous les rivages en criant mille fois : Hylas ! Hylas !

Une autre fable, non moins touchante, qui sort des ombres de l'initiation orphique, est celle d'Eurydice rappelée à la vie par les miracles de l'harmonie et de l'amour, Eurydice, cette sensitive brisée le jour même de son mariage et qui s'est réfugiée dans la tombe toute frémissante de pudeur ! Bientôt elle entend la lyre d'Orphée, et lentement elle remonte vers la lumière ; les terribles divinités de l'Érèbe n'osent lui fermer le passage. Elle suit le poète, ou plutôt la poésie qu'elle adore... Mais malheur à l'amant s'il change le courant magnétique et s'il poursuit à son tour d'un seul regard celle qu'il doit seulement attirer ! l'amour sacré, l'amour virginal, l'amour plus fort que le tombeau ne cherche que le dévouement et fuit éperdu devant l'égoïsme du désir. Orphée le sait, mais un instant il l'oublie. Eurydice, dans ses blanches parures de fiancée, est couchée sur le lit nuptial, lui sous ses vêtements de grand hiérophante ; il est debout, la lyre à la main, la tête couronnée du laurier sacré, les yeux tournés vers l'Orient et il chante. Il chante les flèches lumineuses de l'amour traversant les ombres de l'ancien chaos, les flots de la douce clarté coulant de la mamelle noire de la mère des dieux, à laquelle se suspendent les deux enfants, Eros et Autéros. Adonis revenant à la vie pour écouter les plaintes de Vénus et se ranimant comme une fleur sous la rosée brillante de ses larmes ; Castor et Pollux que la mort n'a pu désunir et qui s'aiment tour à tour dans les enfers et sur la terre... Puis il appelle doucement Eurydice, sa chère Eurydice, son Eurydice tant aimée :

> Ah ! miseram Eurydicen animâ fugiente vocabat,
> Eurydicen ! toto referebant flumine ripæ.

Pendant qu'il chante, cette pâle statue que la mort a faite, se colore des premières nuances de la vie, ses lèvres blanches commencent à rougir comme l'aube du matin... Orphée la voit, il tremble, il balbutie, l'hymne va expirer sur sa bouche, mais elle pâlit de nouveau ; alors le grand hiérophante tire de sa lyre des chants déchirants et sublimes, il ne regarde plus que le ciel, il pleure, il prie, et Eurydice ouvre les yeux... Malheureux ! ne la regarde pas, chante encore, n'effarouche pas le papillon de Psyché, qui veut se fixer sur cette fleur !... Mais l'insensé a vu le regard de la ressuscitée, le grand hiérophante cède à l'ivresse de l'amant, sa lyre tombe de ses mains, il regarde Eurydice, il s'élance vers elle... Il la presse dans ses bras et il la trouve encore glacée, ses yeux se sont refermés, ses lèvres sont plus pâles et plus froides que jamais, la sensitive a tressailli, et le lien délicat de l'âme s'est rompu de nouveau et pour toujours... Eurydice est morte et les hymnes d'Orphée ne la rappelleront plus à la vie.

Dans notre *Dogme et rituel de la haute magie*, nous

avons osé dire que la résurrection des morts n'est pas un phénomène impossible dans l'ordre même de la nature, et en cela nous n'avons nié ni contredit en aucune manière la loi fatale de la mort. Une mort qui peut cesser n'est qu'une léthargie et un sommeil, mais c'est par la léthargie et le sommeil que la mort commence toujours. L'état de quiétude profonde qui succède alors aux agitations de la vie emporte alors l'âme détendue et endormie, on ne peut la faire revenir, la forcer à plonger de nouveau qu'en excitant violemment toutes ses affections et tous ses désirs. Quand Jésus, le Sauveur du monde, était sur la terre, la terre était plus belle et plus désirable que le ciel, et cependant il a fallu à Jésus un cri et une secousse pour réveiller la fille de Jaïre. C'est à force de frémissements et de larmes qu'il a rappelé du tombeau son ami Lazare, tant il est difficile d'interrompre une âme fatiguée qui dort de son premier sommeil !

Toutefois le visage de la mort n'a pas la même sérénité pour toutes les âmes qui le contemplent, lorsqu'on a manqué le but de sa vie, lorsqu'on emporte avec soi des convoitises effrénées ou des haines inassouvies, l'éternité apparaît à l'âme ignorante ou coupable avec de si formidables proportions de douleurs qu'elle tente quelquefois de se rejeter dans la vie mortelle. Combien d'âmes agitées ainsi par le cauchemar de l'enfer se sont réfugiées dans leurs corps glacés et couverts déjà du marbre de la tombe ! On a retrouvé des squelettes retournés, convulsés, tordus, et l'on a dit : Voici des hommes qui ont été enterrés vivants. On se trompait souvent, et ce pouvait être toujours des épaves de la mort, des ressuscités de la sépulture qui, pour s'abandonner tout à fait aux angoisses du seuil de l'éternité, s'y étaient repris à deux fois.

Un magnétiste célèbre, M. le baron Dupotet, enseigne dans son livre secret sur la *Magie* qu'on peut tuer par le magnétisme comme par l'électricité. Cette révélation n'a rien d'étrange pour qui connaît bien les analogies de la nature. Il est certain qu'en dilatant outre mesure ou en coagulant tout à coup le médiateur plastique d'un sujet, on peut détacher son âme de son corps. Il suffit quelquefois d'exciter chez une personne une violente colère ou une trop grande frayeur pour tuer subitement cette personne.

L'usage habituel du magnétisme met ordinairement le sujet qui s'y abandonne à la merci du magnétiseur. Quand la communication est bien établie, quand le magnétiseur peut produire à volonté le sommeil, l'insensibilité, la catalepsie, etc., il ne lui en coûterait qu'un effort de plus pour amener aussi la mort.

On nous a raconté, comme certaine, une histoire dont nous ne garantissons pas toutefois l'authenticité.

Nous allons la dire parce qu'elle peut être vraie.

Des personnes qui doutaient en même temps de la religion et du magnétisme, de ces incrédules qui sont prêts à toutes les superstitions et à tous les fanatismes, avaient décidé à prix d'argent une pauvre fille à subir leurs expériences. C'était une nature impressionnable et nerveuse, fatiguée d'ailleurs par les excès d'une vie plus qu'irrégulière, et déjà dégoûtée de l'existence. On l'endort; on lui commande de voir; elle pleure et se débat. On lui parle de Dieu..., elle tremble de tous ses membres.

— Non, dit-elle, non, il me fait peur ; je ne veux pas le regarder.

— Regardez-le, je le veux.

Elle ouvre alors les yeux ; ses prunelles se dilatent ; elle est effrayante.

— Que voyez-vous?

— Je ne saurais le dire. . Oh! de grâce, de grâce, réveillez-moi !

— Non, regardez et dites ce que vous voyez.

— Je vois une nuit noire dans laquelle tourbillonnent des étincelles de toutes couleurs autour de deux grands yeux qui roulent toujours. De ces yeux sortent des rayons qui se roulent en vrilles et qui remplissent tout l'espace... Oh ! cela me fait mal! éveillez-moi !

— Non, regardez.

— Où voulez-vous que je regarde encore?

— Regardez dans le paradis.

— Non, je ne puis pas y monter ; la grande nuit me repousse et je retombe toujours.

— Eh bien ! regardez dans l'enfer.

Ici, la somnambule s'agite convulsivement.

— Non! non! crie-t-elle en sanglotant, je ne veux pas ; j'aurais le vertige ; je tomberais. Oh ! retenez-moi ! retenez-moi !

— Non, descendez.

— Où voulez-vous que je descende ?

— Dans l'enfer.

— Mais, c'est horrible ! Non, non, je ne veux pas y aller !

— Allez-y.

— Grâce !

— Allez-y, je le veux.

Les traits de la somnambule deviennent terribles à voir ; ses cheveux se dressent sur sa tête ; ses yeux tout grands ouverts ne montrent que le blanc ; sa poitrine se soulève et laisse échapper une sorte de râle.

— Allez-y, je le veux, répète le magnétiseur.

— J'y suis, dit entre ses dents la malheureuse en retombant épuisée. Puis elle ne répond plus ; sa tête inerte penche sur son épaule ; ses bras pendent le long de son corps. On s'approche d'elle ; on la touche. On veut trop tard la réveiller ; le crime était fait ; la femme était morte et les auteurs de cette expérience sacrilège durent à l'incrédulité publique, en matière de magnétisme, de ne pas être poursuivis. L'autorité eut à constater un décès, et la mort fut attribuée à la rupture d'un anévrisme. Le corps ne portait d'ailleurs aucune trace de violence ; on le fit enterrer et tout fut dit.

Voici une autre anecdote qui nous a été racontée par des compagnons du tour de France.

Deux compagnons logeaient dans la même auberge et partageaient la même chambre. L'un des deux avait l'habitude de parler en dormant et répondait alors aux questions que son camarade lui adressait. Une nuit il pousse tout à coup des cris étouffés, l'autre compagnon s'éveille et lui demande ce qu'il a.

— Mais tu ne vois donc pas, dit le dormeur, tu ne vois donc pas cette pierre énorme... elle se détache de la montagne... elle tombe sur moi, elle va m'écraser.

— Eh bien! sauve-toi!

— Impossible, j'ai les pieds embarrassés dans des ronces qui se resserrent toujours... Ah! au secours! voilà... voilà la grosse pierre qui vient sur moi.

— Tiens, la voilà! dit en riant l'autre compagnon qui lui lance sur la tête son oreiller pour l'éveiller.

Un cri terrible, soudainement étranglé dans la gorge, une convulsion, un soupir, puis plus rien. Le mauvais plaisant se lève, il tire son camarade par le bras, il l'appelle, il s'effraye à son tour, il crie, on vient avec de la lumière... le malheureux somnambule était mort.

CHAPITRE III.

MYSTÈRES DES HALLUCINATIONS ET DE L'ÉVOCATION DES ESPRITS.

Une hallucination est une illusion produite par un mouvement irrégulier de la lumière astrale.

C'est, comme nous l'avons dit plus haut, le mélange des phénomènes du sommeil à ceux de la veille.

Notre médiateur plastique aspire et respire la lumière astrale ou l'âme vitale de la terre, comme notre corps aspire et respire l'atmosphère terrestre. Or, de même qu'en certains lieux l'air est impur et non respirable, de même aussi certaines circonstances phénoménales peuvent rendre la lumière astrale malsaine et non assimilable.

Tel air aussi peut être trop vif pour certaines personnes et convenir parfaitement à d'autres, il en est de même pour la lumière magnétique.

Le médiateur plastique ressemble à une statue métallique toujours en fusion. Si le moule est défectueux, elle devient difforme; si le moule se brise, elle fuit.

Le moule du médiateur plastique c'est la force vitale équilibrée et polarisée. Notre corps, par le moyen du système nerveux, attire et retient cette forme fugitive de lumière spécifiée; mais la fatigue locale ou la surexcitation partielle de l'appareil peut occasionner des difformités fluidiques.

Ces difformités faussent partiellement le miroir de l'imagination et occasionnent les hallucinations habituelles propres aux visionnaires statiques.

Le médiateur plastique fait à l'image et à la ressemblance de notre corps, dont il figure lumineusement tous les organes, a une vue, un toucher, une ouïe, un odorat et un goût qui lui sont propres ; il peut, lorsqu'il est surexcité, les communiquer par vibrations à l'appareil nerveux, en sorte que l'hallucination soit complète. L'imagination semble alors triompher de la nature même et produit des phénomènes vraiment étranges. Le corps matériel inondé de fluide semble participer aux qualités fluidiques, il échappe aux lois de la pesanteur, il devient momentanément invulnérable et même invisible dans un cercle d'hallucinés par contagion. On sait que les convulsionnaires de Saint-Médard se faisaient tenailler, assommer, broyer, crucifier, sans éprouver aucune douleur, qu'ils s'enlevaient de terre, marchaient la tête en bas, mangeaient des épingles tordues et les digéraient.

Nous croyons devoir rapporter ici ce que nous avons publié dans le journal l'*Estafette,* sur les prodiges du médium américain Home et sur plusieurs phénomènes du même ordre.

Nous n'avons jamais été nous-même témoin des miracles de M. Home, mais nos renseignements viennent des meilleures sources, nous les avons recueillis dans une maison où le médium américain fut accueilli avec bienveillance lorsqu'il était malheureux, et avec indulgence lorsqu'il en vint à prendre sa maladie pour un bonheur et pour une fortune. C'est chez une dame née en Pologne, mais trois fois Française par la noblesse de son cœur, les charmes indicibles de son esprit et la célébrité européenne de son nom.

La publication de ces renseignements dans l'*Estafette* nous attira alors, sans que nous sachions trop pourquoi, les injures d'un M. de Pène, connu depuis par son duel malheureux. Nous avons pensé alors à la fable de La Fontaine sur le fou qui jetait des pierres à un sage. M. de Pène nous traitait de prêtre défroqué et de mauvais catholique. Nous nous sommes montré du moins bon chrétien en le plaignant et en lui pardonnant, et comme il est impossible d'être prêtre défroqué sans avoir jamais été prêtre, nous avons laissé tomber à terre une injure qui ne nous atteignait pas.

LES FANTÔMES A PARIS.

M. Home, la semaine dernière, voulait quitter encore une fois Paris, ce Paris où les anges mêmes et les démons, s'ils y apparaissaient en forme quelconque, ne passeraient pas longtemps pour des êtres merveilleux, et n'auraient rien de mieux à faire que de retourner vite au ciel ou dans l'enfer, pour échapper à l'oubli et à l'abandon des humains.

M. Home, l'air triste et désillusionné, prenait donc congé d'une noble dame dont le bienveillant accueil avait été en France un de ses premiers bonheurs. Mme de B... fut ce jour-là bonne pour lui, comme toujours, et voulut le retenir à dîner ; le mystérieux personnage allait accepter, lorsque quelqu'un étant venu à dire qu'on attendait un kabbaliste connu dans le monde des sciences occultes par la publication d'un livre intitulé : *Dogme et rituel de la haute magie*[1], M. Home a tout à coup changé de visage et a déclaré en balbutiant et avec un trouble visible qu'il ne pouvait rester, et que l'approche de ce professeur de magie lui causait une invincible terreur. Tout ce qu'on put lui dire pour le rassurer fut inutile. — Je ne juge pas cet homme, disait-il, je n'affirme pas qu'il soit bon ou mauvais, je n'en sais rien, mais son atmosphère me fait mal, près de lui je me sentirais sans force et comme sans vie. Et après cette explication, M. Home s'est empressé de saluer et de sortir.

Cette terreur des hommes de prestiges, en présence des véritables initiés à la science, n'est pas un fait nouveau dans les annales de l'occultisme. On peut lire dans Philostrate l'histoire de la stryge qui tremble en écoutant venir Apollonius de Tyane. Notre admirable conteur, Alexandre Dumas, a dramatisé cette anecdote magique dans le beau résumé de toutes les légendes qui devait servir de prologue à sa grande épopée romanesque du *Juif-Errant*. La scène se passe à Corinthe ; c'est une noce antique avec ses beaux enfants couronnés de fleurs qui portent les torches nuptiales et chantent des épithalames gracieux et tout fleuris de voluptueuses images comme les poésies de Catulle. La fiancée est belle, dans ses chastes draperies, comme la Polymnie antique ; elle est amoureuse et délicieusement provocante dans sa pudeur comme une Vénus du Corrége ou une Grâce de

---

1. Germer Baillière, 17, rue de l'École-de-Médecine.

Canova. Celui qu'elle épouse est Clinias, un disciple du célèbre Apollonius de Tyane. Le maître a promis de venir à la noce de son disciple, mais il ne vient pas, et la belle fiancée respire plus à l'aise, car elle redoute Apollonius. Cependant la journée n'est pas finie. L'heure du lit nuptial est arrivée, et tout à coup Méroë tremble, pâlit, regarde obstinément du côté de la porte, étend la main avec épouvante et dit d'une voix étranglée : « Le voici ! c'est lui ! » C'est Apollonius en effet. Voici le mage, voici le maître ; l'heure des enchantements est passée, les prestiges tombent devant la vraie science. On cherche la belle épousée, la blanche Méroë, et l'on ne voit plus qu'une vieille femme, la sorcière Canidie, la mangeuse de petits enfants. Clinias est désabusé, il remercie son maître ; il est sauvé.

Le vulgaire s'est toujours trompé sur la magie, et confond les adeptes avec les enchanteurs. La vraie magie, c'est-à-dire la science traditionnelle des mages, est l'ennemie mortelle des enchantements ; elle empêche ou fait cesser les faux miracles, hostiles à la lumière et fascinateurs d'un petit nombre de témoins préparés ou crédules. Le désordre apparent dans les lois de la nature est un mensonge : ce n'est donc pas une merveille. La merveille véritable, le vrai prodige toujours éclatant aux yeux de tous, c'est l'harmonie toujours constante des effets et des causes : ce sont les splendeurs de l'ordre éternel !

Nous ne saurions dire si Cagliostro eût fait des miracles devant Swedenborg, mais il eût certainement redouté la présence de Paracelse et de Henri Khunrath, si ces grands hommes eussent été ses contemporains.

Loin de nous cependant la pensée de dénoncer M. Home comme un sorcier de bas étage, c'est-à-dire comme un charlatan. Le célèbre médium américain est doux et naïf comme un enfant. C'est un pauvre être tout sensitif, sans intrigue et sans défense ; il est le jouet d'une force terrible qu'il ignore, et la première de ses dupes, c'est bien certainement lui.

L'étude des étranges phénomènes qui se produisent autour de ce jeune homme est de la plus haute importance. Il s'agit de revenir sérieusement sur les dénégations trop légères du xviii° siècle, et d'ouvrir devant la science et devant la raison des horizons moins étroits que ceux d'une critique bourgeoise qui nie tout ce qu'elle ne sait pas encore expliquer. Les faits sont inexorables, et la véritable bonne foi ne doit jamais craindre de les examiner.

L'explication de ces faits que toutes les traditions s'obstinaient à affirmer et qui se reproduisent devant nous avec une gênante publicité, cette explication, ancienne comme les faits eux-mêmes, rigoureuse comme les mathématiques, mais tirée pour la première fois des ombres où la cachaient les hiérophantes de tous les âges, serait un grand événement scientifique, si elle pouvait obtenir assez de lumière et de publicité. Cet événement, nous allons le préparer peut-être, car on ne nous permettrait pas l'espoir audacieux de l'accomplir.

Voici d'abord les faits dans toute leur singularité. Nous les avons constatés et nous les rétablissons avec une rigoureuse exactitude en nous abstenant d'abord de toute explication et de tout commentaire.

M. Home est sujet à des extases qui le mettent, selon lui, en rapport directement avec l'âme de sa mère, et, par l'entremise de celle-ci, avec le monde entier des esprits. Il décrit, comme les somnambules de Cahagnet, des personnes qu'il n'a jamais vues et que reconnaissent ceux qui les évoquent; il vous dira même leur nom et répondra de leur part à des questions qui ne peuvent être comprises que des âmes évoquées et de vous seuls.

Lorsqu'il est dans un appartement, des bruits inexplicables s'y font entendre. Des coups violents retentissent sur les meubles et dans les murailles ; quelquefois les portes et les fenêtres s'ouvrent comme si elles étaient poussées par une tempête : on entend même au dehors le vent et la pluie, on sort, le ciel est sans nuage, et l'on ne sent pas le plus léger souffle de vent.

Les meubles sont soulevés et déplacés sans que personne y touche.

Des crayons écrivent d'eux-mêmes. Leur écriture est celle de M. Home, et ils font les mêmes fautes que lui.

Les personnes présentes se sentent toucher et saisir par des mains invisibles. Ces contacts, qui semblent choisir les dames, manquent de sérieux, et parfois même de convenance, dans leur application. Nous pensons qu'on nous comprend assez.

Des mains visibles et tangibles sortent ou paraissent sortir des tables, mais il faut pour cela que les tables soient couvertes. Il faut à l'agent invisible certains apprêts, comme il en faut aux plus habiles successeurs de Robert Houdin.

Ces mains se montrent surtout dans l'obscurité; elles sont chaudes et phosphorescentes ou froides et noires. Elles écrivent des niaiseries ou touchent du piano ; et lorsqu'elles ont touché au piano il faut faire venir l'accordeur, leur contact étant toujours fatal à la justesse de l'instrument.

Un personnage des plus recommandables de l'Angleterre entre autres, sir Edward Bulwer Lytton, a vu et touché ces mains : nous en avons lu l'attestation écrite et signée par lui. Il déclare même les avoir saisies et et tirées à lui de toute sa force, pour faire sortir de son incognito le bras quelconque auquel elles devaient naturellement se rattacher. Mais la chose invisible a été plus forte que le romancier anglais, et les mains lui ont échappé.

Un grand seigneur russe, qui a été le protecteur de M. Home et dont le caractère et la bonne foi ne sauraient être l'objet du moindre doute, le comte A. B..., a vu lui aussi et saisi vigoureusement les mains mystérieuses. C'étaient, a-t-il dit, des formes parfaites de mains humaines, chaudes et vivantes; seulement *on n'y sentait pas d'os*. Serrées par une étreinte inévitable, ces mains n'ont pas lutté pour s'échapper, mais elles ont diminué, se sont fondues en quelque sorte, et le comte a fini par ne plus rien tenir.

D'autres personnes qui ont vu et touché ces mains disent que les doigts en sont boursouflés et raides, et les comparent à des gants de caoutchouc gonflés d'un air phosphorescent et chaud. Parfois, au lieu de mains, ce sont des pieds qui se produisent, jamais, toutefois, à découvert. L'esprit qui manque probablement de chaussure respecte du moins en ceci la délicatesse des dames, et ne montre jamais son pied que sous une draperie ou sous un linge.

L'apparition de ces pieds fatigue et épouvante beaucoup M. Home. Il cherche alors à se rapprocher de quelque personne bien portante, il la saisit comme s'il craignait de se noyer ; et la personne ainsi saisie par le médium se sent tout à coup dans un état singulier d'épuisement et de débilitation.

Un gentilhomme polonais qui assistait à une des séances de M. Home avait placé à terre entre ses pieds un crayon sur un papier, et il avait demandé un signe de la présence de l'esprit. Pendant quelques instants rien ne remua. Mais tout à coup le crayon fut lancé à l'autre bout de l'appartement. Le gentilhomme se baissa, prit le papier et y vit trois signes cabalistiques auxquels personne ne comprit rien. M. Home seul parut, en les voyant, éprouver une grande contrariété et manifesta une certaine frayeur ; mais il refusa de s'expliquer sur la nature et la signification de ces caractères. On les garda donc et on les porta à ce professeur de haute magie dont le médium avait tant redouté l'approche. Nous les avons vus et en voici la minutieuse description.

Ils étaient tracés avec force et le crayon avait presque coupé le papier.

Ils étaient jetés sur la feuille sans ordre et sans alignement.

Le premier était le signe que les initiés égyptiens plaçaient ordinairement à la main de Typhon. Un tau à double trait vertical ouvert en forme de compas, une croix ansée ayant en haut un anneau circulaire ; au-dessous de l'anneau un double trait horizontal, sous le double trait horizontal un double trait oblique en forme de V renversé.

Le second caractère représentait une croix de grand hiérophante avec les trois traverses hiérarchiques. Ce symbole qui remonte à la plus haute antiquité est encore l'attribut de nos souverains pontifes et termine l'extrémité supérieure de leur bâton pastoral. Mais le signe tracé par le crayon avait cela de particulier que la branche supérieure, la tête de la croix, était double et formait encore le terrible V typhonien, le signe de l'antagonisme et de la séparation, le symbole de la haine et du combat éternel.

Le troisième caractère était celui que les F∴ Maçons nomment la croix philosophique, une croix à quatre branches égales avec un point dans chacun des angles. Mais, au lieu de quatre points, il y en avait seulement deux, placés dans les deux angles de droite, encore un signe de lutte de séparation et de négation.

Le professeur, qu'on nous permettra de distinguer ici du conteur et de nommer à la troisième personne, pour ne pas fatiguer nos lecteurs en ayant l'air de leur parler de nous, le professeur donc, maître Éliphas Lévi, a donné aux personnes réunies dans le salon de madame de B..., l'explication scientifique des trois signatures, et voici ce qu'il en a dit :

« Ces trois signes appartiennent à la série des hiéroglyphes sacrés et primitifs connus seulement des initiés du premier ordre, le premier est la signature de Typhon. Il exprime le blasphème de cet esprit du mal en établissant le dualisme dans le principe créateur. Car la croix ansée d'Osiris est un lingam renversé, et représente la force paternelle et active de Dieu (la ligne verticale sortant du cercle) fécondant la nature passive (la ligne horizontale). Doubler la ligne verticale c'est affirmer que la nature a deux pères ; c'est mettre l'adultère à la place de la maternité divine, c'est affirmer, au lieu du premier principe intelligent, la fatalité aveugle ayant pour résultat le conflit éternel des apparences dans le néant ; c'est donc le plus ancien, le plus authentique et le plus terrible de tous les stigmates de l'enfer. Il signifie le *dieu athée*, c'est la signature de Satan.

Cette première signature est hiératique et se rapporte aux caractères occultes du monde divin.

La seconde appartient aux hiéroglyphes philosophiques, elle représente la mesure ascensionnelle de l'idée et l'extension progressive de la forme.

C'est un triple tau renversé, c'est la pensée humaine affirmant tour à tour l'absolu dans les trois mondes, et cet absolu se termine ici par une fourche, c'est-à-dire par le signe du doute et de l'antagonisme. En sorte que, si le premier caractère veut dire : *Il n'y a pas de Dieu,* celui-ci a pour signification rigoureuse : *La vérité hiérarchique n'existe pas.*

Le troisième, ou la croix philosophique, a été dans toutes les initiations le symbole de la nature et de ses quatre formes élémentaires, les quatre points représentent les quatre lettres indicibles et incommunicables du tétragramme occulte, cette formule éternelle du grand arcane G∴ A∴

Les deux points de droite représentent la force, ceux de gauche figurent l'amour, et les quatre lettres doivent se lire de droite à gauche en commençant par le haut à droite, et en allant de là à la lettre du bas à gauche, et ainsi pour les autres en faisant la croix de Saint-André.

La suppression des deux points de gauche exprime donc la négation de la croix, la négation de la miséricorde et de l'amour.

L'affirmation du règne absolu de la force, et de son antagonisme éternel, de haut en bas et de bas en haut.

La glorification de la tyrannie et de la révolte.

Le signe hiéroglyphique du vice immonde qu'on a eu tort ou raison de reprocher aux Templiers, c'est le signe du désordre et du désespoir éternels.

Telles sont donc les premières révélations de la science cachée des mages sur ces phénomènes de manifestations extra-naturelles. Maintenant, qu'il nous soit permis de rapprocher de ces signatures étranges d'autres apparitions contemporaines d'écritures phénoménales, car c'est un véritable procès que la science doit instruire avant de le porter au tribunal de la raison publique. Il ne faut donc dédaigner aucune recherche ni aucun indice.

Dans les environs de Caen, à Tilly-sur-Seulles, une série de faits inexplicables se produisait, il y a quelques années, sous l'influence d'un médium ou d'un extatique nommé Eugène Vintras.

Certaines circonstances ridicules et un procès en escroquerie firent bientôt tomber dans l'oubli et même dans le mépris ce thaumaturge, attaqué d'ailleurs avec violence dans des pamphlets dont les auteurs étaient d'anciens admirateurs de sa doctrine, car le médium Vintras se mêle de dogmatiser. Une chose pourtant est remarquable dans les invectives dont il est l'objet : c'est que ses adversaires, tout en s'efforçant de le flétrir, reconnaissent la vérité de ses miracles et se contentent de les attribuer au démon.

Quels sont donc les miracles si authentiques de Vintras ? Nous sommes sur ce sujet mieux renseigné que personne, comme bientôt on va le voir. Des procès-verbaux signés par des témoins honorables, par des artistes, par des médecins, par des prêtres, d'ailleurs irréprochables, nous ont été communiqués ; nous avons questionné des témoins oculaires, et, mieux que cela, nous avons vu. Les choses méritent d'être racontées avec quelques détails.

Il existe à Paris un écrivain au moins excentrique nommé M. Madrolle. C'est un vieillard dont la famille et les relations sont honorables. Il a écrit d'abord dans le sens catholique le plus exalté, a reçu les encouragements les plus flatteurs de l'autorité ecclésiastique et même des brefs émanés du saint-siège, puis il a vu Vintras ; et, entraîné par le prestige de ses miracles, il est devenu un sectaire déterminé et un ennemi irréconciliable de la hiérarchie et du clergé.

A l'époque où Éliphas Lévi faisait paraître son *Dogme et rituel de la haute magie,* il reçut une brochure de M. Madrolle qui l'étonna. L'auteur y soutenait hautement les paradoxes les plus inouïs dans le style désordonné des extatiques. La vie pour lui suffisait à l'expiation des plus grands crimes, puisqu'elle était la conséquence d'un arrêt de mort. Les hommes les plus méchants, étant les plus malheureux de tous, lui paraissaient offrir à Dieu une expiation plus sublime. Il s'emportait contre toute répression et contre toute damnation. « Une religion qui damne, s'écriait-il, est une religion damnée ! » Puis il prêchait la licence la plus absolue sous prétexte de charité, et s'oubliait jusqu'à dire que l'*acte d'amour le plus imparfait et le plus répréhensible en apparence valait mieux que la meilleure des prières.* C'était le marquis de Sade devenu prédicateur. Puis il niait le diable avec un emportement parfois plein d'éloquence.

« Concevez-vous, disait-il, un diable que Dieu
« tolère, que Dieu autorise ! Concevez-vous davan-
« tage un Dieu qui a fait le diable et qui le laisse
« s'acharner sur des créatures déjà si faibles et si
« promptes à se tromper ! Un Dieu du diable enfin,
« secondé, prévenu et à peine surpassé dans ses ven-
« geances par un diable de Dieu !... » Le reste de la brochure était de la même force. Le professeur de magie fut presque effrayé et se fit donner l'adresse de M. Madrolle. Ce ne fut pas sans quelque peine qu'il parvint jusqu'à ce singulier pamphlétaire, et voici quelle fut à peu près leur conversation :

Éliphas Lévi. — Monsieur, j'ai reçu de vous une

brochure. Je viens vous remercier de cet envoi et vous en témoigner en même temps mon étonnement et mon chagrin.

M. Madrolle. — Votre chagrin, Monsieur ! Veuillez vous expliquer, je ne vous comprends pas.

— Je regrette vivement, Monsieur, de vous voir commettre des fautes dans lesquelles je suis tombé autrefois moi-même. Mais j'avais du moins alors l'excuse de l'inexpérience et de la jeunesse. Votre brochure manque de portée parce qu'elle manque de mesure. Votre intention était sans doute de protester contre des erreurs dans la croyance, contre des abus dans la morale ; et il se trouve que c'est la croyance même et la morale que vous attaquez. L'exaltation qui déborde dans votre petit écrit doit même vous faire le plus grand tort, et quelques-uns de vos meilleurs amis ont dû concevoir des inquiétudes sur l'état de votre santé....

— Eh, sans doute! on a dit et on dit encore que je suis fou. Mais ce n'est pas d'aujourd'hui que les croyants doivent subir la folie de la croix. Je suis exalté, Monsieur, parce que vous le seriez vous-même à ma place, parce qu'il est impossible de rester froid en présence des prodiges....

— Oh! oh! vous parlez de prodiges, ceci m'intéresse. Voyons, entre nous et de bonne foi, de quels prodiges s'agit-il?

— Eh! de quels prodiges, sinon de ceux du grand prophète Élie, revenu sur la terre sous le nom de Pierre Michel.

— J'entends ; vous voulez dire Eugène Vintras. J'ai

entendu parler de ses œuvres. Mais fait-il vraiment des miracles?

(Ici M. Madrolle fait un bond sur sa chaise, lève les yeux et les mains au ciel, et finit par sourire avec une condescendance qui ressemble à une profonde pitié.)

— S'il fait des miracles, Monsieur!
Mais les plus grands!...
Les plus étonnants!...
Les plus incontestables!...
Les plus vrais miracles qui se soient faits sur la terre depuis Jésus-Christ!... Comment! des milliers d'hosties apparaissent sur des autels où il n'y en avait aucune, le vin monte dans des calices vides, et ce n'est pas une illusion, c'est du vin, un vin délicieux... des musiques célestes se font entendre, des parfums de l'autre monde se répandent.... et enfin du sang... un vrai sang humain (des médecins l'ont examiné!) un vrai sang, vous dis-je, suinte et parfois ruisselle des hosties en y laissant des caractères mystérieux! Je vous dis là ce que j'ai vu, ce que j'ai entendu, ce que j'ai touché, ce que j'ai goûté! et vous voulez que je reste froid devant une autorité ecclésiastique qui trouve plus commode de nier tout que d'examiner la moindre chose!...

— Permettez, Monsieur; c'est en matière de religion surtout que l'autorité ne peut jamais avoir tort... En religion, le bien c'est la hiérarchie, et le mal c'est l'anarchie; à quoi se réduirait en effet l'influence du sacerdoce, si vous posez en principe qu'il faut en croire au témoignage de ses sens plutôt qu'aux décisions de l'Église? L'Église n'est-elle pas plus visible que tous vos miracles? Ceux qui voient des miracles et qui ne voient pas l'Église sont bien plus à plaindre que des aveugles, car il ne leur reste pas même la ressource de se laisser conduire...

— Monsieur, je sais comme vous ces choses-là. Mais Dieu ne peut pas être en désaccord avec lui-même. Il ne peut pas permettre que la bonne foi soit trompée, et l'Église même ne saurait décider que je suis aveugle quand j'ai des yeux... Tenez, voici ce qu'on lit dans les lettres de Jean Huss, lettre quarante-troisième vers la fin :

« Un docteur m'a dit : En toute chose je me soumet-
« trais au concile, tout alors serait bon et légitime pour
« moi. Il ajouta : Si le concile disait que vous n'avez
« qu'un œil, quoique vous en ayez deux, encore fau-
« drait-il dire que le concile n'a pas tort. — Quand le
« monde entier, répondis-je, affirmerait une telle
« chose, aussi longtemps que j'aurais l'usage de ma rai-
« son, je ne pourrais en convenir sans blesser ma cons-
« cience. » Je vous dirai comme Jean Huss: Avant qu'il y ait une Église et des conciles, il y a une vérité et une raison.

— Je vous arrête, mon cher Monsieur. Vous étiez catholique autrefois, vous ne l'êtes plus ; les consciences sont libres. Je vous représenterai seulement que l'institution de l'infaillibilité hiérarchique en matière de dogme est bien autrement raisonnable et bien plus incontestablement vraie que tous les miracles du monde. D'ailleurs, que ne doit-on pas faire pour conserver la paix ! Croyez-vous que Jean Huss n'eût pas été un plus grand homme s'il eût sacrifié un de ses yeux à la concorde universelle, plutôt que d'inonder l'Europe de sang! Oh! Monsieur, que l'Église décide quand elle voudra que je suis borgne; je ne lui demande qu'une grâce, c'est de me dire de quel œil, afin que je puisse fermer celui-là et regarder de l'autre avec une orthodoxie irréprochable!

— J'avoue que je ne suis pas orthodoxe à votre manière.

— Je m'en aperçois bien. Mais venons aux prodiges! Vous les avez donc vus, touchés, sentis, goûtés; mais voyons, exaltation à part, veuillez m'en raconter un bien détaillé, bien circonstancié, et qui surtout soit évidemment un miracle. Suis-je indiscret en vous demandant cela?

— Pas le moins du monde; mais lequel choisirai-je? il y en a tant!

Tenez, ajouta M. Madrolle après un moment de réflexion et avec un léger tremblement d'émotion dans la voix, le prophète est à Londres et nous sommes ici. Eh bien! si vous demandiez par la pensée seulement au prophète de vous envoyer immédiatement la communion, et si, à un endroit désigné par vous, chez vous, dans un linge, dans un livre, vous trouviez en rentrant une hostie, que diriez-vous?

— Je déclarerais ce fait inexplicable par les moyens ordinaires de la critique.

— Eh bien! Monsieur, s'écrie alors M. Madrolle tout triomphant, voilà pourtant ce qui m'arrive souvent; quand je veux, c'est-à-dire quand je suis préparé et quand j'espère en être digne! Oui, Monsieur, je trouve l'hostie quand je la demande; je la trouve réelle, palpable, mais souvent ornée de petits cœurs miraculeux qu'on croirait peints par Raphaël.

Eliphas Lévi, qui se sentait mal à l'aise pour discuter des faits auxquels se mêlait une sorte de profanation des choses les plus révérées, prit alors congé de l'ancien écrivain catholique et sortit en méditant sur l'étrange influence de ce Vintras, qui avait ainsi bouleversé cette vieille croyance et cette vieille tête de savant.

Quelques jours après, le cabaliste Éliphas fut réveillé de grand matin par un visiteur inconnu. C'était un homme à cheveux blancs, tout habillé de noir, la physionomie d'un prêtre extrêmement dévot, en somme l'air tout à fait respectable.

Cet ecclésiastique était muni d'une lettre de recommandation ainsi conçue :

« Cher maître,

« Je vous adresse un vieux savant qui veut bara-
« gouiner avec vous l'hébreu de la sorcellerie. Recevez-
« le comme moi-même (je veux dire comme moi-
« même je l'ai reçu), en vous en débarrassant le mieux
« que vous pourrez.

« Tout à vous en la sacro-sainte Kabbale.

« AD. DESBARROLLES. »

— Monsieur l'abbé, dit en souriant Éliphas après avoir lu, je suis tout à votre service et je n'ai rien à refuser à l'ami qui m'écrit, vous avez donc vu mon excellent disciple Desbarrolles ?

— Oui, Monsieur, et j'ai trouvé en lui un homme bien

aimable et bien savant. Vous et lui, je vous crois dignes de la vérité qui s'est nouvellement manifestée par d'étonnants miracles et par les révélations positives de l'archange saint Michel.

— Monsieur, vous nous faites honneur. Le cher Desbarrolles vous a donc étonné par sa science ?

— Oh ! certes, il possède à un degré bien remarquable les secrets de la chiromancie ; sur la seule inspection de ma main, il m'a presque raconté toute l'histoire de ma vie.

— Il en est bien capable. Mais est-il entré dans de grands détails ?

— Assez, Monsieur, pour me convaincre de ses connaissances extraordinaires.

— Vous a-t-il dit que vous êtes l'ancien curé de Mont-Louis, dans le diocèse de Tours ? Que vous êtes le disciple le plus zélé de l'extatique Eugène Vintras ? Et que vous vous nommez Charvoz ?

Ce fut un véritable coup de théâtre : le vieux prêtre, à chacune de ces trois phrases, avait fait un bond sur sa chaise. Lorsqu'il entendit son nom, il pâlit et se leva comme si un ressort, en se détendant, l'avait poussé.

— Vous êtes donc vraiment un magicien ? s'écria-t-il. Charvoz est bien mon nom, mais ce n'est pas celui que je porte ; je me fais appeler La-Paraz...

— Je le sais. La-Paraz est le nom de votre mère. Vous avez quitté, Monsieur, une position assez enviable : celle d'un curé de canton et un bien charmant presbytère, pour partager l'existence agitée d'un sectaire...

— Dites d'un grand prophète !

— Monsieur, je crois parfaitement à votre bonne foi. Mais vous me permettrez d'examiner un peu la mission et le caractère de votre prophète.

— Oui, Monsieur, l'examen, le grand jour, la lumière de la science, voilà ce que nous demandons. Venez à Londres, Monsieur, et vous verrez ! Les miracles sont en permanence.

— Voulez-vous, Monsieur, me donner d'abord quelques détails exacts et consciencieux sur les miracles ?

— Oh ! tant qu'il vous plaira.

Et aussitôt, le vieux prêtre de raconter des choses que tout le monde eût trouvées impossibles, mais qui ne firent pas même sourciller le professeur de haute magie.

Ainsi, par exemple :

Un jour, Vintras, dans un accès d'enthousiasme, prêchait devant son autel hétérodoxe ; vingt-cinq personnes assistaient à ce prêche. Un calice vide était sur l'autel, calice bien connu de l'abbé Charvoz; il l'avait apporté lui-même de son église de Mont-Louis, et il était parfaitement certain que ce vase sacré n'avait ni conduits mystérieux ni double fond.

— Pour vous prouver, dit Vintras, que c'est Dieu lui-même qui m'inspire, il me fait connaître que le calice va se remplir des gouttes de son sang sous les apparences du vin, et tous vous pourrez goûter le produit des vignes de l'avenir, du vin que nous devons boire avec le Sauveur dans le royaume de son père...

— Saisi d'étonnement et de crainte, continue l'abbé Charvoz, je monte à l'autel, je prends le calice, j'en regarde le fond : il était entièrement vide. Je le renverse devant tout le monde, puis je reviens m'agenouiller au pied de l'autel, tenant le calice entre mes deux mains... Tout à coup un léger bruit, celui d'une goutte d'eau qui serait tombée du plafond dans le calice se fit entendre distinctement, et une goutte de vin apparut au fond du vase.

Tous les yeux se tournent vers moi, on regarde le plafond, car notre simple chapelle était tendue dans une pauvre chambre; il n'y avait au plafond ni trou ni fissure, on ne voyait rien tomber, et pourtant le bruit de la chute des gouttes se multipliait plus rapide et plus pressé... et le vin montait du fond du calice vers le bord.

Quand le calice fut plein, je le promenai lentement sous les regards de l'assemblée, puis le prophète y trempa ses lèvres, et tous, l'un après l'autre, goûtèrent le vin miraculeux. Aucun souvenir de saveur délicieuse quelconque ne saurait en donner l'idée...

Et que vous dirai-je, ajouta l'abbé Charvoz, de ces prodiges de sang qui nous étonnent tous les jours. Des milliers d'hosties blessées et sanglantes se réfugient sur nos autels. Les stigmates sacrés apparaissent devant tous ceux qui veulent les voir. Les hosties, blanches d'abord, se marbrent lentement de caractères et de cœurs ensanglantés... Faut-il croire que Dieu abandonne aux prestiges du démon les choses les plus saintes? ou plutôt ne faut-il pas adorer et croire qu'elle est venue l'heure de la suprême et dernière révélation.

L'abbé Charvoz, en parlant ainsi, avait dans la voix cette sorte de tremblement nerveux qu'Éliphas Lévi avait déjà remarqué chez M. Madrolle. Le magicien secouait la tête d'un air pensif; puis tout à coup :

— Monsieur, dit-il à l'abbé, vous avez sur vous une ou plusieurs de ces hosties miraculeuses. Soyez assez bon pour me les montrer.

— Monsieur...

— Vous en avez, je le sais ; pourquoi essayeriez-vous de le nier ?

— Je ne le nie pas, dit l'abbé Charvoz ; mais vous me permettrez de ne pas exposer aux investigations de l'incrédulité les objets de la croyance la plus sincère et la plus dévouée.

— Monsieur l'abbé, dit gravement Éliphas, l'incrédulité est la défiance d'une ignorance presque sûre de se tromper. La science n'est pas incrédule. Je crois d'abord à votre conviction, puisque vous avez accepté une vie de privation et même de réprobation pour cette malheureuse croyance. Montrez-moi donc vos hosties miraculeuses et croyez à tout mon respect pour les objets d'une sincère adoration.

— Eh bien ! dit l'abbé Charvoz après avoir encore un peu hésité, je vais vous les montrer.

Alors il déboutonna le haut de son gilet noir et tira un petit reliquaire d'argent devant lequel il se mit à genoux avec des larmes dans les yeux et des prières sur les lèvres ; Éliphas se mit à genoux près de lui, et l'abbé ouvrit le reliquaire.

Il y avait dans le reliquaire trois hosties, l'une entière, les deux autres presque en pâte et comme pétries avec du sang.

L'hostie entière portait à son centre un cœur en relief des deux côtés ; un grumeau de sang moulé en cœur, et qui semblait s'être formé dans l'hostie même d'une manière inexplicable. Le sang n'avait pu être appliqué par dehors, car la coloration par imbibition avait laissé blanches les parcelles adhérentes à la surface extérieure. L'apparence du phénomène était la même des deux côtés. Le maître de magie fut pris d'un tremblement involontaire.

Cette émotion n'échappa pas au vieux curé qui, ayant adoré encore une fois et serré son reliquaire, tira de sa poche un album et le remit sans rien dire à Éliphas. C'étaient des copies de tous les caractères sanglants observés sur les hosties depuis le commencement des extases et des miracles de Vintras.

Il y avait là des cœurs de toutes les sortes, des emblèmes de tous les genres. Mais trois surtout excitèrent au plus haut point la curiosité d'Éliphas...

— Monsieur l'abbé, dit-il à Charvoz, connaissez-vous ces trois signes ?

— Non, fit ingénument l'abbé, mais le prophète assure qu'ils sont de la plus haute importance, et que leur signification cachée doit être connue bientôt, c'est-à-dire à la fin des temps.

— Eh bien, monsieur, dit solennellement le professeur de magie, avant même la fin des temps je vais vous les expliquer : ces trois signes cabalistiques sont la signature du diable !

— C'est impossible ! s'écria le vieux prêtre.

— Cela est, reprit avec force Éliphas.

Or, voici quels étaient ces signes :

1° L'étoile du microcosme, ou le pentagramme magique. C'est l'étoile à cinq pointes de la maçonnerie occulte, l'étoile dans laquelle Agrippa dessinait la figure humaine, la tête dans la pointe supérieure, les quatre membres dans les quatre autres. L'étoile flamboyante qui, renversée, est le signe hiéroglyphique du bouc de la magie noire, dont la tête peut alors être dessinée dans l'étoile, les deux cornes en haut, à droite et à gauche les oreilles, la barbe en bas. C'est le signe de l'antagonisme et de la fatalité. C'est le bouc de la luxure attaquant le ciel avec ses cornes. C'est un signe exécré même au sabbat par les initiés d'un ordre supérieur.

2° Les deux serpents hermétiques, mais les têtes et les queues, au lieu de se rapprocher en deux demi-cercles parallèles, étaient en dehors, et il n'y avait point de ligne intermédiaire représentant le caducée. Au-dessus de la tête des serpents on voyait le V fatal, la fourche typhonienne, le caractère de l'enfer. A droite et à gauche les nombres sacrés III et VII relégués sur la ligne horizontale qui représente les choses passives et secondaires. Le sens du caractère était donc celui-ci :

L'antagonisme est éternel.

Dieu, c'est la lutte des forces fatales qui créent toujours en détruisant.

Les choses religieuses sont passives et passagères.

L'audace s'en sert, la guerre en profite, et c'est par elles que la discorde se perpétue.

3° Enfin, le monogramme cabalistique de Jehova, le *jod* et le *hé,* mais renversés, ce qui forme, suivant les docteurs de la science occulte, le plus épouvantable de tous les blasphèmes, et signifie, de quelque manière qu'on les lise : « La fatalité seule existe :
« Dieu et l'esprit ne sont pas. La matière est tout, et
« l'esprit n'est qu'une fiction de cette même matière
« en démence. La forme est plus que l'idée, la femme
« plus que l'homme, le plaisir plus que la pensée, le
« vice plus que la vertu, la multitude plus que ses
« chefs, les enfants plus que leurs pères, la folie plus
« que la raison ! »

Voilà ce qu'il y avait d'écrit en caractères de sang sur les hosties prétendues miraculeuses de Vintras !

Nous attestons sur l'honneur que tous les faits ci-dessus énoncés sont tels que nous les rapportons, et que nous-même avons vu et expliqué les caractères, suivant la vraie science magique et les vraies clefs de la kabbale.

Le disciple de Vintras nous communiqua aussi la description et le dessin des vêtements pontificaux donnés, disait-il, par Jésus-Christ lui-même au prétendu prophète pendant un de ses sommeils extatiques. Vintras a fait confectionner ces vêtements et s'en affuble pour faire ses miracles. Ils sont de couleur rouge. Il doit porter sur le front une croix en forme de lingam, avoir un bâton pastoral surmonté d'une main dont tous les doigts sont fermés, à la réserve du pouce et de l'auriculaire.

Or, tout cela est diabolique au premier chef, et ce n'est pas une chose véritablement merveilleuse que cette intuition des signes d'une science perdue? car c'est la haute magie qui, en appuyant l'univers sur les deux colonnes d'Hermès et de Salomon, a partagé le monde métaphysique en deux zones intellectuelles, l'une blanche et lumineuse renfermant les idées positives, l'autre noire et obscure contenant des idées négatives, et qui a donné à la notion synthétique de la première le nom de Dieu, à la synthèse de l'autre le nom du diable ou de Satan.

Le signe du lingam porté sur le front est, dans l'Inde, la marque distinctive des adorateurs de Shiva le destructeur; car ce signe étant celui du grand arcane magique qui tient au mystère de la génération universelle, le porter sur le front c'est faire profession d'impudeur dogmatique. Or, disent les Orientaux, le jour où il n'y aura plus de pudeur dans le monde, le monde abandonné à la débauche, qui est stérile, finira aussitôt faute de mères. La pudeur est l'acceptation de la maternité.

La main aux trois grands doigts fermés exprime la négation du ternaire et l'affirmation des seules forces naturelles.

Les anciens hiérophantes, comme va l'expliquer notre savant et spirituel ami Desbarolles dans un beau livre qui est sous presse, avaient fait de la main humaine le résumé de la science magique. L'index, pour eux, représentait Jupiter; le grand doigt ou médius, Saturne; l'annulaire, Apollon ou le Soleil. Chez les Égyptiens, le grand doigt était Ops, l'index Osiris et l'annulaire Horus; le pouce représentait la force génératrice, et l'auriculaire l'adresse insinuante.

Une main montrant seulement le pouce et l'auriculaire équivaut, en langue hiéroglyphique sacrée, à l'affirmation exclusive de la passion et du savoir-faire. C'est la traduction abusive et matérielle de cette grande parole de saint Augustin : « Aimez et faites ce que vous voudrez. » Rapprochez maintenant ce signe de la doctrine de M. Madrolle : *l'acte d'amour le plus imparfait et en apparence le plus coupable, vaut mieux que la meilleure des prières*. Et vous vous demanderez quelle est cette force qui, indépendamment de la volonté et du plus ou moins de science des hommes (car Vintras est un homme sans lettres et sans instruction), formule ses dogmes avec des signes enfouis dans les débris de l'ancien monde, retrouve les mystères de Thèbes et d'Éleusis, et nous écrit les plus doctes rêveries de l'Inde avec les alphabets occultes d'Hermès.

Quelle est cette force ? — Je vous le dirai. Mais j'ai encore bien d'autres prodiges à vous conter, et ceci, disons-nous, est comme une instruction juridique. Nous devons avant tout la compléter.

Cependant on nous permettra, avant de passer à d'autres récits, de transcrire ici une page d'un illuminé allemand, Ludwig Tieck.

« Si par exemple, comme le rapporte une an-
« cienne tradition, une partie des anges créés ne
« tardèrent pas à déchoir, et si ce furent précisé-
« ment, comme on le dit encore, les plus brillants,
« on peut bien entendre simplement par cette chute
« qu'ils cherchèrent une route nouvelle, une autre
» activité, d'autres occupations et une autre vie que

« ces esprits orthodoxes, ou plus passifs, qui res-
« tèrent dans la région qui leur était assignée, et ne
« firent aucun usage de la liberté, leur apanage com-
« mun. Leur chute fut cette pesanteur de la forme
« que nous appelons maintenant la réalité, et qui
« est une protestation de l'existence individuelle
« contre la réabsorption dans les abîmes de l'esprit
« universel. C'est ainsi que la mort conserve et re-
« produit la vie; c'est ainsi que la vie est fiancée au
« trépas... Comprenez-vous maintenant ce que c'est
« que Lucifer ? *N'est-ce pas le génie même de l'antique*
« *Prométhée,* cette force qui donne le branle au
« monde, à la vie, au mouvement même, et qui
« règle le cours des formes successives ? Cette force,
« par sa résistance, équilibra le principe créateur.
« C'est ainsi que les élohim enfantèrent le monde.
« Lorsque ensuite les hommes furent placés sur la
« terre, par le Seigneur, comme des esprits inter-
« médiaires, dans leur enthousiasme qui les portait
« à sonder la nature et ses profondeurs, ils se li-
« vrèrent à l'influence de ce superbe et puissant génie,
« et lorsque avec un doux ravissement ils se furent
« précipités dans la mort pour y trouver la vie, ce
« fut alors qu'ils commencèrent à exister d'une ma-
« nière véritable, naturelle, et comme il convient à
« des créatures. »

Cette page n'a pas besoin de commentaire, et explique assez les tendances de ce qu'on nomme le spiritualisme ou la doctrine *spirite*.

Depuis longtemps déjà cette doctrine ou cette *anti-doctrine* travaille le monde pour le précipiter dans une anarchie universelle. Mais la loi d'équilibre nous sauvera, et déjà le grand mouvement de réaction a commencé.

— Nous continuons le récit des phénomènes.

Un ouvrier se présenta un jour chez Éliphas Lévi. C'était un homme d'une cinquantaine d'années, de grande taille, regardant en face et parlant d'une manière fort raisonnable. Interrogé sur le motif de sa visite, cet homme répond : « Vous devez bien le savoir, je viens vous prier et vous supplier de me rendre ce que j'ai perdu. »

Nous devons dire, pour être sincère, qu'Éliphas ne savait rien de ce visiteur ni de ce qu'il pouvait avoir perdu. Aussi lui répondit-il : Vous me croyez beaucoup plus sorcier que je ne le suis ; je ne sais ni qui vous êtes ni ce que vous cherchez ; ainsi donc, si vous croyez que je puisse vous être bon à quelque chose, il faut vous expliquer et préciser votre demande.

— Eh bien ! puisque vous voulez ne pas me comprendre, vous reconnaîtrez au moins ceci, dit alors l'inconnu en tirant de sa poche un petit livre noir et usé.

C'était le grimoire du pape Honorius.

Un mot sur ce petit livre tant décrié.

Le grimoire d'Honorius se compose d'une constitution apocriphe d'Honorius II pour l'évocation et le gouvernement des esprits ; plus, de quelques recettes superstitieuses... C'était le manuel des mauvais prêtres qui exerçaient la magie noire pendant les plus tristes périodes du moyen âge. On y trouve des rites sanglants mêlés à des profanations de la messe et des espèces consacrées, des formules d'envoûtement et de maléfices, puis des pratiques que la stupidité seule peut admettre et la fourberie conseiller. Enfin, c'est un livre complet dans son genre ; aussi est-il devenu fort rare en librairie, et les amateurs le poussent-ils très haut dans les ventes publiques.

— Mon cher Monsieur, dit l'ouvrier en soupirant, depuis l'âge de dix ans, je n'ai pas manqué une seule fois à faire mon service. Ce livre ne me quitte pas, et je me conforme rigoureusement à toutes les prescriptions qu'il renferme. Pourquoi donc ceux qui me visitaient m'ont-ils abandonné ? Éli, Éli, Lamma....,

— Arrêtez, dit Éliphas, et ne parodiez pas les plus formidables paroles qu'une agonie ait jamais fait entendre au monde ! Quels sont les êtres qui vous visitaient par la vertu de cet horrible livre ? Les connaissez-vous ? leur avez-vous promis quelque chose ? avez-vous signé un pacte ?

— Non, interrompit le propriétaire du grimoire ; je ne les connais pas et je n'ai pris avec eux aucun engagement. Je sais seulement que parmi eux les chefs sont bons, les intermédiaires alternativement bons et mauvais ; les inférieurs mauvais, mais pas aveuglément et sans qu'il leur soit possible de mieux faire. Celui que j'ai évoqué et qui m'est apparu souvent appartient à la hiérarchie la plus élevée, car il était de belle mine, bien vêtu et me donnait toujours des réponses favorables. Mais j'ai perdu une page de mon grimoire, la première, la plus importante, celle qui portait la signature autographe de l'esprit, et depuis il ne paraît plus quand je l'appelle.

Je suis un homme perdu. Je suis nu comme Job, je n'ai plus ni force ni courage. Oh! maître, je vous en conjure, vous qui n'avez qu'un mot à dire, qu'un signe à faire et les esprits obéiront, prenez pitié de moi et rendez-moi ce que j'ai perdu!

— Donnez-moi votre grimoire, dit Éliphas.

Quel nom donniez-vous à l'esprit qui vous apparaissait?

— Je l'appelais Adonaï.

— Et en quelle langue était sa signature?

— Je l'ignore, mais je suppose que c'était de l'hébreu.

— Tenez, dit le professeur de haute magie après avoir tracé deux mots hébreux au commencement et à la fin du livre. Voici deux signatures que les esprits des ténèbres ne contreferont jamais. Allez en paix, dormez bien et n'évoquez plus les fantômes.

L'ouvrier se retira.

Huit jours après, il revint trouver l'homme de science.

— Vous m'avez rendu l'espérance et la vie, lui dit-il, ma force est revenue en partie, je puis, avec les signatures que vous m'avez données, soulager ceux qui souffrent et débarrasser les obsédés, mais *lui*, je ne puis le revoir, et, tant que je ne l'aurai pas revu, je serai triste jusqu'à la mort. Autrefois il était toujours près de moi, il me touchait parfois et m'éveillait la nuit pour me dire tout ce que j'avais besoin de savoir. Maître, je vous en supplie, faites que je le revoie...

— Qui donc?

— Adonaï.

— Savez-vous qui est Adonaï ?

— Non, mais je voudrais le revoir.

— Adonaï est invisible.

— Je l'ai vu.

— Il n'a pas de forme.

— Je l'ai touché.

— Il est infini.

— Il est à peu près de ma taille.

— Les prophètes disent de lui que le bord de son vêtement, de l'Orient à l'Occident, balaye les étoiles du matin.

— Il avait un paletot fort propre et du linge très blanc.

— L'Écriture sainte dit encore qu'on ne peut le voir sans mourir.

— Il avait une bonne et joviale figure.

— Mais comment procédiez-vous pour obtenir ces apparitions ?

— Eh bien ! je faisais tout ce qui est marqué dans le grand grimoire.

— Quoi donc ! même le sacrifice sanglant ?

— Sans doute.

— Malheureux ! mais quelle était donc la victime ?

A cette question, l'ouvrier eut un léger tressaillement, il pâlit et son regard se troubla.

— Maître, vous savez mieux que moi ce que c'est, dit-il humblement et à voix basse. Oh ! il m'en a coûté beaucoup ; surtout la première fois, de couper la gorge d'un seul coup avec le couteau magique à cette créature innocente ! Une nuit je venais d'accomplir les rites funèbres, j'étais assis dans le cercle sur le seuil intérieur de ma porte et la victime achevait de se consumer dans un grand feu de bois d'aulne et de cyprès... Tout à coup, près de moi... je l'ai revu ou plutôt je l'ai senti passer... J'ai entendu dans mon oreille une plainte déchirante... on eût dit qu'elle pleurait, et depuis ce moment je croyais l'entendre toujours.

Éliphas s'était levé et regardait fixement son interlocuteur. Avait-il devant lui un fou dangereux capable de renouveler les atrocités du seigneur de Retz ? Pourtant la figure de cet homme était douce et honnête. Non, cela n'était pas possible.

— Mais enfin, cette victime... dites-moi nettement ce que c'était. Vous supposez que je le sais déjà, et je le sais peut-être, mais j'ai des raisons pour vouloir que vous me le disiez.

— C'était, suivant le rituel magique, un jeune chevreau d'un an, vierge et sans défaut.

— Un vrai chevreau ?

— Sans doute. Croyez bien que ce n'était ni un jouet d'enfant, ni un animal empaillé.

Éliphas respira.

— Allons ! pensa-t-il, cet homme n'est pas un sorcier digne du bûcher. Il ne sait pas que les abominables auteurs des grimoires, lorsqu'ils parlaient du chevreau vierge, voulaient dire un petit enfant.

— Eh bien ! dit-il alors à celui qui le consultait, donnez-moi des détails sur vos visions. Ce que vous me racontez m'intéresse au plus haut point.

Le sorcier, car il faut bien l'appeler par son nom,

le sorcier lui raconta alors une série de faits étranges dont deux familles avaient été témoins, et ces faits étaient précisément identiques aux phénomènes de M. Home : des mains sortant des murailles, des agitations de meubles, des apparitions phosphorescentes. Un jour, le téméraire apprenti magicien avait osé appeler Astaroth, et avait vu apparaître un monstre gigantesque ayant le corps d'un pourceau et une tête empruntée au squelette d'un bœuf colossal. Mais tout cela était raconté avec un accent de vérité, avec une certitude d'avoir vu, qui excluait toute espèce de doute sur la bonne foi et l'entière conviction du conteur. Éliphas, qui est artiste en magie, fut émerveillé de cette trouvaille. Au XIX° siècle, un vrai sorcier du moyen âge, un sorcier naïf et convaincu ! un sorcier qui a vu Satan sous le nom d'Adonaï, Satan habillé en bourgeois et Astaroth sous sa vraie forme diabolique ! quel objet d'art ! quel trésor d'archéologie !

— Mon ami, dit-il à son nouveau disciple, je veux vous aider à retrouver ce que vous dites avoir perdu. Prenez mon livre, observez les prescriptions du rituel et revenez me voir dans huit jours.

Huit jours après, nouvelle conférence, et ici l'ouvrier déclare qu'il est l'inventeur d'une machine de sauvetage de la plus grande importance pour la marine. La machine est parfaitement combinée ; il n'y manque qu'une chose... elle ne fonctionne pas : un défaut imperceptible est dans le mouvement. Quel est ce défaut ? L'esprit de malice seul pourrait le dire. Il faut donc absolument l'évoquer'

— Gardez-vous-en bien, dit Éliphas ; dites plutôt pendant neuf jours cette invocation cabalistique (et il lui remit un feuillet manuscrit). Commencez ce soir, et revenez demain me dire ce que vous aurez vu, car cette nuit vous aurez une manifestation.

Le lendemain notre homme ne manqua pas au rendez-vous.

— Je me suis éveillé tout à coup, dit-il, vers une heure du matin. J'ai vu devant mon lit une grande lumière, et dans cette lumière *un bras d'ombre* qui passait et repassait devant moi comme pour me magnétiser. Alors, je me suis rendormi, et, quelques instants après, m'étant éveillé de nouveau, j'ai revu la même lumière, mais elle avait changé de place. Elle avait passé de gauche à droite, et sur le fond lumineux j'ai distingué la silhouette d'un homme qui croisait les bras et qui me regardait.

— Comment était cet homme ?

— A peu près de votre taille et de votre corpulence.

— C'est bien. Allez et continuez de faire ce que je vous ai dit.

Les neuf jours s'écoulèrent ; au bout de ce temps, nouvelle visite de l'adepte ; mais cette fois tout radieux et empressé. Du plus loin qu'il vit Éliphas :

— Merci ! maître, s'écria-t-il, la machine fonctionne, des personnages que je ne connaissais pas sont venus mettre à ma disposition les fonds qui m'étaient nécessaires pour achever mon entreprise, j'ai retrouvé la paix du sommeil, et tout cela grâce à votre puissance.

— Dites plutôt grâce à votre foi et à votre docilité,

et maintenant, adieu, il faut que je travaille... Eh bien ! pourquoi prenez-vous cet air suppliant, et que me voulez-vous encore ?

— Oh ! si vous vouliez !...

— Eh bien, quoi ? n'avez-vous pas obtenu tout ce que vous demandiez et plus que vous ne demandiez, car vous ne m'aviez pas parlé d'argent.

— Oui, sans doute, fit l'autre en soupirant, mais je voudrais bien le revoir !

— Incorrigible ! dit Éliphas.

Quelques semaines après, le professeur de haute magie fut réveillé vers deux heures du matin par une douleur aiguë dans la tête. Pendant quelques instants il craignit une congestion cérébrale, il se leva, ralluma sa lampe, ouvrit sa fenêtre, se promena dans son cabinet d'étude, puis, calmé par l'air frais du matin, il se recoucha et s'endormit profondément, il eut alors un cauchemar ; il vit, avec une apparence terrible de réalité, le géant à la tête de bœuf décharnée dont lui avait parlé l'ouvrier mécanicien. Ce monstre le poursuivait et luttait contre lui. Lorsqu'il s'éveilla il faisait grand jour et quelqu'un frappait à la porte. Éliphas se lève, jette un vêtement sur lui et va ouvrir ; c'était l'ouvrier.

— Maître, dit-il en entrant avec empressement et d'un air alarmé, comment vous trouvez-vous ?

— Très bien, répond Éliphas.

— Mais cette nuit, à deux heures du matin, n'avez-vous pas couru un danger ?

— Éliphas n'était pas à la question et ne se rappelait déjà plus son indisposition de la nuit.

— Un danger? dit-il; non, pas du moins que je sache.

— Vous n'avez pas été assailli par un fantôme monstrueux qui cherchait à vous étrangler! Vous n'avez pas souffert?

Éliphas se rappela.

— Oui, dit-il, certainement, j'ai eu un commencement d'apoplexie et un horrible rêve. Mais comment savez-vous cela?

— A la même heure, une main invisible m'a frappé rudement sur l'épaule et m'a réveillé en sursaut. Je rêvais alors que je vous voyais aux prises avec Astaroth. Je me suis dressé sur mon séant et une voix m'a dit à l'oreille : Lève-toi et va au secours de ton maître ; il est en danger. Je me suis levé précipitamment. Mais où fallait-il courir d'abord? Quel danger vous menaçait? Était-ce chez vous ou ailleurs? La voix n'en avait rien dit. J'ai pris le parti d'attendre le lever du soleil, et, dès que le jour a paru, je suis accouru, et me voici.

— Merci, mon ami, dit le magiste en lui tendant la main, Astaroth est un mauvais plaisant, et j'ai eu seulement cette nuit un peu de sang porté à la tête. Maintenant, je vais parfaitement bien. Vous pouvez donc vous rassurer et retourner à votre travail.

Quelque étranges que soient les faits que nous venons de raconter, il nous reste à révéler un drame funèbre encore bien plus extraordinaire.

Il s'agit de l'événement sanglant qui, au commencement de cette année, a plongé dans le deuil et dans la stupeur Paris et toute la chrétienté ; événement auquel personne n'a soupçonné que la magie noire ne fût pas étrangère.

Voici ce qui est arrivé :

Pendant l'hiver, au commencement de l'année dernière, un libraire fit savoir à l'auteur de *Dogme et rituel de la haute magie* qu'un ecclésiastique cherchait son adresse et témoignait le plus grand désir de le voir. Éliphas Lévi ne se sentit pas tout d'abord porté de confiance vers cet inconnu au point de s'exposer sans précaution à ses visites ; il indiqua une maison amie où il devait se trouver avec son fidèle disciple Desbarrolles. A l'heure dite et au jour marqué, ils se rendirent en effet chez Mme A...., et trouvèrent l'ecclésiastique qui déjà depuis quelques instants les attendait.

C'était un jeune homme assez maigre, au nez pointu et busqué, aux yeux bleus et ternes. Son front osseux et saillant était plus large que haut ; sa tête était allongée en arrière, ses cheveux plats et courts, séparés par une raie sur le côté, étaient d'un blond grisâtre, tirant sur le châtain clair, mais avec une nuance particulière et désagréable. Sa bouche était sensuelle et batailleuse ; ses manières, d'ailleurs, étaient affables, sa voix douce et sa parole quelquefois un peu embarrassée. Interrogé par Éliphas Lévi sur l'objet de sa visite, il répondit qu'il était à la recherche du grimoire d'Honorius et qu'il venait se renseigner près du professeur de sciences occultes sur la manière de se procurer ce petit livre noir devenu à peu près introuvable.

— Je donnerais bien cent francs d'un exemplaire de ce grimoire, disait-il.

— L'ouvrage en lui-même ne vaut rien, dit Éliphas. C'est une constitution prétendue d'Honorius II, que vous trouverez peut-être citée par quelque érudit collecteur de constitutions apocryphes ; vous pourriez chercher à la bibliothèque.

— Je le ferai, car je passe à Paris presque tout mon temps dans les bibliothèques publiques.

— Vous n'êtes pas occupé dans le ministère de Paris ?

— Non, plus maintenant. J'ai été pendant quelque temps employé à la paroisse Saint-Germain-l'Auxerrois.

— Et vous vous livrez maintenant à ce que je vois à des recherches curieuses sur les sciences occultes.

— Pas précisément ; mais je poursuis la réalisation d'une pensée... j'ai quelque chose à faire.

— Je ne suppose pas que ce quelque chose soit une opération de magie noire, vous savez comme moi, Monsieur l'abbé, que l'Église a toujours condamné et condamne encore sévèrement tout ce qui se rattache à ces pratiques défendues.

Un pâle sourire, empreint d'une sorte d'ironie sarcastique, fut toute la réponse de l'abbé, et la conversation tomba.

Cependant le chiromancien Desbarrolles considérait attentivement la main du prêtre ; celui-ci s'en aperçut et une explication toute naturelle s'ensuivit, l'abbé alors offrit de bonne grâce et de lui-même sa main à l'expérimentateur. Desbarrolles fronça le sourcil et parut embarrassé. La main était humide et froide, les doigts lisses et spatulés ; le Mont de Vénus, ou la partie de la paume de la main qui correspond au pouce, d'un développement assez notable, la ligne de vie courte et brisée, des croix au centre de la main, des étoiles sur le mont de la lune.

Monsieur l'abbé, dit Desbarrolles, si vous n'aviez pas une solide instruction religieuse, vous deviendriez facilement un dangereux sectaire, car vous êtes porté au mysticisme le plus exalté d'une part et de l'autre à l'entêtement le plus concentré et le moins communicatif qui soit au monde. Vous cherchez beaucoup, mais vous imaginez davantage, et comme vous ne confiez à personne vos imaginations, elles pourraient atteindre à des proportions qui en feraient pour vous de véritables ennemis. Vos habitudes sont contemplatives et un peu molles, mais c'est une somnolence dont les réveils peuvent être à craindre. Vous êtes porté à une passion que votre état... Mais, pardon, Monsieur l'abbé, je crains de dépasser avec vous les bornes de la discrétion.

— Dites tout, Monsieur, je puis tout entendre et je désire tout savoir.

— Eh bien ! si, comme je n'en doute pas, vous tournez au profit de la charité toute l'activité inquiète que vous donneraient les passions du cœur, vous devez être souvent béni pour vos bonnes œuvres.

L'abbé fit encore une fois ce sourire douteux et fatal qui donnait à son pâle visage une si singulière expression.

Il se leva et prit congé sans avoir dit son nom et sans que personne eût songé à le lui demander.

Éliphas et Desbarrolles le reconduisirent jusqu'à l'escalier par égard pour sa dignité de prêtre.

Près de l'escalier, il se tourna et dit lentement :

— Avant peu, vous entendrez dire quelque chose... Vous entendrez parler de moi, ajouta-t-il en appuyant sur chaque mot. Puis il salua de la tête et de la main, se retourna sans ajouter une parole et descendit l'escalier.

Les deux amis rentrèrent chez Mme A...

— Voilà un singulier personnage, dit Éliphas. Il m'a semblé voir Pierrot des Funambules dans un rôle de traître. Ce qu'il nous a dit en partant ressemble assez à une menace.

— Vous l'avez intimidé, dit Mme A... ; avant votre arrivée, il commençait à dire toute sa pensée, mais vous lui avez parlé de conscience et des lois de l'Église, il n'a plus osé vous avouer ce qu'il voulait.

— Bah ! que voulait-il donc ?

— Voir le diable.

— Croirait-il par hasard que je l'ai dans ma poche ?

— Non, mais il sait que vous donnez des leçons de cabale et de magie, il espérait que vous l'aideriez dans ses entreprises. Il nous a conté, à ma fille et à moi, que dans son presbytère, à la campagne, il avait déjà un soir fait une évocation à l'aide d'un grimoire vulgaire. Alors, a-t-il dit, un tourbillon de vent a paru ébranler le presbytère, les poutres ont gémi, les boiseries ont craqué, les portes se sont agitées, les fenêtres se sont ouvertes avec fracas, et les sifflements se sont fait entendre à tous les coins de la maison. Il attendait alors la vision formidable, mais il n'a rien vu, aucun monstre ne s'est présenté, en un mot le diable n'a pas voulu paraître. C'est pour cela qu'il cherche le grimoire d'Honorius, car il espère y trouver des conjurations plus fortes et des rites plus efficaces.

— En vérité! mais cet homme alors est un monstre... ou c'est un fou.

— Il doit être tout bonnement amoureux, dit Desbarrolles. Il est travaillé de quelque passion absurde et n'espère absolument rien à moins que le diable ne s'en mêle.

— Mais comment alors entendrons-nous parler de lui?

— Qui sait? Il compte peut-être enlever la reine d'Angleterre ou la sultane Validé.

La conversation en resta-là, et une année se passa tout entière sans que ni Mme A..., ni Desbarrolles, ni Éliphas, entendissent parler du jeune prêtre inconnu.

Dans la nuit du premier au second jour de janvier de l'année 1857, Éliphas Lévi fut éveillé en sursaut par les émotions d'un rêve bizarre et funèbre. Il lui semblait être dans une chambre délabrée et gothique assez semblable à la chapelle abandonnée d'un vieux château. Une porte cachée par une draperie noire s'ouvrait sur cette chambre, derrière la draperie on devinait la lueur rougeâtre des cierges, et il semblait à Éliphas que, poussé par une curiosité pleine de terreurs, il s'approchait de la draperie noire... Alors la draperie s'entr'ouvrit, une main s'étendit et saisit le bras d'Éliphas. Il ne vit personne, mais il entendit une voix basse qui disait à son oreille :

— Viens voir ton père qui va mourir!

Le magiste s'éveilla le cœur palpitant et le front baigné de sueur.

Que veut dire ce rêve? pensa-t-il. Il y a longtemps que mon père est mort ; pourquoi me dit-on qu'il va mourir, et pourquoi cet avertissement a-t-il bouleversé mon cœur?

La nuit suivante, le même rêve reparut avec les mêmes circonstances, et Éliphas Lévi se réveilla encore une fois en entendant répéter à son oreille :

— Viens voir ton père qui va mourir !

Cette répétition de cauchemars impressionna péniblement Éliphas : il avait accepté pour le 3 janvier une invitation à dîner dans une société joyeuse, il écrivit pour s'excuser, se trouvant peu disposé à la gaieté d'un banquet d'artistes. Il resta donc dans son cabinet d'études ; le temps était couvert ; à midi, il reçut la visite d'un de ses disciples en magie, M. le vicomte de M***. La pluie alors tomba avec une telle abondance qu'Éliphas offrit au vicomte son parapluie que celui-ci refusa d'accepter. Il s'ensuivit un débat de politesse dont le résultat fut qu'Éliphas sortit pour reconduire le vicomte. Pendant qu'ils étaient dehors, la pluie cessa, le vicomte trouva une voiture, et Éliphas, au lieu de retourner chez lui, traversa machinalement le Luxembourg, sortit par la porte qui donne sur la rue d'Enfer, et se trouva en face du Panthéon.

Une double rangée d'échoppes improvisées pour la neuvaine de sainte Geneviève indiquait aux pèlerins le chemin de Saint-Étienne-du-Mont. Éliphas, dont le cœur était triste et par conséquent disposé à la prière, suivit cette voie et entra dans l'église. Il pouvait être en ce moment quatre heures de l'après-midi.

L'église était pleine de fidèles, et l'office se faisait avec un grand recueillement et une solennité extraordinaire. Les bannières des paroisses de la ville et de la banlieue attestaient la vénération publique pour cette vierge qui a sauvé Paris de la famine et des invasions. Au fond de l'église, le tombeau de sainte Geneviève resplendissait de lumière. On chantait les litanies et la procession sortait du chœur.

Après la croix accompagnée de ses acolytes et suivie des enfants de chœur, venait la bannière de sainte Geneviève ; puis marchaient sur deux rangs les dames génovéfaines, vêtues de noir avec un voile blanc sur la tête, un ruban bleu au cou et la médaille de la légende, un cierge à la main surmonté d'une petite lanterne gothique, comme la tradition en donne un aux images de la sainte. Car, dans les anciens légendaires, sainte Geneviève est toujours représentée une médaille au cou, celle que lui donna saint Germain d'Auxerre, et tenant un cierge que le démon s'efforce d'éteindre, mais qui est préservé du souffle de l'esprit immonde par un petit tabernacle miraculeux.

Après les dames génovéfaines venait le clergé, puis enfin apparaissait le vénérable archevêque de Paris, mitré de blanc, portant une chape que relevaient de chaque côté ses deux grands vicaires ; le prélat, appuyé sur sa crosse, marchait lentement et bénissait à droite et à gauche la foule qui s'agenouillait sur son passage. Éliphas voyait l'archevêque pour la première fois et remarqua les traits de son visage. Ils exprimaient la bonhomie et la douceur ; mais on pouvait y remarquer l'expression d'une grande fatigue et même d'une souffrance nerveuse péniblement dissimulée.

La procession descendit jusqu'au bas de l'église en traversant la nef, remonta par le bas-côté à gauche de la porte d'entrée, et se rendit à la station du tombeau de sainte Geneviève ; puis elle revint par le bas-côté de droite en continuant le chant des litanies.

Un groupe de fidèles suivait la procession et marchait immédiatement derrière l'archevêque.

Éliphas se mêla à ce groupe pour traverser plus facilement la foule qui allait se reformer et pour regagner la porte de l'église, tout rêveur et tout attendri de cette pieuse solennité.

La tête de la procession était déjà rentrée dans le chœur, l'archevêque arrivait à la grille de la nef : là le passage était trop étroit pour que trois personnes pussent y marcher de front ; l'archevêque donc était devant et les deux grands vicaires étaient derrière lui tenant toujours les bords de sa chape qui se trouvait ainsi rejetée et tirée en arrière, de sorte que le prélat présentait sa poitrine découverte et protégée seulement par les broderies croisées de l'étole.

Alors, ceux qui étaient derrière l'archevêque le virent tressaillir, et l'on entendit une interpellation faite à voix haute, sans éclat de voix toutefois et sans clameur. Qu'avait-on dit ? Il semblait que ce fût : A bas les déesses ! mais on croyait avoir mal entendu, tant ce mot paraissait déplacé et vide de sens. Cependant l'exclamation se renouvela deux ou trois fois, quelqu'un cria : Sauvez l'archevêque ! d'autres voix répondirent : Aux armes ! la foule s'écarta alors en renversant les chaises et les barrières, on se précipita vers les portes en criant. C'étaient des pleurs d'enfant, des clameurs de femmes, et Éliphas, entraîné par la foule, fut en quelque sorte porté hors de l'église ; mais les derniers regards qu'il put y jeter furent frappés d'un terrible et ineffaçable tableau.

Au milieu d'un cercle élargi par la frayeur de tous ceux qui l'entouraient, le prélat était debout, seul, appuyé toujours sur sa crosse et soutenu par la roideur de sa chape que les grands vicaires avaient lâchée et qui pendait alors jusqu'à terre.

La tête de l'archevêque était un peu renversée, ses yeux et celle de ses mains qui ne tenait pas la crosse étaient levés vers le ciel. Son attitude était celle qu'Eugène Delacroix a donnée à l'évêque de Liège, assassiné par les bandits du Sanglier des Ardennes ; il y avait dans son geste toute l'épopée du martyre, c'était une acceptation et une offrande, une prière pour son peuple et un pardon pour son bourreau.

Le jour tombait, et l'église commençait à s'assombrir. L'archevêque, les bras levés vers le ciel et éclairé par un dernier rayon venant des croisées de la nef, se détachait sur un fond sombre où l'on distinguait à peine un piédestal sans statue sur lequel étaient écrites ces deux paroles de la passion du

Christ : Ecce homo, et plus loin, dans le fond, une peinture apocalyptique représentant les quatre fléaux prêts à s'élancer sur le monde, et les tourbillons de l'enfer suivant les traces poudreuses du cheval pâle de la mort.

Devant l'archevêque, un bras levé, qui se dessinait en ombre comme une silhouette infernale, tenait et brandissait un couteau. Des sergents de ville s'avançaient l'épée à la main.

Et pendant que tout ce tumulte se faisait au bas de l'église, le chant des litanies continuait dans le chœur comme l'harmonie des sphères du ciel se perpétue toujours, attentive à nos révolutions et à nos angoisses.

Éliphas Lévi avait été porté dehors par la foule. Il était sorti par la porte de droite. Presque au même moment la porte de gauche s'ouvrait avec violence, et un groupe furieux se précipitait hors de l'église.

Ce groupe tourbillonnait autour d'un homme que cinquante bras semblaient tenir, que cent poings tendus voulaient frapper.

Cet homme, plus tard, s'est plaint d'avoir été maltraité par les sergents de ville ; mais, autant qu'on pouvait le reconnaître dans ce tumulte, les sergents de ville le protégeaient contre l'exaspération de la foule.

Des femmes couraient après lui en criant : Qu'on le tue !

— Mais qu'a-t-il fait ? disaient d'autres voix.

— Le misérable ! il a donné un coup de poing à l'archevêque, disaient les femmes.

Puis d'autres personnes sortaient de l'église, et les discours contradictoires se croisaient.

— L'archevêque a eu peur et s'est trouvé mal, disaient les uns.

— Il est mort, répondaient les autres.

— Avez-vous vu le couteau ? ajoutait un nouvel interlocuteur. Il est long comme un sabre, et le sang ruisselait sur la lame.

— Ce pauvre monseigneur, il a perdu un de ses souliers, remarquait une vieille femme en joignant les mains.

— Ce n'est rien ! ce n'est rien ! vint alors crier une loueuse de chaise. Vous pouvez rentrer dans l'église : monseigneur n'est pas blessé, on vient de le déclarer en chaire.

La foule alors fit un mouvement pour rentrer dans l'église.

— Sortez ! sortez ! dit en ce moment même la voix grave et désolée d'un prêtre, l'office ne peut être continué. On va fermer l'église ; elle est profanée.

— Comment va l'archevêque ? dit alors un homme.

— Monsieur, répondit le prêtre, l'archevêque se meurt, et peut-être même, au moment où je vous parle, il est mort !

La foule se dispersa consternée, pour aller répandre cette funèbre nouvelle dans tout Paris.

Une circonstance bizarre se produisit pour Éliphas, et fit une sorte de diversion à sa profonde douleur de ce qui venait de se passer.

Au moment du tumulte, une femme âgée et de

l'extérieur le plus respectable lui avait pris le bras en réclamant sa protection.

Il se fit un devoir de répondre à cet appel, et lorsqu'il fut sorti de la foule avec cette dame :

— Combien je suis heureuse, lui dit-elle, d'avoir rencontré un homme qui s'afflige de ce grand crime dont se réjouissent en ce moment tant de misérables !

— Que dites-vous, madame, et comment peut-il exister des êtres assez dépravés pour se réjouir d'un si grand malheur ?

— Silence ! dit la vieille dame, on nous écoute peut-être... Oui, ajouta-t-elle en baissant la voix, il y a des gens qui sont enchantés de ce qui arrive, et tenez, là, tout à l'heure, il y avait un homme d'une mine sinistre, qui disait à la foule inquiète, lorsqu'on l'interrogeait, lui, sur ce qui venait de se passer... Oh ! ce n'est rien ! c'est une araignée qui est tombée !

— Non, madame, vous aurez mal entendu. La foule n'eût pas enduré cet abominable propos, et l'homme eût été immédiatement arrêté.

— Plut à Dieu que tout le monde pensât comme vous, dit la dame.

Puis elle ajouta : Je me recommande à vos prières, car je vois bien que vous êtes un homme de Dieu.

— Ce n'est peut-être pas l'avis de tout le monde, répondit Éliphas.

— Et que nous importe le monde ? reprit la dame avec vivacité, il est menteur, il est calomniateur, il est impie ! il dit du mal de vous, peut-être. Je ne m'en étonne pas, et si vous pouviez savoir ce qu'il dit de moi, vous comprendriez bien pourquoi je méprise son opinion.

— Le monde dit du mal de vous ! Madame.

— Oui, certes, et le plus grand mal qui se puisse dire.

— Comment cela ?

— Il m'accuse de sacrilège.

— Vous m'effrayez. Et de quel sacrilège, s'il vous plaît ?

— D'une indigne comédie que j'aurais jouée pour tromper deux enfants sur la montagne de la Salette.

— Quoi ! vous seriez...

— Je suis Mademoiselle de la Merlière.

— J'ai entendu parler de votre procès, Mademoiselle, et du scandale qu'il a causé, mais il me semble que votre âge et votre *responsabilité* devaient vous mettre à l'abri d'une semblable accusation.

— Venez me voir, Monsieur, et je vous présenterai à mon avocat, M. Favre, c'est un homme de talent que je voudrais gagner à Dieu.

En causant ainsi les deux interlocuteurs étaient arrivés rue du Vieux-Colombier. La dame remercia son cavalier improvisé et renouvela l'invitation de venir la voir.

— Je tâcherai, dit Éliphas. Mais, si je viens, je demanderai au portier Melle de la Merlière.

— Gardez-vous-en bien, dit-elle, on ne me connaît pas sous ce nom ; demandez Mme Dutruck.

— Dutruck, soit, Madame ; je vous présente bien humblement mes civilités.

Et ils se séparèrent.

Le procès de l'assassin commença, et Éliphas, en

lisant dans les journaux que cet homme était prêtre, qu'il avait fait partie du clergé de Saint-Germain-l'Auxerrois, qu'il avait été curé de campagne, qu'il paraissait exalté jusqu'à la fureur, se ressouvint du prêtre pâle qui cherchait un an auparavant le grimoire d'Honorius. Mais le signalement que donnaient de ce criminel les feuilles publiques déroutait les souvenirs du professeur de magie. En effet, la plupart des journaux lui donnaient des cheveux noirs... Ce n'est donc pas lui, pensait Éliphas. Cependant j'ai encore dans l'oreille et dans la mémoire cette parole qui serait maintenant expliquée pour moi par ce grand crime :

— Vous ne tarderez pas à apprendre quelque chose. Avant peu vous entendrez parler de moi.

Le procès eut lieu avec toutes les affreuses péripéties que tout le monde connaît, et l'accusé fut condamné à mort.

Le lendemain, Éliphas lut dans une feuille judiciaire le récit de cette scène inouïe dans les annales de la justice ; mais un nuage passa sous ses yeux lorsqu'il fut à l'endroit du signalement de l'accusé :

« Il est blond. »

— Ce doit être lui, dit le professeur de magie.

Quelques jours après, une personne qui avait pu tracer à l'audience un croquis de profil du condamné, le faisait voir à Éliphas.

— Laissez-moi copier ce dessin, dit celui-ci tout palpitant d'épouvante.

Il fit la copie et la porta à son ami Desbarolles auquel il demanda sans autres explications :

— Connaissez-vous cette tête ?

— Oui, fit vivement Desbarrolles; attendez, c'est ce prêtre mystérieux que nous avons vu chez Mme A..., et qui voulait faire des évocations magiques.

— Eh bien! mon ami, vous me confirmez dans ma triste conviction. L'homme que nous avons vu, nous ne le verrons plus, la main que vous avez examinée est devenue une main sanglante. Nous avons entendu parler de lui, comme il nous l'avait annoncé; car, ce prêtre pâle, savez-vous quel était son nom?

— Oh! mon Dieu! dit Desbarolles en changeant de couleur, j'ai peur de le savoir.

— Eh bien! vous le savez, c'était le malheureux Louis Verger!

Quelques semaines après ce que nous venons de raconter, Éliphas Lévi causait avec un libraire qui a pour spécialité de collectionner les vieux livres de sciences occultes.

Il était question du grimoire d'Honorius.

C'est maintenant un article introuvable, disait le marchand. Le dernier que j'ai eu entre les mains, je l'ai cédé à un prêtre qui en offrait cent francs.

— Un jeune prêtre! et vous rappelez-vous quelle était sa physionomie.

— Oh! parfaitement. Mais vous devez bien le connaître, car il m'a dit vous avoir vu, et c'est moi qui vous l'avais adressé.

Ainsi, plus de doute, le malheureux prêtre avait trouvé le fatal grimoire, il avait fait l'évocation et s'était préparé au meurtre par une série de sacrilèges, car voici en quoi consiste l'évocation infernale suivant le grimoire d'Honorius.

« Choisir un coq noir et lui donner le nom de l'esprit des ténèbres qu'on veut évoquer.

« Tuer le coq, en réserver la langue, le cœur et la première plume de l'aile gauche.

« Faire sécher la langue et le cœur et les réduire en poudre.

« Ne pas manger de viande et ne pas boire du vin ce jour-là.

« Le mardi, à l'aube du jour, dire une messe des anges.

« Tracer sur l'autel même et avec la plume du coq trempée dans le vin consacré des signatures diaboliques (celles du crayon de M. Home et des hosties sanglantes de Vintras).

« Le mercredi, préparer un cierge de cire jaune ; se lever à minuit, et, seul dans une église commencer l'office des morts.

« Mêler à cet office des évocations infernales.

« Achever l'office à la lueur d'un seul cierge qu'on éteindra ensuite, et demeurer sans lumière dans l'église ainsi profanée jusqu'au lever du soleil.

« Le jeudi, mêler à l'eau bénite la poudre de la langue et du cœur du coq noir, et faire avaler le tout à un agneau mâle de neuf jours… »

La main se refuse à écrire le reste. C'est un mélange de pratiques abrutissantes et d'attentats révoltants propres à tuer à jamais le jugement et la conscience.

Mais pour communiquer avec le fantôme du mal absolu, pour réaliser le fantôme au point de le voir et de le toucher, ne faut-il pas nécessairement être sans conscience et sans jugement ?

Voilà sans doute le secret de cette incroyable perversité, de ces fureurs meurtrières, de cette haine maladive contre tout ordre, toute magistrature, toute hiérarchie, de cette fureur surtout contre le dogme qui sanctifie la paix, l'obéissance, la douceur et la pureté sous l'emblème si touchant d'une mère.

Ce malheureux se croyait sûr de ne pas mourir. L'empereur, croyait-il, serait forcé de lui faire grâce, un exil honorable l'attendait, son crime lui donnait une immense célébrité, ses rêveries étaient achetées au poids de l'or par les libraires. Il devenait immensément riche, attirait l'attention d'une grande dame, et se mariait au delà des mers. C'est par de semblables promesses que le fantôme du démon poussait aussi jadis et faisait trébucher de crime en crime, Gilles de Laval, seigneur de Retz. Un homme capable d'évoquer le diable, suivant les rites du grimoire d'Honorius, a tellement pris la route du mal qu'il est disposé à toutes les hallucinations et à tous les mensonges. Ainsi Verger s'endormait dans le sang, pour rêver je ne sais quel abominable Panthéon ; et il se réveilla sur l'échafaud.

Mais les aberrations de la perversité ne constituent pas une folie ; l'exécution de ce misérable l'a prouvé.

On sait quelle résistance désespérée il opposa aux exécuteurs. C'est une trahison, disait-il, je ne puis pas mourir ainsi ! Une heure seulement, une heure pour écrire à l'Empereur ! L'Empereur doit me sauver.

Qui donc le trahissait ?

Qui donc lui avait promis la vie ?

Qui donc l'avait assuré d'avance d'une clémence impossible, puisqu'elle eût révolté la conscience publique.

Demandez tout cela au grimoire d'Honorius !

Deux choses dans cette histoire si tragique se rapportent aux phénomènes de M. Home : le bruit de tempête entendu par le mauvais prêtre lors de ses premières évocations, et le trouble qui l'empêcha de dire toute sa pensée, en présence d'Éliphas Lévi.

On peut remarquer aussi cette apparition d'un homme sinistre se réjouissant du deuil public et tenant un propos vraiment infernal au milieu de la foule consternée, apparition remarquée seulement par l'extatique de la Salette, cette trop célèbre Mlle de La Merlière, qui a l'air, au demeurant, d'une bonne et respectable personne, mais fort exaltée et capable peut-être d'agir et de parler à son insu sous l'influence d'une sorte de somnambulisme ascétique.

Ce mot de somnambulisme nous ramène à M. Home, et nos récits ne nous ont pas fait oublier ce que le titre de ce travail promettait à nos lecteurs.

Nous devons leur dire ce que c'est que M. Home.

Nous allons tenir notre promesse.

M. Home est un malade atteint d'un somnambulisme contagieux.

Ceci est une assertion.

Il nous est resté une explication et une démonstration à donner.

Cette explication et cette démonstration, pour être

complètes, demandaient un travail capable de remplir un livre.

Ce livre est fait et nous le publierons prochainement. En voici le titre :

La raison des prodiges, ou le diable devant la science[1].

Pourquoi le diable ?

— Parce que nous avons démontré par des faits ce que M. de Mirville avait avant nous incomplétement pressenti.

Nous disons *incomplétement*, parce que le diable est, pour M. de Mirville, un personnage fantastique, tandis que pour nous c'est l'usage abusif d'une force naturelle.

Un médium a dit : L'enfer n'est pas un lieu, c'est un État.

Nous pourrions ajouter : Le diable n'est ni une personne ni une force, c'est un vice, et, par conséquent, une faiblesse.

Revenons pour un moment à l'étude des phénomènes.

Les médiums sont généralement des êtres malades et bornés.

Ils ne peuvent rien faire d'extraordinaire devant les personnes calmes et instruites.

Il faut être habitué à leur contact pour voir et sentir quelque chose.

Les phénomènes ne sont pas les mêmes pour tous

---

1. C'était le titre que nous voulions alors donner au livre que nous publions aujourd'hui.

les assistants. Ainsi, où l'un verra une main, l'autre n'apercevra qu'une vapeur blanchâtre.

Les personnes impressionnables au magnétisme de M. Home éprouvent une sorte de malaise ; il leur semble que le salon tournoie, et la température pour eux semble s'abaisser rapidement.

Les prodiges ou les prestiges s'accomplissent mieux devant un petit nombre de témoins choisis par le médium lui-même.

Dans une réunion de personnes qui verront les prestiges, il peut s'en trouver une qui ne verra absolument rien.

Parmi les personnes qui voient, toutes ne voient pas la même chose.

Ainsi par exemple :

Un soir, chez Mme de B..., le médium fit apparaître un enfant que cette dame a perdu. Mme de B... seule voyait l'enfant, le comte de M... voyait une petite vapeur blanchâtre en forme de pyramide, les autres personnes ne voyaient rien.

Tout le monde sait que certaines substances, le hatchich par exemple, enivrent sans ôter l'usage de la raison, et font voir avec une étonnante impression de réalité des choses qui n'existent pas.

Une grande partie des phénomènes de M. Home appartient à une influence naturelle semblable à celle du hatchich.

Voilà pourquoi le médium ne veut opérer que devant un petit nombre de personnes qu'il choisit.

Le reste de ces phénomènes doit être attribué à la puissance magnétique.

Voir quelque chose avec M. Home n'est pas un indice rassurant pour la santé de celui qui voit.

Et, quand même la santé serait d'ailleurs excellente, cette vision révèle une perturbation passagère de l'appareil nerveux dans ses rapports avec l'imagination et avec la lumière.

Si cette perturbation était souvent répétée, la personne deviendrait sérieusement malade.

Qui sait combien la manie des tables tournantes a déjà produit de catalepsies, de tétanos, de folies et de morts violentes?

Ces phénomènes deviennent particulièrement terribles lorsque la perversité s'en empare.

C'est alors qu'on peut réellement affirmer l'intervention et la présence de l'esprit du mal.

Perversité ou fatalité, les prétendus miracles obéissent à une de ces deux puissances.

Pour ce qui est des écritures kabbalistiques et des signatures mystérieuses, nous dirons qu'elles se reproduisent par l'intuition magnétique des mirages de la pensée dans le fluide vital universel.

Ces reflets instinctifs peuvent se produire si le Verbe magique n'a rien d'arbitraire et si les signes du sanctuaire occulte sont l'expression naturelle des idées absolues.

C'est ce que nous démontrerons dans notre livre.

Mais pour ne pas renvoyer nos lecteurs de l'inconnu à l'avenir, nous détacherons d'avance deux chapitres de cet ouvrage inédit, l'un sur le Verbe kabbalistique, l'autre sur les secrets de la kabbale, et nous en tirerons des conclusions qui compléteront d'une manière satisfaisante pour tous l'explication que nous avons promise des phénomènes de M. Home.

Il existe une puissance génératrice des formes ; cette puissance, c'est la lumière.

La lumière crée les formes suivant les lois des mathématiques éternelles, par l'équilibre universel du jour et de l'ombre.

Les signes primitifs de la pensée se tracent d'eux-mêmes dans la lumière, qui est l'instrument matériel de la pensée.

Dieu, c'est l'âme de la lumière. La lumière universelle et infinie est pour nous comme le corps de Dieu.

La kabbale ou la haute magie, c'est la science de la lumière.

La lumière correspond avec la vie.

Le royaume des ténèbres, c'est la mort.

Tous les dogmes de la vraie religion sont écrits dans la kabbale en caractères de lumière sur une page d'ombre.

La page d'ombre, ce sont les croyances aveugles.

La lumière est le grand médiateur plastique.

L'alliance de l'âme avec le corps est un mariage de lumière et d'ombre.

La lumière est l'instrument du Verbe, c'est l'écriture blanche de Dieu sur le grand livre de la nuit.

La lumière, c'est la source des pensées, et c'est en elle qu'il faut chercher l'origine de tous les dogmes religieux. Mais il n'y a qu'un vrai dogme, comme il n'y a qu'une pure lumière ; l'ombre seule est variée à l'infini.

La lumière, l'ombre et leur accord qui est la vision des êtres, tel est le principe analogique des grands dogmes de la Trinité, de l'Incarnation et de la Rédemption.

Tel est aussi le mystère de la croix.

Voilà ce qu'il nous sera facile de prouver par les monuments religieux, par les signes du Verbe primitif, par les livres initiés à la kabbale, et enfin par l'explication raisonnée de tous les mystères au moyen des clefs de la magie kabbalistique.

Dans tous les symbolismes, en effet, nous trouvons les idées d'antagonisme et d'harmonie produisant une notion trinitaire dans la conception divine, puis la personnification mythologique des quatre points cardinaux du ciel complète le septénaire sacré, base de tous les dogmes et de tous les rites. Pour s'en convaincre, il suffira de relire et de méditer le savant ouvrage de Dupuis, qui serait un grand kabbaliste s'il avait vu une harmonie de vérités là où ses préoccupations négatives ne lui ont laissé apercevoir qu'un concert d'erreurs.

Nous n'avons pas à refaire ici son travail, que tout le monde connaît; mais ce qu'il importe de prouver, c'est que la réforme religieuse de Moïse était toute kabbalistique, et que le christianisme, en instituant un dogme nouveau, s'est rapproché tout simplement des sources primitives du mosaïsme, et que l'Évangile n'est plus qu'un voile transparent jeté sur les mystères universels et naturels de l'initiation orientale.

Un savant distingué, mais trop peu connu, M. P. Lacour, dans son livre sur les Æloïm ou dieux de

Moïse, a jeté un grand jour sur cette question et a retrouvé dans les symboles de l'Égypte toutes les figures allégoriques de la Genèse. Plus récemment, un autre courageux chercheur, d'une vaste érudition, M. Vincent (de l'Yonne), a publié un traité de l'idolâtrie chez les anciens et les modernes, où il soulève le voile de la mythologie universelle.

Nous invitons les hommes d'études consciencieuses à lire ces différents ouvrages et nous nous renfermerons dans l'étude spéciale de la kabbale chez les Hébreux.

Le Verbe, ou la parole, étant, suivant les initiés de cette science, la révélation tout entière, les principes de la haute kabbale doivent se trouver réunis dans les signes mêmes qui composent l'alphabet primitif.

Or, voici ce que nous trouvons dans toutes les grammaires hébraïques.

Il y a une lettre principiante et universelle génératrice de toutes les autres. C'est le iod י.

Il y a deux autres lettres mères opposées et analogues entre elles ; l'aleph א et le mem מ, suivant d'autres le schin ש.

Il y a sept lettres doubles, le beth ב, le ghimel ג, le daleth ד, le caph כ, le phé פ, le resch ר et le tau ת.

Enfin il y a douze simples qui sont les autres lettres ; en tout, vingt-deux.

L'unité est représentée d'une manière relative par l'aleph, le ternaire est figuré soit par iod, mem, schin, soit par aleph, mem, schin.

Le septénaire par beth, ghimel, daleth, caph, phé, resch, tau.

Le duodénaire par les autres lettres.

Le duodénaire, c'est le ternaire multiplié par quatre ; et il rentre ainsi dans le symbolisme du septénaire.

Chaque lettre représente un nombre :

Chaque assemblage de lettres une série de nombres.

Les nombres représentent des idées philosophiques absolues.

Les lettres sont des hiéroglyphes abrégés.

Voyons maintenant les significations hiéroglyphiques et philosophiques de chacune des vingt-deux lettres. (Voir Bellarmin, Reuchlin, Saint-Jérôme, Kabbala denudata, le Sepher Jezirah, Technica curiosa du père Schott, Pic de la Mirandolle et les autres auteurs, spécialement ceux de la collection de Pistorius.)

Les mères.

Le iod. — Le principe absolu, l'être producteur ;
Le mem. — L'esprit, ou le jakin de Salomon ;
Le schin. — La matière, ou la colonne Bohas.

Les doubles.

Beth : Le reflet, la pensée, la lune, l'ange Gabriel, prince des mystères ;

Ghimel : L'amour, la volonté, Vénus, l'ange Anaël, prince de la vie et de la mort ;

Daleth : La force, la puissance, Jupiter, Sachiel Melech, roi des rois ;

Caph : La violence, la lutte, le travail, Mars, Samaël Zébaoth, prince des phalanges ;

Phe : L'éloquence, l'intelligence, Mercure, Raphaël, prince des sciences ;

Resch : La destruction et la régénération, le Temps, Saturne, Cassiel, roi des tombeaux et des solitudes ;

Tau : La vérité, la lumière, le Soleil, Michaël, roi des Eloïm.

Les simples.

Les simples se divisent par quatre ternaires portant pour titres les quatre lettres du tétragramme divin יהוה.

Dans le tétragramme divin, le iod, comme nous venons de le dire, figure le principe producteur actif. — Le hé ה représente le principe producteur passif, le ctéis. — Le vau ו figure l'union des deux ou le lingam, et le hé final est l'image du principe producteur secondaire, c'est-à-dire de la reproduction passive dans le monde des effets et des formes.

Les douze lettres simples קץעסמלבסמיהוהת, divisées par tranches de trois, reproduisent la notion du triangle primitif, avec l'interprétation et sous l'influence de chacune des lettres du tétragramme.

On voit que la philosophie et le dogme religieux de la kabbale sont indiqués là d'une manière complète mais voilée.

Interrogeons maintenant les allégories de la Genèse.

« Dans le principe (iod, l'unité de l'être), Æloïm, les forces équilibrées (Jakin et Bohas) ont fait le ciel (l'esprit) et la terre (la matière), en d'autres termes le bien et le mal, l'affirmation et la négation. » C'est ainsi que commence le récit de Moïse.

Puis, lorsqu'il s'agit de donner une place à l'homme et un premier sanctuaire à son alliance avec la divinité, Moïse parle d'un jardin au milieu duquel une source unique se divisait en quatre fleuves (le Jod et le Tetragramme), puis de deux arbres l'un de vie, l'autre de mort, plantés près du fleuve. Là sont placés l'homme et la femme, l'actif et le passif; la femme sympathise avec la mort et entraîne Adam avec elle dans sa perte, ils sont donc chassés du sanctuaire de la vérité et un *chérub* (un sphinx à tête de taureau, voir les hiéroglyphes de l'Assyrie, de l'Inde et de l'Égypte), est placé à la porte du jardin de vérité pour empêcher les profanateurs de détruire l'arbre de vie. Ainsi voilà le dogme mystérieux avec toutes ses allégories et ses épouvantes qui succède à la simple vérité. L'idole a remplacé Dieu, et l'humanité déchue ne tardera pas à se livrer au culte du veau d'or.

Le mystère des réactions nécessaires et successives des deux principes l'un sur l'autre, est indiqué ensuite par l'allégorie de Caïn et d'Abel. La force se venge, par l'oppression, des séductions de la faiblesse; la faiblesse martyre expie et intercède pour la force condamnée par suite du crime à la flétrissure et aux remords. Ainsi se révèle l'équilibre du monde moral, ainsi se pose la base de toutes les prophéties et le point d'appui de toute politique intelligente. Abandonner une force à ses propres excès, c'est la condamner au suicide.

Ce qui a manqué à Dupuis pour comprendre le dogme religieux universel de la kabbale, c'est la science de cette belle hypothèse démontrée en partie et réalisée de jour en jour davantage par les découvertes de la science: l'analogie universelle.

Privée de cette clef du dogme transcendental, il n'a pu voir dans tous les dieux que le soleil, les sept planètes et les douze signes du zodiaque, mais il n'a pas vu dans le soleil l'image du *logos* de Platon, dans les sept planètes les sept notes de la gamme céleste, et dans le zodiaque la quadrature du cycle ternaire de toutes les initiations.

L'empereur Julien, ce spiritualiste incompris, cet initié dont le paganisme était moins idolâtre que la foi de certains chrétiens, l'empereur Julien, disons-nous, comprenait mieux que Dupuis et que Volnay le culte symbolique du soleil. Dans son hymne au roi Hélios il reconnaît que l'astre du jour n'est que le reflet et l'ombre matérielle de ce soleil de vérité qui éclaire le monde de l'intelligence et qui n'est lui-même qu'une lueur empruntée à l'absolu.

Chose remarquable, Julien a du Dieu suprême que les chrétiens croyaient seuls adorer, des idées bien plus grandes et bien plus justes que celles de plusieurs pères de l'Église, adversaires et contemporains de cet empereur.

Voici comment il s'exprime dans sa défense de l'hellénisme :

« Il ne suffit pas d'écrire dans un livre : Dieu a dit,
« et les choses ont été faites. Il faut voir si les choses
« qu'on attribue à Dieu ne sont pas contraires aux
« lois mêmes de l'Être. Car, s'il en est ainsi, Dieu n'a
« pu les faire, lui qui ne saurait donner de démentis
« à la nature sans se nier lui-même... Dieu étant
« éternel, il est de toute nécessité que ses ordres soient
« immuables comme lui. »

Voilà comment parlait cet apostat et cet impie, et plus tard un docteur chrétien, devenu l'oracle des écoles de théologie, devait, en s'inspirant peut-être des belles paroles du mécréant, donner un frein à toutes les superstitions en écrivant cette belle et courageuse maxime qui résume si bien la pensée du grand empereur :

« Une chose n'est pas juste parce que Dieu la veut ; mais Dieu la veut parce qu'elle est juste. »

L'idée d'un ordre parfait et immuable dans la nature, la notion d'une hiérarchie ascendante et d'une influence descendante dans tous les êtres, avaient fourni aux anciens hiérophantes la première classification de toute l'histoire naturelle. Les minéraux, les végétaux, les animaux, furent étudiés analogiquement, et on en attribua l'origine et les propriétés au principe passif ou au principe actif, aux ténèbres ou à la lumière. Le signe de leur élection ou de leur réprobation, tracé dans leur forme, devint le caractère hiéroglyphique d'un vice ou d'une vertu ; puis, à force de prendre le signe pour la chose, et d'exprimer la chose par le signe, on en vint à les confondre, et telle est l'origine de cette histoire naturelle fabuleuse où les lions se laissent battre par des coqs, où les dauphins meurent de douleurs après avoir fait des ingrats parmi les hommes, où les mandragores parlent et où les étoiles chantent. Ce monde enchanté est véritablement le domaine poétique de la magie ; mais il n'a d'autre réalité que la signification des hiéroglyphes qui lui ont donné la naissance. Pour le sage qui comprend les analogies de la haute kabbale et la relation exacte des idées avec les signes, ce pays fabuleux des fées est une contrée encore fertile en découvertes, car les vérités trop belles ou trop simples pour plaire aux hommes sans voiles ont toutes été cachées sous ces ombres ingénieuses.

Oui, le coq peut intimider le lion et s'en rendre maître, parce que la vigilance supplée souvent à la force et parvient à dompter la colère. Les autres fables de la prétendue histoire naturelle des anciens s'expliquent de la même manière, et dans cet usage allégorique des analogies, on peut déjà comprendre les abus possibles et pressentir les erreurs qui ont dû naître de la kabbale.

La loi des analogies, en effet, a été pour les kabbalistes du second ordre l'objet d'une foi aveugle et fanatique. C'est à cette croyance qu'il faut rapporter toutes les superstitions reprochées aux adeptes des sciences occultes. Voici comment ils raisonnaient :

Le signe exprime la chose.

La chose est la vertu du signe.

Il y a correspondance analogique entre le signe et la chose signifiée.

Plus le signe est parfait, plus la correspondance est entière.

Dire un mot c'est évoquer une pensée et la rendre présente. Nommer Dieu, par exemple, c'est manifester Dieu.

La parole agit sur les âmes et les âmes réagissent sur les corps; donc on peut effrayer, consoler, rendre malade, guérir, tuer même et ressusciter par des paroles.

Proférer un nom, c'est créer ou appeler un être.

Dans le nom est contenue la doctrine *verbale* ou spirituelle de l'être même.

Quand l'âme évoque une pensée, le signe de cette pensée s'écrit de lui-même dans la lumière.

Invoquer c'est adjurer, c'est-à-dire jurer par un nom : c'est faire acte de foi en ce nom et c'est communier à la vertu qu'il représente.

Les paroles sont donc par elles-mêmes bonnes ou mauvaises, vénéneuses ou salutaires.

Les paroles les plus dangereuses sont les paroles vaines et proférées à la légère, parce que ce sont les avortements volontaires de la pensée.

Une parole inutile est un crime contre l'esprit d'intelligence. C'est un infanticide intellectuel.

Les choses sont pour chacun ce qu'il les fait en les nommant. Le *verbe* de chacun est une impression ou une prière habituelle.

Bien parler, c'est bien vivre.

Un beau style c'est une auréole de sainteté.

De ces principes, les uns vrais, les autres hypothétiques, et des conséquences plus ou moins exagérées qu'ils en tiraient, résultait pour les kabbalistes superstitieux une confiance absolue dans les enchantements, les évocations, les conjurations et les prières mystérieuses. Or, comme la foi accomplit toujours des prodiges, les apparitions, les oracles, les guérisons merveilleuses, les maladies soudaines et étranges ne lui ont jamais manqué.

C'est ainsi qu'une simple et sublime philosophie est devenue la science secrète de la magie noire.

C'est à ce point de vue surtout que la kabbale peut encore exciter la curiosité du plus grand nombre dans notre siècle si défiant et si crédule. Pourtant, comme nous venons de l'expliquer, la vraie science n'est pas là.

Les hommes cherchent rarement la vérité pour elle-même ; ils ont toujours pour motif secret dans leurs efforts quelque passion à satisfaire ou quelque cupidité à assouvir. Parmi les secrets de la kabbale, il en est un surtout qui a toujours tourmenté les chercheurs : c'est le secret de la transmutation des métaux et de la conversion de toutes les substances terrestres en or.

L'alchimie, en effet, a emprunté tous ses signes à la kabbale, et c'est sur la loi des analogies résultantes de l'harmonie des contraires qu'elle basait ses opérations. Un secret physique immense était d'ailleurs caché sous des paraboles kabbalistiques des anciens. Ce secret, nous sommes parvenus à le déchiffrer, et nous en livrons la lettre aux investigations des faiseurs d'or. Le voici :

1° Les quatre fluides impondérables ne sont que les manifestations diverses d'un même agent universel qui est la lumière.

2° La lumière est le feu qui sert au grand œuvre sous forme d'électricité.

3° La volonté humaine dirige la lumière vitale au moyen de l'appareil nerveux. Cela s'appelle de nos jours magnétiser.

4° L'agent secret du grand œuvre, l'azoth des sages, l'or vivant et vivifiant des philosophes, l'agent producteur métallique universel, c'est l'ÉLECTRICITÉ MAGNÉTISÉE.

L'alliance de ces deux mots ne nous dit pas encore grand'chose et pourtant ils renferment peut-être une force à bouleverser le monde. Nous disons *peut-être* par bienséance philosophique, car, pour notre part, nous ne doutons pas de la haute importance de ce grand arcane hermétique.

Nous venons de dire que l'alchimie est fille de la kabbale ; et, pour s'en couvaincre, il suffit d'interroger les symboles de Flamel, de Basile Valentin, les pages du juif Abraham et les oracles plus ou moins apocryphes de la table d'émeraude d'Hermez. Partout on retrouve les traces de cette décade de Pythagore si magnifiquement appliquée dans le Sepher Jezirah à la notion complète et absolue des choses divines, cette décade composée de l'unité et d'un triple ternaire que les rabbins ont nommée le bereschit et la mercavah, l'arbre lumineux des Séphiroth et la clef des Semhamphoras.

Nous avons parlé avec une certaine étendue, dans notre livre intitulé : *Dogme et rituel de la haute magie,* d'un monument hiéroglyphique conservé jusqu'à notre temps sous un prétexte futile, et qui seul explique toutes les écritures mystérieuses de la haute initiation. Ce monument est le tarot des bohémiens qui a donné naissance à nos jeux de cartes. Il se compose de vingt-deux lettres allégoriques et de quatre séries de chacune dix hiéroglyphes relatifs aux quatre lettres du nom de Jéhovah. Les combinaisons diverses de ces signes et des nombres qui leur correspondent forment autant d'oracles kabbalistiques, en sorte que la science entière est contenue dans ce livre mystérieux. Cette machine philosophique parfaitement simple étonne par la profondeur et la justesse de ses résultats.

L'abbé Trithème, un de nos plus grands maîtres en magie, a composé sur l'alphabet kabbalistique un fort ingénieux travail qu'il nomme la polygraphie. C'est une série combinée d'alphabets progressifs où chaque lettre représente un mot, les mots se correspondent et se complètent d'un alphabet à l'autre, et il n'y a pas de doute que Trithème n'ait eu connaissance du tarot et n'en ait fait usage pour disposer dans un ordre logique ses savantes combinaisons.

Jérôme Cardan connaissait l'alphabet symbolique des initiés comme on peut le reconnaître par le nombre et la disposition des chapitres de son ouvrage sur la subtilité. Cet ouvrage, en effet, est composé de vingt-deux chapitres, et le sujet de chaque chapitre est analogue au nombre et à l'allégorie de la carte correspondante du tarot. Nous avons fait la même observation sur un livre de saint Martin intitulé: *Tableau naturel des rapports qui existent entre Dieu, l'homme et l'univers*. La tradition de ce secret n'a donc pas été interrompue depuis les premiers âges de la kabbale jusqu'à nos jours.

Les tourneurs de tables et ceux qui font parler les esprits avec des cadrans alphabétiques sont donc arriérés de bien des siècles et ne savent pas qu'il existe un instrument à oracles toujours clairs et d'un sens parfaitement juste, au moyen duquel on peut communiquer avec les sept génies des planètes et faire parler à volonté les soixante-douze roues d'Aziah, de Jézirah et de Briah. Il suffit pour cela de connaître le système des analogies universelles, tel que l'a exposé Swedenborg dans la clé hiéroglyphique des arcanes, puis de mêler ensemble les cartes et de tirer au hasard, en les assemblant toujours par les nombres correspondants aux idées dont on désire l'éclaircissement, puis de lire les oracles comme doivent être lues les écritures kabbalistiques, c'est-à-dire en commençant au milieu et en allant de droite à gauche pour les nombres impairs, en commençant à droite pour les pairs et en interprétant successivement le nombre par la lettre qui lui correspond, l'assemblage des lettres par l'addition de leurs nombres et tous les oracles successifs par leur ordre numéral et leurs relations hiéroglyphiques.

Cette opération des sages kabbalistes, pour trouver le développement rigoureux des idées absolues, a dégénéré en superstitions chez les prêtres ignorants et nomades ancêtres des Bohémiens qui possédaient le tarot au moyen âge, sans en savoir le véritable emploi et s'en servaient uniquement pour dire la bonne aventure.

Le jeu d'échecs, attribué à Palamède, n'a pas une autre origine que le tarot, et l'on y retrouve les mêmes combinaisons et les mêmes symboles, le roi, la reine, le cavalier, le soldat, le fou, la tour, puis des cases représentant des nombres. Les anciens joueurs d'échecs cherchaient sur leur échiquier la solution des problèmes philosophiques et religieux, et argumentaient l'un contre l'autre en silence en faisant manœuvrer les caractères hiéroglyphiques à travers les nombres. Notre vulgaire jeu d'oie, renouvelé des Grecs et attribué également à Palamède, n'est qu'un échiquier à figures immobiles et à nombres mobiles au moyen des dés. C'est un tarot disposé en roue à l'usage des aspirants à l'initiation. Or, le mot tarot, dans lequel on trouve rota et tora, exprime lui-même, comme l'a démontré Guillaume Postel, cette disposition primitive en forme de roue.

Les hiéroglyphes du jeu d'oie sont plus simples que ceux du tarot, mais on y retrouve les mêmes symboles : le bateleur, le roi, la reine, la tour, le diable ou typhon, la mort, etc. Les chances aléatoires de ce jeu représentent celles de la vie et cachent un sens philosophique assez profond pour faire méditer les sages et assez simple pour être compris par les enfants.

Le personnage allégorique de Palamède est d'ailleurs identique à ceux d'Hénoc, d'Hermès et de Cadmus, auxquels on attribue l'invention des lettres dans les diverses mythologies. Mais, dans la pensée d'Homère, Palamède, le révélateur et la victime d'Ulysse, représente l'initiateur ou l'homme de génie dont la destinée éternelle est d'être tué par ceux qu'il initie. Le disciple ne devient la réalisation vivante des pensées du maître qu'après en avoir bu le sang et mangé sa chair suivant l'énergique et allégorique expression de l'initiateur si mal compris des chrétiens.

La conception de l'alphabet primitif était, comme on peut le voir, l'idée d'une langue universelle, et renfermant dans ses combinaisons et dans ses signes mêmes le résumé et la loi d'évolution de toutes les sciences divines et humaines. Jamais rien de plus beau et de plus grand n'a été depuis, selon nous, rêvé par le génie des hommes, et nous avouons que la découverte de ce secret du monde antique nous a pleinement dédommagé de tant d'années de recherches stériles et de travaux ingrats dans les cryptes des sciences perdues et dans les nécropoles du passé.

L'un des premiers résultats de cette découverte serait une nouvelle direction donnée à l'étude des écritures hyéroglyphiques si imparfaitement déchiffrées encore par les émules et les successeurs de M. Champollion.

Le système d'écriture des disciples d'Hermès étant analogique et synthétique comme tous les signes de la kabbale, n'importerait-il pas, pour lire les pages gravées sur les pierres des anciens temples, de remettre ces pierres à leur place et de compter le nombre de leurs lettres en les comparant avec les nombres des autres pierres?

L'obélisque de Louqsor, par exemple, n'était-il pas une des deux colonnes de l'entrée d'un temple? était-il à droite ou à gauche? S'il était à droite, ses signes se rapportent au principe actif; s'il était à gauche, c'est par le principe passif qu'il faut interpréter ses caractères. Mais il doit y avoir une correspondance exacte d'un obélisque à l'autre, et chaque signe doit recevoir son sens complet de l'analogie des contraires. M. Champollion a trouvé du cophte dans les hiéroglyphes, un autre savant y trouverait plus facilement et plus heureusement peut-être de l'hébreu, mais que dirait-on si ce n'était ni de l'hébreu ni du cophte? si c'était, par exemple, de la langue universelle primitive? Or, cette langue qui est celle de la haute kabbale a existé certainement, elle existe au fond de l'hébreu même et de toutes les langues orientales qui en dérivent, cette langue est celle du sanctuaire, et les colonnes de l'entrée des temples en résumaient ordinairement tous les symboles. L'intuition des extatiques se rapproche mieux de la vérité sur ces signes primitifs que la science même des savants. Parce que, comme nous l'avons dit, le fluide vital universel, la lumière astrale, étant le principe médiateur entre les idées et les formes, obéit aux élans extraordinaires de l'âme qui cherche l'inconnu et lui fournit naturellement les signes déjà trouvés, mais oubliés, des grandes révélations de l'occultisme. Ainsi se forment les prétendues signatures des esprits, ainsi se sont produites les écritures mystérieuses de Gablidone qui visitait le docteur Lavater, des fantômes de Schrœpfer, du saint Michel de Vintras et des esprits de M. Home.

Si l'électricité peut faire mouvoir un corps léger ou même lourd sans qu'on y touche, est-il impossible, par le magnétisme, de donner à l'électricité une direction et de produire ainsi naturellement des signes et des écritures? On le peut sans doute, puisqu'on le fait.

Ainsi donc, à ceux qui nous demanderont quel est le plus grand agent des prodiges, nous répondrons:

— C'est la matière première du grand œuvre.

— C'est l'ÉLECTRICITÉ MAGNÉTISÉE.

Tout a été créé par la lumière.

C'est dans la lumière que se conserve la forme.

C'est par la lumière que la forme se reproduit.

Les vibrations de la lumière sont le principe du mouvement universel.

Par la lumière, les soleils se rattachent les uns aux autres, et ils entrelacent leurs rayons comme des chaînes d'électricité.

Les hommes et les choses sont aimantés de lumière comme les soleils et peuvent, au moyen des chaînes électro-magnétiques tendues par les sympathies et les affinités, communiquer les uns avec les autres d'un bout du monde à l'autre, se caresser ou se frapper, se guérir ou se blesser d'une manière naturelle sans doute, mais prodigieuse et invisible.

Là est le secret de la magie.

La magie, cette science qui nous vient des mages.

La magie, cette première des sciences.

La plus sainte de toutes, puisqu'elle établit d'une manière plus sublime les grandes vérités religieuses.

La plus calomniée de toutes, parce que le vulgaire s'obstine à confondre la magie avec la sorcellerie superstitieuse dont nous avons dénoncé les abominables pratiques.

C'est par la magie seulement qu'en présence des questions énigmatiques du Sphinx de Thèbes et les obscurités parfois scandaleuses répandues dans les récits de la Bible, on peut répondre à ces questions et trouver la solution de ces problèmes de l'histoire judaïque.

Les historiens sacrés eux-mêmes reconnaissent

l'existence et le pouvoir de la magie qui faisait hautement concurrence à celui de Moïse.

La Bible nous raconte que Jannès et Mambrès, les magiciens de Pharaon, firent d'abord *les mêmes* miracles que Moïse, et qu'ils déclarèrent impossibles à la science humaine ceux qu'ils ne purent imiter. Il est, en effet, plus flatteur pour l'amour-propre d'un charlatan de confesser le miracle que de se déclarer vaincu par la sciense ou par l'adresse d'un confrère, surtout quand ce confrère est un ennemi politique ou un adversaire religieux.

Où commence et où s'arrête le possible dans l'ordre des miracles magiques? Voici une grave et importante question. Ce qui est certain, c'est l'existence des faits qu'on qualifie habituellement de miracles. Les magnétiseurs et les somnambules en font tous les jours ; la sœur Rose Tamisier en a fait, l'illuminé Vintras en fait encore ; plus de quinze mille témoins attestaient dernièrement ceux des *mediums* d'Amérique, dix mille paysans du Berry et de la Sologne attesteraient, au besoin, ceux du dieu Cheneau (un ancien marchand de boutons retiré et qui se croit inspiré de Dieu). Tous ces gens-là sont-ils des hallucinés ou des fourbes? Hallucinés, oui peut-être, mais le fait même de leur hallucination identique, soit séparément, soit collectivement, n'est-il pas un assez grand miracle de la part de celui qui le produit toujours lorsqu'il le veut et à point nommé ?

Faire des miracles ou persuader à la multitude qu'on en fait, c'est à peu près la même chose, surtout dans un siècle aussi léger et aussi moqueur que le nôtre. Or, le monde est plein de thaumaturges, et la science en est souvent réduite à nier leurs œuvres ou à refuser de les voir pour ne pas être réduite à les examiner et à leur assigner une cause.

Toute l'Europe a retenti au siècle dernier des prodiges de Cagliostro. Qui ne sait tout ce qu'on attribuait de puissance à son vin d'Égypte et à son élixir? Que pourrions-nous ajouter à tout ce qu'on raconte de ces soupers de l'autre monde, où il faisait apparaître en chair et en os les personnages illustres du temps passé? Cagliostro était loin cependant d'être un initié du premier ordre, puisque la grande association des adeptes l'abandonna à l'inquisition romaine, devant laquelle il fit, s'il faut en croire les pièces de son procès, une si ridicule et si odieuse explication du trigramme maçonnique L∴ P∴ D∴

Mais les miracles ne sont pas le partage exclusif des initiés du premier ordre et sont souvent accomplis par des êtres sans instruction et sans vertu. Les lois naturelles trouvent dans un organisme dont les qualités exceptionnelles nous échappent une occasion de s'exercer, et elles font leur œuvre, comme toujours, avec précision et calme. Les gourmets les plus délicats apprécient les truffes et les emploient à leur usage, mais ce sont des pourceaux qui les déterrent : il est analogiquement de même de bien des choses moins matérielles et moins gastronomiques : les instincts cherchent et pressentent, mais il n'y a véritablement que la science qui trouve.

Le progrès actuel des connaissances humaines a diminué de beaucoup les chances des prodiges, mais il en reste encore un grand nombre, puisqu'on ne connaît ni la force de l'imagination ni la raison d'être et la puissance du magnétisme. L'observation des analogies universelles a été négligée, et c'est pour cela qu'on ne croit plus à la divination.

Un sage kabbaliste peut donc encore étonner la foule et confondre même les gens instruits :

1° En devinant les choses cachées ; 2° en prédisant beaucoup de choses à venir; 3° en dominant la volonté des autres de manière à les empêcher de faire ce qu'ils veulent, et à les forcer de faire ce qu'ils ne veulent pas; 4° en excitant à volonté des apparitions et des songes; 5° en guérissant un grand nombre de maladies ; 6° en rendant la vie à des sujets en qui se manifestent tous les symptômes de la mort ; 7° enfin en démontrant au besoin par des exemples la réalité de la pierre philosophale et de la transmutation des métaux, suivant les secrets d'Abraham le Juif, de Flamel et de Raymond Lulle.

Tous ces prodiges s'opèrent au moyen d'un seul agent que les Hébreux appelaient od, comme le chevalier de Reichenbach, que nous appelons lumière astrale, avec l'école de Pasqualis Martinez, que M. de Mirville appelle le diable, que les anciens alchimistes nommaient azoth. C'est l'élément vital qui se manifeste par les phénomènes de chaleur, de lumière, d'électricité et de magnétisme, qui aimante tous les globes terrestres et tous les êtres vivants. Dans cet agent même se manifestent les preuves de la doctrine kabbalistique sur l'équilibre et sur le mouvement par la double polarité dont l'une attire tandis que l'autre repousse, dont l'une produit le chaud, l'autre le froid, dont l'une enfin donne une lumière bleue et verdâtre, l'autre une lumière jaune et rougeâtre.

Cet agent, par ses différents modes d'aimantation, nous attire les uns vers les autres ou nous éloigne les uns des autres, soumet l'un aux volontés de l'autre en le faisant entrer dans son cercle d'attraction, rétablit ou dérange l'équilibre dans l'économie animale par ses transmutations et ses effluves alternatives, reçoit et transmet les empreintes de la force imaginaire qui est dans l'homme l'image et la ressemblance du verbe créateur, produit ainsi les pressentiments et détermine les rêves. La science des miracles est donc la connaissance de cette force merveilleuse, et l'art de faire des miracles est tout simplement l'art d'aimanter ou d'*illuminer* les êtres suivant les lois invariables du magnétisme ou de la lumière astrale.

Nous préférons le mot lumière à celui de magnétisme, parce qu'il est plus traditionnel dans l'occultisme, et qu'il exprime d'une manière plus complète et plus parfaite la nature de l'agent secret. C'est là, véritablement, l'or fluide et potable des maîtres en alchimie, le mot or vient de l'hébreu aour, qui signifie lumière. Que voulez-vous? demandait-on aux récipiendaires de toutes les initiations. — Voir la lumière, devaient-ils répondre. Le nom d'*illuminés* qu'on donne communément aux adeptes, a donc été généralement bien mal interprété lorsqu'on lui a donné un sens mystique, comme s'il signifiait des hommes dont l'intelligence se croit éclairée d'un jour miraculeux. *Illuminés* veut dire simplement connaisseurs et possesseurs de la lumière, soit par la science du grand agent magique, soit par la notion rationnelle et ontologique de l'absolu.

L'agent universel est la force vitable et subordonnée à l'intelligence. Abandonné à lui-même, il dévore rapidement comme Moloch, tout ce qu'il enfante, et change en vaste destruction la surabondance de la vie. C'est alors le serpent infernal des anciens mythes, le Typhon des Égyptiens et le Moloch de la Phénicie; mais si la sagesse, mère des Eloïm, lui met le pied sur la tête, elle épuise toutes les flammes qu'il vomit et verse sur la terre, à pleines mains, une lumière vivifiante. Aussi est-il dit dans le Sohar qu'au commencement de notre période terrestre, lorsque les éléments se disputaient la surface du monde, le feu, semblable à un serpent immense, avait tout enveloppé dans ses replis et allait consumer tous les êtres, lorsque la clémence divine, soulevant autour d'elle les flots de la mer comme un vêtement de nuages, mit le pied sur la tête du serpent et le fit rentrer dans l'abîme. Qui ne voit dans cette allégorie la première donnée et l'explication la plus raisonnable d'une des images les plus chères au symbolisme catholique, le triomphe de la mère de Dieu?

Les kabbalistes disent que le nom occulte du diable, son vrai nom, c'est celui même de Jéhovah écrit à rebours. Ceci est toute une révélation pour l'initié aux mystères du tétragramme. En effet, l'ordre des lettres de ce grand nom indique la prédominance de l'idée sur la forme, de l'actif sur le passif, de la cause sur l'effet. En renversant cet ordre on obtient le contraire. Jéhovah c'est celui qui dompte la nature comme un cheval superbe et la fait aller où il veut, chavajoh (le démon) c'est le cheval sans frein qui, semblable à ceux des Égyptiens dans le cantique de Moïse, se renverse sur son cavalier et le précipite sous lui dans l'abîme.

Le diable existe donc bien réellement pour les kabbalistes, mais ce n'est ni une personne, ni une puissance distincte des forces mêmes de la nature. Le diable c'est la divagation ou le sommeil de l'intelligence. C'est la folie et le mensonge.

Ainsi s'expliquent tous les cauchemars du moyen âge, ainsi s'expliquent aussi les bizarres symboles de quelques initiés, ceux des templiers, par exemple, bien moins coupables d'avoir rendu un culte au Baphomet que d'en avoir laissé apercevoir l'image à des profanes. Le Baphomet, figure panthéistique de l'agent universel, n'est autre chose que le démon barbu des alchimistes. On sait que les plus élevés en grades dans l'ancienne maçonnerie hermétique attribuaient à un démon barbu l'achèvement du grand œuvre, le vulgaire à cette parole de se signer et de se voiler les yeux, mais les initiés au culte d'Hermès-Panthée comprenaient l'allégorie et se gardaient bien de l'expliquer aux profanes.

M. de Mirville, dans un livre maintenant presque oublié, mais qui a fait quelque bruit il y a quelques mois, se donne bien de la peine pour réunir quelques sorcelleries dans le genre de celles qui remplissent les compilations des Delancre, des Delrio et des Bodin. Il eût trouvé mieux que cela dans l'histoire,

Et sans parler des miracles si avérés des jansénistes de Port-Royal et du diacre Pâris, quoi de plus merveilleux que la grande monomanie du martyre qui a fait courir au supplice comme à une fête les enfants et les femmes mêmes pendant trois cents ans? Quoi de plus magnifique que cette foi enthousiaste accordée pendant tant de siècles aux plus incompréhensibles et, humainement parlant, aux plus révoltants des mystères? En cette occasion, direz-vous, les miracles venaient de Dieu, et on s'en sert même comme d'une preuve pour établir la vérité de la religion. Mais quoi! les hérétiques aussi se faisaient tuer pour des dogmes cette fois bien franchement et bien réellement absurdes, ils sacrifiaient donc aussi leur raison et leur vie à leur croyance? Oh! pour les hérétiques, il est évident que le diable était en jeu. Pauvres gens qui prenaient le diable pour Dieu et Dieu pour le diable! que ne les a-t-on détrompés en leur faisant reconnaître le vrai Dieu à la charité, à la science, à la justice et surtout à la miséricorde de ses ministres!

Les nigromants, qui font apparaître le diable après une série fatigante et presque impossible des plus révoltantes évocations, ne sont que des enfants auprès de ce saint Antoine de la légende qui les tirait des enfers par milliers et les traînait toujours après lui, comme on raconte d'Orphée qu'il attirait à lui les chênes, les rochers et les animaux les plus sauvages.

Callot seul, initié par les Bohémiens nomades pendant son enfance aux mystères de la sorcellerie noire, a pu comprendre et reproduire les évocations du premier ermite. Et croyez-vous qu'en retraçant ces rêves épouvantables de la macération et du jeûne, les légendaires aient inventé? Non; ils sont restés bien au-dessous de la réalité. Les cloîtres, en effet, ont toujours été peuplés de spectres sans nom, et les murs en sont palpitants d'ombres et de larves infernales. Sainte Catherine de Sienne passa une fois huit jours au milieu d'une orgie obscène qui eût découragé la verve de l'Arétin; sainte Thérèse se sentit transporter vivante dans l'enfer et y souffrit, entre des murailles qui se rapprochaient toujours, des angoisses que les femmes hystériques pourront seules comprendre... Tout cela, dira-t-on, se passait dans l'imagination des patients. Mais où voulez-vous donc que puissent se passer des faits d'un ordre surnaturel? Ce qui est certain, c'est que tous ces visionnaires ont vu, qu'ils ont touché, qu'ils ont eu le sentiment poignant d'une réalité formidable. Nous en parlons d'après notre propre expérience, et il y a telles visions de notre première jeunesse passée dans la retraite et dans l'ascétisme dont le souvenir nous fait encore frissonner.

Dieu et le diable sont l'idéal du bien et du mal absolus. Mais l'homme ne conçoit jamais le mal absolu que comme une fausse idée du bien. Le bien seul peut être absolu, et le mal est uniquement relatif à nos ignorances et à nos erreurs. Tout homme se fait diable d'abord pour être dieu; mais, comme la loi de solidarité est universelle, la hiérarchie existe dans l'enfer comme dans le ciel. Un méchant trouvera toujours un plus méchant que lui pour lui faire du mal; et quand le mal est à son comble, il faut qu'il cesse, car il ne pourrait continuer que par l'anéantissement de l'être, ce qui est impossible. Alors les hommes-diables, à bout de ressources, retombent sous l'empire des hommes-Dieu et sont sauvés par ceux qu'on croyait d'abord leurs victimes ; mais l'homme qui s'évertue à vivre en faisant le mal rend hommage au bien par tout ce qu'il développe en lui-même d'intelligence et d'énergie. C'est pour cela que le grand initiateur disait dans son langage figuré : Soyez froids ou chauds, mais si vous êtes tièdes, vous me faites vomir.

Le grand maître, dans une de ses paraboles, condamne uniquement le paresseux qui a enterré son dépôt de peur de le perdre dans les opérations hasardeuses de cette banque qu'on nomme la vie. Ne rien penser, ne rien aimer, ne rien vouloir, ne rien faire, voilà le vrai péché. La nature ne reconnaît et ne récompense que les travailleurs.

La volonté humaine se développe et s'augmente par l'activité. Pour vouloir véritablement, il faut agir. L'action domine et entraîne toujours l'inertie. Tel est le secret de l'influence des prétendus scélérats sur les gens prétendus honnêtes. Combien de poltrons et de lâches se croient vertueux parce qu'ils ont peur ! Combien de femmes honorées regardent les prostituées d'un œil d'envie ! Il n'y a pas longtemps encore que les galériens étaient à la mode. Pourquoi ? Pensez-vous que l'opinion puisse jamais rendre hommage au vice ? Non, mais elle rend justice à l'activité et à l'audace, et il est dans l'ordre que les lâches coquins estiment les brigands hardis.

La hardiesse unie à l'intelligence est la mère de tous les succès en ce monde. Pour entreprendre, il faut savoir ; pour accomplir, il faut vouloir ; pour vouloir véritablement, il faut oser ; et, pour recueillir en paix les fruits de son audace, il faut se taire.

Savoir, oser, vouloir, se taire sont, comme nous l'avons dit ailleurs, les quatre verbes kabbalistiques qui correspondent aux quatre lettres du tétragramme et aux quatre formes hiéroglyphiques du Sphinx. Savoir, c'est la tête humaine ; oser, ce sont les griffes du lion ; vouloir, ce sont les flancs laborieux du taureau ; se taire, ce sont les ailes mystiques de l'aigle. Celui-là seul se maintient au-dessus des autres hommes qui ne prostitue pas à leurs commentaires et à leur risée les secrets de son intelligence.

Tous les hommes vraiment forts sont des magnétiseurs et l'agent universel obéit à leur volonté. C'est ainsi qu'ils opèrent des merveilles. Ils se font croire, ils se font suivre, et lorsqu'ils disent : Cela est ainsi, la nature change en quelque sorte aux yeux du vulgaire et devient ce que le grand homme a voulu. Ceci est ma chair et ceci est mon sang, a dit un homme qui s'est fait Dieu par ses vertus, et dix-huit siècles, en présence d'un morceau de pain et d'un peu de vin, ont vu, ont touché, ont goûté, ont adoré de la chair et du sang divinisés par le martyre ! Dites-nous maintenant que la volonté humaine n'accomplit jamais de miracles !

Ne nous parlez pas ici de Voltaire, Voltaire n'a pas été un thaumaturge, il a été le spirituel et éloquent interprète de ceux sur lesquels le miracle n'agissait plus. Tout est négatif dans son œuvre ; tout au contraire était affirmatif dans celle du Galiléen comme l'appelait un illustre et trop malheureux empereur.

Aussi Julien avait-il essayé de son temps plus que ne put accomplir Voltaire, il voulait opposer le prestige au prestige, l'austérité du pouvoir à celle de la protestation, les vertus aux vertus, les miracles aux miracles ; les chrétiens n'avaient jamais eu de plus dangereux ennemis, et ils le sentirent bien, car Julien fut assassiné, et la légende dorée atteste encore qu'un saint martyr, éveillé dans la tombe par les clameurs de l'Église, reprit les armes et frappa l'apostat dans l'ombre au milieu de son armée et de ses victoires. Tristes martyrs qui ressuscitent pour être bourreaux ! Trop crédule empereur qui se confiait à ses dieux et aux vertus des anciens âges !

Lorsque les rois de France étaient environnés de l'adoration de leurs peuples, lorsqu'on les regardait comme les oints du Seigneur et les fils aînés de l'Église, ils guérissaient les écrouelles. Un homme à la mode fera toujours des miracles quand il voudra. Cagliostro pouvait n'être qu'un charlatan ; mais, dès que l'opinion eut fait de lui le divin Cagliostro, il devait opérer des prodiges, et c'est aussi ce qui arriva.

Lorsque Céphas Barjona n'était qu'un Juif, proscrit par Néron, qui débitait aux femmes des esclaves un spécifique pour la vie éternelle, Céphas Barjona, pour tous les gens instruits de Rome, n'était qu'un charlatan ; mais l'opinion a fait un apôtre de l'empirique spiritualiste ; et les successeurs de Pierre, fussent-ils Alexandre VI ou même Jean XXII, sont infaillibles pour tout homme bien élevé et qui ne veut pas se mettre inutilement au ban de la société. Ainsi va le monde.

Le charlatanisme, lorsqu'il réussit, est donc, en magie comme en toutes choses, un grand instrument de puissance. Fasciner habilement le vulgaire, n'est-ce pas déjà le dominer? Les pauvres diables de sorciers, qui, au moyen âge, se faisaient bêtement brûler vifs, n'avaient pas, on le voit, un grand empire sur les autres. Jeanne d'Arc était magicienne à la tête des armées, et à Rouen la pauvre fille ne fut pas sorcière. Elle ne savait que prier et combattre, et le prestige qui l'entourait cessa dès qu'elle fut dans les fers. Est-il dit dans son histoire que le roi de France l'ait réclamée? Que la noblesse française, que le peuple, que l'armée aient protesté contre sa condamnation? Le pape, dont le roi de France était le fils aîné, a-t-il excommunié les bourreaux de la Pucelle? Non, rien de tout cela. Jeanne d'Arc fut sorcière pour tout le monde dès qu'elle cessa d'être magicienne, et ce ne sont certainement pas les Anglais seuls qui l'ont brûlée. Lorsqu'on exerce un pouvoir en apparence surhumain, il faut l'exercer toujours ou se résigner à périr. Le monde se venge toujours lâchement d'avoir trop cru, trop admiré et surtout trop obéi.

Nous ne comprenons le pouvoir magique que dans son application aux grandes choses, si un vrai magicien pratique ne se rend pas maître du monde, c'est qu'il le dédaigne ; et à quoi alors voudrait-il bien abaisser sa souveraine puissance ? Je te donnerai tous les royaumes du monde si tu tombes à mes pieds et si tu m'adores, dit à Jésus le Satan de la parabole. — Retire-toi, lui dit le Sauveur, car il est écrit : Tu adoreras Dieu seul... *Eli, Eli lamma Sabbachtani !* devait crier plus tard ce sublime et divin adorateur de Dieu. S'il eût répondu à Satan : Je ne t'adorerai pas, et c'est toi qui vas tomber à mes pieds, car je te commande au nom de l'intelligence et de l'éternelle raison ! il n'eût pas dévoué sa sainte et noble vie au plus affreux de tous les supplices. Le Satan de la montagne fut bien cruellement vengé.

Les anciens appelaient la magie pratique l'art sacerdotal et l'art royal ; et l'on se rappelle que les mages ont été les maîtres de la civilisation primitive, parce qu'ils étaient les maîtres de toute la science de leur temps.

Savoir c'est pouvoir lorsqu'on ose vouloir.

La première science du kabbaliste pratique ou du mage, c'est la connaissance des hommes. La phrénologie, la psychologie, la chiromancie, l'observation des goûts et des mouvements, du son de la voix et des impressions soit sympathiques, soit antipathiques, sont des branches de cet art, et les anciens ne les ignoraient pas. Gall et Spurzeïm ont retrouvé de nos jours la phrénologie, Lavater après Porta. Cardan, Taisnier, Jean Belot et quelques autres ont deviné de nouveau plutôt qu'ils n'ont retrouvé la science de la psychologie ; la chiromancie est encore occulte, et c'est à peine si l'on en retrouve quelques traces dans l'ouvrage tout récent et fort intéressant d'ailleurs du chevalier d'Arpentigny. Pour en avoir des notions suffisantes, il faut remonter jusqu'aux sources kabbalistiques mêmes auxquelles a puisé le savant Cornélius Agrippa. Il est donc à propos d'en dire ici quelques mots en attendant l'ouvrage de notre ami Desbarrolles.

La main est l'instrument de l'action dans l'homme : c'est, comme le visage, une sorte de synthèse nerveuse, et elle doit avoir aussi ses traits et sa physionomie. Le caractère des individus y est tracé par des signes irrécusables. Ainsi, parmi les mains, les unes sont laborieuses, les autres paresseuses ; les unes lourdes et carrées, les autres insinuantes et légères. Les mains dures et sèches sont faites pour la lutte et le travail, les mains molles et humides n'aspirent qu'à la volupté. Les doigts pointus sont scrutateurs et mystiques, les doigts carrés mathématiciens, les doigts spatulés opiniâtres et ambitieux.

Le pouce, *pollex*, le doigt de la force et de la puissance, correspond dans le symbolisme kabbalistique à la première lettre du nom de Jéhovah. Ce doigt est donc à lui seul comme la synthèse de la main : s'il est fort, l'homme est fort au moral ; s'il est faible, l'homme est débile. Il a trois phalanges, dont la première est cachée dans la paume de la main, comme l'axe imaginaire du monde traverse l'épaisseur de la terre. Cette première phalange correspond à la vie physique, la seconde à l'intelligence, la dernière à la volonté. Les paumes de main grasses et épaisses dénotent des goûts sensuels et une grande force de vie physique ; un pouce long, surtout dans sa dernière phalange, révèle une volonté forte qui pourra aller jusqu'au despotisme ; les pouces courts, au contraire, sont des caractères doux et faciles à dominer.

Les plis habituels de la main y déterminent des lignes. Ces lignes sont donc la trace des habitudes, et l'observateur patient saura les reconnaître et les juger. L'homme dont la main se plie mal est maladroit ou malheureux. La main a trois fonctions principales : prendre, tenir et palper. Les mains plus souples prennent et palpent mieux ; les mains dures et fortes retiennent plus longtemps. Les rides même les plus légères attestent les sensations habituelles de cet organe. Chaque doigt a, d'ailleurs, une fonction spéciale qui lui a fait donner son nom. Nous avons déjà parlé du pouce ; l'index est le doigt qui démontre, c'est celui du verbe et de la prophétie ; le médius domine la main tout entière, c'est celui de la destinée ; l'annulaire est celui des alliances et des honneurs : les chiromanciens l'ont consacré au soleil ; l'auriculaire est insinuant et bavard, du moins au dire des bonnes gens et des nourrices, auxquels leur petit doigt raconte tant de choses : la main a sept protubérances que les kabbalistes, d'après les analogies naturelles, ont attribuées aux sept planètes : celle du pouce, à Vénus ; celle de l'index, à Jupiter ; celle du médius, à Saturne ; celle de l'annulaire, au Soleil ; celle de l'auriculaire, à Mercure ; les deux autres, à Mars et à la Lune. D'après leur forme et leur prédominance, ils jugeaient les attraits, les aptitudes et par conséquent les destinées probables des individus soumis à leur appréciation.

Il n'est pas de vice qui ne laisse de trace, pas une vertu qui n'ait son signe. Aussi, pour les yeux exercés de l'observateur, il n'est point d'hypocrisie possible.

On comprendra qu'une science pareille est déjà une puissance vraiment sacerdotale et royale.

La prédiction des principaux événements de la vie est déjà possible par les nombreuses probabilités analogiques de cette observation : mais il existe une faculté qu'on nomme celle des pressentiments ou du *sensitivisme*. Les choses éventuelles existent souvent dans leur cause avant de se réaliser en actions, les sensitifs voient d'avance les effets dans les causes, et il a existé avant tous les grands événements de très étonnantes prédictions. Nous avons entendu, sous Louis-Philippe, des somnambules et des extatiques annoncer le retour de l'empire et préciser la date de son avènement. La république de 1848 était annoncée clairement dans la prophétie d'Orval qui datait au moins de 1830 et que nous soupçonnons fort, ainsi que celles attribuées aux Olivarius, d'être l'ouvrage pseudonyme de Melle Lenormand. Peu importe d'ailleurs à notre thèse.

Cette lumière magnétique qui fait prévoir l'avenir fait deviner aussi les choses présentes et cachées ; comme elle est la vie universelle, elle est aussi l'agent de la sensibilité humaine, transmettant aux uns les maux ou la santé des autres, suivant l'influence fatale des contacts ou les lois de la volonté. C'est ce qui explique le pouvoir des bénédictions et des envoûtements si hautement reconnu par les grands adeptes et surtout par le merveilleux Paracelse. Un critique judicieux et fin, M. Ch. Fauvety, dans un article publié par la *Revue philosophique et religieuse*, apprécie d'une manière remarquable les travaux avancés de Paracelse, de Pomponace, de Goglenius, de Crollius et de Robert Flud sur le magnétisme. Mais ce que notre savant ami et collaborateur étudie seulement comme une curiosité philosophique, Paracelse et les siens le pratiquaient sans se soucier beaucoup de le faire comprendre au monde, car c'était pour eux un de ces secrets traditionnels pour lesquels l'occultisme est de rigueur, et qu'il suffit d'indiquer à ceux qui savent, en laissant toujours un voile sur la vérité pour dérouter les ignorants.

Or, voici ce que Paracelse réservait seulement pour les initiés, et ce que nous avons compris en déchiffrant les caractères kabbalistiques et les allégories dont il fait usage dans la collection de ses œuvres :

L'âme humaine est matérielle, le *mens* divin lui est offert pour l'immortaliser et la faire vivre spirituellement et individuellement, mais sa substance naturelle est fluidique et collective.

Il y a donc dans l'homme deux vies, la vie individuelle ou raisonnable, et la vie commune ou instinctive. C'est par cette dernière que l'on peut vivre les uns dans les autres, puisque l'âme universelle dont chaque organisme nerveux a une conscience séparée est la même pour tous.

Nous vivons de la vie commune et universelle dans l'embryonnat, dans l'extase et dans le sommeil. Dans le sommeil, en effet, la raison n'agit pas, et la logique, lorsqu'il s'en trouve dans nos songes, n'y arrive que fortuitement et suivant les hasards des réminiscences purement physiques.

Dans les songes, nous avons la conscience de la vie

universelle ; nous nous mêlons à l'eau, au feu, à l'air et à la terre ; nous volons comme les oiseaux ; nous grimpons comme les écureuils ; nous rampons comme les serpents ; nous sommes ivres de lumière astrale ; nous nous replongeons au foyer commun, comme cela arrive d'une manière plus complète à la mort ; mais alors (et c'est ainsi que Paracelse explique les mystères de l'autre vie), alors les méchants, c'est-à-dire ceux qui se sont laissés dominer par les instincts de la bête au préjudice de la raison humaine, se noient dans l'océan de la vie commune avec toutes les angoisses d'une mort éternelle ; les autres surnagent et jouissent à jamais des richesses de cet or fluide qu'ils sont parvenus à dominer.

Cette identité de la vie physique permet aux volontés les plus fortes de s'emparer de l'existence des autres et de s'en faire des auxiliaires, explique les courants sympathiques à proximité ou à distance, et donne tout le secret de la médecine occulte, parce que cette médecine a pour principe la grande hypothèse des analogies universelles et, attribuant tous les phénomènes de la vie physique à l'argent universel, enseigne qu'il faut agir sur le corps astral pour réagir sur le corps matériellement visible ; elle enseigne aussi que l'essence de la lumière astrale est un double mouvement d'attraction et de projection ; ainsi que les corps humains s'attirent et se repoussent les uns les autres, ils peuvent aussi s'absorber, se répandre les uns dans les autres et faire des échanges ; les idées ou les imaginations de l'un peuvent influer sur la forme de l'autre et réagir ensuite sur le corps extérieur.

Ainsi se produisent les phénomènes si étranges de l'influence des regards dans la grossesse, ainsi le voisinage des gens mal portants donne de mauvais rêves, ainsi l'âme respire quelque chose de malsain dans la compagnie des fous et des méchants.

On peut remarquer que dans les pensionnats les enfants prennent un peu de la physionomie les uns des autres; chaque maison d'éducation a pour ainsi dire un air de famille qui lui est propre. Dans les écoles d'orphelines dirigées par des religieuses, toutes les jeunes filles se ressemblent et prennent toutes cette physionomie obéissante et effacée qui caractérise l'éducation ascétique. Les hommes deviennent beaux à l'école de l'enthousiasme, des arts ou de la gloire; ils deviennent laids au bagne, et de triste figure dans les séminaires et dans les couvents.

Ici l'on comprend que nous quittons Paracelse pour entrer dans les conséquences et dans les applications de ses idées, qui sont tout simplement celles des anciens mages et les éléments de cette kabbale physique que nous appelons la magie.

Suivant les principes kabbalistiques formulés par l'école de Paracelse, la mort ne serait qu'un sommeil de plus en plus profond et définitif, qu'il ne serait pas impossible d'arrêter à son commencement, en exerçant une puissante action de volonté sur le corps astral qui se dégage et en le rappelant à la vie par quelque intérêt puissant ou quelque affection dominante. Jésus exprimait la même pensée lorsqu'il disait de la fille de Jaïre: Cette jeune fille n'est pas morte, elle dort; et de Lazare: Notre ami s'est endormi et je vais le réveiller. Pour exprimer ce système résurrectionniste d'une manière qui n'offense pas le sens commun, c'est-à-dire les opinions généralement adoptées, disons que la mort, lorsqu'il n'y a pas destruction ou altération essentielle des organes, est toujours précédée d'une léthargie plus ou moins longue. (La résurrection du Lazare, si elle devait être admise comme fait scientifique, prouverait que cet état peut durer quatre jours) [1].

Venons maintenant au secret du grand œuvre que nous avons donné seulement en hébreu non ponctué dans le *Rituel de la haute magie*. En voici le texte tout entier en latin, tel qu'on le trouve à la page 144 du Sepher Jezirah, commenté par l'alchimiste Abraham (Amsterdam, 1642) :

Semita XXXI.

Vocatur intelligentia perpetua; et quare vocatur ita? Eo quod ducit motum solis et lunæ juxta constitutionem eorum; utrumque in orbe sibi conveniente.

Rabbi Abraham F∴ D∴
dicit:

Semita trigesima prima vocatur intelligentia perpetua : et illa ducit solem et lunam et reliquas stellas et figuras, unum quodque in orbe suo, et impertit omnibus creatis juxta dispositionem ad signa et figuras.

---

1. On objectera que le Lazare sentait mauvais, ce qui arrive à plusieurs personnes bien portantes et à plusieurs malades qui guérissent malgré cela. D'ailleurs, dans le récit évangélique, c'est un des assistants qui dit que le Lazare sent mauvais parce qu'il est là depuis quatre jours. On peut donc attribuer cette parole à l'imagination frappée.

Voici la traduction en français du texte hébreu que nous avons transcrit dans notre rituel :

« La trente et unième voie s'appelle l'intelligence perpétuelle et celle-là régit le soleil et la lune et les autres étoiles et figures, chacun dans son orbe respectif. Et elle distribue ce qui convient à toutes les choses créées suivant leur disposition aux signes et aux figures. »

Ce texte, on le voit, est encore parfaitement obscur pour quiconque ne connaît pas la valeur caractéristique de chacune des trente-deux voies. Les trente-deux voies sont les dix nombres et les vingt-deux lettres hiéroglyphiques de la Kabbale. La trente et unième se rapporte au ש, qui représente la lampe magique ou la lumière entre les cornes de Baphomet. C'est le signe kabbalistique de l'*od* ou de la lumière astrale avec ses deux pôles et son centre équilibré. On sait que dans le langage des alchimistes le soleil signifie l'or, la lune l'argent, et que les autres étoiles ou planètes se rapportent aux autres métaux. On doit comprendre maintenant la pensée du juif Abraham.

Le feu secret des maîtres en alchimie était donc l'électricité, et c'est là toute une moitié de leur grand arcane ; mais ils savaient en équilibrer la force par une influence magnétique qu'ils concentraient dans leur athanor. C'est ce qui résulte des dogmes obscurs de Basile Valentin, de Bernard Trévisan et de Henri Khunrath, qui, tous, prétendent avoir opéré la transmutation comme Raymond Lulle, comme Arnaud de Villeneuve et comme Nicolas Flamel.

La lumière universelle, lorsqu'elle aimante les

mondes, s'appelle lumière astrale ; lorsqu'elle forme les métaux, on la nomme azoth, ou mercure des sages ; lorsqu'elle donne la vie aux animaux, elle doit s'appeler magnétisme animal.

La brute subit les fatalités de cette lumière ; l'homme peut la diriger.

C'est l'intelligence qui, en adaptant le signe à la pensée, crée les formes et les images.

La lumière universelle est comme l'imagination divine, et ce monde qui change sans cesse, en demeurant toujours le même quant à ses lois de configuration, est le rêve immense de Dieu.

L'homme formule la lumière par son imagination ; il attire à lui la lumière suffisante pour donner les formes convenables à ses pensées et même à ses rêves ; si cette lumière l'envahit, s'il noie son entendement dans les formes qu'il évoque, il est fou. Mais l'atmosphère fluidique des fous est souvent un poison pour les raisons chancelantes et pour les imaginations exaltées.

Les formes que l'imagination surexcitée produit pour égarer l'entendement sont aussi réelles que les empreintes de la photographie. — On ne saurait voir ce qui n'existe pas. — Les fantômes des rêves, et les rêves même des gens éveillés, sont donc des images réelles qui existent dans la lumière.

Il existe d'ailleurs des hallucinations contagieuses. Mais nous affirmons ici quelque chose de plus que des hallucinations ordinaires.

Si les images attirées par les cerveaux malades sont quelque chose de réel, ne peuvent-ils les projeter au dehors, réelles comme ils les reçoivent ?

Ces images, projetées par l'organisme nerveux tout entier du médium, ne peuvent-elles affecter l'organisme entier de ceux qui, volontairement ou non, entrent en sympathie nerveuse avec le médium?

Les faits accomplis par M. Home prouvent que tout cela est possible.

Maintenant, répondons à ceux qui croient voir dans ces phénomènes des manifestations de l'autre monde et des faits de nécromancie.

Nous empruntons notre réponse au livre sacré des kabbalistes, et notre doctrine en ceci est celle des rabbins compilateurs du Sohar.

Axiome.

L'esprit se revêt pour descendre et se dépouille pour monter.

En effet :

Pourquoi les esprits créés sont-ils revêtus de corps?

C'est qu'ils doivent être limités pour avoir une existence possible. Dépouillés de tout corps et devenus par conséquent sans limites, les esprits créés se perdraient dans l'infini, et, faute de pouvoir se concentrer quelque part, ils seraient morts et impuissants partout, abîmés qu'ils seraient dans l'immensité de Dieu.

Tous les esprits créés ont donc des corps, les uns plus subtils, les autres plus épais, suivant les milieux où ils sont appelés à vivre.

L'âme d'un mort ne pourrait donc pas plus vivre dans l'atmosphère des vivants que nous ne pourrions vivre dans la terre ou dans l'eau.

Il faudrait, à un esprit aérien ou plutôt éthéré, un corps factice semblable aux appareils de nos plongeurs, pour qu'il pût arriver jusqu'à nous.

Tout ce que nous pouvons voir des morts, ce sont les reflets qu'ils ont laissés dans la lumière atmosphérique, lumière dont nous évoquons les empreintes par la sympathie de nos souvenirs.

Les âmes des morts sont au-dessus de notre atmosphère. Notre air respirable devient terre pour eux. C'est ce que le Sauveur a déclaré dans son Évangile, lorsqu'il fait dire à l'âme d'un bienheureux :

« Maintenant le grand chaos s'est affermi pour nous, et ceux qui sont en haut ne peuvent plus descendre vers ceux qui sont en bas. »

Les mains que fait apparaître M. Home sont donc de l'air coloré par les reflets qu'attire et que projette son imagination malade [1].

On les touche comme on les voit : moitié illusion, moitié force magnétique et nerveuse.

Voilà, ce nous semble, de bien précises et de bien claires explications.

Raisonnons un peu avec les partisans de l'apparition ultramondaine :

Ou ces mains sont des corps réels,

Ou ce sont des illusions.

Si ce sont des corps, ce ne sont donc pas des esprits.

---

[1]. L'agent lumineux étant aussi celui du calorique, on comprend les variations subites de température occasionnées par les projections anormales ou les absorptions subites de la lumière. Il s'ensuit une perturbation atmosphérique locale qui produit les bruits de tempêtes et les craquements des boiseries. (*Note de l'auteur.*)

Si ce sont des illusions produites par des mirages, soit en nous, soit hors de nous, vous me donnez donc gain de cause.

Maintenant, une remarque :

C'est que tous les malades de congestion lumineuse ou de somnambulisme contagieux périssent de mort violente, ou tout au moins de mort subite.

C'est pour cela qu'on attribuait autrefois au diable le pouvoir d'étrangler les sorciers.

Le bon et honnête Lavater évoquait habituellement le prétendu esprit de Gablidone.

Il fut assassiné.

Un limonadier de Leipsick, Scrœpfer, évoquait les images animées des morts.

Il se brûla la cervelle d'un coup de pistolet.

On sait quelle fut la fin malheureuse de Cagliostro.

Un malheur plus grand que la mort même peut seul sauver la vie à ces expérimentateurs imprudents.

Ils peuvent devenir idiots ou fous, et alors ils ne meurent pas, si on les surveille avec soin pour les empêcher de se suicider.

Les maladies magnétiques sont par elles-mêmes un acheminement à la folie, et naissent toujours de l'hypertrophie ou de l'atrophie du système nerveux.

Elles ressemblent à l'hystérisme, qui en est une variété, et sont souvent produites, soit par des excès de célibat, soit par des excès d'un genre tout opposé.

On sait dans quel rapport sont avec le cerveau les organes chargés par la nature de l'accomplissement de ses plus nobles œuvres : celles qui ont pour but la reproduction des êtres.

On ne viole pas impunément le sanctuaire de la nature.

Personne ne soulève, sans risquer sa propre vie, le voile de la grande Isis.

La nature est chaste, et c'est à la chasteté qu'elle donne les clefs de la vie.

Se livrer aux amours impurs, c'est se fiancer à la mort.

La liberté, qui est la vie de l'âme, ne se conserve que dans l'ordre de la nature. Tout désordre volontaire la blesse, un excès prolongé la tue.

Alors, au lieu d'être guidé et préservé par la raison, on est abandonné aux fatalités du flux et du reflux de la lumière magnétique.

Or, la lumière magnétique dévore sans cesse, parce qu'elle crée toujours, et que pour produire continuellement, il faut éternellement absorber.

De là viennent les monomanies meurtrières et les tentations de suicide.

De là vient cet esprit de perversité qu'Edgar Poë a décrit d'une manière si saisissante et si vraie, et que M. de Mirville aurait raison d'appeler le diable.

Le diable, c'est le vertige de l'intelligence étourdie par les balancements du cœur.

C'est la monomanie du néant, c'est l'attrait du gouffre, indépendamment de ce que ce peut être suivant les décisions de la foi catholique, apostolique et romaine, auxquelles nous n'avons pas la témérité de toucher.

Quant à la reproduction des signes et des caractères par ce fluide universel que nous appelons lumière astrale, en nier la possibilité, ce serait tenir peu de compte des phénomènes les plus ordinaires de la nature.

Le mirage dans les steppes de la Russie, les palais de la fée Morgane, les figures imprimées naturellement dans le cœur des pierres que Gaffarel nomme des gamahés, la configuration monstrueuse de certains enfants venant des regards ou des cauchemars de leurs mères, tous ces phénomènes et bien d'autres prouvent que la lumière est pleine de reflets et d'images qu'elle projette et reproduit suivant les évocations de l'imagination, du souvenir ou du désir. L'hallucination n'est pas toujours une rêverie sans objet : dès que tout le monde voit une chose, elle est certainement visible ; mais si cette chose est absurde, il faut rigoureusement conclure que tout le monde est trompé ou halluciné par une apparence réelle.

Dire, par exemple, que dans les soirées magnétiques de M. Home il sort des tables des mains réelles et vivantes, de vraies mains que les uns voient, que les autres touchent, et par lesquelles d'autres encore se sentent touchés sans les voir, dire que ces mains vraiment corporelles sont des mains d'esprits, c'est parler comme des enfants ou comme des fous, c'est impliquer contradiction dans les termes. Mais, avouer que telles ou telles apparences, telles ou telles sensations se produisent, c'est être simplement sincère et se moquer de la moquerie des prud'hommes, quand bien même ces prud'hommes auraient de l'esprit comme tel ou tel rédacteur de tel ou tel journal pour rire.

Ces phénomènes de lumières qui produisent les apparitions se sont toujours montrés à des époques laborieuses pour l'humanité. Ce sont les fantômes de la fièvre du monde, c'est l'hystérisme d'une société qui s'ennuie. Virgile nous raconte en beaux vers que, du temps de César, Rome était pleine de spectres ; les portes du Temple de Jérusalem s'ouvraient d'elles-mêmes sous Vespasien, et l'on entendait crier : « Les dieux s'en vont. » Or, quand les dieux s'en vont, les diables reviennent. Le sentiment religieux se change en superstition quand la foi est perdue ; car les âmes ont besoin de croire, parce qu'elles ont soif d'espérer. Comment la foi peut-elle se perdre ? Comment la science peut-elle douter de l'infini et de l'harmonie ? Parce que le sanctuaire de l'absolu est toujours fermé pour le plus grand nombre. Mais le royaume de la vérité, qui est celui de Dieu, souffre violence et doit être conquis par les forts. Il existe un dogme, il existe une clef, il existe une tradition sublime ; et ce dogme, cette clef, cette tradition, c'est la haute magie. Là seulement se trouvent l'absolu de la science et la base éternelle de la loi, le préservatif contre toute folie, toute superstition et toute erreur, l'Éden de l'intelligence, le repos du cœur et la quiétude de l'âme. Nous ne disons point ceci dans l'espérance de convaincre ceux qui rient, mais seulement pour avertir ceux qui cherchent. Courage et bon espoir à ceux-là ; ils trouveront certainement, puisque nous avons trouvé.

Le dogme magique n'est pas celui des médiums. Les médiums qui dogmatisent ne peuvent enseigner que l'anarchie, puisque leur inspiration résulte d'une exaltation désordonnée. Toujours ils prédisent des désastres, ils nient l'autorité hiérarchique, ils se posent en souverains pontifes comme Vintras. L'initié, au contraire, respecte avant tout la hiérarchie, il aime et conserve l'ordre, il s'incline devant les croyances sincères, il aime tous les signes de l'immortalité dans la foi, et de la rédemption par la charité, qui est toute discipline et obéissance. Nous venons de lire un livre publié sous l'influence du vertige astral et magnétique, et nous avons été frappé des tendances anarchiques dont il est rempli sous une grande apparence de bienveillance et de religion. En tête de cet ouvrage, on voit le signe, ou, comme disent les magistes, *la signature* des doctrines qu'il enseigne. Au lieu de la croix chrétienne, symbole d'harmonie, d'alliance et de régularité, on y voit le cep de vigne tortueux, avec ses jets contournés en vrilles, images de l'hallucination et de l'ivresse.

Les premières idées émises par ce livre sont le comble de l'absurde. Les âmes des morts, dit-il, sont partout, et rien ne les limite plus. Voilà l'infini tout peuplé de dieux qui rentrent les uns dans les autres. Les âmes peuvent et veulent communiquer avec nous par le moyen des tables et des chapeaux. Ainsi plus d'enseignement réglé, plus de sacerdoce, plus d'Église, le délire érigé en chaire de vérité, des oracles qui écrivent pour le salut du genre humain le mot attribué à Cambronne, des grands hommes qui se dérangent de la sérénité des destinées éternelles pour faire danser nos meubles et tenir avec nous des conversations semblables à celles que leur prête Béroalde de Verville dans le moyen de parvenir. Tout cela fait pitié : et cependant, en Amérique, tout cela se répand comme une peste intellectuelle. La jeune Amérique bat la campagne, elle a la fièvre, elle fait peut-être ses dents. Mais la France ! la France accueillir de pareilles choses ! Non, cela n'est pas possible, et cela n'est pas. Mais en se refusant aux doctrines, les hommes sérieux doivent observer les phénomènes, rester calmes au milieu des agitations de tous les fanatismes (car l'incrédulité a aussi le sien), et juger après avoir examiné.

Conserver sa raison au milieu des fous, sa foi au milieu des superstitions, sa dignité au milieu des caractères amoindris, et son indépendance parmi les moutons de Panurge, c'est de tous les miracles le plus rare, le plus beau, et aussi le plus difficile à accomplir.

CHAPITRE IV.

LES FANTOMES FLUIDIQUES ET LEURS MYSTÈRES.

Les anciens leur donnaient différents noms. C'étaient les larves, les lémures, les empuses. Ils aimaient la vapeur du sang répandu, et fuyaient le tranchant du glaive.

La théurgie les évoquait, et la kabbale les connaissait sous le nom d'esprits élémentaires.

Ce n'étaient pourtant pas des esprits, car ils étaient mortels.

C'étaient des coagulations fluidiques qu'on pouvait détruire en les divisant.

C'étaient des espèces de mirages animés, des émanations imparfaites de la vie humaine : les traditions de la magie noire les font naître du célibat d'Adam. Paracelse dit que les vapeurs du sang des femmes hystériques peuplent l'air de fantômes ; et ces idées sont si anciennes, que nous en retrouvons la trace dans Hésiode, qui défend expressément de faire sécher devant le feu les linges tachés par une pollution quelconque.

Les personnes obsédées par les fantômes sont ordinairement exaltées par un célibat trop rigoureux, ou affaiblis par des excès de débauche.

Les fantômes fluidiques sont les avortons de la lumière vitale ; ce sont des médiateurs plastiques sans corps et sans esprit, nés des excès de l'esprit et des dérèglements du corps.

Ces médiateurs errants peuvent être attirés par certains malades qui leur sont fatalement sympathiques, et qui leur prêtent à leurs dépens une existence factice plus ou moins durable. Ils servent alors d'instruments supplémentaires aux volontés instinctives de ces malades : jamais toutefois pour les guérir, toujours pour les égarer et les halluciner davantage.

Si les embryons corporels ont la propriété de prendre les formes que leur donne l'imagination des mères, les embryons fluidiques errants doivent être prodigieusement variables et se transformer avec une étonnante facilité. Leur tendance à se donner un corps pour attirer une âme, fait qu'ils condensent et s'assimilent naturellement les molécules corporelles qui flottent dans l'atmosphère.

Ainsi, en coagulant la vapeur du sang, ils refont du sang, ce sang que les maniaques hallucinés voient couler sur des tableaux ou des statues. Mais ils ne sont pas les seuls à le voir. Vintras et Rose Tamisier ne sont ni des imposteurs ni des gens atteints de la berlue ; le sang coule réellement ; des médecins l'examinent, l'analysent ; c'est du sang, de vrai sang humain : d'où vient-il ? Peut-il s'être formé spontanément dans l'atmosphère ? Peut-il sortir naturellement d'un marbre, d'une toile peinte ou d'une hostie ? Non, sans doute ; ce sang a circulé dans des veines, puis il s'est répandu, évaporé, desséché, le sérum est devenu vapeur, les globules poussière impalpable, le tout a flotté et voltigé dans l'atmosphère, puis a été attiré dans le courant d'un électro-magnétisme spécifié. Le sérum est redevenu liquide, il a repris et imbibé de nouveau les globules que la lumière astrale a colorés, et le sang a coulé.

La photographie nous prouve assez que les images sont des modifications réelles de la lumière. Or, il existe une photographie accidentelle et fortuite qui opère, d'après les mirages errants dans l'atmosphère, des impressions durables sur des feuilles d'arbres, dans le bois et jusque dans le cœur des pierres : ainsi se forment ces figures naturelles auxquelles Gaffarel a consacré plusieurs pages dans son livre des *Curiosités inouïes*, ces pierres auxquelles il attribue une vertu occulte, et qu'il nomme des gamahés ; ainsi se tracent ces écritures et ces dessins qui étonnent à un si haut point les observateurs des phénomènes fluidiques. Ce sont des photographies astrales tracées par l'imagination des *médium* avec le concours ou sans le concours des larves fluidiques.

L'existence de ces larves nous a été démontrée d'une manière péremptoire par une expérience assez curieuse. Plusieurs personnes, pour tenter la puissance magique de l'Américain Home, l'ont prié d'évoquer des parents qu'elles supposaient avoir perdus, mais qui réellement n'avaient jamais existé. Les spectres n'ont pas fait défaut à cet appel, et les phénomènes qui suivaient habituellement l'évocation du médium se sont pleinement manifestés.

Cette expérience suffisait seule pour convaincre de crédulité fâcheuse et d'erreur formelle ceux qui croient à l'intervention des esprits dans ces phénomènes étranges. Pour que des morts reviennent, il faut avant tout qu'ils aient existé, et des démons ne seraient pas si facilement les dupes de nos mystifications.

Comme tous les catholiques, nous croyons à l'existence des esprits de ténèbres; mais nous savons aussi que la puissance divine leur a donné les ténèbres pour prison éternelle, et que le Rédempteur a vu Satan tomber du ciel comme la foudre. Si les démons nous tentent, c'est par la complicité volontaire de nos passions mauvaises, et il ne leur est pas permis d'affronter l'empire de Dieu et de troubler, par des manifestations niaises et inutiles, l'ordre éternel de la nature.

Les caractères et signatures diaboliques qui se produisent à l'insu des médium ne sont évidemment pas les preuves d'un pacte tacite ou formel entre ces malades et les intelligences de l'abîme. Ces signes ont servi de tout temps à exprimer le vertige astral et sont restés à l'état de mirage dans les reflets de la lumière dévoyée. La nature aussi a ses réminiscences et nous envoie les mêmes signes à propos des mêmes idées. Il n'y a rien dans tout cela de surnaturel ni d'infernal.

« Comment voulez-vous que j'admette », nous disait le curé Charvoz, premier vicaire de Vintras, « que Satan ose imprimer ses hideux stigmates sur « des espèces consacrées et devenues le corps même « de Jésus-Christ ? » — Nous déclarâmes aussitôt qu'il nous était également impossible de nous prononcer en faveur d'un pareil blasphème ; et pourtant, comme nous l'avons démontré dans nos feuilletons du journal l'*Estafette*, les signes imprimés en caractères sanglants sur les hosties de Vintras, consacrées régulièrement par Charvoz, étaient ceux qui, dans la magie noire, sont absolument reconnus pour les signatures des démons.

Les écritures astrales sont souvent ridicules ou obscènes. Les prétendus esprits interrogés sur les plus grands mystères de la nature répondent souvent par un mot grossier devenu, dit-on, héroïque une fois dans la bouche militaire de Cambronne. Les dessins que tracent les crayons abandonnés à eux-mêmes reproduisent souvent aussi ces priapées informes que le *pâle voyou,* pour nous servir de l'expression pittoresque d'Auguste Barbier, ébauche en sifflant le long des grands murs de Paris, preuve nouvelle de ce que nous avons avancé, c'est-à-dire que l'esprit ne préside en aucune manière à ces manifestations et qu'il serait souverainement absurde surtout d'y reconnaître l'intervention des esprits dégagés de la matière.

Le jésuite Paul Saufidius, qui a écrit sur les mœurs et coutumes des Japonais, raconte une anecdote fort remarquable. Une troupe de pèlerins japonais, traversant un jour un désert, vit venir à elle une bande de spectres dont le nombre était égal à celui des pèlerins, et qui marchait du même pas. Ces spectres, difformes d'abord et semblables à des larves, prenaient en approchant toutes les apparences du corps humain. Bientôt ils rencontrèrent les pèlerins et se mêlèrent à eux, glissant en silence entre leurs rangs ; alors les Japonais se virent doubles, chaque fantôme étant devenu l'image parfaite et comme le mirage de chaque pèlerin. Les Japonais effrayés se prosternèrent, et le bonze qui les conduisait se mit à prier pour eux avec de grandes contorsions et de grands cris. Lorsque les pèlerins se relevèrent, les fantômes avaient disparu, et la troupe dévote put continuer librement son chemin. Ce phénomène, que nous ne révoquons pas en doute, présente les doubles caractères d'un mirage et d'une projection soudaine de larves astrales, occasionnés par la chaleur de l'atmosphère et l'épuisement fanatique des pèlerins.

Le docteur Brierre de Boismont, dans son curieux *Traité des hallucinations*, raconte qu'un homme parfaitement sensé, et qui n'avait jamais eu de visions, fut tourmenté un matin par un cauchemar des plus pénibles. Il voyait dans sa chambre un singe monstrueux, horrible à voir, qui lui grinçait les dents et se livrait aux plus hideuses contorsions. Il s'éveille en sursaut, il était grand jour ; il saute à bas du lit, et reste terrifié en voyant réellement présent l'affreux objet de son rêve. Le singe était là parfaitement semblable à celui du cauchemar, aussi absurde, aussi épouvantable, et faisant les mêmes grimaces. Le personnage en question ne pouvait en croire ses yeux ; il resta près d'une demi-heure immobile, observant ce singulier phénomène et se demandant s'il avait la fièvre chaude ou s'il devenait fou. Il s'approcha enfin du fantastique animal pour le toucher, et l'apparition s'évanouit.

Cornelius Gemma, dans son *Histoire critique universelle*, raconte qu'en 454, dans l'île de Candie, le fantôme de Moïse apparut à des Juifs au bord de la mer ; il avait au front ses cornes lumineuses, à la main sa verge foudroyante, et les invitait à le suivre en leur montrant du doigt l'horizon du côté de la Terre sainte. La nouvelle de ce prodige se répandit, et les Israélites en foule se précipitèrent vers le rivage. Tous virent ou prétendirent voir la merveilleuse apparition : ils étaient au nombre de vingt mille, au dire du chroniqueur, que nous soupçonnons ici d'exagérer un peu. Aussitôt les têtes s'échauffent, les imaginations s'exaltent ; on croit à un miracle plus éclatant que ne le fut autrefois le passage de la mer Rouge. Les Juifs se forment en colonne serrée et prennent leur course vers la mer ; les derniers poussaient les premiers avec frénésie : on croyait voir le prétendu Moïse marcher sur l'eau. Ce fut un épouvantable désastre : presque toute cette multitude se noya, et l'hallucination ne s'éteignit qu'avec la vie du plus grand nombre de ces malheureux visionnaires.

La pensée humaine crée ce qu'elle imagine ; les fantômes de la superstition projettent leur difformité réelle dans la lumière astrale et vivent des terreurs mêmes qui les enfantent. Ce géant noir qui étend ses ailes de l'orient à l'occident pour cacher la lumière au monde, ce monstre qui dévore les âmes, cette effrayante divinité de l'ignorance et de la peur, le diable, en un mot, est encore, pour une immense multitude d'enfants de tous les âges, une affreuse réalité. Dans notre *Dogme et Rituel de la haute magie*, nous l'avons représenté comme l'ombre de Dieu, et en disant cela nous avons caché encore la moitié de notre pensée ; Dieu est la lumière sans ombre. Le diable n'est que l'ombre du fantôme de Dieu !

Le fantôme de Dieu ! cette dernière idole de la terre; ce spectre anthropomorphe qui se rend malicieusement invisible ; cette personnification finie de l'infini ; cet invisible qu'on ne peut voir sans mourir, sans mourir du moins à l'intelligence et à la raison, puisque, pour voir l'invisible, il faut être fou ; le fantôme de celui qui n'a pas de corps; la forme confuse de celui qui est sans formes et sans limites : voilà ce qu'adorent à leur insu le plus grand nombre des croyants. Celui qui est essentiellement, purement, spirituellement, sans être ni l'être absolu, ni un être abstrait, ni la collection des êtres, l'infini intellectuel, en un mot, est si difficile à imaginer ! Aussi toute imagination à son sujet est-elle une idolâtrie, il faut y croire et l'adorer. Notre esprit doit se taire devant lui et notre cœur seul a droit de lui donner un nom : Notre Père !

LIVRE II

LES MYSTÈRES MAGIQUES

CHAPITRE PREMIER.

THÉORIE DE LA VOLONTÉ.

La vie humaine et ses difficultés innombrables ont pour but, dans l'ordre de la sagesse éternelle, l'éducation de la volonté de l'homme.

La dignité de l'homme consiste à faire ce qu'il veut, et à vouloir le bien, conformément à la science du vrai.

Le bien conforme au vrai, c'est le juste.

La justice, c'est la pratique de la raison.

La raison, c'est le verbe de la réalité.

La réalité, c'est la science de la vérité.

La vérité, c'est l'idée identique avec l'être.

L'homme arrive à l'idée absolue de l'être par deux voies, l'expérience et l'hypothèse.

L'hypothèse est probable quand elle est nécessitée par les enseignements de l'expérience ; elle est improbable ou absurde quand elle est rejetée par cet enseignement.

L'expérience c'est la science, et l'hypothèse c'est la foi.

La vraie science admet nécessairement la foi ; la vraie foi compte nécessairement avec la science.

Pascal blasphémait contre la science lorsqu'il a dit que, par la raison, l'homme ne peut arriver à la connaissance d'aucune vérité.

Aussi Pascal est-il mort fou.

Mais Voltaire ne blasphémait pas moins contre la science, lorsqu'il déclarait absurde toute hypothèse de la foi, et n'admettait pour règle de la raison que le témoignage des sens.

Aussi le dernier mot de Voltaire a-t-il été cette formule contradictoire :

DIEU ET LA LIBERTÉ.

Dieu, c'est-à-dire un maître suprême : ce qui exclut toute idée de liberté, comme l'entendait l'école de Voltaire.

Et la liberté, c'est-à-dire une indépendance absolue de tout maître ; ce qui exclut toute idée de Dieu.

Le mot DIEU exprime la personnification suprême de la loi, et par conséquent du devoir ; et si, par le mot LIBERTÉ, on veut entendre avec nous LE DROIT DE FAIRE SON DEVOIR, nous prendrons pour devise à notre tour, et nous répéterons sans contradiction et sans erreur :

DIEU ET LA LIBERTÉ.

Comme il n'y a de liberté pour l'homme que dans l'ordre qui résulte du vrai et du bien, on peut dire que la conquête de la liberté est le grand travail de l'âme humaine. L'homme, en s'affranchissant des mauvaises passions et de leur servitude, se crée en quelque sorte une seconde fois lui-même. La nature l'avait fait vivant et souffrant, il se fait heureux et immortel; il devient ainsi le représentant de la divinité sur la terre et en exerce relativement la toute-puissance.

AXIOME I.

Rien ne résiste à la volonté de l'homme, lorsqu'il sait le vrai et veut le bien.

AXIOME II.

Vouloir le mal, c'est vouloir la mort. Une volonté perverse est un commencement de suicide.

AXIOME III.

Vouloir le bien avec violence, c'est vouloir le mal; car la violence produit le désordre, et le désordre produit le mal.

AXIOME IV.

On peut et l'on doit accepter le mal comme moyen du bien; mais il ne faut jamais ni le vouloir ni le faire, autrement on détruirait d'une main ce qu'on édifie de l'autre. La bonne foi ne justifie jamais les mauvais moyens; elle les corrige lorsqu'on les subit, et les condamne lorsqu'on les prend.

AXIOME V.

Pour avoir droit de posséder toujours, il faut vouloir patiemment et longtemps.

AXIOME VI.

Passer sa vie à vouloir ce qu'il est impossible de posséder toujours, c'est abdiquer la vie et accepter l'éternité de la mort.

AXIOME VII.

Plus la volonté surmonte d'obstacles, plus elle est forte. C'est pour cela que le Christ a glorifié la pauvreté et la douleur.

AXIOME VIII.

Lorsque la volonté est vouée à l'absurde, elle est réprouvée par l'éternelle raison.

AXIOME IX.

La volonté de l'homme juste, c'est la volonté de Dieu même, et c'est la loi de la nature.

AXIOME X.

C'est par la volonté que l'intelligence voit. Si la volonté est saine, la vue est juste. Dieu a dit : Que la lumière soit! et la lumière est ; la volonté dit : Que le monde soit comme je veux le voir! et l'intelligence le voit comme la volonté a voulu. C'est ce que signifie le mot *ainsi soit-il*, qui confirme les actes de foi.

AXIOME XI.

Lorsqu'on se fait des fantômes, on met au monde des vampires, et il faudra nourrir ces enfants d'un cauchemar volontaire avec son sang, avec sa vie, avec son intelligence et sa raison, sans les rassasier jamais.

AXIOME XII.

Affirmer et vouloir ce qui doit être, c'est créer; affirmer et vouloir ce qui ne doit pas être, c'est détruire.

AXIOME XIII.

La lumière est un feu électrique mis par la nature au service de la volonté : elle éclaire ceux qui savent en user, elle brûle ceux qui en abusent.

AXIOME XIV.

L'empire du monde, c'est l'empire de la lumière.

AXIOME XV.

Les grandes intelligences dont la volonté s'équilibre mal ressemblent aux comètes, qui sont des soleils avortés.

AXIOME XVI.

Ne rien faire, c'est aussi funeste que de faire le mal, mais c'est plus lâche. Le plus impardonnable des péchés mortels, c'est l'inertie.

AXIOME XVII.

Souffrir, c'est travailler. Une grande douleur soufferte est un progrès accompli. Ceux qui souffrent beaucoup vivent plus que ceux qui ne souffrent pas.

AXIOME XVIII.

La mort volontaire par dévouement n'est pas un suicide ; c'est l'apothéose de la volonté.

AXIOME XIX.

La peur n'est qu'une paresse de la volonté, et c'est pour cela que l'opinion flétrit les lâches.

AXIOME XX.

Arrivez à ne pas craindre le lion, et le lion vous

craindra. Dites à la douleur : Je veux que tu sois un plaisir, et elle deviendra un plaisir, plus même qu'un plaisir, un bonheur.

AXIOME XXI.

Une chaîne de fer est plus facile à briser qu'une chaîne de fleurs.

AXIOME XXII.

Avant de déclarer un homme heureux ou malheureux, sachez ce que l'a fait la direction de sa volonté : Tibère mourait tous les jours à Caprée, tandis que Jésus prouvait son immortalité et sa divinité même sur le Calvaire et sur la croix.

CHAPITRE II.

LA PUISSANCE DE LA PAROLE.

C'est le verbe qui crée les formes, et les formes à leur tour réagissent sur le verbe pour le modifier et le finir.

Toute parole de vérité est le commencement d'un acte de justice.

On demande si l'homme peut être quelquefois nécessairement poussé au mal. Oui, lorsqu'il a le jugement faux et par conséquent le verbe injuste.

Mais on est responsable d'un jugement faux comme d'une mauvaise action.

Ce qui fausse le jugement, ce sont les vanités injustes de l'égoïsme.

Le verbe injuste, ne pouvant se réaliser par la création, se réalise par la destruction. Il faut qu'il tue ou qu'il meure.

S'il pouvait rester sans action, ce serait le plus grand de tous les désordres, un blasphème durable contre la vérité.

Telle est cette parole oiseuse dont le Christ a dit qu'on rendra compte au jugement universel. Une parole de plaisanterie, une niaiserie qui récrée et qui fait rire, n'est pas une parole oiseuse.

La beauté de la parole est une splendeur de vérité. Une parole vraie est toujours belle, une belle parole est toujours vraie.

C'est pour cela que les œuvres d'art sont toujours saintes quand elles sont belles.

Que m'importe qu'Anacréon chante Batylle, si, dans ses vers, j'entends les notes de cette divine harmonie qui est l'hymne éternel de la beauté ? La poésie est pure comme le soleil : elle étend son voile de lumière sur les erreurs de l'humanité. Malheur à qui voudrait soulever le voile pour apercevoir des laideurs !

Le concile de Trente a dit qu'il est permis aux personnes sages et prudentes de lire les livres des anciens, même obscènes, à cause de la beauté de la forme.

Une statue de Néron ou d'Héliogabale faite comme les chefs-d'œuvre de Phidias, ne serait-elle pas une œuvre absolument belle et absolument bonne ? et celui-là ne mériterait-il pas les huées du monde entier qui voudrait qu'on la brisât parce qu'elle représenterait un monstre ?

Les statues scandaleuses, ce sont les statues mal faites ; et la Vénus de Milo serait profanée si on la plaçait à côté des Vierges qu'on ose exposer dans certaines églises.

On apprend le mal dans les livres de morale sottement écrits, bien plus que dans les poésies de Catulle ou dans les ingénieuses allégories d'Apulée.

Il n'y a de mauvais livres que les livres mal pensés ou mal faits.

Tout verbe de beauté est un verbe de vérité. C'est une lumière formulée en parole.

Mais à la plus brillante lumière, pour se produire et se rendre visible, il faut une ombre ; et la parole créatrice, pour devenir efficace, a besoin de contradicteurs. Il faut qu'elle subisse l'épreuve de la négation, du sarcasme, puis celle bien plus cruelle encore de l'indifférence et de l'oubli. « Il faut, disait le Maître, que le grain tombé dans la terre pourrisse pour germer. »

Le verbe qui affirme et la parole qui nie doivent se marier ensemble, et de leur union naîtra la vérité pratique, la parole réelle et progressive. C'est la nécessité qui doit contraindre les travailleurs à choisir pour pierre angulaire celle qu'on avait d'abord méconnue et rejetée. Que la contradiction ne décourage donc jamais les hommes d'initiative. Il faut une terre à la charrue, et la terre résiste parce qu'elle travaille. Elle se défend comme toutes les vierges, elle conçoit et enfante lentement, comme toutes les mères. Vous donc qui voulez semer une plante nouvelle dans le champ de l'intelligence, comprenez et respectez les résistances pudibondes de l'expérience bornée et de la tardive raison.

Lorsqu'une parole nouvelle vient au monde, il lui faut des liens et des langes ; c'est le génie qui l'a enfantée, mais c'est à l'expérience de la nourrir. Ne craignez pas qu'on la délaisse et qu'elle meure ; l'oubli est pour elle un repos favorable, et les contradictions lui sont une culture. Lorsqu'un soleil éclot dans l'espace, il crée ou attire des mondes. Une seule étincelle de lumière fixe promet à l'espace un univers.

Toute la magie est dans un mot, et ce mot, prononcé kabbalistiquement, est plus fort que toutes les puissances du ciel, de la terre et de l'enfer. Avec le nom de *Jod he van he,* on commande à la nature : les royaumes sont conquis au nom d'*Adonaï*, et les forces occultes qui composent l'empire d'Hermès sont toutes obéissantes à celui qui sait prononcer suivant la science le nom incommunicable d'*Agla*.

Pour prononcer suivant la science les grandes paroles de la Kabbale, il faut les prononcer avec une intelligence entière, avec une volonté que rien n'arrête, avec une activité que rien ne rebute. En magie, avoir dit c'est avoir fait ; le verbe se commence avec des lettres, il s'achève avec des actes. On ne veut réellement une chose que lorsqu'on la veut de tout son cœur, au point de briser pour elle ses affections les plus chères ; de toutes ses forces, au point d'exposer sa santé, sa fortune et sa vie.

C'est par le dévouement absolu que se prouve et que se constitue la foi. Mais l'homme armé d'une foi pareille pourra transporter les montagnes.

Le plus fatal ennemi de nos âmes, c'est la paresse. L'inertie a une ivresse qui nous endort ; mais le sommeil de l'inertie, c'est la corruption et la mort. Les facultés de l'âme humaine sont comme les flots de l'Océan : il leur faut, pour les conserver, le sel et l'amertume des larmes ; il leur faut les tourmentes du ciel et l'agitation des tempêtes.

Lorsque, au lieu de marcher dans la carrière du progrès, nous voulons nous faire porter, nous dormons dans les bras de la mort ; c'est à nous qu'il est dit, comme au paralytique de l'Évangile : Emportez votre lit et marchez ! C'est à nous d'emporter la mort pour la précipiter dans la vie.

Suivant la magnifique et terrible expression de saint Jean, l'enfer est un feu qui dort. C'est une vie sans activité et sans progrès; c'est du soufre en stagnation : *stagnum ignis et sulphuris.*

La vie qui dort est analogue à la parole oisive, et c'est de cela que les hommes auront à rendre compte au jour du jugement dernier.

L'intelligence parle et la matière s'agite ; elle ne se reposera qu'après avoir pris la forme donnée par la parole. Voyez le verbe chrétien mettant depuis dix-neuf siècles le monde en travail ! Quels combats de géants ! Combien d'erreurs essayées et repoussées ! Que de christianisme déçu et irrité au fond de la protestation, depuis le xvie siècle jusqu'au xviiie ! L'égoïsme humain, désespéré de ses défaites, a ameuté tour à tour toutes ses stupidités. On a revêtu le Sauveur du monde de tous les haillons et de toutes les pourpres dérisoires : après Jésus l'inquisiteur, on a fait le *sans-culotte Jésus*. Mesurez si vous le pouvez tout ce qui a coulé de larmes et de sang, osez prévoir tout ce qu'on en répandra encore avant d'arriver au règne messianique de l'Homme-Dieu, qui soumet à la fois toutes les passions aux pouvoirs et tous les pouvoirs à la justice !

ADVENIAT REGNUM TUUM ! Voilà ce que sept cent millions de voix répètent soir et matin sur toute la surface de la terre, depuis bientôt dix-neuf cents ans, pendant que les Israélites attendent toujours le Messie. Il a parlé, et il viendra ; il est venu pour mourir, et il a promis de revenir pour vivre.

LE CIEL EST L'HARMONIE DES SENTIMENTS GÉNÉREUX.
L'ENFER EST LE CONFLIT DES INSTINCTS LACHES.

Quand l'humanité, à force d'expériences sanglantes et douloureuses, aura bien compris cette double vérité, elle abjurera l'enfer de l'égoïsme pour entrer dans le ciel du dévouement et de la charité chrétienne.

La lyre d'Orphée a défriché la Grèce sauvage, et la lyre d'Amphyon a bâti la mystérieuse Thèbes. C'est que l'harmonie est la vérité. La nature entière est harmonie, mais l'Évangile n'est pas une lyre : c'est le livre des principes éternels qui doivent régler et qui règleront toutes les lyres et toutes les harmonies vivantes de l'univers.

Tant que le monde ne comprendra pas ces trois paroles : *vérité, raison, justice*, et celles-ci : *devoir, hiérarchie, société*, la devise révolutionnaire *liberté, égalité, fraternité*, ne sera qu'un triple mensonge.

CHAPITRE III.

LES INFLUENCES MYSTÉRIEUSES.

Il n'y a pas de milieu possible. Tout homme est bon ou mauvais. Les indifférents, les tièdes ne sont pas bons, ils sont donc mauvais, et les pires de tous les mauvais, car ils sont imbéciles et lâches. Le combat de la vie ressemble à une guerre civile, ceux qui restent neutres trahissent également les deux partis et renoncent au droit d'être comptés parmi les enfants de la patrie.

Nous respirons tous la vie des autres et nous leur insufflons en quelque sorte une partie de notre existence. Les hommes intelligents et bons sont à leur insu les médecins de l'humanité, les hommes sots et mauvais sont des empoisonneurs publics.

Il est des personnes près desquelles on se sent meilleur. Voyez cette jeune dame du grand monde, elle cause, elle rit, elle se pare comme toutes les autres, pourquoi donc en elle tout est-il mieux et plus parfait? Rien de plus naturel que sa distinction, rien de plus franc et de plus noblement abandonné que sa causerie. Près d'elle tout doit se trouver à l'aise excepté les mauvais sentiments, mais ils sont impossibles près d'elle. Elle ne trouve pas les cœurs, elle les attache et les élève, elle n'enivre pas, elle enchante. Ce que prêche toute sa personne semble être une perfection plus aimable que la vertu même; elle est plus gracieuse que la grâce, ses actions sont faciles et inimitables comme la belle musique et les beaux vers. C'est d'elle qu'une charmante mondaine trop amie pour être rivale disait après un bal : Il m'a semblé voir la sainte Bible se trémousser. Voyez au contraire cette autre femme, celle-ci affecte la dévotion la plus rigide et se scandaliserait d'entendre chanter les anges, mais sa parole est malveillante, son regard hautain et méprisant, lorsqu'elle parle de vertu elle ferait aimer le vice. Dieu pour elle est un mari jaloux qu'elle se fait un grand mérite de ne pas tromper ; ses maximes sont désolantes, ses actions plus vaines que charitables, et l'on pourrait dire après l'avoir rencontrée à l'église : J'ai vu le diable prier Dieu.

En quittant la première on se sent plein d'amour pour tout ce qui est beau, pour tout ce qui est bon et généreux. On est heureux de lui avoir bien dit tout ce qu'elle vous a inspiré de bien et d'avoir été approuvé par elle ; on se dit que la vie est bonne, puisque Dieu l'a donnée à de pareilles âmes, on est plein de courage et d'espoir. L'autre vous laisse affaibli, rebuté, ou peut-être, ce qui est pire, excité à mal entreprendre ; elle vous fait douter de l'honneur, de la piété et du devoir ; près d'elle on n'a échappé à l'ennui que par la porte des mauvais désirs. On a médit pour lui plaire, on s'est amoindri pour flatter son orgueil, on reste mécontent d'elle et de soi-même.

Le sentiment vif et certain de ces diverses influences est le propre des esprits justes et des consciences délicates, et c'est précisément ce que les anciens écrivains ascétiques appelaient la grâce du discernement des esprits.

Vous êtes de cruels consolateurs, disait Job à ses prétendus amis. C'est qu'en effet les êtres vicieux affligent toujours au lieu de consoler. Ils ont un tact prodigieux pour trouver et choisir les banalités les plus désespérantes. Vous pleurez une affection brisée, que vous êtes simple ! On se jouait de vous, on ne vous aimait pas. Vous avouez avec douleur que votre enfant est boiteux, on vous fait remarquer amicalement qu'il est bossu. Il tousse et cela vous inquiète, on vous conjure tendrement d'y prendre garde, car il est peut-être poitrinaire. Votre femme est malade depuis longtemps, consolez-vous, elle en mourra.

Espère et travaille, voilà ce que nous dit le ciel par la voix de toutes les bonnes âmes ; désespère et meurs, voilà ce que nous crie l'enfer par toutes les paroles, par tous les mouvements, par toutes les amitiés mêmes et toutes les caresses des êtres imparfaits ou dégradés.

Quelle que soit la réputation d'une personne et quels que soient les témoignages d'amitié qu'elle vous donne, si en la quittant vous vous sentez moins ami du bien et moins fort, elle est pernicieuse pour vous : évitez-la.

Notre double aimantation produit en nous deux sortes de sympathies. Nous avons besoin tour à tour d'absorber et de rayonner. Notre cœur aime les contrastes, et il est peu d'exemples de femmes qui aient aimé successivement deux hommes de génie.

On se repose par la protection des lassitude de l'admiration, c'est la loi de l'équilibre ; mais parfois aussi les natures sublimes se surprennent dans des caprices de vulgarité. L'homme, a dit l'abbé Gerbet, est l'ombre d'un Dieu dans le corps d'un animal : il y a les amis de l'ange et les complaisants de l'animal. L'ange nous attire, mais si nous n'y prenons garde, c'est la bête qui nous emporte : elle doit même fatalement nous emporter, quand il s'agit de bêtises, c'est-à-dire des satisfactions de cette vie nourrice de la mort, que dans le langage des bêtes on appelle la vie réelle. En religion, l'Évangile est un guide sûr, il n'en est pas de même en affaire, et bien des gens, lorsqu'il s'agirait de régler la succession temporelle de Jésus-Christ, s'entendraient plus volontiers avec Judas Iscariote qu'avec saint Pierre.

On admire la probité, a dit Juvénal, et on la laisse se morfondre. Si tel homme célèbre, par exemple, n'avait pas mendié scandaleusement la richesse, eût-on jamais songé à doter sa vieille muse? lui fût-il tombé des héritages? La vertu prend notre admiration, notre bourse ne lui doit donc rien, cette grande dame est assez riche sans nous. On aime mieux donner au vice, il est si pauvre !

Je n'aime pas les mendiants et je ne donne qu'aux pauvres honteux, disait un jour un homme d'esprit. — Mais que leur donnez-vous, puisque vous ne les connaissez pas? — Je leur donne mon admiration et mon estime, et je n'ai pas besoin de les connaître pour cela. — Comment avez-vous besoin de tant d'argent, demandait-on à un autre, vous êtes sans enfants et sans charges? — J'ai mes pauvres honteux auxquels je ne puis m'empêcher de donner beaucoup. — Faites-les moi connaître, je leur donnerai peut-être aussi. — Oh ! vous en connaissez sans doute déjà quelques-uns. J'en ai sept qui mangent énormément, et un huitième qui mange plus que les sept autres : les sept sont les sept péchés capitaux : le huitième, c'est le jeu.

— Monsieur, donnez-moi cinq francs, je meurs de faim. — Imbécile ! tu meurs de faim, et tu veux que je t'encourage dans une aussi mauvaise voie ! Tu meurs de faim, et tu as l'impudence de l'avouer ! Tu veux me rendre le complice de ton incapacité, le nourricier de ton suicide ! Tu veux une prime pour la misère ? Pour qui me prends-tu ? Suis-je une canaille de ton espèce ?...

— Mon ami, j'ai besoin d'un millier d'écus pour séduire une femme honnête. — Ah ! c'est mal ; mais je ne sais rien refuser à un ami. Tiens, et quand tu auras réussi, tu me donneras l'adresse de cette personne. Voilà ce qu'on appelle, en Angleterre et ailleurs, agir en parfait gentilhomme.

« L'homme d'honneur sans travail vole, et ne mendie pas ! » répondait un jour Cartouche à un passant qui lui demandait l'aumône. C'est emphatique comme le mot prêté à Cambronne ; et peut-être le célèbre voleur et le grand général ont-ils en réalité répondu tous les deux de la même manière.

C'est ce même Cartouche qui offrit une autre fois, de lui-même et sans qu'on les lui demandât, vingt mille livres à un banqueroutier. Entre frères, il faut savoir vivre.

L'assistance mutuelle est une loi de nature. Aider nos pareils, c'est nous aider nous-mêmes. Mais au-dessus de l'assistance mutuelle s'élève une loi plus sainte et plus grande : c'est l'assistance universelle, c'est la charité.

Nous admirons tous et nous aimons saint Vincent de Paul, mais nous avons presque tous aussi un faible secret pour l'habileté, la présence d'esprit et surtout l'audace de Cartouche.

Les complices avoués de nos passions peuvent nous dégoûter en nous humiliant ; nous saurons, à nos risques et périls, leur résister par orgueil. Mais quoi de plus dangereux pour nous que nos complices hypocrites et cachés ? Ils nous suivent comme le chagrin, ils nous attendent comme l'abîme, ils nous entourent comme le vertige. Nous les excusons pour nous excuser, nous les défendons pour nous défendre, nous les justifions pour nous justifier, et nous les subissons ensuite parce qu'il le faut, parce que nous n'avons pas la force de résister à nos penchants, parce que nous ne le voulons pas.

Ils se sont emparés de notre ascendant, comme dit Paracelse, et où ils voudront nous conduire, nous irons.

Ce sont nos mauvais anges, nous le savons au fond de notre conscience ; mais nous les ménageons, car nous nous sommes faits leurs serviteurs, afin qu'ils soient aussi les nôtres.

Nos passions, ménagées et flattées, sont devenues des servantes-maîtresses ; et les complaisants de nos passions sont des valets qui sont nos maîtres.

Nous respirons nos pensées et nous aspirons celles des autres empreintes dans la lumière astrale, devenue leur atmosphère électro-magnétique : aussi la compagnie des méchants est-elle moins funeste aux gens de bien que celle des êtres vulgaires, lâches et tièdes. Une forte antipathie nous avertit facilement et nous sauve du contact des vices grossiers ; il n'en est pas ainsi des vices déguisés, amoindris en quelque sorte et rendus presque aimables. Une honnête femme n'éprouvera que du dégoût dans la société d'une fille perdue; mais elle a tout à craindre des séductions d'une coquette.

On sait que la folie est contagieuse ; mais les fous sont plus particulièrement dangereux quand ils sont aimables et sympathiques. On entre peu à peu dans leur cercle d'idées, on arrive à comprendre leurs exagérations en partageant leurs enthousiasmes, on s'habitue à leur logique exceptionnelle et dévoyée, on en vient à trouver qu'ils ne sont pas si fous qu'on le croyait d'abord. De là à croire qu'ils ont seuls raison, il n'y a pas loin. On les aime, on les approuve, on est fou comme eux.

Les affections sont libres et peuvent être raisonnées ; mais les sympathies sont fatales, et le plus souvent déraisonnables ; elles dépendent des attractions plus ou moins équilibrées de la lumière magnétique, et agissent sur les hommes de la même manière que sur les animaux. On se plaira bêtement avec une personne qui n'a rien d'aimable, parce qu'on est mystérieusement attiré et dominé par elle. Souvent ces sympathies étranges ont commencé par de vives antipathies ; les fluides se repoussaient d'abord, puis ils se sont équilibrés.

La spécialité équilibrante du médiateur plastique

de chaque personne est ce que Paracelse appelle leur *ascendant*, et il donne le nom de *flagum* au reflet particulier des idées habituelles de chacun dans la lumière universelle.

On arrive à la connaissance de l'ascendant d'une personne par la divination sensitive du *flagum*, et par une direction persévérante de la volonté, on tourne le côté actif de son propre ascendant vers le côté passif de l'ascendant d'un autre, lorsqu'on veut s'emparer de cet autre et le dominer.

L'ascendant astral a été deviné par d'autres magistes, qui l'ont appelé *tourbillon*.

C'est, disent-ils, un courant de lumière spécialisée, reproduisant toujours un même cercle d'images, et par conséquent d'impressions déterminées et déterminantes. Ces tourbillons existent pour les hommes comme pour les étoiles. « Les astres, dit Paracelse, respirent leur âme lumineuse et attirent le rayonnement les uns des autres. L'âme de la terre, captive des lois fatales de la gravitation, se dégage en se spécialisant et passe par l'instinct des animaux pour arriver à l'intelligence de l'homme. La partie captive de cette âme est muette, mais elle conserve par écrit les secrets de la nature. La partie libre ne peut plus lire cette écriture fatale sans perdre instantanément sa liberté. On ne passe de la contemplation muette et végétative à la pensée libre et vibrante qu'en changeant de milieux et d'organes. De là vient l'oubli qui accompagne la naissance et les réminiscences vagues de nos intuitions maladives, analogues toujours aux visions de nos extases et de nos rêves. »

Cette révélation de grand maître de la médecine occulte jette une immense lumière sur tous les phénomènes du somnambulisme et de la divination. Là est aussi, pour qui saura la trouver, la véritable clef des évocations et des communications avec l'âme fluidique de la terre.

Les personnes dont l'influence dangereuse se fait sentir par un seul contact, sont celles qui font partie d'une association fluidique, ou qui disposent, soit volontairement, soit à leur insu, d'un courant de lumière astrale dévoyée. Celles, par exemple, qui vivent dans l'isolement et la privation de toute communication humaine, et qui sont journellement en rapport fluidique avec des animaux réunis en grand nombre, comme sont ordinairement les bergers, ceux-là sont possédés du démon qu'on nomme *légion,* et règnent à leur tour despotiquement sur les âmes fluidiques des troupeaux confiés à leur garde : aussi leur bienveillance ou leur malveillance fait-elle prospérer ou mourir les bestiaux ; et cette influence de sympathie animale, ils peuvent l'exercer sur des médiateurs plastiques humains mal défendus par une volonté faible, ou par une intelligence bornée.

Ainsi s'expliquent les envoûtements opérés habituellement par les bergers et les phénomènes encore tout récents du presbytère de Cideville.

Cideville est un petit village de Normandie où se produisirent il y a quelques années des phénomènes semblables à ceux qui se reproduisirent depuis sous l'influence de M. Home. M. de Mirville les a soigneusement étudiés, et M. Gougenot des Mousseaux en a renouvelé tous les détails dans un livre publié en 1854, et intitulé : *Mœurs et pratiques des démons*. Ce qu'il y a de remarquable dans ce dernier auteur, c'est qu'il semble deviner l'existence du médiateur plastique ou du corps fluidique. « Nous n'avons certainement pas deux âmes, dit-il, mais nous avons peut-être deux corps. » Tout ce qu'il raconte, en effet, semblerait prouver cette hypothèse. Il s'agit d'un berger dont la forme fluidique infestait un presbytère, et qui fut blessé à distance par les coups portés à sa larve astrale.

Nous demanderons ici à MM. de Mirville et Gougenot Desmousseaux s'ils prennent ce berger pour le diable, et si, de près ou de loin, le diable tel qu'ils le conçoivent peut être égratigné ou blessé. On ne connaissait guère alors en Normandie les maladies magnétiques des *médiums*, et ce malheureux somnambule, qu'il eût fallu soigner et guérir, fut rudement maltraité et même battu, dit-on, non pas en apparence fluidique, mais en propre personne, par M. le curé lui-même. C'est là, convenons-en, un singulier genre d'exorcisme ! Si réellement ces violences ont eu lieu, et si elles sont imputables à un ecclésiastique qu'on dit et qui peut être, à la crédulité près, très bon et très respectable, avouons que des écrivains tels que MM. de Mirville et Gougenot Desmousseaux s'en rendent quelque peu les complices.

Les lois de la vie physique sont inexorables, et, dans sa nature animale, l'homme naît esclave de la fatalité ; c'est à force de luttes contre les instincts qu'il peut conquérir la liberté morale. Deux existences différentes sont donc possibles pour nous sur la terre : l'une fatale, l'autre libre. L'être fatal est le jouet ou l'instrument d'une force qu'il ne dirige pas : or, quand les instruments de la fatalité se rencontrent et se heurtent, le plus fort brise ou emporte le plus faible ; les êtres vraiment affranchis ne craignent ni les envoûtements ni les influences mystérieuses.

On nous dira que la rencontre de Caïn peut être fatale pour Abel. Sans doute ; mais une pareille fatalité est un bonheur pour la pure et sainte victime, elle n'est un malheur que pour l'assassin.

De même qu'il existe entre les justes une grande communauté de vertus et de mérites, il existe entre les méchants une solidarité absolue de culpabilité fatale et de châtiment nécessaire. Le crime est dans les dispositions du cœur. Les circonstances presque toujours indépendantes de la volonté font seules la gravité des actes. Si la fatalité avait fait de Néron un esclave, il fût devenu un histrion ou un gladiateur, et n'eût pas incendié Rome : faudrait-il lui en savoir gré ?

Néron était le complice du peuple romain tout entier, et ceux-là seuls étaient responsables des fureurs de ce monstre qui eussent dû les empêcher. Sénèque, Burrhus, Thrasea, Corbulon, voilà les vrais coupables de ce règne affreux : grands hommes égoïstes ou incapables ! ils n'ont su que mourir !

Si l'un des ours du Jardin des Plantes s'échappait et dévorait quelques personnes, est-ce à lui ou à ses gardiens qu'il faudrait en demander compte ?

Quiconque s'affranchit des erreurs communes doit

payer une rançon proportionnelle à la somme de ces erreurs : Socrate répond pour Anitus, et Jésus a dû souffrir un supplice égalant en horreurs toute la trahison de Judas.

C'est ainsi qu'en payant les dettes de la fatalité, la liberté conquise achète l'empire du monde ; c'est à elle qu'il appartient de lier et de délier : Dieu lui a remis les clefs du ciel et de l'enfer.

Hommes qui abandonnez les bêtes à elles-mêmes, vous voulez qu'elles vous dévorent.

Les multitudes esclaves de la fatalité ne peuvent jouir de la liberté que par l'obéissance absolue à la volonté des hommes libres ; elles doivent travailler pour eux, parce qu'ils répondent pour elles.

Mais quand la bête gouverne les bêtes, quand l'aveugle conduit les aveugles, quand l'homme fatal gouverne les masses fatales, que faut-il attendre ? D'épouvantables catastrophes, et elles ne manqueront jamais.

En admettant les dogmes anarchiques de 89, Louis XVI avait lancé l'État sur une pente fatale. Tous les crimes de la Révolution pesèrent dès ce moment sur lui seul ; lui seul avait manqué à son devoir. Robespierre et Marat ont fait ce qu'ils devaient faire. Girondins et Montagnards se sont fatalement entre-tués, et leurs morts violentes n'ont été que des catastrophes nécessaires ; il n'y a eu à cette époque qu'un grand et légitime supplice, vraiment sacré, vraiment expiatoire : celui du roi. Le principe de la royauté devait tomber si ce prince trop faible eût été absous. Mais une transaction était impossible entre l'ordre et le désordre. On n'hérite pas de ceux qu'on assassine, on les vole, et la Révolution a réhabilité Louis XVI en l'assassinant. Après tant de concessions, après tant de faiblesses, après tant d'indignes abaissements, cet homme sacré une seconde fois par le malheur a pu dire du moins, en montant sur l'échafaud : La Révolution est jugée, et je suis toujours le roi de France !

Être juste, c'est souffrir pour tous ceux qui ne le sont pas, mais c'est vivre ; être méchant, c'est souffrir pour soi-même sans conquérir la vie, c'est se tromper, mal faire et mourir éternellement.

Résumons-nous : les influences fatales sont celles de la mort, les influences salutaires sont celles de la vie. Suivant que nous sommes plus faibles ou plus forts dans la vie, nous attirons ou nous repoussons le maléfice. Cette puissance occulte n'est que trop réelle ; mais l'intelligence et la vertu auront toujours le moyen d'en éviter les obsessions et les atteintes.

CHAPITRE IV.

MYSTÈRES DE LA PERVERSITÉ.

L'équilibre humain se compose de deux attraits ; l'un vers la mort, l'autre vers la vie. La fatalité, c'est le vertige qui nous attire vers l'abîme ; la liberté, c'est l'effort raisonnable qui nous élève au-dessus des attractions fatales de la mort.

Qu'est-ce qu'un péché mortel ? C'est une apostasie de notre liberté ; c'est un abandon de nous-même aux lois matérielles de la pesanteur ; un acte injuste est un pacte avec l'injustice : or, toute injustice est une abdication de l'intelligence. Nous tombons alors sous l'empire de la force, dont les réactions écrasent toujours tout ce qui s'écarte de l'équilibre.

L'amour du mal et l'adhésion formelle de la volonté à l'injustice sont les derniers efforts de la volonté expirante. L'homme, quoi qu'il fasse, est plus que la brute, et il ne saurait s'abandonner comme elle à la fatalité. Il faut qu'il choisisse et qu'il aime. L'âme désespérée qui se croit amoureuse de la mort est plus vivante encore qu'une âme sans amours. L'activité pour le mal peut et doit ramener l'homme au bien par contre-coup et par réaction. Le vrai mal sans remède, c'est l'inertie.

Aux abîmes de la perversité correspondent les abîmes de la grâce. Dieu a souvent fait des saints avec des scélérats ; il n'a jamais rien fait avec des tièdes et des lâches.

Sous peine de réprobation, il faut travailler, il faut agir. La nature y pourvoit d'ailleurs, et si nous ne voulons pas aller de tout notre courage vers la vie, elle nous précipite de toutes ses forces vers la mort. Ceux qui ne veulent pas marcher, elle les traîne.

Un homme qu'on pourrait appeler le grand prophète des ivrognes, Edgar Poë, cet halluciné sublime, ce génie de l'extravagance lucide, a dépeint avec une réalité effrayante les cauchemars de la perversité...

« J'ai tué ce vieillard parce qu'il louchait. — J'ai fait cela parce qu'il ne fallait pas le faire. »

Voilà la terrible contre-partie du *Credo quia absurdum*, de Tertullien.

Braver Dieu et l'injurier, c'est un dernier acte de foi. « Les morts ne te louent pas, Seigneur, » dit le Psalmiste ; et nous pourrions ajouter, si nous l'osions : « Les morts ne te blasphèment pas. »

« Oh ! mon fils ! disait un père penché sur le lit de son enfant, tombé en léthargie après un violent accès de délire, insulte-moi encore ; bats-moi, mords-moi ; je sentirai que tu vis encore... Mais ne reste pas à jamais dans ce silence affreux de la tombe ! »

Toujours un grand crime proteste contre une grande tiédeur. Cent mille prêtres honnêtes auraient pu, par une charité plus active, prévenir l'attentat de ce misérable Verger. L'Église doit juger, condamner, punir un ecclésiastique scandaleux ; mais elle n'a pas le droit de l'abandonner aux frénésies du désespoir et aux tentations de la misère et de la faim.

Rien n'est épouvantable comme le néant ; et si

l'on pouvait jamais en formuler la conception, s'il était possible de l'admettre, l'enfer serait une espérance.

Voilà pourquoi la nature même cherche et impose l'expiation comme un remède ; voilà pourquoi le supplice supplie, comme l'a si bien compris ce grand catholique qu'on nommait le comte Joseph de Maistre ; voilà pourquoi la peine de mort est de droit naturel et ne disparaîtra jamais des lois humaines. La tache du meurtre serait indélébile, si Dieu n'absolvait pas l'échafaud ; le pouvoir divin abdiqué par la société et usurpé par les scélérats leur appartiendrait sans conteste. L'assassinat alors se transformerait en vertu lorsqu'il exercerait les représailles de la nature outragée. Les vengeances particulières protesteraient contre l'absence de l'expiation publique, et avec les tronçons du glaive brisé de la justice, l'anarchie se fabriquerait des poignards.

« Si Dieu supprimait l'enfer, les hommes en feraient un autre pour le braver, » nous disait un jour un bon prêtre. Il avait raison ; et c'est pour cela que l'enfer tient tant à être supprimé. Émancipation ! tel est le cri de tous les vices. Émancipation du meurtre par l'abolition de la peine de mort ; émancipation de la prostitution et de l'infanticide par l'abolition du mariage ; émancipation de la paresse et de la rapine par l'abolition de la propriété... Ainsi tourne le tourbillon de la perversité, jusqu'à ce qu'il arrive à cette formule suprême et secrète : Émancipation de la mort par l'abolition de la vie !

C'est par les victoires du travail qu'on échappe aux

fatalités de la douleur. Ce que nous appelons la mort n'est que la parturition éternelle de la nature. Sans cesse elle réabsorbe et reprend dans son sein tout ce qui n'est pas né de l'esprit. La matière inerte par elle-même ne peut exister que par le mouvement perpétuel, et l'esprit naturellement volatil ne peut durer qu'en se fixant. L'émancipation des lois fatales par l'adhésion libre de l'esprit au vrai et au bien, est ce que l'Évangile nomme la naissance spirituelle ; la réabsorption dans le foyer éternel de la nature est la seconde mort.

Les êtres non émancipés sont attirés vers cette seconde mort par une pesanteur fatale, ils s'entraînent les uns les autres, comme le divin Michel-Ange nous le fait si bien voir dans sa grande peinture du jugement dernier, ils sont envahissants et tenaces comme des gens qui se noient, et les esprits libres doivent lutter énergiquement contre eux pour n'être pas retenus par eux dans leur essor et rabaissés fatalement vers l'enfer.

Cette guerre est aussi ancienne que le monde ; les Grecs la figuraient sous les symboles d'Éros et d'Antéros, et les Hébreux par l'antagonisme de Caïn et d'Abel. C'est la guerre des titans et des dieux. Les deux armées sont partout invisibles, mais disciplinées et prêtes toujours à l'attaque ou à la représaille. Les gens naïfs des deux partis, étonnés des résistances subites et unanimes qu'ils rencontrent, croient à de vastes complots savamment organisés, à des sociétés occultes et toutes puissantes. Eugène Sue invente Rodin ; des gens d'église parlent d'illuminés et de francs-maçons ; Wronski rêve ses bandes mystiques, et il n'y a de vrai et de sérieux au fond de tout cela que la lutte nécessaire de l'ordre et du désordre, des instincts et de la pensée ; le résultat de cette lutte c'est l'équilibre dans le progrès et le diable contribue toujours, malgré lui, à la gloire de saint Michel.

L'amour physique est la plus perverse de toutes les passions fatales. C'est l'anarchiste par excellence ; il ne connaît ni lois, ni devoirs, ni vérité, ni justice. Il ferait marcher la jeune fille sur le cadavre de ses parents. C'est une ivresse irrésistible ; c'est une folie furieuse ; c'est le vertige de la fatalité qui cherche de nouvelles victimes ; c'est l'ivresse anthropophage de Saturne qui veut devenir père pour avoir des enfants à dévorer. Vaincre l'amour, c'est triompher de la nature tout entière. Le soumettre à la justice, c'est réhabiliter la vie en la vouant à l'immortalité ; aussi les plus grandes œuvres de la révélation chrétienne sont-elles la création de la virginité volontaire et la sanctification du mariage.

Tant que l'amour n'est qu'un désir et une jouissance, il est mortel. Pour s'éterniser il faut qu'il devienne un sacrifice, car alors il devient une force et une vertu. C'est la lutte d'Éros et d'Antéros qui fait l'équilibre du monde.

Tout ce qui surexcite la sensibilité conduit à la dépravation et au crime. Les larmes appellent le sang. Il en est des grandes émotions comme des liqueurs fortes, en faire un usage habituel, c'est en abuser. Or, tout abus des émotions pervertit le sens moral ; on les recherche pour elles-mêmes, on sacrifie tout pour se les procurer. Une femme romanesque deviendra facilement une héroïne de cour d'assises, elle en arrivera peut-être à cette déplorable et irréparable absurdité de se suicider pour s'admirer et s'attendrir sur soi-même en se voyant mourir.

Les habitudes romanesque conduisent les femmes à l'hystérie et les hommes au spleen. Manfred, René, Lélia sont des types de perversité d'autant plus profonde qu'ils raisonnent leur maladif orgueil et poétisent leur démence. On se demande avec effroi quel monstre pourrait naître de l'accouplement de Manfred et de Lélia!

La perte du sens moral est une véritable aliénation; l'homme qui n'obéit pas avant tout à la justice ne s'appartient plus, il marche sans lumière dans la nuit de son existence, il s'agite comme dans un rêve en proie au cauchemar de ses passions.

Les courants impétueux de la vie instinctive et les faibles résistances de la volonté forment un antagonisme si distinct que les kabbalistes ont cru à l'embryonnat des âmes, c'est-à-dire à la présence dans un même corps de plusieurs âmes qui se le disputent et qui cherchent souvent à le détruire, à peu près comme les naufragés de *la Méduse,* lorsqu'ils se disputaient le radeau trop étroit, cherchaient à le faire sombrer.

Il est certain qu'en se faisant le serviteur d'un courant quelconque d'instincts ou même d'idées, on aliène sa personnalité et qu'on devient l'esclave de ce génie des multitudes que l'Évangile appelle Légion.

Les artistes en savent bien quelque chose. Leurs fréquentes évocations de la lumière universelle les énervent. Ils deviennent des *medium*, c'est-à-dire des malades. Plus le succès les grandit dans l'opinion, plus leur personnalité s'amoindrit ; ils deviennent quinteux, absurdes, envieux, colères ; ils n'admettent pas qu'un mérite, même dans un ordre différent, puisse se produire à côté du leur, et dès qu'ils deviennent injustes, ils se dispensent même d'être polis. Pour échapper à cette fatalité les vrais grands hommes s'isolent de toute camaraderie liberticide et se sauvent par une fière impopularité des frottements de la vile multitude : si Balzac avait été de son vivant l'homme d'une coterie ou d'un parti, il ne serait pas resté après sa mort le grand génie universel de notre époque.

La lumière n'éclaire ni les choses insensibles, ni les yeux fermés, ou du moins elle ne les éclaire qu'au profit de ceux qui voient. Le mot de la Genèse : Que la lumière se fasse ! est le cri de victoire de l'intelligence triomphante des ténèbres. Ce mot est sublime en effet parce qu'il exprime avec simplicité la chose la plus grande et la plus merveilleuse du monde : la création de l'intelligence par elle-même, lorsque, convoquant ses puissances, équilibrant ses facultés, elle dit : Je veux m'immortaliser en voyant la vérité éternelle, que la lumière soit ! et la lumière est. La lumière éternelle comme Dieu commence tous les jours pour les yeux qui s'ouvrent. La vérité sera éternellement l'invention et comme la création du génie : il crie : Que la lumière soit ! et lui-même il est parce qu'elle est. Il est immortel parce qu'il la comprend éternelle. Il contemple la vérité comme son ouvrage parce qu'elle est sa conquête, et l'immortalité comme son triomphe parce qu'elle sera sa récompense et sa couronne.

Mais tous les esprits ne voient pas avec justesse parce que tous les cœurs ne veulent pas avec justice. Il est des âmes pour lesquelles la vraie lumière semble ne devoir exister jamais. Elles se contentent de visions phosphorescentes, avortons de lumière, hallucinations de la pensée, et, amoureuses de ces fantômes, elles craignent le jour qui les mettrait en fuite parce qu'elles sentent bien que le jour n'étant pas fait pour leurs yeux, elles retomberaient dans une profonde obscurité. C'est ainsi que les fous craignent d'abord, puis calomnient, insultent, poursuivent et condamnent les sages. Il faut les plaindre et leur pardonner, ils ne savent pas ce qu'ils font.

La vraie lumière repose et satisfait l'âme, l'hallucination au contraire la fatigue et la tourmente. Les satisfactions de la folie ressemblent à ces rêves gastronomiques des gens affamés qui aiguillonnent leur faim sans la rassasier jamais. De là naissent les irritations et les troubles, les découragements et les désespoirs. — La vie nous a toujours menti, disent les disciples de Werther, c'est pourquoi nous voulons mourir! Pauvres enfants, ce n'est pas la mort qu'il vous faudrait, c'est la vie. Depuis que vous êtes au monde vous mourez tous les jours, est-ce à la cruelle volupté du néant que vous devez demander le remède du néant de vos voluptés? Non, la vie ne vous a jamais trompés, car vous n'avez pas encore vécu. Ce que vous preniez pour la vie ce sont les hallucinations et les rêves du premier sommeil de la mort!

Tous les grands criminels sont des hallucinés volontaires, et tous les hallucinés volontaires peuvent être fatalement conduits à devenir de grands criminels. Notre lumière personnelle spécialisée, enfantée, déterminée par notre affection dominante, est le germe de notre paradis ou de notre enfer. Chacun de nous conçoit en quelque sorte, met au monde et nourrit son bon ange ou son mauvais démon. La conception de la vérité donne en nous la naissance au bon génie ; la perception voulue du mensonge est une couveuse et une éleveuse de cauchemars et de vampires. Chacun doit nourrir ses enfants, et notre vie se consomme au profit de nos pensées. Heureux ceux qui retrouvent l'immortalité dans les créations de leur âme ! Malheur à ceux qui s'épuisent pour nourrir le mensonge et engraisser la mort, car chacun jouira du fruit de ses œuvres.

Il est certains êtres inquiets et tourmentés dont l'influence est turbulente et la conversation fatale. Près d'eux on se sent irrité et on les quitte avec colère ; pourtant, par une perversité secrète, on les recherche pour affronter le trouble et jouir des émotions malveillantes qu'ils nous donnent. Ce sont les malades contagieux de l'esprit de perversité.

L'esprit de perversité a toujours pour secret mobile la soif de la destruction, et pour fin dernière le suicide. Le meurtrier Éliçabide, d'après ses propres aveux, non seulement éprouvait un besoin sauvage de tuer ses parents et ses amis, mais il eût voulu même, si cela eût été possible, et il l'a dit en propres termes devant la cour d'assises, *faire sauter le globe comme un marron cuit*. Lacenaire, qui passait ses journées à combiner des meurtres pour avoir le moyen de passer les nuits dans d'ignobles orgies ou dans les frénésies du jeu, se vantait hautement d'avoir vécu. Il appelait cela vivre ! et il chantait un hymne à la guillotine, qu'il appelait sa belle fiancée ! et le monde était plein d'imbéciles qui admiraient ce scélérat ! Alfred de Musset, avant de s'éteindre dans l'ivresse, a gaspillé l'un des premiers talents de son siècle dans des chants de froide ironie et de dégoût universel ; le malheureux avait été maléficié par le *respir* d'une femme profondément perverse, qui, après l'avoir tué, s'est accroupie comme une goule sur son cadavre et en a déchiré le suaire. Nous demandions un jour à un jeune écrivain de cette école ce que prouvait sa littérature. — Cela prouve, nous a-t-il franchement et naïvement répondu, qu'il faut désespérer et mourir. Quel apostolat et quelle doctrine ! Mais voilà les conclusions nécessaires et rigoureuses de l'esprit de perversité. Aspirer sans cesse au suicide, calomnier la vie et la nature, invoquer tous les jours la mort sans pouvoir mourir, c'est l'enfer éternel, c'est le supplice de Satan, cet avatar mythologique de l'esprit de perversité ; la vraie traduction en langue française du mot grec *diabolos*, ou diable, c'est *le pervers*.

Voici un mystère dont les débauchés ne se doutent pas. C'est qu'on ne peut jouir des plaisirs même matériels de la vie que par le sens moral. Le plaisir est la musique des harmonies intérieures ; les sens n'en sont que les instruments, instruments qui résonnent faux au contact d'une âme dégradée. Les méchants ne peuvent rien sentir, parce qu'ils ne peuvent rien aimer : pour aimer, il faut être bon. Pour eux donc tout est vide, et il leur semble que la nature est impuissante, parce qu'ils le sont eux-mêmes, ils doutent de tout parce qu'ils ne savent rien, ils blasphèment tout parce qu'ils ne goûtent rien ; s'ils caressent c'est pour flétrir, s'ils boivent c'est pour s'enivrer, s'ils dorment c'est pour oublier, s'ils s'éveillent c'est pour s'ennuyer mortellement : ainsi vivra, ou plutôt, ainsi mourra tous les jours celui qui s'affranchit de toute loi et de tout devoir pour se faire l'esclave de ses fantaisies. Le monde et l'éternité même deviennent inutiles à celui qui se rend inutile au monde et à l'éternité.

Notre volonté, en agissant directement sur notre médiateur plastique, c'est-à-dire sur la portion de lumière astrale qui s'est spécialisée en nous et qui nous sert à l'assimilation et à la configuration des éléments nécessaires à notre existence ; notre volonté, juste ou injuste, harmonieuse ou perverse, configure le médiateur à son image et lui donne des aptitudes conformes à nos attraits. Ainsi la monstruosité morale produit la laideur physique ; car le médiateur astral, cet architecte intérieur de notre édifice corporel, le modifie sans cesse suivant nos besoins vrais ou factices. Il agrandit le ventre et les mâchoires du gourmand, pince les lèvres de l'avare, rend impudents les regards de la femme impure, et venimeux ceux de l'envieux et du malveillant. Quand l'égoïsme a prévalu dans une âme, le regard devient froid, les traits durs ; l'harmonie des formes disparaît, et, suivant la spécialité absorbante ou rayonnante de cet égoïsme, les membres se dessèchent ou s'embarrassent d'un excessif embonpoint. La nature, en faisant de notre corps le portrait de notre âme, en a garanti la ressemblance à perpétuité, et le retouche infatigablement. Jolies femmes qui n'êtes pas bonnes, soyez sûres de ne pas rester longtemps belles. La beauté est une avance que la nature fait à la vertu : si la vertu n'est pas prête à l'échéance, la prêteuse reprendra impitoyablement son capital.

La perversité, en modifiant l'organisme dont elle détruit l'équilibre, crée en même temps cette fatalité des besoins qui pousse à la destruction de l'organisme même et à la mort. Moins le pervers jouit, plus il a soif de jouissance. Le vin est comme de l'eau pour l'ivrogne, l'or fond dans les mains du joueur ; Messaline se lasse sans être assouvie. La volupté qui leur échappe se change pour eux en un long désir irrité. Plus leurs excès sont homicides, plus il leur semble que la suprême félicité approche... Encore une rasade de liqueur forte, encore un spasme, encore une violence à la nature... Ah! enfin, voici le plaisir! voici la vie... et leur désir, au paroxysme de son insatiable faim, s'éteint pour jamais dans la mort!

QUATRIÈME PARTIE

LES GRANDS SECRETS PRATIQUES

OU LES RÉALISATIONS DE LA SCIENCE

INTRODUCTION

Les hautes sciences de la Kabbale et de la magie promettent à l'homme une puissance exceptionnelle, réelle, effective, réalisatrice, et on doit les regarder comme vaines et mensongères si elles ne la lui donnent pas.

Vous jugerez les docteurs à leurs œuvres, disait le maître suprême, et cette règle de jugement est infaillible.

Si vous voulez que je croie à ce que vous savez, montrez-moi ce que vous faites?

Dieu, pour élever l'homme à l'émancipation morale, se cache de lui et lui abandonne en quelque sorte le gouvernement du monde. Il se laisse deviner par les grandeurs et les harmonies de la nature, afin que l'homme se perfectionne progressivement en agrandissant toujours l'idée qu'il se fait de son auteur.

L'homme ne connaît Dieu que par les noms qu'il donne à cet Être des êtres et ne le distingue que par les images qu'il essaye d'en tracer. Il est en quelque manière ainsi le créateur de celui qui l'a créé. Il se croit le miroir de Dieu et, en agrandissant indéfiniment son propre mirage, il croit pouvoir esquisser dans l'espace infini l'ombre de celui qui est sans corps, sans ombre et sans espace.

Créer Dieu, se créer soi-même, se rendre indépendant, impassible et immortel : voilà certes un programme plus téméraire que le rêve de Prométhée. L'expression en est hardie jusqu'à l'impiété, la pensée ambitieuse jusqu'à la démence. Eh bien, ce programme n'est paradoxal que dans la forme qui prête à une fausse et sacrilège interprétation. Dans un sens il est parfaitement raisonnable et la science des adeptes promet de le réaliser et de lui donner un parfait accomplissement.

L'homme, en effet, se crée un Dieu conforme à sa propre intelligence et à sa propre bonté, il ne peut élever son idéal plus haut que ne le lui permet son développement moral. Le Dieu qu'il adore est toujours son propre reflet agrandi. Concevoir ce que c'est que l'absolu en bonté et en justice c'est être soi-même très juste et très bon.

Les qualités de l'esprit, les qualités morales sont des richesses et les plus grandes de toutes les richesses. Il faut les acquérir par la lutte et par le travail. On nous objectera l'inégalité des aptitudes et les enfants qui naissent avec une organisation plus parfaite. Mais nous devons croire que de telles organisations sont les résultats d'un travail plus avancé de la nature et que les enfants qui en sont doués les ont acquises, sinon par leurs propres efforts, au moins par les œuvres solidaires des êtres humains auxquels leur existence est liée. C'est un secret de la nature qui ne fait rien au hasard ; la propriété des facultés intellectuelles plus développées comme celle de l'argent et des terres constitue un droit imprescriptible de transmission et d'héritage.

Oui, l'homme est appelé à achever l'œuvre de son Créateur, et chacun de ses instants employé par lui à se rendre meilleur ou à se perdre, est décisif pour toute une éternité. C'est par la conquête d'une intelligence à jamais droite et d'une volonté à jamais juste qu'il se constitue vivant pour la vie éternelle, puisque rien ne survit à l'injustice et à l'erreur que la peine de leur désordre. Comprendre le bien c'est le vouloir, et dans l'ordre de la justice, vouloir c'est faire. Voilà pourquoi l'Évangile nous dit que les hommes seront jugés selon leurs œuvres.

Nos œuvres nous font tellement ce que nous sommes que notre corps même reçoit, comme nous l'avons dit, de nos habitudes, la modification et quelquefois le changement entier de sa forme.

Une forme conquise ou subie devient pour l'existence entière une providence ou une fatalité. Ces figures étranges que les Égyptiens donnaient aux symboles humains de la divinité représentent les formes fatales. Typhon, par sa gueule de crocodile est condamné à dévorer sans cesse pour remplir son ventre d'hippopotame. Aussi est-il voué, par sa voracité et sa laideur, à la destruction éternelle.

L'homme peut tuer ou vivifier ses facultés par la négligence ou par l'abus. Il peut se créer des facultés nouvelles par le bon usage de celles qu'il a reçues de la nature. On dit souvent que les affections ne se commandent pas, que la foi n'est pas possible à tous, qu'on ne refait pas son caractère, et toutes ces assertions ne sont vraies que pour les paresseux ou les pervers. On peut se faire croyant, pieux, aimant, dévoué, lorsqu'on veut sincèrement l'être. On peut donner à son esprit le calme de la justesse comme à sa volonté la toute-puissance de la justice. On peut régner dans le ciel par la foi, et sur la terre par la science. L'homme qui sait commander à soi-même est roi de toute la nature.

Nous allons montrer, dans ce dernier livre, par quels moyens les vrais initiés se sont rendus les maîtres de la vie en commandant à la douleur et à la mort ; comment ils opèrent sur eux-mêmes et sur les autres les transformations de Prothée ; comment ils exercent la divination d'Apollonius ; comment ils font l'or de Raymond Lulle et de Flamel ; comment ils possèdent pour renouveler leur jeunesse les secrets de Postel le Ressuscité et du fabuleux Cagliostro. Nous allons dire enfin le dernier mot de la magie.

CHAPITRE PREMIER.

DE LA TRANSFORMATION. — LA BAGUETTE DE CIRCÉ. — LE BAIN DE MÉDÉE. — LA MAGIE VAINCUE PAR SES PROPRES ARMES. — LE GRAND ARCANE DES JÉSUITES ET LE SECRET DE LEUR PUISSANCE.

La Bible raconte que le roi Nabuchodonosor, au plus haut point de sa puissance et de son orgueil, fut tout à coup changé en bête.

Il s'enfuit dans les endroits sauvages, se mit à brouter l'herbe, laissa croître sa barbe, ses cheveux et tout le poil de son corps, ainsi que ses ongles, et demeura en cet état pendant sept ans.

Dans notre *Dogme et rituel de la haute magie,* nous avons dit ce que nous pensons des mystères de la lycanthropie, ou de la métamorphose des hommes en loups-garoux.

Tout le monde connaît la fable de Circé et en comprend l'allégorie.

L'*ascendant fatal* d'une personne sur une autre est la véritable baguette de Circé.

On sait que presque toutes les physionomies humaines portent quelque ressemblance d'un animal, c'est-à-dire la *signature* d'un instinct spécialisé.

Or, les instincts sont balancés par les instincts contraires et dominés par des instincts plus forts.

Pour dominer les moutons, le chien exploite la peur du loup.

Si vous êtes chien, et si vous voulez qu'une jolie

petite chatte vous aime, vous n'avez qu'un moyen à prendre : c'est de vous métamorphoser en chat.

Mais comment? Par l'observation, l'imitation et l'imagination. Nous pensons qu'on entend ici notre langage figuré, et nous recommandons cette révélation à tous les magnétistes ; c'est là le plus profond de tous les secrets de leur art.

En voici la formule en termes techniques :

« *Polariser sa propre lumière animale, en antagonisme équilibré avec un pôle contraire.* »

Ou bien :

Concentrer en soi les spécialités absorbantes pour diriger les rayonnantes vers un foyer absorbant ; *et vice versa.*

Ce gouvernement de notre polarisation magnétique peut se faire à l'aide des formes animales dont nous avons parlé, et qui serviront à fixer l'imagination.

Donnons un exemple :

Vous voulez agir magnétiquement sur une personne polarisée comme vous, ce que vous pourrez savoir au premier contact, si vous êtes magnétiseur ; seulement, elle est un peu moins forte que vous : c'est une souris, vous êtes un rat. Faites-vous chat, et vous la prendrez.

Dans un des admirables contes qu'il n'a pas inventés, mais qu'il a racontés mieux que personne, Perrault met en scène un maître chat qui, par ses ruses, engage un ogre à se métamorphoser en souris; et la chose n'est pas plutôt faite, que la souris est croquée par le chat. Les contes de la mère l'Oie seraient-ils, comme l'Ane d'or d'Apulée, de véritables légendes magiques, et cacheraient-ils, sous des apparences puériles, les formidables secrets de la science ?

On sait que les magnétiseurs donnent à l'eau pure, par la seule imposition des mains, c'est-à-dire de leur volonté exprimée par un signe, les propriétés et la saveur du vin, des liqueurs et de tous les médicaments possibles.

On sait aussi que les dompteurs d'animaux féroces subjuguent les lions en se faisant eux-mêmes mentalement et magnétiquement plus forts et plus farouches que les lions.

Jules Gérard, l'intrépide tueur des lions d'Afrique, serait dévoré s'il avait peur. Mais, pour n'avoir pas peur d'un lion, il faut par un effort d'imagination et de volonté, se faire plus fort et plus sauvage que cet animal lui-même ; il faut se dire : C'est moi qui suis le lion, et cette bête devant moi n'est qu'un chien qui doit avoir peur.

Fourier avait rêvé les antilions ; Jules Gérard a réalisé cette chimère du rêveur phalanstérien.

Mais pour ne pas craindre les lions, il suffit d'être un homme de cœur et d'avoir des armes, dira-t-on.

— Non, cela ne suffit pas. Il faut savoir son lion par cœur, pour ainsi dire, calculer les élans de l'animal, deviner ses ruses, déjouer ses griffes, prévoir ses mouvements, être en un mot passé maître au métier de lion, comme dirait le bon Lafontaine.

Les animaux sont les symboles vivants des instincts et des passions des hommes. Si vous rendez un homme craintif, vous le changez en lièvre ; si, au contraire, vous le poussez à la férocité, vous en faites un tigre.

La baguette de Circé, c'est la puissante fascinatrice de la femme; et les compagnons d'Ulysse changés en pourceaux ne sont pas une histoire uniquement de ce temps-là.

Mais aucune métamorphose ne s'opère sans destruction. Pour changer un épervier en colombe, il faut le tuer d'abord, puis le couper en morceaux, de manière à détruire jusqu'au moindre vestige de sa première forme, puis le faire bouillir dans le bain magique de Médée.

Voyez comment les hiérophantes modernes procèdent pour accomplir la régénération humaine; comment, par exemple, on s'y prend dans la religion catholique pour changer en un stoïque missionnaire de la compagnie de Jésus un homme plus ou moins faible et passionné.

Là est le grand secret de cet ordre vénérable et terrible, toujours méconnu, souvent calomnié et toujours souverain.

Lisez attentivement le livre intitulé les *Exercices de saint Ignace*, et voyez avec quelle magique puissance cet homme de génie opère la réalisation de la foi.

Il ordonne à ses disciples de voir, de toucher, d'odorer, de goûter les choses invisibles; il veut que les sens soient exaltés dans l'oraison jusqu'à l'hallucination volontaire. Vous méditez sur un mystère de de la foi, saint Ignace veut d'abord que vous construisiez un lieu, que vous le rêviez, que vous le voyiez, que vous le touchiez. Si c'est l'enfer, il vous donne à tâter des roches brûlantes, il vous fait nager dans des ténèbres épaisses comme de la poix, il vous met sur la langue du soufre liquide, il remplit vos narines d'une abominable puanteur ; il vous montre d'affreux supplices, il vous fait entendre des gémissements surhumains ; il dit à votre volonté de créer tout cela par des exercices opiniâtres. Chacun le fait à sa manière, mais toujours à la façon la plus capable de l'impressionner. Ce n'est plus l'ivresse du hatchich servant la fourberie du Vieux de la Montagne ; c'est un rêve sans sommeil, une hallucination sans folie, une vision raisonnée et voulue, une création véritable de l'intelligence et de la foi. Désormais, en prêchant, le jésuite pourra dire : C'est ce que nous avons vu de nos yeux, ce que nous avons entendu de nos oreilles ; ce que nos mains ont touché, c'est cela que nous vous annonçons. Le jésuite ainsi formé communie à un cercle de volontés exercées comme la sienne : aussi chacun des pères est fort comme la société, et la société est plus forte que le monde.

CHAPITRE II.

COMMENT ON PEUT CONSERVER ET RENOUVELER LA JEUNESSE. — LES SECRETS DE CAGLIOSTRO. — LA POSSIBILITÉ DE LA RÉSURRECTION. — EXEMPLE DE GUILLAUME POSTEL DIT LE RESSUSCITÉ. — D'UN OUVRIER THAUMATURGE, ETC.

On sait qu'une vie sobre, modérément laborieuse et parfaitement régulière prolonge ordinairement l'existence. Mais c'est peu de chose, à notre avis, que la prolongation de la vieillesse, et l'on a droit de demander à la science que nous professons d'autres privilèges et d'autres secrets.

Être longtemps jeune, ou même le redevenir, voilà ce qui paraîtrait avec raison désirable et précieux à la plupart des hommes. Est-ce possible? C'est ce que nous allons examiner.

Le fameux comte de Saint-Germain est mort, nous n'en doutons point ; mais on ne l'a jamais vu vieillir. Il paraissait toujours quarante ans, et à l'époque de sa grande célébrité, il prétendait en avoir plus de quatre-vingts.

Ninon de l'Enclos, parvenue à un grand âge, était encore une femme jeune, jolie et séduisante. Elle est morte sans avoir vieilli.

Desbarrolles, le célèbre chiromancien, est depuis longtemps pour tout le monde un homme de trente-cinq ans. Son acte de naissance dirait autre chose, s'il osait se montrer ; mais personne ne le croirait.

Cagliostro a toujours été vu au même âge, et prétendait posséder non seulement un élixir qui rendait aux vieillards, pour un instant, toute la vigueur de la jeunesse, mais il se flattait aussi d'opérer la régénération physique par des moyens que nous avons détaillés et analysés dans notre *Histoire de la magie*.

Cagliostro et le comte de Saint-Germain attribuaient la conservation de leur jeunesse à l'existence et à l'usage de la médecine universelle, cherchée inutilement par tant de souffleurs et d'alchimistes.

Un initié du xvie siècle, le bon et savant Guillaume Postel, ne prétendait pas posséder le grand arcane de la philosophie hermétique ; et pourtant, après avoir été vu vieux et cassé, on le revit avec un teint vermeil et sans rides, une barbe et des cheveux noirs, un corps agile et vigoureux. Ses ennemis prétendirent qu'il se fardait et qu'il se teignait les cheveux ; car il faut bien aux moqueurs et aux faux savants une explication quelconque des phénomènes qu'ils ne comprennent pas.

Le grand moyen magique pour conserver la jeunesse du corps, c'est d'empêcher l'âme de vieillir en lui conservant précieusement cette fraîcheur originelle de sentiments et de pensées que le monde corrompu nomme des illusions, et que nous appellerons les mirages primitifs de la vérité éternelle.

Croire au bonheur sur la terre, croire à l'amitié, croire à l'amour, croire à une Providence maternelle qui compte tous nos pas et récompensera toutes nos larmes, c'est être parfaitement dupe, dira le monde corrompu; et il ne voit pas que la dupe, c'est lui, qui se croit fort en se privant de toutes les délices de l'âme.

Croire au bien dans l'ordre moral, c'est posséder le bien : et c'est pour cela que le Sauveur du monde promettait le royaume du ciel à ceux qui se rendraient semblables aux petits enfants. Qu'est-ce que l'enfance? C'est l'âge de la foi. L'enfant ne sait rien encore de la vie ; aussi rayonne-t-il d'immortalité confiante. Est-ce lui qui pourrait douter du dévouement, de la tendresse, de l'amitié, de l'amour, de la Providence lorsqu'il est dans les bras de sa mère?

Faites-vous enfants de cœur, et vous resterez jeunes de corps.

Les réalités de Dieu et de la nature surpassent infiniment en beauté et en bonté toutes les imaginations des hommes. Aussi les blasés sont-ils des gens qui n'ont jamais su être heureux ; et les désillusionnés prouvent, par leurs dégoûts, qu'ils n'ont bu qu'à des sources bourbeuses. Pour jouir des plaisirs même sensuels de la vie, il faut avoir le sens moral; et ceux qui calomnient l'existence en ont certainement abusé.

La haute magie, comme nous l'avons prouvé, ramène l'homme aux lois de la morale la plus pure. *Vel sanctum invenit, vel sanctum facit*[1], a dit un adepte ; car elle nous fait comprendre que, pour être heureux même en ce monde, il faut être saint.

Être saint ! voilà qui est facile à dire ; mais comment

---

1. Elle s'allie à la sainteté et la donne même à ceux qui ne l'ont pas.

se donner la foi, lorsqu'on ne croit plus ? Comment retrouver le goût de la vertu dans un cœur affadi par le vice ?

— Il s'agit ici d'avoir recours aux quatre verbes de la science : savoir, oser, vouloir et se taire.

Il faut imposer silence aux dégoûts, étudier le devoir et commencer par le pratiquer comme si on l'aimait.

Vous êtes incrédule, par exemple, et vous voudriez vous faire chrétien.

Faites les exercices d'un chrétien. Priez régulièrement, en vous servant des formules chrétiennes ; approchez-vous des sacrements en supposant la foi, et la foi viendra. C'est là le secret des jésuites, contenu dans les exercices spirituels de saint Ignace.

Par des exercices analogues, un sot, s'il le voulait avec persévérance, deviendrait un homme d'esprit.

En changeant les habitudes de l'âme, on change certainement celles du corps : nous l'avons déjà dit, et nous avons expliqué comment.

Ce qui contribue surtout à nous vieillir en nous enlaidissant, ce sont les pensées haineuses et amères, ce sont les jugements défavorables que nous portons des autres, ce sont nos colères d'orgueil repoussé et de passions mal satisfaites. Une philosophie bienveillante et douce nous éviterait tous ces maux.

Si nous fermions les yeux sur les défauts du prochain, en ne tenant compte que des bonnes qualités, nous trouverions du bien et de la bienveillance partout. L'homme le plus pervers a ses bons côtés et s'adoucit lorsqu'on sait le prendre. Si vous n'aviez rien de commun avec les vices des hommes, vous ne les apercevriez même pas. L'amitié et les dévouements qu'elle inspire se trouvent jusque dans les prisons et dans les bagnes. L'horrible Lacenaire rendait fidèlement l'argent qu'on lui avait prêté, et fit plusieurs fois des actes de générosité et de bienfaisance. Je ne doute pas qu'il n'y ait eu dans la vie criminelle de Cartouche et de Mandrin des traits de vertu à tirer les larmes des yeux. Il n'y a jamais eu personne d'absolument méchant ni d'absolument bon. « Personne n'est bon, si ce n'est Dieu, » a dit le meilleur des maîtres.

Ce que nous prenons chez nous pour le zèle de la vertu n'est souvent qu'un secret amour-propre dominateur, une jalousie dissimulée et un instinct orgueilleux de contradiction. « Quand nous voyons des désordres manifestes et des pécheurs scandaleux, disent les auteurs de la théologie mystique, croyons que Dieu les soumet à de plus grandes épreuves que nous, que certainement ou du moins très probablement nous ne les valons pas et que nous ferions bien pis à leur place. »

La paix ! la paix ! tel est le bien suprême de l'âme, et c'est pour nous donner ce bien que le Christ est venu au monde.

Gloire à Dieu dans les hauteurs, et paix sur la terre aux hommes qui veulent le bien ! ont crié les esprits du ciel quand le Sauveur venait de naître.

Les anciens pères du christianisme comptaient un huitième péché capital : c'était la tristesse.

En effet le repentir même pour le vrai chrétien n'est pas une tristesse, c'est une consolation, c'est une joie et un triomphe. « Je voulais le mal et je ne le veux plus, j'étais mort et je suis vivant. Le père de l'enfant prodigue a tué le veau gras parce que son fils est revenu, que peut faire l'enfant prodigue? Pleurer, un peu de confusion, mais surtout de joie !

Il n'y a qu'une chose triste au monde, c'est la folie et le péché. Dès que nous sommes délivrés, rions et poussons des cris de joie, car nous sommes sauvés et tous les morts qui nous aiment se réjouissent dans le ciel !

Nous portons tous en nous un principe de mort et un principe d'immortalité. La mort c'est la bête et la bête produit toujours la bêtise. Dieu n'aime pas les sots, car son esprit divin se nomme l'esprit d'intelligence. La bêtise s'expie par la douleur et l'esclavage. Le bâton est fait pour les bêtes.

Une souffrance est toujours un avertissement, tant pis pour qui ne sait pas comprendre. Quand la nature tire la corde, c'est que nous marchons de travers, quand elle frappe, c'est que le danger presse. Malheur alors à qui ne réfléchit pas !

Quand nous sommes mûrs pour la mort, nous quittons la vie sans regret et rien ne nous y ferait reprendre ; mais quand la mort est prématurée, l'âme regrette la vie, et un thaumaturge habile pourrait la rappeler dans son corps. Les livres sacrés nous indiquent le procédé qu'il faut alors mettre en usage. Le prophète Élie et l'apôtre saint Paul les ont employés avec succès. Il s'agit de magnétiser le défunt en posant les pieds sur ses pieds, les mains sur ses mains, la bouche sur sa bouche, puis de réunir toute sa volonté et d'appeler longuement à soi l'âme échappée avec toutes les bienveillances et toutes les caresses mentales dont on est capable. Si l'opérateur inspire à l'âme défunte beaucoup d'affection ou un grand respect, si dans la pensée qu'il lui communique magnétiquement le thaumaturge peut lui persuader que la vie lui est encore nécessaire et que des jours heureux lui sont encore promis ici-bas, elle reviendra certainement, et pour les hommes de science vulgaire la mort apparente n'aura été qu'une léthargie.

C'est après une léthargie semblable que Guillaume Postel, rappelé à la vie par les soins de la mère Jeanne, reparut avec une jeunesse nouvelle et ne s'appela plus que Postel le Ressuscité, *Postellus restitutus.*

En l'année 1799 il y avait au faubourg Saint-Antoine, à Paris, un maréchal-ferrant qui se donnait pour un adepte de la science hermétique, il se nommait Leriche et passait pour avoir opéré par la médecine universelle des cures miraculeuses, voire même des résurrections. Une danseuse de l'Opéra qui croyait en lui vint un jour le chercher toute en larmes et lui dit que son amant venait de mourir. Le sieur Leriche sort avec elle et vient à la maison mortuaire. Comme il y entrait une personne qui en sortait lui dit: Il est inutile que vous montiez, il est mort depuis six heures. N'importe, dit le maréchal-ferrant, puisque je suis venu, je le verrai. Il monte, trouve un cadavre glacé dans toutes ses parties, excepté au creux de l'estomac où il croit sentir encore un peu de chaleur. Il fait faire un grand feu, opère des frictions sur tout le corps avec des serviettes chaudes, le frotte de médecine universelle délayée dans de l'esprit de vin (sa prétendue médecine universelle devait être une poudre mercurielle analogue au kermès des pharmacies), pendant ce temps la maîtresse du défunt pleurait et le rappelait à la vie avec les plus tendres paroles. Après une heure et demie de pareils soins, Leriche présenta un miroir devant le visage du patient et trouva la glace légèrement ternie. Les soins redoublèrent et bientôt il y eut un signe de vie plus marqué; on le mit alors dans un lit bien chauffé et peu d'heures après il était entièrement revenu à la vie. Ce ressuscité se nommait Candy, il vécut depuis sans être jamais malade. En 1845, il vivait encore et demeurait place du Chevalier-du-Guet, n° 6. Il racontait sa résurrection à qui voulait l'entendre, et prêtait à rire aux médecins et aux prud'hommes de son quartier. Le bonhomme s'en consolait à la manière de Galilée et leur répondait : « Oh! riez tant qu'il vous plaira. Tout ce que je sais, c'est que le médecin des morts était venu, que l'inhumation était permise, que dix-huit heures plus tard on m'enterrait et que me voici. »

CHAPITRE III.

LA GRAND ARCANE DE LA MORT.

Nous nous attristons souvent en pensant que la plus belle vie doit finir, et l'approche de ce terrible inconnu qu'on nomme la mort nous dégoûte de toutes les joies de l'existence.

Pourquoi naître, s'il faut vivre si peu? Pourquoi élever avec tant de soins des enfants qui mourront? Voilà ce que demande l'ignorance humaine dans ses doutes les plus fréquents et les plus tristes.

Voilà aussi ce que peut vaguement se demander l'embryon humain aux approches de cette naissance qui va le jeter dans un monde inconnu en le dépouillant de son enveloppe préservatrice. Étudions le mystère de la naissance et nous aurons la clef du grand arcane de la mort.

Jeté par les lois de la nature dans le sein d'une femme, l'esprit incarné s'y éveille lentement et se crée avec effort des organes indispensables plus tard, mais qui, à mesure qu'ils croissent, augmentent son malaise dans sa situation présente. Le temps le plus heureux de la vie de l'embryon est celui où, sous la simple forme d'une crysalide, il étend autour de lui la membrane qui lui sert d'asile et qui nage avec lui dans un fluide nourricier et conservateur. Alors il est libre et impassible, il vit de la vie universelle et reçoit l'empreinte des souvenirs de la nature qui détermineront plus tard la configuration de son corps et la forme des traits de son visage. Cet âge heureux pourrait s'appeler l'enfance de l'embryonnat.

Vient ensuite l'adolescence, la forme humaine devient distincte et le sexe se détermine, un mouvement s'opère dans l'œuf maternel semblable aux vagues rêveries de l'âge qui succède à l'enfance. Le placenta, qui est le corps extérieur et réel du fœtus, sent germer en lui quelque chose d'inconnu qui déjà tend à s'échapper en le brisant. L'enfant alors entre plus distinctement dans la vie des rêves, son cerveau renversé comme un miroir de celui de sa mère en reproduit avec tant de force les imaginations, qu'il en communique la forme à ses propres membres. Sa mère est pour lui alors ce que Dieu est pour nous, c'est une providence inconnue, invisible, à laquelle il aspire au point de s'identifier à tout ce qu'elle admire. Il tient à elle, il vit par elle et il ne la voit pas, il ne saurait même la comprendre, et s'il pouvait philosopher, il nierait peut-être l'existence personnelle et l'intelligence de cette mère qui n'est encore pour lui qu'une prison fatale et un appareil conservateur. Peu à peu cependant cette servitude le gêne, il s'agite, il se tourmente, il souffre, il sent que sa vie va finir. Arrive une heure d'angoisse et de convulsion, ses liens se détachent, il sent qu'il va tomber dans le gouffre de l'inconnu. C'en est fait, il tombe, une sensation douloureuse l'étreint, un froid étrange le saisit, il pousse un dernier soupir qui se change en un premier cri ; il est mort à la vie embryonnaire, il est né à la vie humaine !

Dans la vie embryonnaire il lui semblait que le placenta était son corps, et c'était en effet son corps spécial embryonnaire, corps inutile pour une autre vie et qui doit être rejeté comme une immondice au moment de la naissance.

Notre corps dans la vie humaine est comme une seconde enveloppe inutile à la troisième vie et c'est pour cela que nous le rejetons au moment de notre seconde naissance.

La vie humaine comparée à la vie céleste est un véritable embryonnat. Lorsque les mauvaises passions nous tuent, la nature fait une fausse-couche et nous naissons avant terme pour l'éternité, ce qui nous expose à cette dissolution terrible que saint Jean appelle la seconde mort.

Suivant la tradition constante des extatiques, les avortons de la vie humaine restent nageant dans l'atmosphère terrestre qu'ils ne peuvent surmonter et qui peu à peu les absorbe et les noie. Ils ont la forme humaine, mais toujours imparfaite et tronquée : à l'un il manque une main, à l'autre un bras, celui-ci n'a déjà plus que le tronc, ce dernier est une tête pâle qui roule. Ce qui les a empêchés de monter au ciel, c'est une blessure reçue pendant la vie humaine, blessure morale qui a causé une difformité physique et, par cette blessure, peu à peu toute leur existence s'en va.

Bientôt leur âme immortelle restera nue et, pour cacher sa honte en se faisant à tout prix un nouveau voile, elle sera obligée de se traîner dans les ténèbres extérieures et de traverser lentement la mer morte, c'est-à-dire les eaux dormantes de l'ancien chaos.

Ces âmes blessées sont les larves du second embryonnal, elles nourrissent leur corps aérien de la vapeur du sang répandu et craignent la pointe des épées. Souvent elles s'attachent aux hommes vicieux et vivent de leur vie comme l'embryon vit au sein de la mère ; elles peuvent alors prendre les formes les plus horribles pour représenter les désirs effrénés de ceux qui les nourrissent, et ce sont elles qui apparaissent sous des figures de démons aux misérables opérateurs des œuvres sans nom de la magie noire.

Ces larves craignent la lumière, surtout la lumière des esprits. Un éclair d'intelligence suffit pour les foudroyer et les précipiter dans cette mer morte qu'il ne faut pas confondre avec le lac Asphaltite en Palestine. Tout ce que nous révélons ici appartient à la tradition hypothétique des voyants et ne peut s'affirmer devant la science qu'au nom de cette philosophie exceptionnelle que Paracelse appelait la philosophie de sagacité, *philosophia sagax*.

CHAPITRE IV.

LE GRAND ARCANE DES ARCANES.

Le grand arcane, c'est-à-dire le secret indicible et inexplicable, c'est la science absolue du bien et du mal.

« Lorsque vous aurez mangé du fruit de cet arbre, vous serez comme des dieux, » dit le serpent.

— « Si vous en mangez, vous mourrez, » répond la sagesse divine.

Ainsi le bien et le mal fructifient sur un même arbre et sortent d'une même racine.

Le bien personnifié, c'est Dieu.

Le mal personnifié, c'est le diable.

Savoir le secret ou la science de Dieu, c'est être Dieu.

Savoir le secret ou la science du diable, c'est être le diable.

Vouloir être à la fois Dieu et diable, c'est absorber en soi l'antinomie la plus absolue, les deux forces contraires les plus tendues ; c'est vouloir renfermer un antagonisme infini.

C'est boire un poison qui éteindrait les soleils et qui consumerait des mondes.

C'est prendre la robe dévorante de Déjanire.

C'est se vouer à la plus prompte et à la plus terrible de toutes les morts.

Malheur à qui veut trop savoir ! car si la science

excessive et téméraire ne le tue pas, elle le rendra fou !

Premier Pantacle, l'étoile blanche.

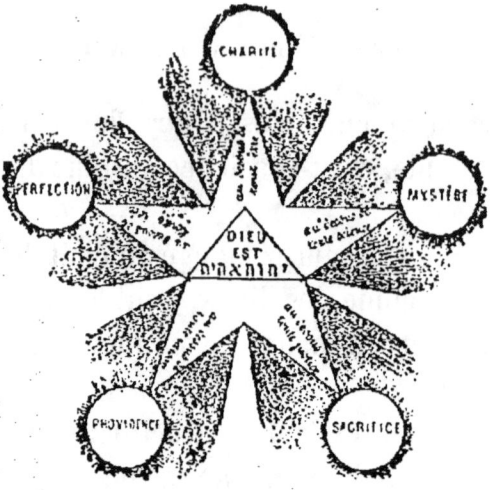

L'étoile des Trois Mages.

Second Pantacle, l'étoile noire.

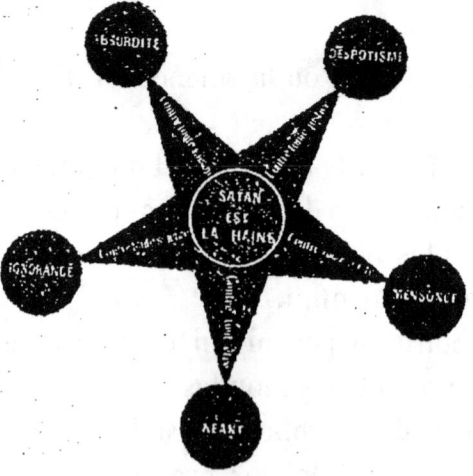

La mauvaise étoile.

Manger du fruit de l'arbre de la science du bien et

du mal, c'est associer le mal au bien et les assimiler l'un à l'autre.

C'est couvrir du masque de Typhon le visage rayonnant d'Osiris.

C'est soulever le voile sacré d'Isis, c'est profaner le sanctuaire.

Le téméraire qui ose regarder le soleil sans ombre devient aveugle et alors pour lui le soleil est noir!

Il nous est défendu d'en dire davantage, nous achèverons notre révélation par la figure de trois pantacles :

Ces trois étoiles en disent assez, on peut les comparer à celle que nous avons fait dessiner en tête de notre histoire de la magie, et en réunissant les quatre on pourra parvenir à entrevoir le grand arcane des arcanes.

$$\begin{matrix} & \text{ב} \\ & \text{ר} \\ & \text{א} \\ \text{אלים} \quad &—\quad \text{אלהים} \\ & \text{ש} \\ & \text{י} \\ & \text{ת} \\ \text{ויאמר אלהים} \\ \text{יאי אוד ויאי אור} \end{matrix}$$

Il nous reste maintenant pour compléter notre œuvre à donner la grande clef de Guillaume Postel.

Cette clef est celle du tarot. On y voit les quatre couleurs, bâton, coupe, épée, denier ou cercle correspondant aux quatre points cardinaux du ciel et aux quatre animaux ou signes symboliques, les nombres et les lettres disposés en cercle, puis les sept signes planétaires avec l'indication de leur triple répétition signifiée par les trois couleurs, pour signifier le monde naturel, le monde humain et le monde divin dont les emblèmes hiéroglyphiques composent les vingt et un grands atouts de notre jeu actuel de tarots.

Au centre de l'anneau on voit le double triangle formant l'étoile ou sceau de Salomon, c'est le ternaire religieux et métaphysique analogue au ternaire naturel de la génération universelle dans la substance équilibrée.

Troisième Pantacle, l'étoile rouge.

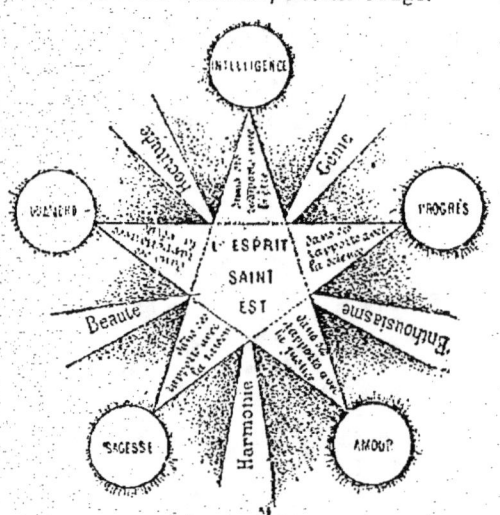

Pentagramme du divin Paraclet.

Autour du triangle est la croix qui divise le cercle en quatre parties égales, ainsi les symboles de la religion se réunissent aux lignes de la géométrie, la foi complète la science et la science rend raison de la foi.

A l'aide de cette clef on peut comprendre le symbolisme universel de l'ancien monde et constater ses frappantes analogies avec nos dogmes. On reconnaîtra ainsi que la révélation divine est permanente dans la nature et dans l'humanité ; on sentira que le christianisme n'a apporté dans le temple universel que la lumière et la chaleur en y faisant descendre l'esprit de charité qui est la vie de Dieu même.

ÉPILOGUE.

Grâces vous soient rendues, mon Dieu, parce que vous m'avez appelé à cette admirable lumière. Vous êtes l'intelligence suprême et la vie absolue de ces nombres et de ces forces qui vous obéissent pour peupler l'infini d'une création inépuisable. Les mathématiques vous prouvent, les harmonies vous chantent, les formes passent et vous adorent !

Abraham vous a connu, Hermès vous a deviné, Pythagore a calculé vos mouvements, Platon aspirait à vous par tous les rêves de son génie ; mais un seul initiateur, un seul sage vous a fait voir aux enfants de la terre, un seul a pu dire de vous : Mon père et moi nous ne sommes qu'un ; gloire soit donc à lui, puisque toute sa gloire est à vous !

Père, vous le savez, celui qui écrit ces lignes a beaucoup lutté et beaucoup souffert ; il a enduré la pauvreté, la calomnie, la proscription haineuse, la prison, l'abandon de ceux qu'il aimait, et jamais cependant il ne s'est trouvé malheureux, parce qu'il lui restait pour consolation la vérité et la justice !

Vous êtes seul saint, Dieu des cœurs vrais et des âmes justes, et vous savez si jamais j'ai cru être pur devant vous ; j'ai été comme tous les hommes le jouet des passions humaines, puis je les ai vaincues ou plutôt vous les avez vaincues en moi, et vous m'avez donné pour m'y reposer la paix profonde de ceux qui ne cherchent et n'ambitionnent que vous.

J'aime l'humanité parce que les hommes, tant qu'ils ne sont pas insensés, ne sont jamais méchants que

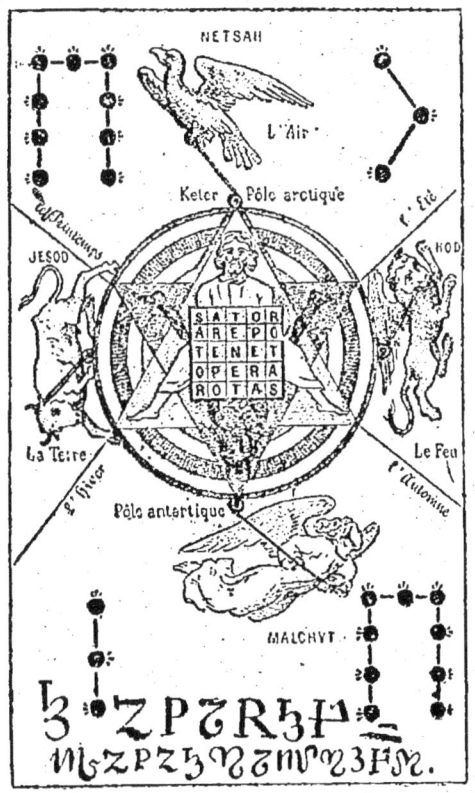

La clé du Grand Arcane.

par erreur ou par faiblesse. Ils aiment naturellement le bien et c'est par cet amour que vous leur avez donné comme un soutien au milieu de leurs épreuves qu'ils doivent être ramenés tôt ou tard au culte de la justice par l'amour de la vérité.

Que mes livres aillent maintenant où votre Providence les enverra. S'ils contiennent les paroles de votre sagesse, ils seront plus forts que l'oubli, si au contraire ils ne contiennent que des erreurs, je sais du moins que mon amour de la justice et de la vérité leur survivra, et qu'ainsi l'immortalité ne saurait manquer de recueillir les aspirations et les vœux de mon âme que vous avez créée immortelle !

Éliphas Lévi.

SUPPLÉMENT

ARTICLES SUR LA KABBALE

QUI ONT ÉTÉ PUBLIÉS OU DEVAIENT ÊTRE PUBLIÉS DANS LA REVUE PHILOSOPHIQUE ET RELIGIEUSE.

Vers le milieu du xviie siècle, il y avait à Séville un savant médecin nommé Don Balthasar Orobio. C'était un homme consciencieux et d'une logique inflexible ; à force d'entendre prêcher contre les hérétiques et de réfléchir sur l'argument principal des controversistes catholiques : l'unité de la révélation, l'autorité de l'ancienne foi, la témérité sacrilège des novateurs, il se prit malgré lui à penser que le judaïsme pouvait revendiquer pour lui et appliquer à son profit toute la force de ces raisons. Il étudia alors sérieusement le dogme israélite, et fut frappé d'y trouver tant de simplicité et de grandeur. Il avait entendu invoquer aussi l'autorité entraînante du martyre. Il faut croire, lui avait-on dit, des hommes qui se laissent persécuter et qui se font égorger pour leur croyance ; et il pensa à tant de juifs que le moyen âge avait dépouillés, torturés, massacrés, brûlés. Il se sentit subjugué et attendri par la persévérance et le courage de ce peuple laborieux et invincible ; il ne sut pas cacher des sentiments dont sa conscience s'honorait ; il fut dénoncé à l'inquisition et rigoureusement emprisonné. Les tortures qu'il éprouva pendant trois ans de prévention furent telles, que sa mémoire en était ébranlée et qu'il se demandait parfois à lui-même : Suis-je bien Don Balthasar Orobio ? Il conserva pourtant assez de force de volonté pour se renfermer dans un silence absolu quant à ses convictions religieuses : « Je suis né dans la religion catholique, disait-il, et j'en ai toujours rempli les devoirs. Je n'ai rien de plus à vous dire. » Il sortit enfin de prison, malade, brisé ; mais juif de cœur, juif avec une conviction calme et profonde, juif comme un prophète et un martyr de l'ancienne loi. Dès qu'il put tromper la surveillance de ses persécuteurs, il se rendit à Amsterdam, où il reçut, avec la circoncision, le nom d'Isaac ; puis il écrivit avec beaucoup de mesure et de convenance les motifs de sa conversion à la religion de nos pères.

L'ouvrage d'Orobio est un des plus curieux que puissent consulter ceux qui s'occupent de religion autrement qu'avec un parti pris ou pour des motifs intéressés ; il a été publié en latin en 1687, avec une réfutation théologique de Philippe de Limborch sous ce titre : *Philippi a Limborch amica collatio cum erudito Judæo ;* — une traduction française, sous le titre d'*Israël vengé,* en a été faite par un juif nommé Henriquez (le texte primitif était espagnol), et a été publiée à Paris il y a dix ans. Les arguments d'Orobio sont d'une grande force. « Comment, dit-il, le Dieu de Moïse, qui sur toutes choses a prévenu son peuple contre l'idolâtrie, et ne permettait pas aux Hébreux de sculpter des figures humaines, comment ce Dieu peut-il les rendre responsables de ne l'avoir pas adoré lorsqu'il s'est montré sous la figure et avec toutes les infirmités de l'homme? Moïse avait bien dit : Il viendra un prophète semblable à moi ; mais n'eût-il pas été convaincu de blasphémer sa propre loi s'il avait dit : Il viendra un prophète, non seulement semblable à moi, mais semblable à Dieu ? Un homme qui sera Dieu! — Dieu seul est Dieu, eût répondu Israël tout d'une voix, et personne n'est semblable à lui ! Comment la sagesse suprême s'abaisserait-elle à des jeux de mots et à des promesses énigmatiques pour les réaliser dans un sens tout contraire à la signification naturelle de ses paroles? Quoi! le roi Sauveur promis à notre nation serait un repris de justice, mis à mort pour avoir contredit les préceptes que Moïse nous donnait comme invariables et éternels? Le Sauveur promis à Israël serait celui au nom duquel Israël devait être dispersé et livré parmi les nations à une agonie de dix-sept ou dix-huit siècles, et cela parce qu'Israël n'aurait pas deviné ce que sa religion tout entière semblait faite pour lui cacher? Ce Messie devait nous délivrer de nos ennemis, et c'est au nom de celui que vous appelez le Sauveur que nous avons été abandonnés à des persécutions qui révolteront tôt ou tard l'humanité tout entière. Mais vous-mêmes, avez-vous été délivrés par lui, quand, pour l'interprétation de sa loi, que vous rendez de plus en plus inintelligible, vous vous êtes égorgés les uns les autres ? Vous dites que le Christ est venu détruire l'empire du démon et établir sur la terre le règne spirituel de la charité ; c'est en ce sens que vous interprétez les victoires et la royauté promises à votre Messie par les prophètes. Mais qui donc a établi l'empire du démon, si ce n'est vous? Est-il parlé dans tout Moïse de ce fantôme impie, tyrannique et blasphémateur? Satan qui est nommé dans le livre de Job, y apparaît dans le cercle même des fils de Dieu, et reçoit de Dieu même la mission d'éprouver son serviteur. Où trouverez-vous ailleurs que dans le christianisme ce dogme épouvantable d'un immense royaume des ténèbres et du mal, d'un enfer qui engloutira certainement, d'après les conditions que vous leur faites, l'immense majorité des hommes? Quelle est donc parmi vous, en dernière analyse, la religion de la majorité, c'est-à-dire la religion dominante, c'est-à-dire la vraie et unique religion ? Demandez-le à l'écho désespérant et éternel de votre enfer plein de grincements de dents et de larmes! Quoi! c'est ainsi que votre Sauveur a détruit l'empire du démon! Il paraît que, selon vous, il en est du sens des mots dans votre théologie comme dans nos prophéties lorsque vous les interprétez, et que *détruire* signifie réellement *établir* ou *créer* comme *sauver* veut dire *perdre*, comme *pardonner* et *aimer* signifient *maudire* et *conduire au bûcher*. De cette manière, nous ne nous entendrons jamais, et en nous servant des mêmes mots nous ne parlons réellement pas la même langue.

« Pour ce qui est du règne de la charité, où est-il sur la terre? qu'on nous le montre. Est-il à Rome, d'où partent tous les jours tant d'excommunications et d'anathèmes? Était-il dans les camps opposés des orthodoxes et des sectaires pendant les longues horreurs de vos guerres de religion ? Était-il dans le cœur de ces croisés, qui, avant de partir pour la Terre-Sainte, apportaient dans les maisons des Israélites le meurtre, la dévastation et le pillage ? Est-il dans les cachots de l'inquisition ? La charité ! Mais où trouverez-vous dans votre histoire une place pour en inscrire le nom entre les taches de sang dont vous en avez couvert les pages ? car ce n'est pas contre nous seuls, que vous avez été assassins et bourreaux : pauvres insensés ! vous vous êtes égorgés et brûlés les uns les autres au nom d'un Dieu de paix, et sous prétexte d'une religion toute d'indulgence et d'amour ! Oh ! ne raisonnez plus sur nos prophéties ! Dites hardiment qu'il vous plaît de croire sans raison ce que vous voulez croire, et que vous tuerez ou que vous jetterez en prison ceux qui croiront autrement que vous. Soyez conséquents et conformes à vous-mêmes, propagez ou défendez votre dogme d'excommunication et d'enfer par la crainte ; mais ne parlez plus de charité. »

Philippe de Limborch répond ou croit répondre aux arguments passionnés d'Orobio par les éternels lieux communs de la théologie scolastique : c'est assez dire qu'il est ennuyeux et ne prouve rien. Pour réfuter cet ardent et trop légitime adversaire du christianisme, il fallait entrer dans sa tactique et le battre avec ses propres armes. En quoi les langues de feu du cénacle sont-elles moins croyables que les foudres du Sinaï ? En quoi les tourmenteurs de juifs ont-ils été plus cruels que ces lapidateurs de prophètes ? Le baptême chrétien n'est-il pas préférable à votre douloureuse et ridicule circoncision ? Et si nous avons à déplorer parmi nous bien des infractions à la charité, nos fautes vous rendent-elles meilleures ? — Voilà ce qu'on pouvait répondre aux juifs en général ; mais à Orobio en particulier, on pouvait dire : Êtes-vous bien sûr d'être remonté à la vraie religion mère, à cette croyance qui concilie pour jamais la raison avec la foi ? Le dogme de Moïse est-il aussi simple que vous le croyez, et ne cache-t-il ni absurdités, ni mystères ? êtes-vous sûr, du moins, d'en pénétrer toute la profondeur ? Quel est donc ce *Schema* incommunicable et indicible qui est la clef de voûte de votre sanctuaire ? Que veulent dire ces vases étranges, ces lampes bizarres, ces monstrueuses figures de chérubs ou de sphinx à corps de taureaux et à têtes aquilines ou humaines ? Quelle philosophie se cache sous le conte oriental de la Genèse ? Qu'est-ce donc que cette femme attirée vers un arbre par les séductions d'un serpent ? Les hiéroglyphes de l'Égypte et les peintures symboliques de l'Inde ne nous en apprendront-ils pas quelque chose ? Le prophète du Sinaï n'était-il pas un initié de Memphis ? Et si par hasard votre suprême docteur n'était qu'un transfuge des anciens temples et un sectaire détaché d'une antique et primitive religion universelle, que deviendraient votre *Schemang*, vos *Théphilim*, votre *Mésousah* et votre *Schema* ? Que deviendrait surtout votre signe prétendu sacré, votre déplorable et sanglante circoncision ? Voilà, certes, des questions qui eussent troublé dans sa paisible profession du judaïsme la conscience d'Orobio ; mais le temps n'était pas encore venu d'oser les faire et de les comprendre.

Un siècle déjà avant Orobio, un homme d'une foi exaltée et d'une puissante érudition avait trouvé la clef de tous les mystères religieux, et publiait un petit livre intitulé : *Clavis absconditorum a constitutione mundi. La clef des choses cachées depuis l'origine du monde.* Cet homme était un illuminé hébraïsant et kabbaliste ; on le nommait Guillaume Postel. Il crut avoir trouvé la vraie signification du tétragramme dans un livre hiéroglyphique antérieur à la *Bible,* et qu'il nomme la *Genèse d'Énoch,* pour en cacher sans doute le vrai nom aux profanes ; car sur l'anneau de la clef symbolique, dont il donne la figure comme une explication occulte de son singulier ouvrage, il trace ainsi son quaternaire mystérieux :

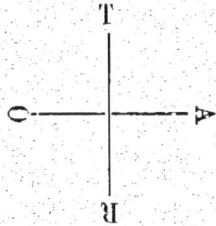

formant ainsi un mot qui, lu de gauche à droite en commençant par le bas, fait ROTA, en commençant par le haut, fait TARO, et même *tarot,* si, pour mieux marquer le cercle, on répète à la fin la lettre du commencement, et qui, lu de droite à gauche, c'est-à-dire comme doit être lu l'hébreu, fait TORA, le nom sacramentel que les juifs donnent à leur livre sacré.

Rapprochons de cette énigme de Postel les savantes

observations faites par Court de Gebelin, dans le sixième volume de son *Monde primitif,* sur un livre des anciens Égyptiens, conservé jusqu'à nos jours sous le futile prétexte d'un jeu de cartes : examinons les figures mystérieuses de ces cartes, dont les vingt-deux premières sont évidemment un alphabet hiéroglyphique où des symboles s'expliquent par des nombres, dont le jeu entier se divise en quatre dizaines, accompagnées chacune de quatre figures avec quatre couleurs et quatre symboles différents, et nous aurons le droit de nous demander si le *tarot* des Bohémiens ne serait pas la *Genèse d'Énoch,* le *taro,* ou *rota,* ou *tora* de Guillaume Postel et de ses initiateurs les vrais kabbalistes hébreux! Si, dans ce doute, nous abordons les obscurités savantes du Zohar, le grand livre sacré de la haute Kabbale, nos conjectures se changeront bientôt en certitude, quand nous apprendrons que le jod, la dixième et la principale lettre de l'alphabet hébreu, a toujours été regardé par les sages kabbalistes comme la figure du principe des choses, figuré par le phallus égyptien et par la verge de Moïse ; que le hé, seconde lettre du nom de יהוה et la cinquième de l'alphabet, signifie la forme passive et démonstrative du principe actif, et correspond à la coupe ou au cteïs des anciens hiéroglyphes sacrés ; que le vau, troisième lettre du tétragramme et la sixième de l'alphabet, signifie crochet, enchevêtrement, attraction, et correspond aux signes hiéroglyphiques de l'épée, de la croix et du lingam ; enfin que le hé, répété à la fin du tétragramme, peut être figuré par le cercle qui résulterait de la superposition de deux coupes, l'une droite, l'autre renversée[1]. Nous avons alors la clef des quatre symboles dénaires de notre tarot, dont le premier représente un bâton verdoyant, le second une coupe royale, le troisième une épée traversant une couronne, et le quatrième enfin un cercle renfermant une fleur de lotus.

Il nous reste, pour être pleinement initiés aux mystères de la Genèse de Postel, de bien connaître et de bien comprendre la série d'idées théologiques et philosophiques absolues que les anciens attachaient aux dix premiers nombres. Ici Pythagore s'entend avec les dépositaires du secret de Moïse, car ils ont puisé aux mêmes sources ; et nous avons trouvé que dans le quaternaire les signes secrets de la haute Kabbale expriment exactement la même doctrine que les hiéroglyphes de l'Égypte et les symboles sacrés de l'Inde. — Le phallus, le cteïs, le lingam et la vie, le sceptre d'Osiris, la coupe ou la fleur d'Isis, le lingam d'Horus et le cycle d'Hermès, la verge fleurie d'Aaron, le gomor qui renferme la manne, le glaive des sacrifices et la patère des offrandes, — le bâton pontifical, — le calice de la communion, la croix et la divine hostie, tous les signes religieux correspondent aux quatre signes hiéroglyphiques du tarot, qui sont l'explication hiératique des quatre lettres du grand tétragramme divin.

Ce qui attira le plus l'attention de Court de Gebelin

---

1. Voir le *Kabbala denudata*, 2 vol. in-4, 1684. — Le *Sepher Jezirah*, attribué au patriarche Abraham qui se trouve dans la collection des Kabbalistes de Pistorius, et dans l'introduction au livre de Zohar, ce qui se rapporte au tétragramme.

lors de sa découverte du tarot, ce furent les hiéroglyphes du vingt et unième feuillet, qui porte pour titre *le Monde*. Cette carte, qui n'est autre chose que la clef même de Guillaume Postel, représente la vérité nue et triomphante au milieu d'une couronne divisée en quatre parties par quatre fleurs de lotus. Aux quatre coins de la carte, on voit les quatre animaux symboliques qui sont l'analyse du sphinx, et que saint Jean emprunta au prophète Ézéchiel, comme Ézéchiel lui-même les avait empruntés aux sphinx bucéphales ou autres de l'Égypte et de l'Assyrie. Ces quatre figures, qu'une tradition incomprise par l'Église même, donne encore pour attributs à nos quatre évangélistes, représentent les quatre formes élémentaires de la kabbale, les quatre saisons, les quatre métaux, et enfin aussi les quatre lettres mystérieuses du TORA des juifs, de la roue d'Ézéchiel, ROTA, et du TAROT qui, suivant Postel, est la clef des choses cachées depuis l'origine du monde. Il faut remarquer aussi que le mot *tarot* se compose des lettres sacrées du monogramme de Constantin : un rho grec croisé par un tau entre l'alpha et l'oméga qui expriment le commencement et la fin. Disposé de la sorte, c'est un mot analogue à l'INRI des francs-maçons, dont les deux I expriment également le commencement et la fin, puisqu'en kabbale le jod et tous ses dérivés sont le symbole du phallus et de la création ; le commencement et la fin exprimés ainsi par la même lettre, donnent l'idée d'un commencement éternel du cycle divin, et en cela l'INRI est plus significatif et d'une plus haute initiation que le TAROT.

Si l'on rapporte à ces découvertes la forme hiéroglyphique des croix de la primitive Église, on sera frappé de bien d'autres analogies. Les premiers chrétiens composaient volontiers la croix de quatre segments de cercle : j'en ai vu une qui avait dix branches sortant les unes des autres, et quatre fleuves à sa racine ; on en trouve une copie dans l'ouvrage latin de Bosius sur le triomphe de la croix. Les premières croix étaient sans Christ, et portaient quelquefois une colombe avec l'inscription INRI, pour faire entendre qu'il y a un sens caché dans cette inscription, et que c'est au Saint-Esprit de nous la faire comprendre. Souvent aussi les quatre animaux kabbalistiques sont aux quatre bras de la croix, devenue ainsi un emblème philosophique du quaternaire. On appelait alors *gnose* la connaissance de tous les mystères, mais le secret devait être inviolablement gardé, et les profanations de quelques gnostiques dissidents firent perdre à l'Église officielle les clefs kabbalistiques de son propre sanctuaire.

Ceux qui douteraient de ce que nous avançons ici, peuvent lire les écrits gnostiques et orthodoxes encore de saint Denys l'Aréopagite, de saint Irénée, de Synésius et de Clément d'Alexandrie. Mais, sans sortir du canon même des livres saints, ils trouveront dans l'*Apocalypse* une clavicule magique et kabbalistique complète, qui semble avoir été calculée sur les nombres, les symboles et les figures hiéroglyphiques du tarot.

On y retrouve en effet les sceptres, les coupes, les épées et les couronnes disposés par nombre précis et correspondant les uns aux autres par le dénaire et le septénaire sacré ; on y retrouve les quatre rois des quatre parties du monde et les quatre cavaliers qui figurent dans nos cartes ; on y voit la femme ailée, le Verbe en habits d'empereur, puis en costume de pontife avec plusieurs diadèmes sur sa tiare. Enfin la clef de l'*Apocalypse,* qui est la vision du ciel, est identique avec le nombre vingt et un du tarot et nous présente un trône enfermé dans un double arc-en-ciel, et aux quatre coins de cette couronne les quatre animaux sacramentels de la kabbale. Ces coïncidences sont au moins des plus singulières, et donnent beaucoup à penser.

Enthousiasmé de sa trouvaille, Postel crut naïvement avoir découvert la paix universelle des religions et la future tranquillité du monde. Ce fut alors qu'il évrivit son *Traité de la concorde universelle,* son livre des *Raisons d'être du Saint-Esprit,* et qu'il dédia aux pères du concile de Trente, alors assemblés, la *Clef des choses cachées depuis le commencement du monde.* L'épître qu'il leur adresse est curieuse : il se pose franchement en prophète, et déclare à ces évêques et à ces docteurs que leurs anathèmes ne sont plus de saison, puisque tous les hommes doivent être sauvés (car c'est la conséquence qu'il tire de l'unité et de la perpétuité de la révélation analogique et rationnelle dans le monde).

« Je vous écris, dit-il, cette vérité, mes pères, afin que vous cessiez de perdre par l'anathème ceux pour lesquels le Christ est mort ; car lui-même agit en tous et en chacun, les enseignant par la lumière de leur conscience, en sorte qu'en glorifiant la vérité, ils se servent à eux-mêmes de loi. Ouvrez les yeux, mes pères, mes frères, mes enfants ; et voyez comment, par votre imprudence, vous transformez la rédemption du Sauveur en une boucherie de la nature humaine [1] ! La sainte Écriture n'a jamais fulminé d'anathèmes contre ceux qui restent éloignés d'elle. Elle promet, il est vrai, l'initiation à tous, mais elle dit aussi : Dans toute nation, celui qui fait le bien est agréable à Dieu. Ne voyez-vous donc pas que vous rendez la condition du christianisme plus intolérable que n'était celle du judaïsme ? »

Les pères du concile ne firent pas même à Postel l'honneur de sévir contre lui. Son livre et sa lettre furent considérés comme l'œuvre d'un fou, et restèrent sans réponse. Plus tard seulement, le docteur ayant avancé quelques propositions sur la rédemption du genre humain qui parurent hétérodoxes, on le renferma dans un monastère. Postel mourut avec la conviction qu'il ressusciterait pour faire comprendre aux hommes sa grande découverte des clefs du monde occulte et des mystères du tétragramme ; car il lui semblait impossible qu'une telle révélation fût entièrement perdue pour l'avenir.

Postel fut heureux de n'expier pas sa découverte comme un plus grand que lui avait expié la sienne seize siècles plus tôt. Il est certain que les secrets de la haute kabbale étaient perdus pour la Synagogue, lorsque Jésus-Christ les retrouva, comme l'avoue

---

[1]. *Postellus: Clavis absconditorum a constitutione mundi*, p. 86. Édit. d'Amsterdam, 1646.

d'ailleurs l'auteur hébreu du *Sepher Toldos Jeschu*. Le dogme catholique est sorti tout entier de la kabbale, mais sous combien de voiles et avec quelles étranges modifications ! La pluralité des personnes, dans l'unité de Dieu, est sortie des trois premières lettres du tétragramme, — seulement on a pris le hé pour le fils, afin de ne pas déifier la mère qui devait rester humaine, et qui plus tard, suivant les prévisions de Postel[1], a semblé absorber en elle tout l'honneur des autres personnes. Dans le *Zohar*, nous voyons la mère divine, la seconde conception des Eloïm, coopérant à la création, qui eût été impossible sans elle. C'est elle qui calme et qui tempère les rigueurs du jod paternel ; c'est elle qui oppose l'eau au feu, et la miséricorde à la colère : — « Le feu, disent les auteurs du *Zohar*, s'était élancé du jod divin comme un serpent, et il allait consumer la terre dans ses étreintes, lorsque la mère divine (que son nom soit béni) amena les eaux et fit marcher les vagues libératrices sur la tête brûlante du serpent. » Ici, nous rappelant que Marie, en hébreu, signifie *la mer*, ou *le sel de la mer*, nous comprenons pourquoi on la représente avec un croissant sous les pieds ; car les kabbalistes disent que la lune est l'image du cteïs divin du hé tétragrammatique, de la puissance maternelle des Eloïm, et nous ne nous étonnons plus de cette gloire immense attribuée à une simple mortelle qui, par sa conception immaculée, remonte au delà de l'origine des temps. Le fils a rendu l'honneur

---

1. Voir le *Clavis absconditorum*, passim.

de sa naissance à sa mère, et la mère du Fils éternel doit être éternelle comme lui. Tout dans notre culte rappelle les nombres de Pythagore, le ternaire des personnes divines, le quaternaire des évangiles, le septénaire des dons du Saint-Esprit et des sacrements, la décade sacrée du Décalogue. Le duodénaire des patriarches et des apôtres, la création affreuse et manichéenne de l'enfer faisant contre-poids au ciel, n'est qu'une réalisation exagérée du binaire équilibrant de Zoroastre, figuré dans la kabbale du *Zohar* par les deux vieillards, dont l'un est comme l'ombre de l'autre, le *Macroprosope* et le *Microprosope*[1], l'ombre de l'humanité voilant Dieu, et la lumière de Dieu illuminant l'humanité, en sorte que Dieu semble être pour nous l'homme du ciel, tandis que l'homme est comme le dieu de la terre. Ainsi, toutes les absurdités apparentes des dogmes cachent les hautes et antiques révélations de la sagesse de tous les siècles, et c'est pour cela que le christianisme, enrichi de tant de dépouilles opimes, a prévalu sur le judaïsme desséché et appauvri, qui ne comprenait plus même les allégories de son arche et de son chandelier d'or. Mais, autant sont belles et précieuses les richesses intimes du dogme universel et kabbalistique, autant sont déplorables les interprétations matérialisées qu'on donne de nos jours à ces mystères. Nier le dogme ancien est quelque chose de facile; mais il réfute la négation par le fait même de son existence. Que faut-il donc faire pour vaincre ce sphinx des

1. Voir le frontispice du livre intitulé : *Dogme et Rituel de la haute Magie*, par Éliphas Lévi.

temps modernes? Il faut expliquer son énigme et le révéler à lui-même ; il faut ramener tous les esprits à la science qui rend raison des aberrations mêmes de la foi, et revenir au sentiment d'une révélation unique, permanente et universelle dans l'humanité. — Cette révélation, c'est l'analogie expliquée par le Verbe, c'est la nature parlant sans cesse à la raison, c'est l'harmonie mathématique des choses, nous démontrant que la partie est porportionnelle au tout, et que le tout, nécessairement indéfini dans l'absolu, nécessite, sans l'expliquer, l'hypothèse de l'infini.

C'est dans le champ immense de cette hypothèse, que l'humanité agrandit sans cesse le cercle de ses connaissances et recule, par les conquêtes du savoir, les limites du royaume de la foi. Or, que devient la foi devant cette audace toujours envahissante? La foi, c'est cette confiance qui poussait Christophe Colomb en avant, quand l'Amérique fuyait devant lui, — c'est la croyance aux parties inconnues du grand tout dont l'existence nous est démontrée par les parties connues; on voit bien que ce ne saurait être une négation de la raison ; on voit bien aussi que l'objet de la foi étant nécessairement hypothétique dans sa forme, puisque c'est la science seule qui formule, les définitions de la foi sont une confusion de la science et de la foi. Le véritable acte de foi consiste donc seulement dans l'adhésion de notre intelligence à la raison immuable et universelle qui exclut de l'empire des premières causes toute monstruosité et tout mensonge. L'être raisonnable suppose nécessairement la raison d'être, c'est l'absolu, c'est la loi; elle est, parce qu'elle est.

Dieu lui-même, de quelque manière qu'on le suppose, ne peut exister sans raison d'être, il n'y a que la folie qui puisse donner pour cause à la loi immuable une autocratie personnelle, arbitraire et inexplicable. La suprématie impassible, imméritée et irresponsable de Dieu, serait la plus haute des injustices et la plus révoltante des absurdités ; qu'est-ce donc que Dieu pour nous ? Dieu, c'est la conception indéfinie d'une personnalité suprême. Pour les religions dogmatiques, c'est autre chose : pour elles, Dieu est le premier et le dernier défini du monde hypothétique : mais chaque fois qu'un Dieu est défini, il est fini, et au-dessus de son culte et de ses autels apparaissent, toujours pour les aspirations infatigables de l'humanité, l'autel sans formes encore du culte à venir, et l'inscription sans nom que les Athéniens avaient placée sur le plus divin et le plus philosophique des temples : Ignoto Deo.

DE LA RELIGION AU POINT DE VUE KABBALISTIQUE.

Le sentiment religieux existe dans l'homme.

La nature ne fait rien sans but et ne crée pas de besoins sans objet.

La religion est donc quelque chose de réel.

L'ÊTRE EST L'ÊTRE.

Le mot Dieu exprime un idéal inconnu en lui-même, mais très connu par les diverses idées que s'en font les hommes. Au-dessus de toutes ces idées plus ou moins sages, domine celle d'une intelligence suprême et d'une première puissance. L'idée abstraite des lois mathématiques qui gouvernent le mouvement universel, attriste le plus grand nombre des esprits qui, voyant la liberté humaine prise en quelque sorte dans une immense machine qui serait l'univers, trouvent cette machine, quelque grande qu'elle soit, inférieure à l'homme si elle n'a pas conscience d'elle-même. Là s'arrête le sentiment universel et la fantaisie fait le reste. Les uns font Dieu unipersonnel, les autres multipersonnel ; il n'en reste pas moins acquis à la science que Dieu, c'est l'hypothèse très probablement nécessaire d'une conscience suprême dans les mathématiques éternelles.

Nous disons très probablement nécessaire, pour respecter la liberté de conscience des athées de bonne foi ; mais la kabbale, qui est la mère des sciences exactes, n'admet pas le doute lorsqu'elle autorise une hypothèse ; et, partant de l'existence même du sentiment religieux et du nom qui exprime pour toutes les nations et pour tous les hommes cet être invisible et infini ; la kabbale, disons-nous, conclurait nettement à son existence nécessaire, parce que le Verbe atteste l'être comme le reflet atteste le corps.

L'homme ne peut concevoir Dieu que comme un homme infini ou plutôt indéfini ; car où prendrait-il des termes de comparaison pour une autre image de la divinité ? Il s'ensuit que tout ce qui tend à définir et à personnifier Dieu retombe fatalement dans l'anthropomorphisme, et par conséquent dans l'idolâtrie.

C'est pour cela que les kabbalistes ont distingué l'être réel de Dieu de son idée dans l'homme, et c'est à l'idée humaine seule qu'ils donnent un nom, celui de Jéhova ou d'Adonaï. Quant à la réalité suprême, c'est pour eux le *non ens*, l'inappréciable, l'indicible, l'indéfini. Appréciant d'ailleurs, comme nous l'avons dit, les réalités divines par leur mirage ou par leur ombre dans l'esprit humain, ils pensent que cette ombre ou ce mirage nous présente toutes les notions divines en sens inverse, mais que la science doit les redresser pour arriver à l'harmonie qui résulte de l'analogie des contraires.

Ce jugement des choses vulgaires, par antithèse, est un des grands secrets de la kabbale et une des clefs occultes de l'exégèse. Cette clef est représentée par les deux triangles, l'un droit et l'autre renversé, qui forment l'étoile à six pointes du sceau mystérieux de Salomon. Chacun de ces deux triangles, pris séparément, représente une idée incomplète, et par conséquent radicalement fausse de l'absolu ; c'est la réunion des deux qui est la vérité.

Appliquons ceci à l'intelligence de la Bible. Ouvrons-la au premier chapitre de la Genèse, par exemple. Nous y trouverons l'histoire de la création du monde en six jours. Renversons le sens, prenons l'antithèse ; nous aurons la création de Dieu en six nuits. Ceci a besoin d'être expliqué. Dieu, nous dit la Genèse, a fait l'homme à son image, et la philosophie nous prouve que l'homme se fait aussi un Dieu à sa ressemblance. Eh bien, le fait philosophique a servi de base à l'affirmation théurgique en raison de l'analogie des contraires. Le progrès observé dans l'esprit humain cherchant à formuler Dieu, a révélé à Moïse, par antithèse et par analogie des contraires, les périodes successives de la création. En deux mots, ne pouvant juger

Dieu que par son mirage dans l'intelligence humaine, Moïse a suivi tous les contours de ce mirage et l'a redressé mentalement. C'est ainsi qu'il est arrivé à sa cosmogonie par l'étude de la théogonie universelle.

Le premier chapitre de la Genèse, retourné kabbalistiquement, donne un résumé lumineux de la théogonie universelle et de son enfantement progressif dans l'esprit humain. Isolé, le résumé semblerait irréligieux et représenterait la divinité comme une fiction de l'homme. Le texte de Moïse, pris isolément, ressemble à une fable et inquiète la raison. Mais qu'on unisse les deux contraires, qu'on forme l'étoile avec les deux triangles, et on sera étonné de ce qu'on trouvera de vérité et de lumière. Chacun peut lire le texte dans la Bible, en voici l'inversion, du moins quant au premier chapitre :

LA GENÈSE OCCULTE. — *Chapitre premier*.

« Éternellement l'immensité du ciel et l'étendue de la terre ont fait dans l'homme l'idée de Dieu.

« Mais cette idée était indéterminée et vague, c'était un masque de ténèbres sur un immense fantôme ; et l'esprit de l'homme flottait dans ses conceptions comme sur les eaux.

« L'homme dit alors : Qu'il y ait une intelligence suprême ! et il y eut une intelligence suprême. Et l'homme vit que cette idée était belle et il distingua l'esprit de lumière de l'esprit des ténèbres ; il appela l'esprit de lumière, Dieu ; l'esprit de ténèbres, diable, et il se fit un royaume du bien et un royaume du mal. Ce fut la première nuit.

« L'homme dit aussi : Qu'il y ait une séparation infranchissable entre les rêves du ciel et les réalités de la terre ! Et l'homme fit une séparation, et il divisa les choses d'en haut avec les choses d'en bas, et cela fut fait ainsi. Et l'homme appela sa séparation imaginaire le ciel ; et il se fit un soir et un matin, ce fut la seconde nuit.

« Et l'homme dit : Séparons dans notre culte la masse des nuages de l'étendue sèche du ciel. Il donna au ciel sans eau le nom de père ; à la masse des nuages le nom de mère. Et l'homme vit que cela était beau, et il dit : Faisons germer dans le ciel toute la végétation des symboles où les dogmes sortent les uns des autres, comme la semence de l'herbe, et l'herbe de la semence.

« Plantons le pommier édénique aux fruits mystérieux et toujours renaissants. Et le ciel poussa les symboles comme l'herbe et les arbres mystérieux naquirent. Et l'homme vit que cela était beau. Puis il se fit un soir, il se fit un matin, et ce fut la troisième nuit.

« L'homme dit aussi : Qu'il y ait des astres mystiques dans mon ciel, et qu'ils se partagent la science et l'ignorance, le jour et la nuit ! Et il en fut ainsi ; et l'homme fit deux divinités splendides : la grande pour les initiés, la petite pour le vulgaire, et des petits dieux nombreux comme les étoiles. Et il les plaça dans l'exil de son ciel pour être les rois de la terre et créer une distinction entre la science et l'ignorance, entre le jour et la nuit. Et l'homme vit que cela était beau, et il se fit un soir et un matin. Ce fut la quatrième nuit.

« L'homme dit aussi : Que les nuages enfantent des dragons volants et des animaux fantastiques. Et les nuages produisirent des monstres pour épouvanter les enfants, et des diables avec des ailes ; et l'homme les bénit en leur disant : Croissez et multipliez, et remplissez le ciel et la terre ; et l'homme plaça tour à tour sur les autels tous les animaux de la terre. Et il se fit un soir, il se fit un matin, et ce fut la cinquième nuit.

« L'homme donc adora les animaux et les reptiles de toute espèce ; et ayant vu que cela lui réussissait, il dit : Faisons un Dieu à notre image et à notre ressemblance, et qu'il soit le roi des léviathans mythologiques, des monstres du ciel et des colosses de l'enfer. Et l'homme créa Dieu à son image et à sa ressemblance. Il le fit à la ressemblance de l'homme, et il le bénit, et il lui dit : Crois et multiplie tes images ; je te donne l'empire du ciel et le domaine de la terre. Et il en fut ainsi ; et l'homme contempla ce qu'il avait créé, c'était magnifique. Et il se fit un soir, et il se fit un matin ; et ce fut la sixième nuit. »

Cette Genèse occulte fut celle que Moïse pensa avant d'écrire la sienne, et voici comment il dut raisonner.

La matière est la forme extérieure de l'esprit. L'intelligence agit sur elle, et elle réagit sur l'intelligence. L'harmonie résulte de l'analogie de ces deux contraires.

Dans l'esprit de l'homme qui lutte contre la matière, les lois du progrès sont analogues à celles du mouvement et du progrès dans la matière même.

Donc la création du monde hors de Dieu doit être analogue à celle de l'idée de Dieu dans l'homme.

Et c'est ainsi que, prenant pour base numérale le ternaire sacré et sa duplication qui en exprime le mirage, Moïse écrivit sa cosmogonie des six jours, analogues aux six grandes nuits de l'initiation humaine à tous les mystères religieux.

Cette clef de la révélation est aussi celle de toutes les pratiques religieuses et de leur influence sur les civilisations et sur les destinées humaines.

Nous allons nous faire comprendre :

Étant donnée l'action de la pensée sur la forme et la réaction analogique de la forme sur la pensée, on doit conclure que les objets extérieurs agissent sur l'homme ou réagissent sur lui autant qu'il peut agir sur eux. L'homme, d'après son idéal divin, bâtit un temple ; puis il est impressionné par le temple qu'il a fait et ne peut y entrer sans se rappeler son Dieu. L'idéal vague a pris un corps, une forme, et il devient une réalité visible, palpable pour l'homme. Dira-t-on qu'il se trompe lui-même ? Oui, sans doute, en tout ce que la forme exprime de défauts dans son idéal, mais non en tout ce qu'elle réalise de perfections et de vérités.

C'est ainsi que la religion a fait des cultes, et que les cultes font la piété qui est la force de la religion.

Les cérémonies religieuses sont des pratiques de haute kabbale, et la magie proscrite n'était si dangereuse que par la puissance dont elle pouvait s'emparer en les imitant.

La pratique, c'est le Verbe en action. L'homme

qui pratique est acquis bon gré, mal gré à la doctrine dont il accomplit les rites.

Si Julien a pu abandonner le christianisme, c'est qu'il ne l'avait jamais pratiqué librement, et c'est aussi qu'il se livrait en secret aux cérémonies de l'hellénisme. L'Église a bien conscience de cette force, et c'est pour cela qu'elle s'occupe moins en apparence des sentiments intérieurs que des pratiques extérieures. Confessez-vous, dit-elle, et allez à la messe ; le reste arrivera tout seul.

Il est certain que les sectateurs de la magie noire évoquaient et voyaient le diable, donnant ainsi un corps et une réalité à l'idéal même de l'absurde. Les actes authentiques des nombreux procès de magie ne nous permettent pas d'en douter.

L'exaltation que produit la vision est contagieuse et se communique avec la rapidité de l'électricité à tous ceux que la force de leur raison ne met pas en garde contre cette influence naturelle. C'est ainsi que s'expliquent les phénomènes des soi-disant esprits d'Amérique. Aussi les théologiens sérieux sont-ils tous d'accord pour déclarer qu'une vision ne prouve rien en matière de doctrine. Cette déclaration des maîtres devrait mettre le vulgaire en garde contre les révélations surnaturelles et les prophéties fondées sur des visions.

Le grand et infortuné empereur Julien eut le malheur de croire sérieusement à ses dieux, sur la foi des visions que lui avaient procurées Jamblique et Maxime d'Éphèse. Cette crédulité toute juive ou chrétienne le mettait à la merci des enthousiasmes nouveaux, plus forts et plus universels que le sien : il fut entraîné et débordé par le courant.

On raconte du roi saint Louis une chose qui lui fait infiniment d'honneur. Un jour on vient le chercher en grande hâte pour l'inviter à se rendre témoin d'un miracle qui s'opérait dans sa chapelle. Le Christ s'était rendu visible dans l'hostie, et y avait manifesté ainsi sa présence à une multitude de témoins. « Pourquoi irais-je ? dit saint Louis. Je crois à la présence réelle de Jésus-Christ dans l'hostie, parce que je ne l'y vois pas ; mais si je l'y voyais, je n'y croirais plus. »

Un miracle public est une preuve d'exaltation, et par conséquent de déraison collective ; il ne produit la foi que comme la peste produit la peste. La folie de la croix (ce mot est de saint Paul) n'a été qu'un remède homœopathique aux folies orgiaques et luxurieuses du siècle des Caligula et des Néron. Les jeûnes des stylites n'étaient que la réaction rationnellement insensée des soupers de Claude et des festins de Trymalcion. Saint Antoine a protesté contre Pétrone, et l'animal immonde qui lui servait de chien était la satyre vivante des mœurs romaines de la décadence.

Aussi Sénèque, aux festins de Néron, louait-il et enviait-il outre mesure l'austérité de Diogène, et saint Antoine dans son désert rêvait-il des épopées d'ivresse et de débauche à faire pâlir les inventions de Tigellin. L'harmonie résulte de l'analogie des contraires.

L'exaltation se produit par des moyens physiques, qui sont : 1° la tension continue et périodique de l'esprit ; 2° le jeûne ; 3° les représentations et les images ; 4° la musique et les chants analogues à l'objet de l'enthousiasme ; 5° les fumigations et les parfums. Qu'on s'étonne maintenant si les personnes pieuses sont sujettes à des révélations et à des extases. Mais il est vrai de dire aussi qu'on peut, par les mêmes moyens, arriver à la vision intuitive de Kichatan, de Pimpocau ou de Parabavastu, voire même du hideux fantôme qui résume tous les faux dieux, Satan !

Il résulte de ceci que les cultes sont tous essentiellement magiques ;

Qu'ils opèrent par eux-mêmes l'œuvre religieuse, c'est-à-dire l'exaltation créatrice des intuitions de la foi des visions, soit célestes, soit infernales ;

Qu'ils sont, suivant leur plus ou moins de moralité, une médecine ou un empoisonnement de l'esprit.

Il en résulte aussi :

Que les religions sans cérémonies sont des cultes froids et inefficaces ;

Que le protestantisme, par exemple, ne peut produire qu'un enthousiasme rare et isolé ;

Qu'il est une négation plutôt qu'une affirmation religieuse ;

Qu'il ne possède ni la clef des prophéties, ni la source des inspirations, ni la baguette des miracles ;

Qu'il est incapable de créer Dieu, et par conséquent qu'il ne fera jamais de grands saints.

On voit par là combien se trompent ceux qui rêvent des religions rationnelles, sans mystères, sans mythologie et sans sacrifices.

Ils rêvent des religions sans religion.

La religion, c'est la création magique d'un monde fantastique rendu sensible à la foi.

C'est la réalisation apparente des hypothèses ultra-rationnelles ; c'est la satisfaction d'un besoin merveilleux commun aux femmes, aux enfants et à tous ceux qui leur ressemblent.

Si la religion catholique est malade de quelque chose, c'est d'avoir fait trop de concessions à la raison du xviiie siècle, et elle ne vit plus que de ce qu'il lui reste encore d'intolérance.

Ceux qui veulent l'humaniser veulent la tuer, et elle le sent bien.

Si une autre religion doit lui succéder, ce sera nécessairement une religion plus déraisonnable, et par conséquent plus forte comme religion.

L'affirmation religieuse est l'antithèse de l'affirmation raisonnable, et l'harmonie philosophique résulte de l'analogie de ces deux affirmations contraires.

Le chrétien, qui prend le ciel pour sa seule patrie, marche moralement les pieds en haut et la tête en bas ; et c'est ainsi que le ciel devient un mirage de la terre.

L'union de la religion et de la philosophie doit s'accomplir par leur distinction même, qui leur permet de s'allier comme les deux triangles de l'étoile de Salomon, comme le sabre avec le fourreau, comme le plein avec le vide.

C'est pour cela que le spirituel doit être la négation du temporel, et que la royauté et la richesse seront toujours la mort du pouvoir sacerdotal, en détruisant le merveilleux de sa mission et en excitant la défiance et la jalousie des instincts matériels.

C'est pour cela aussi que le pouvoir temporel se couvre de ridicule lorsqu'il veut s'immiscer au pouvoir spirituel, parce qu'il sera toujours suspect d'inspiration intéressée. On rira toujours d'un maître qui dira : Dieu veut que vous m'obéissiez. Mais qu'un homme vraiment indépendant de César dise au monde : Obéissez à César ! on croira cet homme, surtout s'il est évident qu'il n'accepte rien de César.

C'est pour la même raison que les prêtres ne peuvent pas être mariés et rester prêtres. Personne n'est prophète chez soi, et les femmes jalouses demanderaient compte à leurs maris de la confession de leurs voisines.

Les anciens mages étaient célibataires. Pythagore et Apollonius se sont abstenus de femmes. Le paganisme même avait des vestales. Ce qu'il y a d'anormal et en quelque sorte de déraisonnable dans le célibat, le rend essentiellement religieux ; le monde le sent bien, car il déblatère contre le célibat des prêtres, mais il méprise les prêtres mariés.

Chose étrange ! la religion est la plus humaine de toutes les institutions, et la philosophie est ce qu'il y a de vraiment divin dans la vie intellectuelle de l'humanité. La religion est la synthèse des passions : cupidité d'un bien infini, ambition poussée jusqu'au délire d'une aspiration déifique, désespoir de volupté blasée ou inassouvie qui se réfugie dans l'extase, orgueil surtout, orgueil immense, qui croit s'humilier devant Dieu ! orgueil qui s'accuse d'avoir offensé Dieu et troublé l'harmonie des mondes ! La philosophie, au contraire, courageuse dans son doute, modeste dans sa fierté, ne croit qu'à l'expérience et ne veut rien devoir qu'au travail. Mais, nous l'avons déjà fait pressentir, la religion seule et la philosophie seule sont deux erreurs. Au fond de l'une, il y a le suicide ascétique et tous les crimes du fanatisme ; au fond de l'autre, il y a le désespoir du scepticisme et l'abrutissement de l'indifférence absolue. La religion et la philosophie, comme l'*éros* et l'*antéros* de la mythologie antique, sont faites pour se soutenir mutuellement en luttant l'une contre l'autre. Il fallait les succès de Voltaire pour stimuler l'orgueil de Chateaubriand, et sans la *Bible enfin expliquée,* nous n'aurions jamais admiré le *Génie du christianisme.*

Le mouvement, c'est la vie, et la loi du mouvement pousse toujours l'opinion vers les extrêmes ; mais un proverbe dit que les extrêmes se touchent, et les exagérations du comte de Maistre diffèrent peu de celles de Marat. On se partage encore entre Marat et le comte de Maistre, et l'on confond, entre les deux camps, dans une même estime et dans une même indifférence, Fénelon, Vincent de Paul et Volney. Les hommes trop bons et trop forts sont hors de combat. La vérité est mise au concours ; mais tous ceux qui la trouvent sont condamnés au silence, autrement tout serait fini.

« C'est pour cela, disait le Christ, que je parle en paraboles, afin qu'en voyant on ne voie pas, et qu'en entendant on ne comprenne pas ; autrement tous se convertiraient et seraient sauvés. »

Il ne faut donc pas que tous se convertissent, ou, pour mieux traduire, se détournent en même temps de leur voie. Il ne faut donc pas que tous soient sauvés, c'est-à-dire soient mis par l'initiation hors de la lutte des contraires. Tous sont appelés cependant, mais les élus sont toujours en petit nomb ; c'est-à-dire que les conditions de l'initiation sont telles, qu'elles ne peuvent être remplies que par un petit nombre de concurrents sur un immense concours qui se renouvelle d'âge en âge, et durera jusqu'à l'élection et jusqu'au salut de tous.

Ce n'est ni la religion, ni la philosophie seule, qui font les initiés; c'est l'alliance de ces deux lumières réunies en une seule. Puis les initiés font à leur gré, pour le vulgaire, la religion et la philosophie. Fables d'un côté, raisonnements téméraires de l'autre, au milieu se trouvent la science de la foi et la foi de la science qui s'embrassent et qui s'unissent pour gouverner le monde. La religion est femme, et elle est souveraine par la poésie et par l'amour. Le progrès scientifique est homme, et il doit gouverner et défendre au besoin la femme par l'énergie et par la raison.

Ceux qui se mettent au point de vue extrême et absolu de Voltaire pour juger la religion, doivent s'étonner et s'indigner de la voir encore protégée et dominante. A leurs yeux, en effet, ce n'est qu'une abrutissante série de mensonges intéressés et de pratiques imbéciles; mais ils en jugent aussi mal que Marie Alacoque, si elle vivait encore, pourrait juger des choses de science, de progrès et de liberté. En toutes choses il faut tenir compte de ce qui est.

Que le puritanisme rigide d'un philosophe célibataire ne comprenne pas qu'on fasse des fables aux enfants ou d'aimables petits mensonges pour les apaiser, qu'il s'indigne contre les nourrices et contre les mères, la nature ne tiendra aucun compte de la colère du philosophe; mais un sage, tout en laissant son libre cours au sacerdoce féminin, surveillera le choix des fables, s'opposera aux fictions affreuses, niera l'existence du loup-garou et de Croquemitaine, et empêchera ainsi qu'on n'affaiblisse la raison naissante de l'enfant. Tromper les peuples pour les exploiter, les asservir et retarder leur progrès, l'empêcher même si cela est possible : voilà le crime de la magie noire; mais les instruire progressivement par les allégories du dogme et la poésie des mystères, élever leurs âmes par la grandeur des espérances, les gagner à la sagesse par de sublimes et ingénieuses folies, c'est l'art sacerdotal dans toute sa pureté, c'est la magie de lumière, c'est le secret kabbalistique de la vraie religion.

Un grand malheur est arrivé dans le christianisme. La divulgation des mystères par les gnostiques ayant fait rejeter la gnose, les peuples ont choisi des ignorants pour les conduire ; on a proclamé l'égalité devant la foi, et les aveugles sont devenus les conducteurs des aveugles, comme avait bien raison de le redouter le Maître. Qu'est-il arrivé? C'est que les vertus d'en bas étant presque impossibles en haut, les chefs du sacerdoce se sont trouvés sans la science et sans les vertus nécessaires à leur haute dignité. Ils se sont alors constitués en castes, pour relever uniquement les uns des autres, et ont essayé de rétablir les anciennes épreuves, mais sans initiation progressive; en sorte que pour soumettre à jamais la volonté du récipiendiaire, l'éducation cléricale dessèche les cœurs et engourdit l'intelligence. De là viennent tous les maux de la religion, et par suite ceux de la société. C'est pour cela que la parole des prédicateurs est si froide et si inefficace. Comment voulez-vous qu'ils fassent aimer une loi qu'ils portent eux-mêmes comme un joug depuis leur enfance? Comment parleront-ils aux cœurs, eux dont le cœur s'est condamné à un silence éternel?

Le sacerdoce actuel fait d'ailleurs des efforts désespérés pour maintenir tels qu'ils étaient autrefois des dogmes que le xviiie siècle a dévoilés. On ne fait pas de reprises à la robe d'Isis, et les divinités en vêtements rapetassés n'attirent pas la confiance. Ce qu'il faut, c'est un nouveau voile, et déjà la poésie populaire est à l'œuvre, car le monde ne reste pas longtemps sans religion.

Nous avons dit que les pratiques religieuses sont un moyen de produire l'extase, et ce sont les phénomènes naturels de l'extase que le vulgaire prend habituellement pour des miracles. Ces phénomènes sont:

1° L'insensibilité à toute lésion et à toute douleur;

2° La vision ou le somnambulisme plus ou moins lucide;

3° L'éloquence improvisée et la science infuse par surexcitation et communication directe avec le milieu commun des pensées des autres;

4° Une surabondance fluidique capable d'opérer des effets extraordinaires, comme la communication immédiate de l'extase et de tous ses phénomènes, la guérison instantanée de certaines affections, la suspension apparente de quelques lois de la nature, celle de la pesanteur par exemple, comme cela arrive journellement en Amérique et ailleurs, lorsqu'on voit des tables se soulever et rester suspendues sans que personne les touche. On sait que de semblables phénomènes se produisaient lors des convulsions du cimetière de Saint-Médard. Des femmes extatiques étaient enlevées de terre : les ennemis même du jansénisme le constatent, mais ils attribuent le miracle au démon, et en donnent pour preuves les indécences de ces ascensions aériennes, où les vêtements des femmes, observent-ils (voir les controverses du temps), se soulevaient et se relevaient d'eux-mêmes contre toutes les lois de la physique, pendant le mouvement ascensionnel du corps de la convulsionnaire. Cette complication du miracle ne prouve-t-elle pas la présence d'un agent naturel, d'une force motrice mise en jeu par la surexcitation non seulement d'une personne, mais de tout un cercle d'enthousiastes? Et si cette force motrice existe réellement, si elle peut en certaines circonstances balancer les lois de la pesanteur, pourquoi les extatiques et les somnambules n'en arriveraient-ils pas à marcher naturellement sur l'eau? C'est toujours la nature qui fait les miracles; le fanatisme les exploite, la science les explique. C'est à la sagesse de s'en servir pour le triomphe de la raison et du progrès.

LES CLASSIQUES DE LA KABBALE. — LES TALMUDISTES ET LE TALMUD.

L'importance du Talmud niée avec dérision par l'ignorance des chrétiens et aveuglément soutenue par la superstition du vulgaire des juifs, repose tout entière sur les grandes et immuables vérités de la sainte Kabbale.

Le Talmud, dont le nom se compose de Thau sacré et d'un mot hébreu qui signifie enseignement, contient sept parties distinctes et que la science doit bien se garder de confondre : *la Mischna* ou le Talmud de Jérusalem, les deux *Ghemara* ou le Talmud de Babylone, les *Thosphata* ou additions, les *Béritchta* ou appendices, les *Maraschim* ou commentaires allégoriques, et les *Haggada* ou récits traditionnels.

Les Talmudistes, rédacteurs de cette œuvre mélangée, appartenaient à trois classes de rabbins dont l'autorité successive a conservé, interprété et commenté les textes primitifs. C'étaient les *Ténaïmes* ou initiés, les *Amoraïmes* ou disciples vulgaires des *Ténaïmes*; puis sont venus les *Massorètes* et les *Chachamines*, conservateurs aveugles des textes, calculateurs systématiques des signes dont ils ne savaient pas la valeur absolue, docteurs qui ne voyaient plus la Kabbale que dans quelques jeux mathématiques d'une *Gématrie* mal entendue et d'une insuffisante *Témurah*.

Chez les juifs comme chez les chrétiens, les tendances de l'église officielle ou de la synagogue ont toujours été dirigées vers la matérialisation des signes pour substituer la hiérarchie d'influence temporelle à la hiérarchie de science et de vertu. C'est ainsi qu'avant la venue du Christ, la prophétie, représentant l'initiation et le progrès, avait toujours été en lutte ouverte ou en hostilité sourde avec le sacerdoce ; c'est ainsi que le pharisaïsme du temps de Jésus persécuta la nouvelle école essénienne, dont il était le fondateur, et s'opposa plus tard aux larges enseignements des disciples de *Hillel* et de *Chamaï*. Plus tard, les *Kohanimes* furent encore hostiles aux Israélistes initiés de l'école d'Alexandrie, et la synagogue de *Chachamines* et des Massorètes ne laissa en paix les *Kohanimes* ou excellents maîtres, que grâce à un occultisme qui fut sans doute une des racines secrètes des institutions maçonniques pendant les ombres du moyen âge. Ce n'est donc pas à la synagogue officielle qu'il faut demander les clefs de la haute Kabbale et le sens caché du Talmud; les représentants actuels de l'ancienne théologie biblique vous diront que Maïmonides, cette grande lumière d'Israël, non seulement n'était pas kabbaliste, mais regardait comme inutile ou dangereuse l'étude de la *Kabbalah*. Maïmonides cependant vénérait le Talmud et ressemblait ainsi à ces utopistes en mysticité qui rejettent le christianisme tout en adorant l'Évangile. Jamais, en aucun temps, les inconséquences n'ont fait peur à l'esprit humain.

Si le Talmud n'était pas originairement la grande clef kabbalistique du judaïsme, on ne comprendrait ni son existence ni la vénération traditionnelle dont il est l'objet. En effet, nous avons cité le texte du catéchisme israélite qui doit faire considérer par tous les croyants juifs le Talmud comme le recueil classique et authentique des lois secrètes de Jéhovah réservées par la sagesse de Moïse à l'enseignement traditionnel de la tribu sacerdotale. Nous savons d'ailleurs que le corps de cette théologie occulte est positivement ce que tous les initiés sérieux ont considéré comme l'ensemble de la *Kabbalah*. Aussi la clef de cette science, qui ouvre seule toutes les portes secrètes et fait pénétrer dans toutes les profondeurs de la Bible, doit-elle s'adapter également à tous les mystères du Talmud, autre bible de convention imaginée seulement pour l'épreuve des clefs bibliques. C'est pour cela que les talmudistes, désireux de faire comprendre aux sages le sens allégorique de certains passages évidemment absurdes des livres sacrés, enchérissent sur cette absurdité même et donnent pour explication à un texte improbable un commentaire parfaitement impossible. Voici un exemple de cette méthode :

L'auteur du livre allégorique de Job représente la force brutale sous l'emblème de deux monstres, l'un terrestre et l'autre marin, qu'il nomme l'un Béhémoth et l'autre Léviathan. Ce n'est pas sans intention kabbalistique, sans doute, qu'il emploie ici le nombre deux ou le binaire, car la force brutale se fait toujours concurrence à elle-même par les lois fatales ou providentielles de l'équilibre, et de même que dans la génération éternelle des choses l'harmonie résulte de l'analogie des contraires, ainsi dans les excès titaniens de la force, l'harmonie se conserve ou se rétablit par l'antagonisme des égaux. Voilà ce qu'a voulu dire l'auteur du livre de Job, voici maintenant comment les talmudistes enchérissent sur cette fiction.

« Eloïm avait permis à la mer de se donner un maître visible et à la terre de se donner un roi. »

— Ceci nous rappelle la fable des grenouilles et de la grue.

« La mer enfanta Leviathan et la terre fit sortir Béhémoth de ses entrailles bouleversées.

« Leviathan était le grand serpent de la mer.

« Béhémoth était le *cherub* aux cornes immenses. »

— De là est venu notre diable.

« Mais bientôt Leviathan remplit tellement la mer, que les eaux crièrent vers Eloïm ne sachant où se réfugier.

« La terre de son côté se lamentait broyée sous les pieds de Béhémoth et dépouillée par lui de toute verdure.

« Eloïm eut pitié et il enleva Leviathan de la mer et Béhémoth de la terre.

« Et il les sala pour les conserver jusqu'au banquet du dernier jour.

« Alors les élus mangeront la chair du Leviathan et du Béhémoth et la trouveront délicieuse, parce que c'est le Seigneur qui la conserve et qui la prépare. »

— Où est Voltaire pour rire de cette monstrueuse salaison, de ce Dieu cuisinier et de ce banquet consommateur d'affreuses momies! Nous conviendrons tout d'abord avec lui que les allégories rabbiniques choquent souvent ce bon goût français et cette fine fleur de politesse littéraire qu'ils ne pouvaient ni connaître ni deviner. Mais que diront les rieurs si, dans la fable du Léviathan et du Béhémoth, on leur fait comprendre la solution de l'énigme du mal? Qu'auraient-ils à répondre si on leur disait, par exemple : Le diable du christianisme représente les excès aveugles de la force vitale, mais la nature conserve et maintient l'équilibre, les monstruosités même ont leur raison d'être et serviront tôt ou tard à l'alimentation de l'harmonie universelle. Ne craignez donc pas les fantômes. Tout ce qui est au-dessus de l'homme doit être plus beau et meilleur que l'homme ; au-dessous il y a la bête, et la bête, quelque démesurée

Les Séphiroths avec les noms divins, Clé des notions théologiques suivant les Hébreux.

qu'elle soit, doit être l'auxiliaire ou la pâture de l'homme ! Enfants poltrons, ne craignez donc plus que le diable ne vous mange ! soyez des hommes, et c'est vous qui mangerez le diable, puisque le diable, c'est-à-dire l'esprit d'absurdité et d'inintelligence, ne peut s'élever plus haut que la bête. Voilà ce qu'il faut comprendre par le festin final et kabbalistique du Béhémoth et du Leviathan !

Représentez-vous maintenant un commentateur Kohanime ou Massorète, prenant à la lettre l'allégorie talmudique des faits, discutant sérieusement la réalité littérale, prouvant l'existence réelle du Leviathan et du Béhémoth, établissant par exemple que la lune est le saloir du Père Éternel, qu'il a pu y transporter le Leviathan et le Béhémoth après l'avoir creusée et remplie de sel, etc., etc., et vous aurez une idée de toute la rédaction du Talmud, de ses lumières voilées et de ses naïves erreurs.

Le premier Talmud, le seul véritablement kabbalistique, la *Mischna*, fut rédigé pendant le IIe siècle de l'ère chrétienne, par le dernier chef des Ténaïmes, Rabbi-Jehuda-Hakadosch-Hanassi, c'est-à-dire Juda le très saint et le prince. Les noms de kadosch et de prince étaient donnés aux grands initiés de la Kabbale et se sont conservés parmi les adeptes de la maçonnerie occulte et de la rose-croix. Rabbi Jehuda composa son livre suivant toutes les règles de la haute initiation, l'écrivit par dedans et par dehors, comme disaient Ézéchiel et saint Jean, et en indiqua le sens transcendental par les lettres sacrées et les nombres correspondant au *Bereschit* des six premières *Séphiroths*. La Mischna se compose de six livres nommés *Sédérim*, dont l'ordre et le sujet correspondent aux signes absolus de la philosophie kabbalistique, comme nous allons l'expliquer.

Nous avons déjà dit que les kabbalistes ne définissent pas Dieu, mais l'adorent dans ses manifestations, qui sont l'idée et la forme, l'intelligence et l'amour[1] ; ils supposent un pouvoir suprême appuyé sur deux lois qui sont la sagesse fixe et l'intelligence active, en d'autres termes, nécessité et liberté. C'est ainsi qu'ils forment un premier triangle ainsi conçu :

Kether la couronne.

Binah <i>l'intelligence.</i>   Chocmah <i>la sagesse.</i>

Puis, comme un mirage de cette conception suprême dans notre idéal, ils établissent un second triangle en sens inverse. La justice absolue correspondant à la sagesse suprême ou à la nécessité, l'amour absolu correspondant à l'intelligence active ou à la liberté, et la beauté suprême qui résulte des harmonies de la justice et de l'amour correspond au pouvoir divin.

Gédulah   Géburah
L'amour.   La justice.

Tiphéreth
La beauté.

En réunissant ces deux triangles et en les entrelaçant, on en forme ce qu'on appelle l'étoile flamboyante ou le sceau de Salomon, c'est-à-dire l'expression

---

1. *Pourquoi pas dans autres choses?* demanda naïvement l'auteur d'une note ajoutée à notre précédent article. C'est-à-dire pourquoi pas dans la bêtise et dans la haine, dans l'absence d'idée et dans l'absence de formes? Puis l'annotateur ajoute cet aveu précieux : *Il est bien difficile de parler de Dieu sans dire des sottises.* Je le crois comme lui, et je voudrais que cette belle parole servît désormais d'épigraphe à cette revue.

complète de la philosophie théologique de *Bereschit* ou de la Genèse universelle.

C'est sur cette base que Rabbi Jehuda établit les divisions de son ouvrage. Le premier livre, ou Sédérim, correspondant à la notion de Kether, a pour titre Zéraïm, les semences, parce que dans l'idée de la couronne suprême est contenue la notion de principe fécondant et de production universelle.

Le second livre correspond à la Séphire de *Chochmah*; il s'intitule Moed, et traite des choses sacrées auxquelles il ne faut rien changer, parce qu'elles représentent l'ordre éternel.

Le troisième livre relatif à *Binah*, la liberté ou la puissance créatrice, traite des femmes, de la famille, et porte le nom de Naschim.

Le quatrième livre, inspiré par l'idée de Géburah ou de Justice, traite des iniquités et de leur peine : son titre est Nazchim.

Le cinquième livre correspondant à Gédulah, c'est-à-dire à la miséricorde et à l'amour, a pour titre Kadoschim, et traite des croyances consolantes et des choses saintes.

Enfin, le sixième livre, analogue à la Séphire de Tiphéreth, contient les secrets les plus cachés de la vie et de la morale qui la concerne ; il traite des purifications, c'est-à-dire de la médecine des âmes, et porte le nom mystérieux de Tharoth ou Tarot, exprimant à lui seul tout le sens caché des roues symboliques d'Ézéchiel et du nom de Thorah, donné encore de nos jours par les rabbins à l'Écriture tout entière.

En tête de la Mischna, Rabbi Jehuda-Hakadosh-Hanassi a placé la tradition des anciens sages du judaïsme. Ce sont les proverbes et les sentences des successeurs de Salomon dans l'étude de la souveraine sagesse :

« Par trois choses, disait Simon le Juste, subsiste le monde :

« Par l'enseignement de la loi,

« Les devoirs du culte,

« Et les œuvres de charité. »

Ainsi voilà encore le triangle kabbalistique, la loi stable, le culte progressif, et la charité, qui est la vie et la raison commune du culte et de la loi.

Antigonus a dit : « Ne soyez pas comme le valet qui obéit pour le salaire. Que votre récompense soit dans votre obéissance même, et que le respect des choses supérieures soit inhérent à vous. »

Ceci n'a rien de superstitieux et devrait être médité par un grand nombre de catholiques.

— « La journée est courte, disait Rabbi Tarphon, la besogne est grande, et les ouvriers sont paresseux ; ils n'en gagneront pas moins largement le prix de leur journée, car le maître répond pour eux et supplée par son activité à leur indolence. »

— Promesse du salut de tous ; négation hardie du péché et du mal, responsabilité de la Providence, qui exclut l'idée du châtiment dans la nécessité temporaire de la souffrance, considérée seulement comme l'aiguillon de la nonchalance des hommes.

Akabiah disait : — « Sache bien trois choses et tu ne pécheras jamais ;

« D'où tu viens,

« Où tu vas,

« Et à qui tu dois rendre compte. »

— Voilà trois choses qu'il faut savoir pour ne plus rien faire de mal de propos délibéré.

Celui qui sait bien ces trois choses ne veut plus pécher, autrement il serait fou.

Celui qui ne les sait pas encore ne peut pas encore pécher : comment, en effet, manquerait-on à des devoirs qu'on ignore ?

Telles sont les maximes recueillies par maître Judas le saint et le prince, en tête du livre des semences ou des principes universels. Il va ensuite du figuré au positif, et traite de l'agriculture. Ici Volney et Dupuis retrouveraient le calendrier dans les plus hauts mystères de la religion judaïque. Et pourquoi, en effet, le calendrier n'y serait-il pas ? La couronne du Kether ne correspond-elle pas à la couronne de l'année, et les fêtes religieuses ne sont-elles pas les fleurons visibles de ce diadème des hautes croyances ? Mais la philosophie transcendentale du Talmud laisse bien loin toutes les superstitions des croyances matérialisées.

« Celui qui dit : Je veux pécher, et le jour du pardon viendra pour m'absoudre, celui-là rend inutile le jour du pardon, et ne sera point absous de ses iniquités volontaires. »

— « Les péchés, disent encore les talmudistes, lorsqu'ils sont entre l'homme et Dieu, Dieu peut les absoudre au jour du pardon ; mais lorsqu'ils sont entre l'homme et l'homme, c'est-à-dire lorsqu'ils intéressent la justice entre les frères, l'homme peut seul les remettre, en déclarant devant la loi que le dommage est réparé. »

Ceci est magnifique et n'a pas besoin de commentaires.

Telle est la sagesse qui préside aux fêtes d'Israël décrites dans le second livre du Talmud de Jérusalem, si étroitement lié avec le premier, puisque l'un traite de la culture des champs et des âmes, l'autre du culte de Dieu et du calendrier symbolique.

Le troisième livre, ou *Sédérim,* est consacré plus spécialement aux femmes et au principe fondamental de la famille. La jurisprudence talmudique ne sépare pas la femme de l'homme, et ne cherche pas, par des questions irritantes d'égalité ou de supériorité respectives, à établir l'antagonisme dans l'amour, ce qui serait nier et détruire l'amour ; pour les kabbalistes, la femme n'est ni l'égale, ni la servante, ni la maîtresse, ni l'associée de l'homme ; elle est l'homme même, conçu du côté affectueux et maternel ; la femme possède tous les droits de l'homme dans l'homme, et l'homme se respecte dans la femme.

« Que la folie humaine ne sépare donc jamais ce que la sagesse divine se plaît à unir ! et malheur à ceux qui vivent seuls !!! »

Les questions d'émancipation de la femme et d'égalité civile sont en effet des rêves de femmes célibataires, et, devant la loi naturelle, le célibat est une monstruosité.

— « O âme de mon âme, cœur de mon cœur et chair de ma chair, dirait avec son emphase orientale un initié aux mystères de la Mischna, tu parles de devenir mon égale ! Tu veux donc devenir autre chose que moi-même ! Tu veux arracher ton cœur de mon cœur, tu veux faire deux de ce qui était un ; et, de même que Dieu t'avait formée de la chair même et des os de ma poitrine, tu veux tirer de toi sans moi quelque chose de monstrueux pour te compléter et me remplacer dans ton être ! Mais quand tu te seras faite ma rivale en amours, pourras-tu jamais être mon égale en désolation et en regrets ? »

— « L'autel pleure, disait un rabbin talmudiste, quand l'époux se sépare de son épouse. »

Le quatrième livre de la Mischna sur les injustices et les dommages, est un recueil de lois civiles bien supérieures à tous les codes du moyen âge, et c'est à la source de cette législation secrète qu'il faut rapporter la conservation d'Israël à travers tant de persécutions, et sa délivrance par l'industrie qui est le dernier terme matériel de la civilisation et la sauvegarde de tous les droits politiques si péniblement et si complètement reconquis de nos jours par les enfants réhabilités des anciens parias d'Israël.

Les livres intitulés Kadoschime et Tharoth complètent, par leurs détails, l'ensemble des hautes traditions juives, et ferment magnifiquement le cycle des révélations de Rabbi Jéhuda. Il y a loin de ce bel ouvrage initiatique aux commentaires des deux *Ghémara* et à l'exégèse aristotélicienne de Mosé Maïmonides.

Ce Maïmonides pourtant était un savant docteur et même un grand homme ; mais il fut prévenu contre les clefs kabbalistiques du Talmud, par l'horreur de la superstition et la réaction contre le mysticisme. Dans son *Moré Newouchime* (le Guide des égarés) et dans ses *huit chapitres,* il ramène les traditions du Talmud aux lois vulgaires de la nature et de la raison, puis dans le *Jad Hacksaka* (la Main forte), il réunit les croyances juives en un symbole de treize articles, qui est un chef-d'œuvre de simplicité et de raison, mais qui, à l'insu de Maïmonides même, se rapporte tellement aux principes de la plus pure kabbale, que les treize premières clefs du Tarot, cette grande roue kabbalistique, correspondent précisément par leurs signes hiéroglyphiques aux treize articles fondamentaux du symbole de Maïmonides.

Les associations maçonniques se formèrent alors et recueillirent la tradition perdue par les juifs et proscrite par les chrétiens, car le nom même et les attributs de la maçonnerie se rapportent à la reconstruction du temple, ce rêve universel de la kabbale. « Le règne du Messie sera venu, disait un des pères de la synagogue, quand le peuple sera délivré à jamais de l'oppression des souverains de la terre. »

— « Il n'est point de véritable Israélite, disait un autre maître, pour qui le temple ne soit un édifice immédiatement réalisable, car il le rebâtit dans son cœur. »

Le temple était donc une utopie sociale et un symbole du gouvernement parfait fondé sur la hiérarchie égalitaire d'intelligence et de mérite. Les templiers, initiés en Orient à cette doctrine, étaient donc de véritables et terribles conspirateurs, que les papes et les rois devaient exterminer pour conserver leur propre existence. Puis vint la révolution française, qui confondit dans un chaos universel les souvenirs des *Amoraïmes,* les espérances des *Joannites* et les initiations de la franc-maçonnerie. L'esprit des ruines avait soufflé, et les reconstructeurs du Temple laissèrent leurs plans, leurs équerres et leurs compas dans les décombres.

Le Temple pourtant doit être reconstruit, et il le sera ; car l'intelligence humaine en vient tôt ou tard à ses fins, et jamais un verbe complet et rationnel n'a été proféré et répété à travers les siècles sans se créer, tôt ou tard, une réalisation proportionnelle à ses larges aspirations et à l'exactitude de ses calculs.

Issus de la kabbale, le mysticisme et l'illuminisme sont aussi anciens que le monde, car ils sont l'ombre et le repoussoir de la lumière intellectuelle. La négation absolue du vrai ne constitue pas seule l'essence du mal, car le néant ne peut rien produire, pas même l'action désorganisatrice : le mal, c'est l'affirmation du mensonge, c'est le déguisement et la souillure de la vérité, c'est le bien perverti et profané, c'est le verbe interprété par des faussaires, c'est la débauche introduite dans les idées et les lois de la génération interverties dans l'ordre intellectuel et moral.

Le démon n'est donc pas l'esprit qui nie ; tout nier, c'est ne rien enseigner, c'est par conséquent ne rien faire. Et quoi de plus actif que l'esprit du mal ? — Le démon, c'est l'esprit qui affirme, mais qui ment.

Ce mensonge a pour châtiment éternel la vérité, qui, ne pouvant pas l'éclairer, le brûle et le détruit.

Telle est la raison philosophique de l'enfer :

La vérité ressemble à cet enfant vivant que deux femmes se disputaient devant le tribunal de Salomon. La raison soumise à l'ordre, c'est la vraie mère ; la raison révoltée, c'est la menteuse qui a étouffé son fils et qui veut s'emparer de celui qui ne lui appartient pas. Ce qui la tourmente, ce n'est pas tant le désir d'avoir un enfant que l'envie de priver sa rivale de celui qu'elle a. « Non ! s'écrie-t-elle, qu'il ne soit donné à personne, mais qu'on le partage ; » c'est-à-dire, qu'on le tue ! car, en dernière analyse, toute parole de mensonge se traduit par une parole de mort.

La foi succédant aux rêves audacieux de l'antique initiation a été, dans l'humanité, comme l'aveuglement volontaire de ce roi de Thèbes qui avait violé, en devinant l'énigme du Sphinx, les mystères de sa naissance. L'OEdipe des temps modernes s'est révolté contre l'expiation d'un crime qu'il avait cessé de comprendre ; il a voulu rouvrir les yeux, et le fantôme monstrueux du Sphinx lui est apparu de nouveau plus menaçant et plus terrible. L'empire de l'humanité a été offert encore une fois à celui qui devinerait l'énigme ; il fallait répondre à la tête d'homme et lutter contre les griffes de lion : l'intelligence désormais était inséparable de la force.

Elle l'a toujours été, mais le monde l'ignorait encore. Les sages de l'Inde avaient seuls entrevu ce mystère, lorsque, dans les périodes successives de la création, ils faisaient de la force animale régnante à chaque époque nouvelle une incarnation de Vichnou. En effet, où règnent les forces aveugles et purement naturelles, c'est Dieu qui les dirige ; mais une intelligence supérieure peut seule régner sur les intelligences.

Chose étrange ! le monde entier, lors de la naissance de Jésus-Christ, pressentait, désirait, appelait à grands cris un sauveur, et le christianisme fut accueilli par une hostilité universelle. On essaya contre la vérité naissante la conspiration du silence, puis celle du mépris, enfin celle de la calomnie et de la persécution. C'est que la destinée de la vérité est de toujours vaincre, c'est que la résistance est le point d'appui de la force ; c'est que Dieu n'est pas moins bon mathématicien qu'Archimède, mais, plus puissant que ce grand homme, lorsqu'il veut imprimer un nouveau mouvement au monde, il sait où poser son levier.

L'incrédulité, ou plutôt l'ignorance moderne, peut sourire au mot de Messie et contredire ici, dès les premiers mots, tout ce que nous avançons. En effet, dira-t-elle, l'humanité agonise maintenant et n'espère plus ; la terre s'épuise en efforts convulsifs et n'enfante plus ; Charenton seul peut nous promettre des Messies. Quel sauveur se fera croire, après qu'on a douté du christianisme ?

On a douté du christianisme, répondrons-nous, parce qu'on ne le voyait pas marcher avec la science. On l'a quitté pour suivre cette dernière ; mais que pourra-t-on dire en voyant qu'ils ont cheminé tous deux dans les deux moitiés d'un même cercle, et que la science nous ramène à la foi ?

Le christianisme n'a encore été dans le monde qu'une grande promesse, dont on s'est lassé trop tôt d'attendre la réalisation. Que voulez-vous faire à cela ? Dieu, fort heureusement, ne se lasse pas et ne se dédit jamais : il sera prêt à l'échéance.

La foi est l'application à l'infini d'une volonté finie, mais perfectible. Croire, c'est vouloir la science qu'on ne possède pas encore. *Amen !* je veux que cela soit ainsi. Telle est la parole qui exprime la foi. Les absurdités apparentes du dogme sont la résistance nécessaire qui fait de la croyance une force. Admettre ce qui est évident, ce n'est pas croire, c'est acquiescer.

La volonté n'est forte, chez les soldats du progrès comme chez tous les soldats imaginables, que quand l'intelligence est passive.

Voilà pourquoi les chefs du mouvement catholique ont formé des armées que le monde incrédule redoute encore.

On voit que nous ne croyons guère plus au fantôme du jésuitisme qu'à celui de la tyrannie ; l'humanité n'a jamais eu d'oppresseurs, et ne les aurait pas soufferts. Les troupeaux ont des bouchers, les bêtes des chasseurs, les peuples des rois, les hommes libres des pères, selon la loi infaillible du progrès, les tyrans ont été des incarnations des vices du peuple. Aussi la populace romaine idolâtrait-elle Néron.

Alexandre Sévère et Célestin V étaient des justes qui ne purent parvenir à gouverner, l'un l'Empire, l'autre l'Église de leur temps ; à l'un, il manquait un peuple et une armée ; à l'autre, un clergé et des fidèles.

Voilà ce qui explique pourquoi le Sauveur ne veut pas qu'on sème des perles devant les pourceaux : énergique expression que nous pouvons bien répéter après lui. Voilà pourquoi les dogmes se sont constitués.

Un dogme, c'est un signe intermédiaire entre la lumière de la science et la multitude des vues faibles, ou, si vous aimez mieux, la vue faible des multitudes.

Voilà pourquoi, à mesure que la vue des hommes devient plus forte, ils changent de dogme comme on changerait de lunettes.

Voilà pourquoi la lettre tue, tandis que l'esprit seul vivifie.

L'ésotérisme excite l'esprit de l'homme à la recherche de la vérité. C'est le voile de la pudeur fait pour irriter le désir.

Vouloir montrer en public la vérité nue, c'est vouloir la prostituer.

Une belle femme qui se cache et qui se refuse est entourée d'adorateurs ; qu'elle descende dans la rue provocante et déhontée, on ne la regardera même plus.

Laissez à la religion ses mystères, ne touchez pas au voile d'Isis ! Ne divulguez pas les secrets d'Eleusine, souvenez-vous de la malédiction de Cham !

Si l'Église, votre mère, semble dormir les vêtements en désordre, portez sur elle votre manteau en marchant, s'il le faut, à reculons ; rétrograder ainsi, c'est avancer.

Quand la philosophie aura bien compris toutes ces choses, elle sera le plus ferme appui de la religion ; et la religion, à son tour, pourra non seulement la tolérer, mais la protéger et la bénir.

C'est ainsi que l'autorité civile aimera et protégera la liberté, quand elle trouvera dans la liberté même sa principale force et son unique point d'appui.

Ce temps est-il éloigné? Non ; car la force du mouvement intellectuel et le cours des événements en précipitent la venue.

Toute action qui n'est pas soutenue par une réaction est un coup porté dans le vide. Il a fallu le martyre aux apôtres, et il aura fallu la révolte de l'esprit humain à l'Église universelle de l'avenir. En doctrine, en politique et même en bonheur, comme en dynamique, on ne s'appuie que sur ce qui résiste.

C'est assez dire que nous ne voulons pas faire cesser l'antinomie, mais seulement la *retourner*, si l'on veut nous passer encore une fois cette expression, que nous avons déjà expliquée précédemment, et qui rend bien notre pensée.

En s'embrassant pour se renverser, les lutteurs se soutiennent mutuellement. Nous croyons que l'avenir fera un embrassement vivifiant de ce qui a été jusqu'à présent une guerre.

La philosophie est la recherche ou la négation d'une religion, comme la république est la recherche ou la négation d'un gouvernement. Une république philosophique serait pour les masses l'organisation du chaos par les ténèbres. La révolte révolutionnaire et philosophique n'a donc de force que dans l'autorité qui la repousse et qui s'appuie sur elle. Car la révolution ne peut pas plus être un gouvernement, que la philosophie n'est une religion.

Philosophie et république, genèse et apocalypse des religions et des empires, c'est à vous qu'il a été réservé de retremper dans le doute et dans le sang les pouvoirs désormais réunis du pape et de l'empereur!

En religion, il est vrai de dire que la résistance c'est le péché; le péché nie la religion et c'est lui cependant qui la rend nécessaire : il en est de même en politique de la révolution et de l'autorité.

Philosophiquement parlant, le péché c'est la volonté humaine appliquée à l'absurde, c'est le somnambulisme de la raison.

La vertu c'est la volonté appliquée au vrai. Le méchant veut mal parce qu'il voit mal. Il ne faut pas maudire les aveugles; mais il faut, de gré ou de force, les empêcher de se heurter ou de nous heurter.

Les patriarches ont été saints par la volonté persévérante de l'objet des promesses divines, c'est-à-dire de l'idéal religieux et social qui commençait à se révéler à leur époque.

Les apôtres ont voulu le règne du Christ, et ils ont été plus forts que l'empire romain.

C'est que la vérité dans l'ombre du progrès est le principe de la force. Apprendre à vouloir ce qui est vrai dans l'ordre du mouvement, qui est la vie, tel est le devoir imposé à l'humanité sur la terre.

C'est pourquoi ce sera toujours aux forts de commander et aux faibles d'obéir. Honte aux faibles, puisque la vie est une école où la force est mise au concours.

Les élus seront toujours en petit nombre, parce qu'ils sont dans un ordre successif les premier arrivés sur les sommités du progrès; mais les autres arriveront et seront élus à leur tour. Pour arriver là, il n'y a qu'un moyen pour ceux qui ne sont pas encore chefs, c'est de suivre les chefs du mouvement.

Le christianisme était le plan d'un monde nouveau, et le Christ, prêtre et roi de l'avenir, en était la pierre angulaire. Or, depuis près de deux mille ans, l'ancien monde achève de se dissoudre, mais on n'a rien rebâti en dehors de la pierre fondamentale posée par le christianisme. Cela prouve-t-il que le plan évangélique est mauvais? Pour la première fois de sa vie, composée déjà de tant de siècles, et qui peut-être commence à peine, l'humanité a besoin d'un Messie et n'en attend plus : n'est-ce pas la preuve que son Messie est venu et qu'il faut qu'elle retourne à lui?

Retourner, avons-nous dit, non; ce mot sonne mal: l'humanité ne revient jamais sur ses pas : il faut qu'elle avance jusqu'à l'accomplissement des promesses évangéliques. Ce qui est passé ce sont les interprétations désespérantes de ceux qui défendaient à Dieu d'avoir un royaume sur la terre; ce qui est passé, c'est le mysticime superstitieux qui paralysait la raison et faisait taire dans l'homme l'image du Verbe divin. L'homme ne veut plus croire au hasard : l'intuition de Dieu, c'est-à-dire la science de l'Absolu, a été promise aux cœurs purs, c'est-à-dire aux volontés droites.

L'homme a besoin de voir la réalisation des promesses de Dieu.

Quoi ! le Verbe créateur aurait retenti sans autre effet dans le monde que d'avertir les bourreaux et de réveiller la mort? La vérité incarnée briserait à jamais sa puissance contre des obstacles de chair, le libérateur aurait à jamais les mains clouées et ne détacherait jamais ses pieds de la croix, pour marcher à la tête de son peuple? Quoi ! il aurait dit à ceux qui l'interrogeaient sur sa royauté : « C'est pour cela que je suis venu dans le monde », et il n'aurait jamais que la couronne de douleurs avec la pourpre et le sceptre dérisoires? Non, il n'en sera pas ainsi. Les juifs qui attendent encore leur Messie, parce qu'ils veulent voir en lui la réunion de la royauté et du sacerdoce universels, ne viendront à Jésus-Christ, selon la promesse des apôtres, que quand l'Évangile aura accompli à la lettre les vœux des prophètes, en réalisant dans les idées et dans les formes le royaume de l'Absolu. Voilà l'espoir, voilà le désir, voilà, je dirais presque la certitude des croyants vraiment éclairés de notre époque; et nous savons que ce n'est pas un rêve, car, après des prémisses également certaines, la conclusion est rigoureuse, et nous attendons la conclusion des prémisses de l'Évangile.

Tel est le pressentiment religieux qui tourmente et soutient au milieu de nos décombres, bien des grands esprits et des nobles cœurs. Cet idéal nécessairement vrai du christianisme accompli, beaucoup de poètes l'ont déjà chanté vaguement sans que la foule se soit arrêtée à leurs chansons.

Le royaume de Dieu que nous portons au dedans de nous, selon la parole du Christ, est le royaume de l'intelligence et de la raison, puisque Dieu est l'intelligence suprême et la raison dernière de toutes choses. Dieu, c'est l'absolu qui règne sans partage, et dire que nous avons la royauté de Dieu en nous, c'est révéler dans l'homme la présence et la puissance créatrice et régularisatrice de l'absolu. L'homme a été créé à l'image et à la ressemblance de Dieu, et c'est pour cela que le roi-prophète, en parlant aux enfants des hommes, leur disait : « Vous êtes des dieux. »

La science de la religion conduit à la religion de la science, et les décisions de l'autorité sanctionnent les décrets de la raison, puisque l'autorité n'est que la raison collective. La superstition, en voulant se servir de l'autorité pour combattre la raison, poussait donc l'autorité au suicide. C'est pour cela qu'une protestation s'est faite ; mais, au cercle vicieux d'une autorité sans raison, le génie révolutionnaire a voulu opposer le paradoxe d'une raison sans autorité. Que les adversaires s'unissent, puisqu'ils ne peuvent pas se détruire, et nous aurons l'autorité raisonnable. Il n'y a plus que cela de possible au monde. Or, dans les défilés qui n'ont qu'une seule issue, faut-il être grand prophète pour prédire que tous ceux qui s'en tireront sortiront par là ?

« Vous connaîtrez la vérité et la vérité vous affranchira. » Telle est la grande promessse faite par le Christ au genre humain dans cet Évangile qui, depuis dix-huit siècles et demi, n'a pas été compris encore. En effet, la liberté n'appartient qu'à l'intelligence soumise à l'ordre et ne peut se manifester dans la vie extérieure, si la vie intérieure n'est assise sur la base immuable de l'absolu. Or, pour être ainsi fixée, il faudra que l'humanité communie au Verbe divin par la conscience de son propre Verbe ; il faudra, pour nous expliquer plus clairement, que l'homme, confident du plan de Dieu dans l'œuvre de la création, agisse dans son petit monde qui est lui-même, comme Dieu agit dans le grand monde, qui est l'ombre et la forme visible de Dieu.

Qu'on ne nous dise pas que l'Église officielle réprouve ou du moins ne consacre pas nos espérances; nous pensons qu'on la calomnie, ou du moins qu'on ne la laisse pas assez libre de s'expliquer à ce sujet. Dès les premiers siècles, le messianisme a eu ses apôtres, et le règne temporel du Sauveur sur la terre a été formellement annoncé par plus d'une voix prophétique. L'Église, en condamnant les rêveries des millénaires, n'a jamais prétendu restreindre la portée des prévisions sublimes et des enseignements admirables de l'évangéliste saint Jean.

Le trône du monde n'a jamais été vacant : l'intelligence souveraine y a toujours été assise. Que cette intelligence, lasse de l'empirisme philosophique, devienne sincèrement chrétienne, parce qu'elle verra qu'il faut l'être, et le royaume de Jésus-Christ sera constitué sur la terre.

Pourquoi avons-nous maintenant dans le monde une religion qui semble ne plus sauver personne et une science qui n'éclaire plus ou plutôt qui n'a pas éclairé encore? C'est que la religion et la science marchent l'une sans l'autre. S'il en était toujours ainsi, bientôt la religion ne saurait plus rien de ses propres dogmes qu'elle prendrait pour des absurdités contraires à tous les théorèmes de philosophie transcendante, et la philosophie ne croirait plus à elle-même, parce qu'elle n'aurait plus la foi. Nous marchons en pleine anarchie intellectuelle et nous parlons sans cesse de nos droits, comme s'il en existait d'incontestables où la base même des devoirs est contestée. Dites-nous sur quel principe les hommes d'aujourd'hui sont d'accord. Ils ont tout perdu et ils veulent qu'on les laisse librement chercher. Voilà tout ce qu'on peut dire de plus fort en faveur des doctrines libérales ou républicaines. Car la république en elle-même n'est pas plus un gouvernement que l'éclectisme n'est un dogme. Les républiques sont l'enfance ou la caducité des monarchies : c'est la Genèse ou l'Apocalypse des empires. Le régime parlementaire n'est pas celui de l'ordre établi ; on ne discute pas quand on a des principes ; discuter c'est chercher le sens commun, ce qui prouve qu'on ne l'a pas encore ou qu'on ne l'a plus. Les discussions de la tribune sont l'enseignement mutuel des peuples non encore émancipés, ou les radotages des vieilles aristocraties retombées en enfance.

L'absolu, c'est l'unité ; l'absolu en philosophie, c'est la religion éclairée ; l'absolu en idée, c'est le Verbe humain rendu créateur par son union au Verbe divin ; l'absolu en science, c'est l'unité dans l'analogie des lois créatrices ; l'absolu en politique, c'est l'unité du corps social régi par une seule tête.

Deux principes opposés, en effet, ne sont pas plus admissibles en philosophie que deux vérités contraires. On comprend en dynamique l'opposition de deux forces; mais ces deux forces, lorsqu'elles existent, se neutralisent ou se soutiennent l'une l'autre en vertu d'une seule et unique loi : celle de l'équilibre.

Les oppositions de couleurs qui semblent diviser la lumière sont l'ouvrage des milieux qui la réfractent : l'erreur n'est qu'une sorte de réfraction de la vérité et ne subsiste que dans une sorte de demi-rayon attiré par une illusion d'optique hors de sa direction et de sa voie : l'obstacle que nos sens grossiers et terrestres apportent à la manifestation de la lumière divine ne peut prendre une apparence de clarté que par des reflets empruntés à cette lumière. L'erreur ne peut donc être jamais que passagère et relative. L'affirmation absolue de l'erreur, en théorie, c'est l'absurde, en pratique, c'est la destruction et la mort.

Or, de même que, dans le phénomène de la réfraction, les rayons divergents ne sauraient se détacher du centre commun sans s'éteindre et disparaître derrière l'obstacle, en philosophie et en morale, les égarements de la raison humaine la laissent impuissante et ténébreuse dès qu'elle se sépare absolument du Verbe, principe de toute vérité. Tant que cette séparation n'est pas faite, les rayons divergents semblent protester contre le milieu qui les sépare et luttent pour se réunir.

Toutes les vérités émanées de la Vérité première sont sœurs, comme les rayons d'un même soleil sont frères. Dieu, par le point central qui les réunit, les retient et les empêche de se précipiter dans le vide ; elles ont beau aller l'une à droite, l'autre à gauche, en traversant l'atmosphère épais des préoccupations humaines, soyez sûrs qu'après avoir franchi l'obstacle, en raison de leur affinité naturelle, on les verra bientôt se réunir.

L'erreur c'est donc ce qui divise ; et Dieu, qui ne daigne pas même opposer la vérité au mensonge parce qu'en présence de la vérité le mensonge n'existe pas plus que les ténèbres devant la lumière, Dieu laisse les erreurs s'opposer les unes aux autres et s'entre-détruire en se neutralisant : voilà, dans le ciel de l'intelligence, ce qui explique les orages. Dieu ne fait pas la guerre aux passions humaines, autrement il les anéantirait d'un regard ; mais il les laisse se faire mutuellement obstacle, et c'est ainsi que se brise toujours, par la confusion des langues, le fantôme titanique d'un Verbe opposé à celui de Dieu.

La vérité n'est donc pas engagée dans le combat qui, depuis tant de siècles, divise et agite les intelligences passionnées, comme des nuages qui se brisent les uns contre les autres.

La vérité c'est la paix, c'est l'ordre, c'est la sérénité éternelle de l'absolu. Elle n'a point à tenter d'efforts pour percer les nuages qui nous la cachent : elle rayonne sur eux et attend qu'ils passent.

Le Verbe humain ne saurait être opposé au Verbe divin sans se nier lui-même, puisqu'il renoncerait ainsi à la source même de son être et de sa puissance; mais aussi nous devons reconnaître que le Verbe divin ne saurait absorber et annihiler le Verbe humain sans se donner à lui-même un démenti formel et sans détruire sa propre puissance créatrice. Comment donc, dans le domaine des faits, s'est-il produit deux affirmations de Verbes contraires? Comment Dieu et l'homme ont-ils paru se diviser et devenir ennemis dans cette guerre commencée, disent les philosophes incrédules, par le fanatisme inquisiteur, continuée, comme nous le savons tous, par le fanatisme révolutionnaire?

Ici les mots mêmes de la question répondent à cette question. De part et d'autre, de quelque manière qu'il se soit produit et dans quelque mesure qu'il se soit manifesté, le fanatisme a été l'erreur à laquelle doivent rester étrangères l'infaillibilité du dogme et la droiture de la raison. Platon et Fénelon, Phocion et saint Vincent de Paul se tendent la main à travers les âges.

Une erreur ne vaut pas mieux qu'une autre. Voilà le corollaire de ces démonstrations terribles. Faite au nom de l'humanité, la révolution fut inhumaine, parce que, exercée au nom de la divinité, l'oppression, soit religieuse, soit politique, avait été impie.

La philosophie a besoin d'être divine dans ses croyances pour être humaine dans sa morale; et c'est à force d'humanité que la vraie religion prouve au monde la divinité même de son principe.

Faisons seulement ici cette remarque en faveur du principe religieux, que la religion sans philosophie apparente a produit saint Vincent de Paul, et que la philosophie sans religion positive n'a produit que Jean-Jacques Rousseau.

Mais Jean-Jacques Rousseau lui-même eût aspiré, disait-il, à être le valet de Fénelon, tant il sentait dans cette philosophie soumise que l'archevêque de Cambrai alliait à une piété si sage, de supériorité sur la plus orgueilleuse et la plus tourmentée de toutes les raisons.

Les révolutions et les combats qui ont semblé opposer Dieu aux hommes et les hommes à Dieu, n'étaient donc que des conflits d'erreur au-dessus desquels les vérités d'autorité et de raison rayonnent inséparablement unies. L'Église est restée sainte malgré les faux mystiques; l'autorité est restée nécessaire, malgré les mauvais maîtres d'une part; et de l'autre, le principe de la liberté et de la dignité humaine reste inébranlable malgré les fureurs de Marat et les blasphèmes de Proudhon.

Aussi est-ce le besoin de religion et d'autorité qui proteste au sein des peuples contre les abus des pouvoirs, soit spirituel, soit temporel, contre la superstition et la tyrannie, comme c'est le cri de la raison et de l'humanité révoltée qui soulève les conservateurs de l'ordre religieux et social contre les scandales de l'athéisme et les désordres de l'anarchie.

Les hommes d'ordre et les hommes de liberté, lorsqu'ils sont intelligents et honnêtes, sont donc faits, surtout dans les temps où nous sommes, pour se comprendre, se rapprocher et se prêter un mutuel appui.

Sur ce point de vue, la religion et la philosophie sont d'accord.

Répétons-le encore une fois : dans le monde intellectuel et moral, il y a guerre entre les passions qui causent les erreurs des hommes; mais cette guerre, qui déjà fatigue tous les combattants, ne peut que faire ressortir avec plus de gloire l'alliance étroite des vérités et l'harmonie des principes qui se confondent dans l'unité du Verbe et se résument dans l'absolu.

Le comte Joseph de Maistre, dont l'autorité ne sera pas contestée par les catholiques, est peut-être de tous les écrivains éminents de nos jours celui qui s'est avancé le plus dans cette voie. Son livre DU PAPE démontre clairement la *nécessité humaine* de l'absolutisme spirituel, pour constituer et établir sur une base solide les pouvoirs temporels; et ce qu'il y a de plus frappant, c'est qu'il donne cet absolutisme comme la seule sauvegarde possible de la liberté. C'est au nom de la liberté que de Maistre s'efforce de relever la toute-puissance pontificale, et voici comment il exprime sa pensée :

« Nous avons vu, dit-il, que le souverain pontife est le chef naturel, le promoteur le plus puissant, le grand *Démiurge* de la civilisation universelle ; ses forces sur ce point n'ont de bornes que dans l'aveuglement ou la mauvaise volonté des princes. Les papes n'ont pas moins mérité de l'humanité par l'extinction de la servitude qu'ils ont combattue sans relâche, et qu'ils éteindront infailliblement, sans secousse, sans déchirements et sans danger, partout où on les laissera faire. »

Plus loin il ajoute :

« Ainsi le genre humain est *naturellement* en

grande partie serf, et ne peut être tiré de cet état que *surnaturellement*. Avec la servitude, point de morale proprement dite ; sans le christianisme, point de liberté générale ; et sans le pape, point de véritable christianisme, c'est-à-dire point de christianisme opérateur, puissant, convertissant, régénérant, conquérant, *perfectilisant*. C'était donc au souverain pontife qu'il appartenait de proclamer la liberté universelle : il l'a fait, et sa voix a retenti dans tout l'univers. Lui seul rendit cette liberté possible en sa qualité de chef unique de cette religion seule capable d'assouplir les volontés, et qui ne pouvait exercer toute sa puissance que par lui. »

Puis, en terminant son livre, l'un des plus magnifiquement écrits et des plus fortement pensés dont puisse se glorifier notre époque, il s'écrie, en s'adressant à Rome :

« Je te salue, mère immortelle de la science et de la sainteté ! *Salve, magna parens !* C'est toi qui répandis la lumière jusqu'aux extrémités de la terre, partout où les aveugles souverainetés n'arrêtèrent pas ton influence, et souvent même en dépit d'elles. C'est toi qui fis cesser les sacrifices humains, les coutumes barbares ou infâmes, les préjugés funestes, la nuit de l'ignorance ; et partout où tes envoyés ne purent pénétrer, il manque quelque chose à la civilisation. Les grands hommes t'appartiennent. *Magna virum !* Tes doctrines purifient la science de ce venin d'orgueil qui la rend toujours dangereuse et souvent funeste. Les pontifes seront bientôt universellement proclamés agents suprêmes de la civilisation, créateurs de la monarchie et de l'unité européennes, conservateurs de la science et des arts, fondateurs, protecteurs-nés de la liberté civile, destructeurs de l'esclavage, ennemis du despotisme, infatigables soutiens de la souveraineté, bienfaiteurs du genre humain. »

Voilà quelle magnifique idée se faisait des devoirs d'un souverain pontife l'infatigable défenseur de la papauté.

Disons maintenant que la papauté doit ou périr, ou accomplir fidèlement ce programme.

Elle le fera quand le dogme, retrempé à sa source, s'éclairera des splendeurs de la Kabbale.

Les Juifs, nos pères, ce peuple de travailleurs et de martyrs, c'est la maison d'Israël qui attend son heure, les livres occultes de la vraie science attendent aussi l'heure des nations.

Israël nous sauvera, nous qui l'avons crucifié comme il a crucifié notre Sauveur.

Une passion aura expié l'autre ; car l'oppression d'un peuple est une sorte de déicide.

Nous nous souviendrons alors que Jésus-Christ est né, a vécu, est mort Israélite, et que si les Juifs ne l'avaient pas repoussé et méconnu, il n'y aurait eu au lieu de chrétiens que des Israélites sur la terre.

PIÈCES JUSTIFICATIVES
ET CITATIONS CURIEUSES

UNE PROPHÉTIE ET DIVERSES PENSÉES
DE PARACELSE

La prophétie de Paracelse, dont nous traduisons ici la préface, se compose de trente-deux chapitres, avec des signes allégoriques. C'est le monument le plus étonnant et la preuve la plus incontestable de la réalité et de l'existence du don de prophétie naturelle.

PRÉFACE DE LA PROGNOSTICATION
DU DOCTEUR THÉOPHRASTE PARACELSE

Socrate, discourant un jour sur la trop curieuse recherche des choses célestes, pendant qu'on oublie les réalités humaines et la terre qui touche à nos pieds, « Ce qui est au-dessus de nous n'existe pas pour nous! » s'écria-t-il; voulant dire par là qu'une craintive et superstitieuse considération du ciel est vaine, inutile et dangereuse. Il se peut en effet qu'averti par le péril de sa raison un sage se détourne d'une semblable étude. Partout, d'ailleurs, nous voyons Socrate, dans les dialogues de Platon, louer la modération et l'équilibre en toute chose. C'est ainsi que la parole de ce grand philosophe doit être comprise ; car le moyen de supposer qu'il calomniait l'astrologie étant lui-même, suivant le témoignage de Platon, un astrologue merveilleux! Je ne veux point ici essayer l'apologie d'une science honorée par tant de savants hommes ; je dirai seulement un mot : c'est qu'il n'existe pas un art qu'on puisse appeler aussi justement divin dans sa source, dans sa tradition et dans sa théorie. Lisez Moïse, et il vous dira pourquoi Dieu a placé dans le firmament le soleil, la lune et les étoiles, règles et mesures des jours, des temps et des années : ce qui inspire à saint Paul l'éloge de ces sages du monde qui ont dans les choses visibles trouvé et reconnu leur invisible Créateur. Il est vrai qu'ensuite il les blâme de ne l'avoir pas honoré plus que la créature. Dieu veut, en effet, que nous soyons attentifs aux lois des éléments, afin de nous élever de l'ouvrage à son auteur, pour le connaître et l'adorer ; car toutes les apparences et toutes les formes matérielles ne sont que des masques et des enveloppes qui laissent deviner les secrets les plus intimes de la nature. Ainsi ont été trouvées ces sciences magnifiques, ainsi ont pris naissance ces arts merveilleux qui nous font découvrir dans les racines, dans les pierres et même dans les hommes des puissances cachées au vulgaire et révélées seulement à la sagacité de ces savants nommés par Hésiode et par Homère Ἀλφισταῒ et Μέροπες, c'est-à-dire les grands chercheurs.

Toutefois, n'attribuons rien de trop à l'intelligence humaine. Il est une sagesse divine qui descend du

Père des lumières, suivant le texte de saint Jacques. Dieu nous a donné les caractères qui forment les lettres ; il y a attaché l'expression de tous les sentiments de l'âme. Par elles, nous pouvons parler ; et par elles, comme par un instrument divin, il nous transmet et nous enseigne chaque jour les secrets de toutes les sciences.

Dieu ayant ainsi adapté aux usages de l'homme les merveilles de la création, a établi dès le commencement une école d'initiation à cette sagesse que tous ne doivent pas comprendre. Là, nous apprenons avec soin les choses cachées à la multitude. Ainsi le pêcheur tire du fond de la mer ses filets chargés de poissons qu'il n'avait jamais vus ; ainsi les métallurgistes et les faiseurs de fouilles peuvent extraire des masses d'or et d'argent de ces profondeurs de la terre où l'œil n'a jamais pénétré. Voilà comment, à l'école de la nature, Dieu nous enseigne et nous met sous les yeux des choses tout à fait inconnues. Ainsi il n'est rien de caché qui ne doive être révélé et mis en lumière, soit sous le firmament du ciel, soit dans la mer, soit dans la terre ; tout doit être amené au jour par ces grands chercheurs dont j'ai parlé. Maintenant ces hommes célèbres par leur science font voler de bouche en bouche leurs noms devenus immortels ; car ils ont éclairé en quelque sorte la nature, et leur mémoire ne doit jamais s'éteindre. La muse ne cède jamais à la mort l'héritage de la gloire. C'est par le génie qu'on est vivant ; tout le reste est l'apanage de la mort. Aussi, suivant nos forces et le don de la Providence, avons-nous voulu glaner après ces nobles moissonneurs et expliquer au monde les menaces de la nature et des astres, pour une période à venir qui doit durer quarante ans, afin que les hommes se trouvant avertis, apprennent à craindre Dieu et se préparent au châtiment futur des grands crimes. Il est impossible d'exprimer jusqu'à quel point toute chair a maintenant corrompu sa voie. L'anarchie est partout, la terre et le ciel sont confondus, et si Dieu n'abrégeait pas les jours de sa colère, nulle chair ne pourrait être sauvée. La vie désordonnée des hommes de mon temps est ce qui m'a particulièrement déterminé à étudier soigneusement les astres. Or, il existe des signes dans le soleil, la lune et les étoiles, qui annoncent la venue prochaine du jugement de Dieu. La hache est au pied de l'arbre, le sang coule sur le sang, et, comme dit le prophète, il n'est personne qui s'inquiète de Dieu parmi les hommes, il n'en est pas un qui le cherche. Mais les prophètes et les évangélistes ont maintenant pour mission de nous rappeler à la charité, à la concorde et à l'unité ; l'unité est dans la triade divine, et la triade se résume dans l'unité : c'est ainsi que, dans les sociétés humaines, l'unité, la paix et la tranquillité doivent se produire. Lorsque l'unité se brise, la pluralité des pouvoirs engendre immédiatement la discorde et la guerre ; il y a autant d'opinions que de têtes, chacun veut faire triompher la sienne : dès lors plus d'harmonie possible ; dans l'unité est le repos avec l'abondance de la paix. Oh ! qu'il est bon, qu'il est délicieux à des frères de demeurer dans l'unité ! s'écrie le prophète David. L'unité est le bonheur de toutes les créatures. Les cieux n'ont qu'une seule loi de mouvement et d'harmonie ; la terre n'a qu'une loi pour produire celle de l'amour, et elle donne toujours son fruit dans son temps. Tout obéit à l'unité, excepté Satan et l'homme. L'homme, pourtant, est assez averti par les signes du ciel, par le soleil, par la lune, par les étoiles... Mais que lui font ces avertissements? Aussi est-il menacé d'une fin subite et prochaine. Heureux celui qui ne s'est point assis dans la chaire empoisonnée du mensonge, et qui ne marche pas suivant le conseil de l'impiété! La visite de Dieu est prochaine. Le bras vengeur pèse sur nous ; chacun sent venir des malheurs qu'il ne pourra pas éviter.

Qui donc luttera contre Dieu! on ne regimbe pas impunément contre l'aiguillon. Le Dieu des armées est le Dieu fort, le Dieu jaloux, qui visite l'iniquité des pères sur les enfants jusqu'*à la troisième et la quatrième génération*. S'opposer à Dieu, quelle folie! Géants téméraires qui voulaient détrôner Jupiter et qui eux-mêmes furent renversés par la foudre ! Il est temps de montrer aux hommes leur démence, et c'est ce que nous ferons par trente-deux figures intelligibles pour un petit nombre d'élus. Nous avons vu l'iniquité consommée des Amorrhéens porter son blasphème jusqu'au ciel ; mais quand les choses sont poussées à l'extrême, l'arc trop tendu se brise, et les hommes sont emportés par une loi fatale vers une extrémité contraire, puis l'équilibre se fait quand le mouvement se ralentit. Ainsi de crime en crime la corruption s'usera d'elle-même, et qui pourra s'en attrister? Voici venir le salut des multitudes et la rédemption vaincra le royaume du mal. Qui ne serait impatient de voir les jours meilleurs où l'unité nous sera rendue et où nous vivrons en paix sous un seul pasteur ! Alors plus de tourments, plus d'injustices, le baume descendra sur la barbe vénérable du grand-prêtre ; la bénédiction, la lumière, la gratitude envers le ciel, se répandront d'elles-mêmes sur les enfants de l'unité !

L'orgueil s'était rendu odieux même dans le ciel, et les anges fidèles n'ont pas pleuré sur la chute de Lucifer ; ils ont souscrit à la sentence divine. Ne nous affligeons donc pas si Dieu ouvre aujourd'hui son enfer sous les pieds des superbes. Réjouissons-nous plutôt, car le jugement a commencé dans la maison de Dieu même, et il se répandra de là sur toute espèce d'injuste orgueil. Notre prédiction n'a guère d'autre but que de révéler, comme nous l'avons dit, les menaces du ciel contre les têtes insolentes. Dieu veut enfin délivrer et venger lui-même ses enfants qu'on opprime, il veut traîner à bas les puissants, élever les humbles... Mais ce n'est encore là que le commencement des douleurs. La grandeur du mal ne s'est pas encore révélée, elle se révélera, et avec elle se manifestera une force qui empêchera le juste d'être séduit et entraîné dans la ruine des pervers.

Nous disons que personne ne sera nommé dans notre prophétie. Dieu connaît ceux qu'il a résolu de châtier, les hommes ne le connaissent pas, mais ils sentiront plutôt la justice les atteindre que nous ne pourrions avec notre sagacité humaine les chercher et les deviner. Tout nous est caché et pourtant tout se révèle à nous. La Kabbale toujours voilée ne prononce jamais des oracles sans mystères, et c'est d'elle, assure-t-on, que nous vient l'astrologie. Dieu aveugle les yeux et endurcit le cœur de ceux qu'il a promis à sa vengeance, car il ne veut plus les sauver.

En finissant cette préface je prie tous ceux qui me liront d'interpréter simplement mes paroles et de ne pas chercher de personnalités sous mes emblêmes.

Qu'ils tiennent leur esprit libre de toute pensée de haine, de crainte ou d'envie. L'événement frappera juste et alors se reconnaîtra qui voudra.

Je sais que beaucoup d'autres ont travaillé dans le même sens, je ne méprise ni leur science ni leurs efforts, je les encourage au contraire. Je vois la mort planer sur beaucoup d'institutions monastiques; mais si les hommes voulaient être sages et se retourner vers Dieu, il est miséricordieux et bon et se laisse fléchir par la persévérance des prières.

Nous n'attribuons pas aux astres une puissance fatale, ils nous poussent par leur influence, mais si le maître veut, il peut seul tout détourner et tout changer. Josué a prié et le soleil s'est arrêté pour lui laisser achever sa victoire. Ézéchias a prié et l'ombre s'est arrêtée sur son cadran solaire. Élie a prié et le ciel s'est fermé. La prière continuelle du juste est toute-puissante. Ceux donc qui voudront conjurer la menace n'ont qu'à se repentir, à prier, à vivre sagement et sobrement. Dieu notre père nous en fasse la grâce par son Fils bien-aimé et dans son Esprit saint. Amen.

A la suite de cette préface commence une série de figures.

La première représente deux meules de moulin, les deux forces de l'État, la populaire et l'aristocratique; mais la meule populaire est traversée par un serpent qui a un faisceau de verges à la gueule, une main armée d'une épée sort d'un nuage et semble diriger ce serpent qui renverse la meule et la fait tomber sur l'autre.

La seconde figure représente un arbre mort dont les fruits sont des fleurs de lys et le texte annonce l'exil à la famille dont les lys sont l'emblème.

Plus loin la meule populaire tombe sur une couronne et la brise.

Plus loin on voit un évêque plongé dans l'eau et entouré de lances qui l'empêchent de gagner le rivage. Dans le texte il est dit:

« Tu es sorti de tes limites, maintenant tu demandes la terre et elle ne te sera point rendue. »

Puis on voit un aigle planant sur le Bosphore où le sultan semble se noyer, et cet aigle n'est pas à deux têtes, il n'est pas noir, ce qui exclut la Russie et l'Autriche.

Il ne serait peut-être pas prudent à l'heure qu'il est de publier le reste. Les curieux pourront consulter le livre latin imprimé sous le titre de *Prognosticatio eximii doctoris Theophrasti Paracelsi* qui doit se trouver dans les bibliothèques publiques.

Nous en possédons deux exemplaires, l'un manuscrit et l'autre photographié d'après un exemplaire imprimé du xvie siècle.

LA GÉNÉRATION DES ESPRITS DE L'AIR[1].

Lemures gignuntur per deperditiones æstaticas spermatis et sanguinis menstrualis.

Sunt ephemeri et maximi mortales. Constant aere coagulato in vapore sanguinis vel spermatis, et quasi bullâ quæ si ferro frangatur perit anima imperfecta lemurum.

Quærunt simplices et credulos, fugiunt autem et doctos et ineptos insolentes ebriosos, etc.

Timidi sunt et fugitivi sicut aves cœli et semper mori reformidant, quia bulla aeris est vita eorum et statu facile corrumpitur.

(PARACELSE.)

LE RESPIR ASTRAL.

Les astres respirent leur âme et attirent le souffle les uns des autres ; l'âme de la terre se dégage en nous et formule ainsi la pensée et le verbe de l'humanité. La partie captive de cette âme est muette, mais elle sait les secrets de la nature. La partie libre ne les sait plus, mais elle parle et doit reconquérir la science.

Les astres se trompent souvent dans la manifestation externe de leur vie ; jamais, dans le sentiment interne qu'ils en ont, on ne passe de la béatitude enchaînée et végétative à la béatitude libre et vivante qu'en changeant de milieu et d'organes : de là vien-

---

(1) Nous avons dû mettre ce passage en latin.

nent l'oubli qui précède la naissance et le souvenir vague qui forme les intuitions.

(PARACELSE.)

Tout homme est dominé par un ascendant astral dont la direction est indiquée par les lignes de vie et de mort. C'est en agissant sur cet ascendant astral qu'on peut envoûter; les cérémonies ne sont qu'un moyen de produire le contact astral sympathique.

L'ascendant astral est un double tourbillon qui produit les attractions fatales et détermine la forme du corps astral. Les maléficiants rendent leur ascendant aggressif et l'exercent à troubler celui des autres.

(PARACELSE.)

L'ascendant a été deviné par d'autres magistes, qui l'ont appelé tourbillon. C'est un courant de lumière astrale produisant un cercle d'images et par conséquent d'impressions déterminées et déterminantes. L'ascendant de l'un est contenu et terminé par celui de l'autre, tant que l'un n'absorbe pas l'autre et ne l'entraîne pas dans son tourbillon. Connaître l'ascendant d'une personne, c'est la dominer entièrement, et cette connaissance peut s'acquérir par substitution mentale de nous-mêmes à la personne dont nous voulons savoir les secrets.

Paracelse donne le nom de *flagum* au reflet des idées dans la lumière ascendentale.

L'enfer est la matrice du macrocosme.

(PARACELSE.)

Qu'est-ce que le diable, considéré comme un bourreau seul responsable dans le gouvernement de Dieu ?

— C'est l'idéal incarné de la lâcheté et de la peur.

Qu'est-ce que la peur ?

— C'est l'appréhension de l'ignorance en présence de l'inconnu.

La peur est-elle respectable ?

— Oui, quand elle enfante les remords.

Qu'est-ce que le remords ?

— Ce sont les affres de la peur, qui punissent la faiblesse d'avoir tenté les œuvres de la force.

RÉSUMÉ DE LA PNEUMATIQUE KABBALISTIQUE

L'âme est une lumière vêtue; cette lumière est triple :

Neschamah, — *l'esprit pur ;*

Ruach, — *l'âme* ou *l'esprit ;*

Nephesch, — *le médiateur plastique.*

Le vêtement de l'âme, c'est l'écorce de l'image.

L'image est double parce qu'elle reflète le bon et le mauvais ange.

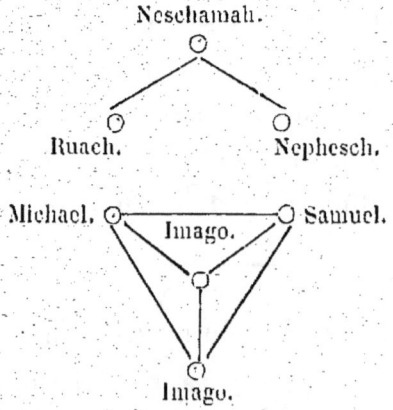

PNEUMATIQUE OCCULTE.

Nephesch est immortelle en se renouvelant par la destruction des formes;

Ruach est progressif par l'évolution des idées;

Neschamah est progressif sans oubli et sans destruction.

Il y a trois séjours pour les âmes :
- Le foyer des vivants,
- L'Eden supérieur,
- Et l'Eden inférieur.

L'image est un sphinx qui pose l'énigme de la naissance.

L'image fatale doue Nephesch de ses aptitudes; mais Ruach peut lui substituer l'image conquise d'après les inspirations de Neschamah.

Le corps est le moule de Nephesch, Nephesch le moule de Ruach, Ruach le moule du vêtement de Neschamah.

La lumière se personnifie en se revêtant, et la personnalité n'est stable que quand le vêtement est parfait.

Cette perfection sur terre est relative à l'âme universelle de la terre.

Il y a trois atmosphères pour les âmes.

La troisième atmosphère finit où commence l'attraction planétaire des autres mondes.

Les âmes parfaites pour la terre partent alors pour une autre station.

Après avoir parcouru les planètes, elles vont au soleil.

Puis elles montent dans un autre univers et recommencent leur évolution planétaire de monde en monde et de soleil en soleil.

Dans les soleils elles se souviennent, et dans les planètes elles oublient.

Les vies solaires sont les jours de l'existence éternelle, et les vies planétaires sont les nuits avec leurs rêves.

Les anges sont des émanations lumineuses, personnifiées non par l'épreuve et le vêtement, mais par le reflet et l'influence divine.

Les anges aspirent à se faire hommes ; un homme parfait, un homme-dieu, est au-dessus de tous les anges.

Les vies planétaires se composent de dix rêves de chacun cent ans, et chaque vie solaire est de mille ans : c'est pour cela qu'il est dit que mille ans devant Dieu sont comme un jour.

Toutes les semaines, c'est-à-dire tous les quatorze mille ans, l'âme se retrempe et se repose dans le sommeil jubilaire de l'oubli.

A son réveil, elle a oublié le mal et se rappelle le bien ; c'est pour elle une nouvelle naissance, elle recommence une semaine.

Les esprits sont de deux classes : les dominés et les affranchis.

Les dominés sont les mineurs de l'humanité; ils sont sacrés parce qu'ils sont irresponsables. Les affranchis sont chargés d'eux et répondent pour eux.

Les irresponsables souffrent, les justes seuls expient.

Tuer un méchant, c'est tuer un fou: c'est pourquoi le meurtre de Caïn est un crime sept fois plus grand que celui d'Abel.

Lorsqu'un enfant casse les vitres, c'est le père qui doit payer.

Les responsables seuls sont libres, les irresponsables ne peuvent pas l'être.

Les responsables ont à leur disposition tous les moyens coercitifs pour empêcher les irresponsables de mal faire.

Les peines sont correctionnelles. La mort n'est pas une peine: c'est le suprême pardon et l'affranchissement définitif des incorrigibles.

Le coupable n'expie pas, il subit; pour expier, il faut être innocent. *Piaculum expiatio :* œuvre de piété.

☿

Tout est substance et mouvement; la substance est lumière positive et négative.

Le mouvement est également double et équilibré.

L'ombre est de la lumière négative.

La lumière est éthérée, gazeuse, fluide, saline, sulfureuse, mercurielle, métallique et vitrée, suivant les combinaisons du mouvement qui produit la chaleur, l'ignition, la fusion, la métallisation et la cristallisation.

La nature a deux pôles à son axe, l'un de soufre et l'autre de verre.

THÉORIE DU G∴ A∴
- Être avec....
  - La Providence
  - De Dieu.
  - Lumière.
  - Mouvement.
  - Création.
- Savoir.....
  - La vérité
  - du mystère,
  - de la vie,
  - dans l'esprit visible
  - par la gravitation universelle.
- Vouloir.....
  - La justice
  - par le sacrifice
  - à l'harmonie
  - et au progrès
  - de la liberté.
- Oser......
  - En raison
  - de la foi aveugle
  - à l'équilibre
  - du corps modifiable
  - par la pondération.
- Se taire.....
  - Sur la réalité
  - du dogme,
  - action
  - de l'âme perfectible
  - par l'antagonisme.

LE SPHINX.

CORRESPONDANCES DE SES FORMES.

Être.	Intelligence.	Homme.
Vaincre.	Lutte.	Lion.
Créer.	Travail.	Taureau.
Régir.	Religion.	Aigle.

Comme le remarque Paracelse,

Lorsque l'air comprimé passe subitement du chaud au froid, la partie humide de l'air se condense immédiatement en brouillard.

Lorsque l'air est comprimé par une agglomération électrique, et qu'on soutire l'électricité au moyen d'une pointe métallique, il se produit une vive étincelle, puis toutes les apparences d'une épaisse fumée. Il suffit pour cela que la pointe ait divisé un *nœud* de lumière astrale coagulée par une larve. (Ce phénomène s'est produit dernièrement encore au presbytère de Cideville.)

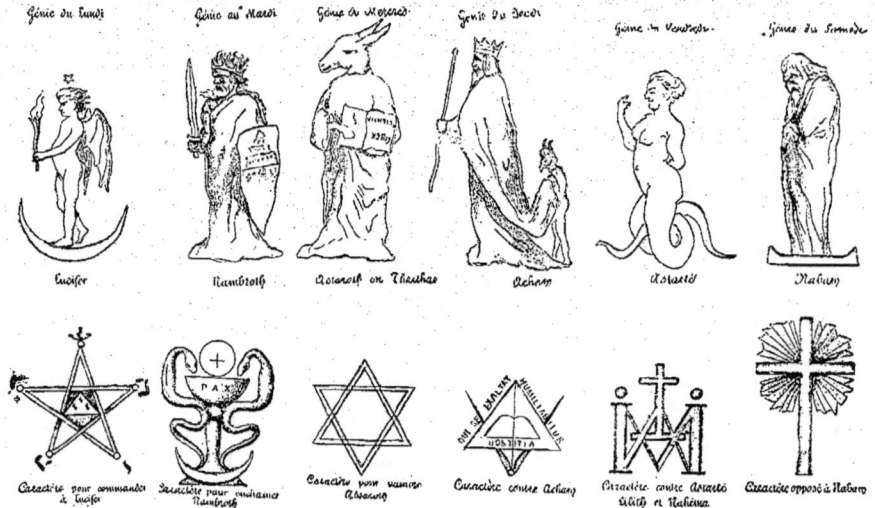

L'art de combattre les démons ou mauvais génies des jours.

PIÈCES
RELATIVES A LA MAGIE NOIRE

PRIÈRES ET CONJURATIONS
EXTRAITES D'UN MANUSCRIT INTITULÉ : LE GRIMOIRE DES BERGERS.

PRIÈRE DU MATIN.

O ma belle et divine dame,
Dont les pleurs font pleurer mon âme,
Qui cherchez-vous en soupirant ?
— Je cherche mon petit enfant.
— Il est sur la croix, pauvre mère !
Et son sang coule sur la terre
Comme un grain qui sera mûri
Le beau jour de Pâques-Fleuri.
Alors du fruit rouge qu'il donne
Nous vous ferons une couronne.
Car des palmes en sortiront,
Et des étoiles qui luiront.
Qu'est-ce que Marie ? — Une Mère ;
Mais son fils n'est plus sur la terre.
— Où donc est-il ? — Il est au ciel,
Et revient pour nous sur l'autel.
Dieu son père est aussi mon père ;
La vierge Marie est ma mère ;
Monsieur saint Pierre est mon parrain,
Et saint Jacques mon grand-cousin :
Voilà ceux que j'aime le mieux,
Mes parents qui sont dans les cieux.

LA PATENOTRE BLANCHE.

PRIÈRE DU SOIR.

Voici la patenôtre blanche
Que Dieu fit un jour de dimanche,
Et qui l'écrit, quand je la dis,
En lettres d'or au paradis.
Comme un enfançon dans ses anges,
En me couchant, j'ai vu sept anges.
Trois aux pieds et quatre au chevet ;
Puis une dame il y avait,
Qui m'a dit : « Viens ça, couche-toi,
Croise tes mains, repose-toi.
Prie en t'endormant pour ton père,
Pour tes bienfaiteurs, pour ta mère,
Et pour tous les bons cœurs joyeux,
Enfants du royaume des cieux.
Dieu les exauce sans nul doute,
Et Notre Dame les écoute. »
Je m'endormirai doucement :
J'ai pour patron monsieur saint Jean ;
Et monsieur saint Jacques, son frère,
Me garde avec monsieur saint Pierre.
J'ai faict ung bouquet de trois fleurs,
Et les trois vierges sont mes sœurs.
La croix de saincte Marguerite,
Je l'ai sur ma poitrine escripte
Marie allait à Dieu pleurant ;
Elle a trouvé monsieur saint Jean :
« Pourquoi pleurez-vous, saincte Dame ?
— On m'a pris l'enfant de mon âme.
— Vierge, il est cloué par les mains
A l'arbre sauveur des humains,
Ayant sur sa tête qui penche
Petit chapeau d'épine blanche.

Adieu, Vierge, adieu, je m'en vas;
Et si je ne revenais pas,
Mettez mon corps en terre saincte,
Et de Dieu gardez-moi la crainte,
Pour que je meure en vous aymant
Comme vostre petit enfant. »

A L'ANGELUS.

J'écoute la voix de la belle,
La belle dame qui m'appelle,
Qui m'appelle parmi les lys,
Les lys fleuris en paradis.
L'hiver passera sur la terre,
Le printemps me rendra ma mère,
Et je verrai Pâques fleurir
Quand Dieu me dira de mourir!

L'ORAISON DES VIERGES.

I.

C'est madame sainte Appoline
Qui vient s'assoir sur la colline.
Notre Seigneur passant par là :
— Ma fille que faites-vous là?
— Je viens écouter la prière
De ceux qui souffrent sur la terre,
Car au ciel ne saurais durer,
Tant qu'ici-bas j'entends pleurer.

II.

Madame sainte Marguerite
Dit au dragon qui se dépite :

— Pourquoi donc grinces-tu des dents?
— C'est que tes deux pieds sont ardents,
Et que je ne saurais les mordre.
— O méchant esprit de désordre,
Tu voudrais bien me dévorer,
Mais il ne faut pas te leurrer
D'une espérance mensongère ;
Tu me trouverais trop amère,
Et l'amour que j'ai pour mon Dieu
Te percerait comme du feu.
Vers toi je ne saurais descendre
Non plus que le feu vers la cendre.
Déchire-moi, dévore-moi,
Mon pied sera toujours sur toi !

III.

Sainte Barbe, la sainte fleur,
Tient la croix de Notre Seigneur ;
Elle est debout sur sa tourelle,
Et répond à Dieu qui l'appelle.
— Je reviendrai vers les élus
Lorsque vous ne tonnerez plus ;
Je tiens votre croix sur la terre
Pour en détourner le tonnerre ;
C'est pour cela que nuit et jour
Je suis en garde sur ma tour.

IV.

Sainte Catherine, la belle,
Qui tient une épée auprès d'elle.
M'a dit : — Prends-la, combats pour moi
Tous les ennemis de ton roi.
France est le paradis du monde,
Va combattre, je te seconde ;
Puis tu viendras, je te le dis,
Dans la France du paradis.

L'ORAISON MYSTÉRIEUSE

DE LA BARBE A DIEU.

Pauvres pécheurs, le cœur me tremble
Comme fait la feuille du tremble,
Comme fait l'oiseau dans son nid.
Quand le tonnerre au ciel bruit,
Le pont où doit passer notre âme
Ressemble au cheveu d'une femme;
Dessous est un gouffre de feu,
Au-dessus est la barbe à Dieu,
Les deux mains vite il faut étendre,
En la baisant il faut la prendre;
Et notre Père, doux et bon,
Ne secouera pas le menton.
Tenons bien fort, quoi qu'il nous dise
(Sauf respect de la sainte Église),
Et forçons-le de se baisser
S'il veut en enfer nous chasser;
Car dans l'éternelle géhenne,
Pour peu que sa barbe se prenne,
Il tirera tous les maudits
De l'enfer dans le paradis.
Tel est, pour échapper aux flammes,
Le secret du salut des âmes;
Tel est, pour entrer au saint lieu,
Le secret de la barbe à Dieu.

LE CHARME DU CHIEN NOIR.

C'est le chien noir de la montagne,
Qui va tournant dans la campagne,
Le nez soufflant, les yeux en feu
Et la langue aboyant à Dieu.

Mais si Dieu veut que je l'arrête,
Je mettrai le pied sur sa tête.
Dieu le voudra si je le veux,
Car sa lumière est dans mes yeux,
Il le voudra, si je le prie,
Car avec moi veille Marie,
Qui porte son petit enfant
Debout sur le front du serpent.
— Viens ici, grand chien de la plaine,
Viens garder mes bêtes à laine,
Abaisse ta férocité
Devant l'agneau d'humilité ;
Marche, quand je n'y verrai goutte,
Devant moi, pour montrer la route.
L'ouragan tourne autour de moi,
Il n'ébranlera pas ma foi ;
Le vent souffle dans la clairière,
Il n'emporte pas ma prière.
Gaspar, Balthasar, Melchior,
Je marche avec l'étoile d'or.

LA PRIÈRE DU SEL.

Sel blanc, sel mouvant, sel amer
Comme l'écume de la mer,
Je te prends et je te conjure
De me conserver sans souillure ;
Sel de sagesse, en toi je crois
Avec la vertu de la croix,
Sel du salut, sel du baptême,
Avec la vertu de Dieu même,
Loups, obéissez à la croix ;
Serpents, fuyez devant la croix ;
Lions d'enfer, lutins et faunes,
Esprits follets, esprits des aulnes,

Démons du soir, démons du bruit
Et lavandières de la nuit,
Filandières du clair de lune,
Bergers de mauvaise fortune,
Obéissez au sel béni
Par la vertu d'Adonaï.

AMEN.

LE CHATEAU DE BELLE-GARDE.

Sel béni, sel pur, sel fidèle,
Fait au château de sainte belle,
De sainte belle Élisabeth,
Au nom d'Iseult et d'Isolet,
De gloria vierge brillante,
De Galliane et Doriante,
De la fée au sceptre vermeil
Qui rit au lever du soleil,
Sois le bon sel des pâturages,
Rends meilleur le suc des herbages,
Purifie et bénis les eaux ·
Pour la santé de mes troupeaux.
Vertu de lumière et de gloire,
Enseigne-moi ce qu'il faut croire
Et chasse tout mauvais démon
Par la gloire de ton saint nom.

RENSEIGNEMENTS

SUR LES
GRANDS MYSTÈRES DE LA PHILOSOPHIE HERMÉTIQUE

FRAGEMENTS DE L'ASCH MÉZAREPH DU JUIF ABRAHAM. ET ANALYSE DES SEPT CHAPITRES KABBALISTIQUES D'HERMÈS.

Nous donnons à nos lecteurs ces fragments d'un des livres les plus importants de la science, pour qu'ils sachent quels ennuis et quelles difficultés nous leur épargnons par notre travail, et qu'ils puissent mieux comprendre la conscience et le sérieux de nos études en s'exerçant à déchiffrer eux-mêmes une partie des documents que nous avons déchiffrés et traduits.

(*Note* d'ÉLIPHAS LÉVI).

ASCH MEZAREPH

1 א

Quisnam est dives? Qui gaudet in portione sua. Sic legitur in sepher (pirkr Abhoth, c. ɪv).

C'est ainsi que le phophète אלישע s'est montré ɩe type de la sagesse isiaque et hermétique, lorsqu'il rendit gratuitement la santé à Naaman (II *Reg.* V, 6), et refusa les richesses de ce potentat, se montrant plus riche que lui. En effet, ce que la richesse ne saurait payer est plus riche que la richesse même. C'est ainsi que le sage kabbaliste, le médecin universel de la nature, celui qui sait guérir la lèpre des métaux impurs n'affecte pas l'éclat extérieur de la fortune périssable et guérissable. Il reste dans la simplicité de la nature première תהו, et c'est pour cela que cette parole tohu, qui exprime la racine primitive de tous les biens, équivaut par Gématrie au nom du prophète Élisée. Le nombre de chacun de ces deux mots est 411, qu'on peut réduire au nombre 6, celui de Bereschit, c'est-à-dire de la balance du Sohar et de la génération universelle.

Vous donc qui aspirez à l'accomplissement du grand œuvre, soyez grands et simples comme Élisée. Ce que vous voulez, c'est une royauté et non un brigandage. Vous devez guérir et non usurper la richesse.

Sachez donc bien reconnaître ce Naaman, le lépreux qui vient du Nord de la Syrie pour le baigner sept fois dans le Jourdain, ce fleuve qui vient du Midi. C'est le froid du Nord qui coagule le sang du lépreux, c'est la chaleur du Midi qui lui rend sa fluidité.

La richesse matérielle vient du Nord, la fortune intellectuelle vient du Midi. Mais ne marche pas vers le Nord dans l'espoir de faire fortune. Reste au Midi, car la chaleur attire le froid, la science attire la richesse. Si tu es le médecin, sois sûr que le malade viendra.

On lit au livre du roi שלמה Schlomoh, la longueur des jours est à sa droite, et les richesses sont à sa gauche. N'exerce pas la main gauche avant la droite, car tu ne ferais rien avec justesse. Ce qu'on fait de la main gauche au préjudice de la main droite sera maladroitement fait.

Sachez maintenant que les mystères de la sainte kabbalah sont aussi les mystères de la nature, et que les secrets emportés d'Égypte, par Moïse, ne diffèrent pas de ceux d'Hermès. Où crois-tu que Moïse ait pris des montagnes d'or pour fondre et jeter au moule les cherub de l'arche, le grand chandelier à sept branches, les lames du sanctuaire et toute la vaisselle sacerdotale ? Et que penses-tu qu'il faisait entouré de feux et de tonnerres dans les cavernes du Sinaï ?

La sainte kabbalah est le secret hiérarchique de la nature. Ce qui est en haut est comme ce qui est en bas, et Malchuth se fait toujours à l'image et à la ressemblance de Kether. L'or est le fils d'אור, aour, la lumière. Si tu veux donc que l'or se multiplie dans tes mains, fais que la lumière se multiplie et se répande dans ton âme.

Sache maintenant que le *sanctum regnum* de Schlomoh est divisé en trois mondes, comme la nature en trois règnes.

Le règne animal, gouverné par l'âme vivante, appelée à la liberté, correspond au céleste Aziluth, qui est le royaume d'Asiah.

Le règne végétal qui nourrit les animaux des sucs de la terre et qui attache à l'immobilité terrestre les fleurs et les branches mobiles, correspond au monde laborieux et scientifique de Jézirah.

Enfin le règne minéral qui élabore dans les entrailles de la terre, la lumière fixée et le sel volatil, correspond au monde terrestre et physique de Briah.

Mais dans chacun des trois mondes se reproduisent les trois degrés de l'échelle sainte.

Dans le ciel habitent l'esprit pur, le médium et l'âme sensible.

Dans la science se trouvent la synthèse, l'analyse et la syllepse.

Dans la nature, le volatil, le mixte et le fixe.

Dans le règne animal, esprit, âme et corps.

Dans le règne végétal, végétation, sève et bois.

Dans le règne minéral, soufre, mercure et sel.

Or, l'esprit façonne le corps à son image par l'intermédiaire de l'âme.

La végétation façonne le bois suivant sa force, par l'intermédiaire de la sève.

Le soufre façonne le sel suivant son degré de cuisson et de chaleur, par l'intermédiaire du mercure.

Pour guérir les animaux, il faut rectifier par l'influence de l'esprit universel les forces de l'âme et rétablir son action sur le corps.

Pour guérir les végétaux, il faut perfectionner la végétation en épurant, en multipliant et en dirigeant bien la sève.

Pour guérir les métaux, il faut exalter le soufre et lui donner assez de feu pour qu'il vivifie le mercure et fasse cesser la stagnation maladive des sels.

La matière première des êtres est une racine à trois branches. Elle émane de Kether, et c'est elle qu'אלהים a nommée lorsqu'il a dit :

יאי אור

Sois donc, ô Trismégiste, le directeur du triple aour, si tu veux exercer la médecine universelle.

ב 2

La racine métallique universelle correspond à Kether, elle est cachée dans tous les métaux et démontrée par ses diverses formes.

♄ Le métal noir, le dernier et le premier des métaux, correspond à Chocmah, à cause de sa pesanteur et de sa nature opaque et terrestre ; il est appelé le père qui dévore ses enfants ; mais il en est un qu'il ne dévorera pas, lorsqu'on lui aura donné à la place la pierre rouge et verte, qui est le véritable Abadir, le ☉ ☉ philosophique.

L'étain ♃ à la chevelure blanche est le correspondant de Jupiter et de Binah. Il détrône son père et

412 PHILOSOPHIE HERMÉTIQUE.

s'empare des foudres du ciel. C'est un juge sévère, et lorsqu'il parle, c'est avec une voix stridente.

La lune ☾ correspond à Chesed, à cause de sa blancheur et de ses usages.

Le fer est le microprosope des métaux, c'est le seir

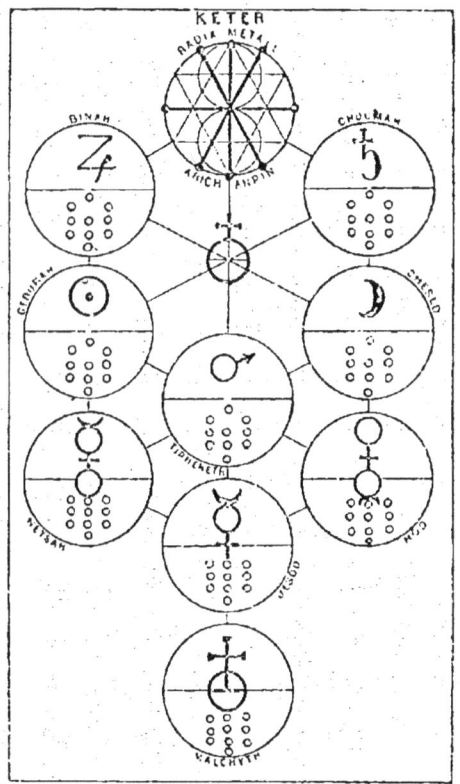

Les Séphiroths métalliques.

Anpin de la kabbale métallique. Il correspond à Tiphereth, à cause de son éclat, de sa vigueur et de ses triomphes ; il est fort, il est beau comme Mars. C'est de lui que parle le psalmiste, psaume XI, vers. dernier.

Netsah et Hod sont représentés par le laiton rouge et le laiton blanc, c'est l'airain et le cuivre, métaux androgynes, qui sont deux en un, et qui sont figurés par les colonnes Jakin et Bohas, du temple de Schlomoh. Aussi ces deux colonnes, l'une de marbre blanc, l'autre de marbre noir, étaient-elles toutes deux revêtues de cuivre.

Jésod est le ☿ qui est le générateur et comme le sperme des métaux.

Malchuth est la ☾ des sages, l'▽ philosophique, l'△ d'☉, la femelle du serviteur rouge.

---

3 ץ

Je te prendrai maintenant par un cheveu de ta tête, comme l'ange prit le prophète Habacuc, et je te ferai visiter Daniel dans la Fosse aux lions.

Il y a trois lions dans la fosse : le lion vert, le lion noir et le lion rouge.

Le nom commun du lion אריה se trouve exprimé dans les paroles de Jacob (*Genes.* XLIX, 9) par גור אריה dont le nombre est 209, et en ajoutant l'א du sepher Jézirah, c'est-à-dire l'unité intelligente, vous avez le nombre de Naaman, נעמן le Syrien, le ☿, lépreux de nature, que le ⚷ doit purifier sept fois, dans son germe figuré par le loup ce chien sauvage d'Hermanubis.

Mais comme tu ne dois point t'arrêter au ☿ vulgaire, qui est un sperme avorté et mort du règne métallique, prends le moindre nombre d'Ariah et de Naaman,

$$\frac{\begin{array}{r}210\\1\\2\end{array}}{3}$$

et le moindre nombre de Kether qui se traduit en nombre par

$$\frac{\begin{array}{r}21\\2\\1\end{array}}{3}$$

Et tu sauras alors ce que c'est que notre lion.

(*Voir la troisième voie du sépher Jézirah et la troisième lettre du tarot.*)

Les mots כמיר, lionceau et ידק, verdeur, ont le même nombre 310, qui donne 4, c'est-à-dire la quatrième voie du sépher Jézirah et le quatrième signe de l'alphabet sacré.

Le jeune lion est vert lorsqu'il va se réduire en eau, puis il devient lion noir, ou plutôt il disparaît, et le lion noir vient à sa place, pour disparaître à son tour, au milieu d'un parterre émaillé de fleurs, qui bientôt se changera en une campagne couverte de neige, d'où sortira le lion rouge.

Réunis maintenant toute ton attention pour comprendre le mot ליש, qui signifie le lion féroce, le lion à la crinière hérissée, le lion vainqueur des lions : il est appelé לביא, au livre des *Proverbes* (XXX, 30) et le nombre de ces deux noms est 43, qui, décomposé et additionné, donne 7 comme le nombre 106 du mot פור le métal ou le métalloïde central, qui est l'aimant de l'aour métallique, le serviteur à la crinière rouge, dont le nom est phed ou plombaya, et que tu dois reconnaître à ce signe ♄.

Il est encore donné un autre nom au lion, selon les docteurs, dans le *Sanhedrin* (c. XI, fol. 9, col. 5), savoir שחץ qui se trouve aussi dans le *Targum* (XVII, 12) ; le nombre de ce nom est 398, dont le moindre est 2 ;

Dissolution de la pierre naissante et fixation de mercure.

$$
\begin{array}{r}
3 \\
9 \\
8 \\
\hline
20 \\
0 \\
2 \\
\hline
2
\end{array}
$$

Le même mot résulte aussi du mot chaldéen, עירא

(II *Reg*. III, 30), où il est employé à la place du mot פור, nom de l'☉.

Le lion kabbalistique, dont le nom primitif donne 110, nombre qui se résume par 2.

☉ est donc le premier lion qui se révèle par 2, c'est-à-dire par la ☾ philosophique, parce que dans les applications naturelles de la science, ce métal est la ligne intermédiaire touchant d'une extrémité à l'autre.

C'est pour cela que les philosophes l'ont désigné par une double ligne, terminée par deux cercles, et lui donnent le nom d'arsenic.

C'est lui qui est le mâle et l'époux, sans lequel la vierge ne saurait s'imprégner.

C'est ici le G∴ O∴ du soleil des sages, sans lequel la lune serait toujours ténébreuse; celui qui sait en extraire les rayons travaille à sa lumière; les autres tâtonnent dans la nuit.

Ce sont les enfants qui se moquent d'Élisée, parce qu'il est chauve; car ils ne voient pas les rayons occultes de Kether, qui sont la couronne de sa tête.

Aussi deviennent-ils la pâture des deux ours, le Charibde et le Scylla de la science, et 42 sont dévorés, c'est-à-dire leur travail et leur génération intellectuelle, figurés par 6.

Mais Élisée commande à la bête mystérieuse, et il recueille le sang des enfants qu'elle dévore pour en faire la médecine occulte des lépreux.

C'est cette bête sanglante du binaire, que Daniel a caractérisée, lorsqu'il a dit:

(*Dan*. VII, 5.) « Et ecce bestia alia secunda similis urso et tres exstantiæ in ore ejus inter dentes ejus. »

Les dents de cette bête sont celles du dragon de Mars qui dévore les compagnons ou les jeunes serviteurs *pueros* de Cadmus, et dont il faut semer les dents au sein de la terre vierge.

Trois scories se produisent entre les ☉ de ♂. Ouvrez donc la bouche de fer, et lorsqu'il sera dans le creuset, vous prendrez les dents blanchâtres et vous leur ferez manger בשר, la chair, dont le nombre est 7,

Le rosier naissant au creux du chêne. La source occulte et les chercheurs d'or.

et beaucoup de chair, car le ♂¹ doit être au pused ☿ comme 106 est à 239.

Or, la chair qui doit être dévorée est celle du premier lion, du lion symbolique, du lion ailé, dont les dents de l'ours séparent les ailes, c'est-à-dire ce qu'il

---

1. ♂ est ici pour 🜄 et פור pour ☾ ou eau blanche pharmaceutique.

y a de trop volatil. Mais en le dévorant, l'ours le sépare aussi de la terre ou scorie, et alors libre du côté du ciel, et du côté de la terre,

Il se tient et marche sur ses pieds, et on le verra debout dans le creuset comme un homme, le visage élevé et rayonnant !

Et le cœur ♂ de l'homme minéral lui sera donné. « Aufer ab eo cor lapideum et cor carneum da illi. » — Il deviendra Thiphereth, c'est-à-dire אראם, Adam qui équivaut à terre rouge.

C'est alors qu'apparaît le troisième animal de la vision de Daniel, le léopard ou le ☿, figuré par le Jourdain des sages, car Jourdain et léopar, en moindre nombre, donne également 12, qui donne 3.

Mais ce ternaire est multiplié par le quaternaire : « Et ecce alæ quatuor avis super dorsum ejus. »

Quatre ailes font aussi deux oiseaux qui sont les colombes de Diane, et elles excitent le léopard à se battre contre l'ours et le dragon.

Le léopard de Daniel avait aussi quatre têtes, par lesquelles il faut comprendre les quatre couleurs ou apparences élémentaires, qui sont le bleu, le jaune, le blanc et le rouge.

« Et potestas data est ei super cæteras bestias », sur le lion et sur l'ours pour les vaincre, les percer et faire couler leur sang glutineux et mercuriel.

Et alors, comme synthèse des trois autres, naîtra le quatrième animal dont la naissance est formidable, car il s'élève alors une fumée capable de vous donner la mort. Cette quatrième bête a des dents de fer et dix cornes, car elle possède la vertu de tous les nombres appliqués aux métaux, et du milieu de ces cornes s'élève une autre petite corne qui parle et qui révèle de grandes choses. Que celui-là les comprenne à qui l'intelligence est donnée.

4 ד

L'☉ est placé en Géburah par transposition, et le règne de Tiphereth est attribué à ♂, parce que l'un fait la conquête de l'autre et parce que Mars est le soldat du soleil. Mais chaque Séphire a sa décade, et le Kether de l'or est ce précieux כתם que le *Cantique* (V, 11) rapporte à la tête de Chocmah. Or mystérieux et caché, dont le nom s'explique par Chesed ; car l'or vient de l'aquilon et reçoit sa forme dans le Midi, Son Thiphereth c'est l'or du trône, et son Malchuth est le trône de l'or ; il est aussi appelé la coupe d'or (Job, XXVIII, 17) ; couronne d'or (*Ps.* XXI, 4) ; vase d'or (*Cantic.* V, 15) ; or renfermé (I *Reg.* VI), etc..

5 ח

Giesi גיחזי, le serviteur d'Élisée, est le type des scrutateurs profanes de la nature, qui creusent les vallées et ne montent jamais sur les hauts lieux, aussi travaillent-ils en vain et sont-ils pour jamais esclaves ; ils abondent en systèmes pour enchaîner et vendre Joseph, le fils préféré de Jacob, dont la génération a été le miracle de la nature ; mais pour accomplir un tel miracle, il faut les vertus d'Israël ou d'Élisée ;

et de tels aveugles ne peuvent rien vivifier, eux qui sont morts.

Ce sont des trompeurs, des avares et des menteurs, des raconteurs de ce que font les autres (II *Reg.* VIII, 4, 5), et au lieu de richesse, ils acquièrent la lèpre, le mépris et la pauvreté (II *Reg.* V, 27); car le nom de Giesi et la parole חל, qui signifie profane, ont le même nombre.

La rose hermétique sortant de la pierre mercurielle sous l'influence de l'esprit universel.

6 ד

נפרית ☿ dans la science des minéraux.

Ce principe se réfère à Binah à cause de sa chaleur, et dans la décade de Binah, il est représenté par géburah ou ☉, nommé Charuz, dont le nombre réduit est 7 ☿.

L'arcane de la science doit être Charuz, c'est-à-dire un ☉ déterré avant sa parfaite cuisson. Celui-ci est le ♁ qui donne la couleur ignée pénétrante et changeant les métaux impurs, tels que ☿ avec ☉[1] (*Deut.* XXIX, 23) ♀ avec △ pleuvant sur les impies, c'est-à-dire les métaux immondes (Psal. XI, 6).

Tu dois excaver ce ♀ ; excave-le donc des ▽ et tu obtiendras du △ de ▽.

Si ton sentier est droit devant le Seigneur, le ♂ surnagera sur ♆ (II *Reg.* VI, 6). Va donc au Jourdain avec Élisée.

Mais qui racontera le géburah du Seigneur? (*Ps.* CVI, 2). Plusieurs cherchent d'autres ♀, mais celui qui est entré dans l'enclos des sentiers réservés (*Ps.* V, 2) aura la vraie intelligence, car les ♀ de l'on et du ☿, dont l'extraction est enseignée par plusieurs, est facile ; ainsi de ☉ du ♂ du ♀ et de ☿, lesquels après les tonnerres sont recueillis par la lessive au moyen d'un ♁ changé en ⚬ rouge, par le mélange du vif-argent humide.

Ils sont la vraie teinture de la lune :

« Hoc est thesaurus desiderabilis et oleum in habitaculo sapientis. » (*Ps.* XXI, 20).

---

7 הוד

Dans la kabbale naturelle הוד, hod est le règne de l'airain — cuivre — laiton.

Sa couleur est presque dorée, mais tire plutôt d'un

---

[1]. Épurant les métaux comme l'antimoine fait l'or.

côté sur le feu, de l'autre sur le vert, chaleur et végétation, mais la lumière synthétique lui manque.

Le nom de l'airain et celui du serpent ont le même nombre. C'est pour cela que le serpent d'airain de Moïse est l'emblème du règne androgyne de ♀, les instruments d'harmonie et les vases du parvis sacré sont d'airain, le nom du serpent בהש sert de racine à celui de בהשים, enchantements. Si donc tu veux pénétrer les mystères, sache comprendre la décade séphirique de Hod, car chaque métal a la sienne à l'instar de chaque séphire.

Dans le prophète Daniel, au songe de Nabuchodonosor, on voit une statue métallique dont la tête est d'or, mais les pieds sont de fer mêlé à de l'argile. Tu dois ainsi ouvrir la terre philosophique avec la lance de Mars, et tu pourras asseoir les colonnes qui portent la couronne d'or.

C'est là cet or tétragrammatique du grand-prêtre Aaron, cet or fusible qui doit être réduit en poussière et jeté dans les eaux (*Exod.* XXXII, 5-20). Tu verras ensuite d'autres espèces d'or s'entre-suivre. D'abord l'or simple, et pour ainsi dire nu, זהב, c'est-à-dire le ☉ non encore entièrement sorti de sa marcassite humide et non desséché par la violence du feu, sortant vivant des eaux, de couleur tantôt noire, tantôt jaune, souvent même couleur de pavot, puis rétrogradant de soi-même et se replongeant dans le bain de sa nativité : on peut l'appeler זהבשא, c'est-à-dire l'or de la captivité, parce qu'il est encore resserré dans sa prison où il jeûne pendant quarante jours et quarante nuits, en sorte que tu ne sais ce qu'il est devenu

(*Exod.* XXX, 1). Alors il semble inerte et indifférent à l'opération du dehors, mais vient le moment où il est comme meurtri et tué ; il meurt comme s'il était égorgé, puis se putréfie et devient un cadavre noir ; là il subit le jugement de l'épreuve, et les écorces, c'est-à-dire les démons ou les scories, exercent leur empire sur lui. Il passe par le cercle entier des 42 lettres,

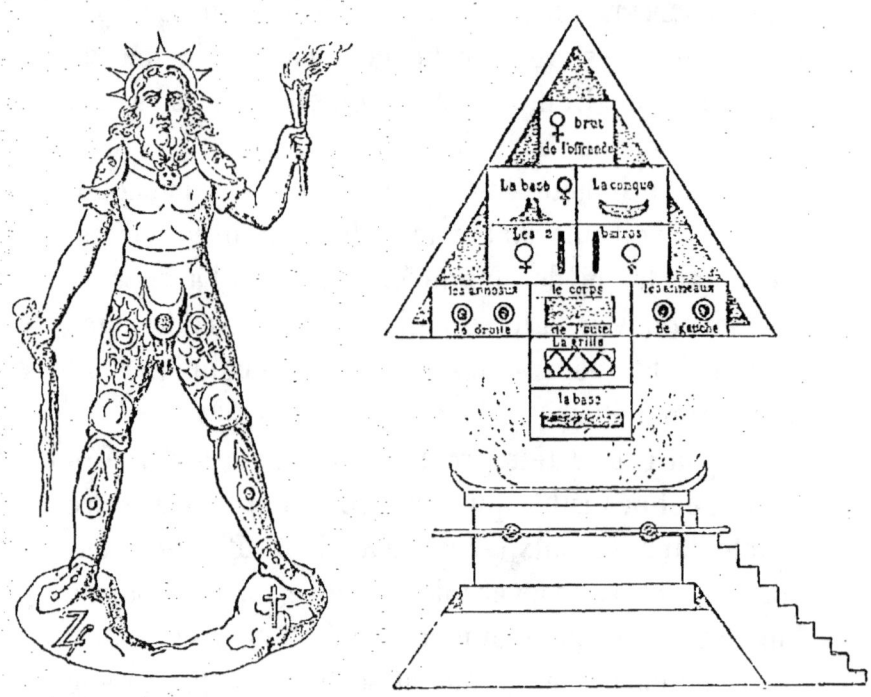

La statue métallique suivant le prophète Daniel.

Les Mystères du Temple de Salomon.

puis il devient d'une couleur cendrée dans un temps que les 22 lettres déterminent ; il est fait והבאדפיר, car il peut déjà fournir la teinture, non pas encore de l'or, mais de l'argent. Comment ensuite l'argent se change, comment l'or se révèle par son vêtement rouge, tu peux le voir en Job (XXII, 24).

Laisse donc la pourpre s'étendre sur צפר, qui est le ♄ philosophique, c'est-à-dire l'or blanc ; car de celui-là tu obtiendras l'argent, si tu le laisses dans sa blancheur ; emploie גתלים des torrents d'eau métallique et tu auras אופיר ; tu as déjà le nombre sacré du nom אהיה, la réalisation ; après vingt et un jours de travail, tu possèdes le fruit de ton œuvre. Si tu veux ouvrir ton trésor, ouvre-le, il te donnera de l'argent comme des pierres (I *Reg.* X, 27). Mais si tu attends davantage, et que tu laisses mûrir le ♄ au feu, tu auras l'or parfait d'Ophir.

L'or sommeille dans l'océan des sages, et, pendant le temps de son sommeil, Samson frappe et dépouille les trente Philistins pour donner leurs vêtements aux compagnons infidèles, c'est-à-dire aux métaux imparfaits.

Alors se forme cette force aiguë et pénétrante qui, selon Job, doit s'étendre sur l'argile avec la toute-puissance de l'auréité : « Et fervere faciet veluti ollam profundam, » le bassin des eaux métalliques épaisses et visqueuses, « ponet ut vas pigmenti, post illud lucere faciet semitam. »

Béni soit le nom glorieux du règne éternel ! maintenant, et de siècle en siècle !

J'ai écrit ces choses selon la mesure de mon intelligence, parce qu'en cherchant les remèdes aux maladies des hommes, j'ai trouvé le secret de la guérison de toutes les créatures.

Ce qui m'y porta était un texte du Sohar sur les devoirs d'un médecin, où il me semblait voir un ordre pour moi de ne point m'arrêter dans mes recherches jusqu'à ce que j'eusse trouvé la médecine parfaite. Voici les paroles. Il est écrit au *Deut.* (XXXII, 10) : « Causas applicabit et intelligere faciet eum. » Il est donc dans l'ordre que l'homme parvienne à la vérité quand il la cherche, et les écorces mêmes de l'erreur sont au service de son travail et de sa bonne volonté.

Ici finissait le manuscrit du médecin de Kartane. Quel était ce médecin? Nous n'avons pu en rien apprendre jusqu'à ce jour.

Seulement, il y a longtemps de cela, un marchand israélite me raconta avoir entendu de son père que de son temps vivait un médecin qui, au seul aspect du malade, déclarait sur le champ s'il vivrait ou mourrait. Il avait la réputation d'un homme juste, vrai, craignant le péché. Lorsqu'un de ses clients ne pouvait pas se procurer les médicaments nécessaires, il y suppléait de sa propre bourse, et il n'y avait pas au monde un homme plus savant. Le marchand ajouta : Il a écrit un livre sur les choses les plus cachées, et ce livre est certainement entre mes mains, parce que je l'ai eu de l'héritage de mon père. Toutes les paroles de ce livre sont cachées dans les arcanes de la loi, et il n'est permis de le comprendre qu'à ceux qui sont exempts de péché.

Rabbi Éléazar répondit : Si tu as ce livre avec toi, prête-le moi. Et il répondit : Je le ferai, pourvu que tu veuilles me montrer celui de la sainte lampe. Et nous nous accordâmes, dit Rabbi Éléazar.

Ce livre fut entre nos mains pendant douze mois, et nous y avons trouvé de sublimes lumières. Béni soit le Dieu de miséricorde qui donne aux hommes l'intelligence de la suprême sagesse !

Ce livre, qui semble finir ici, a été morcelé par les copistes. A la suite de cette fin nous avons retrouvé

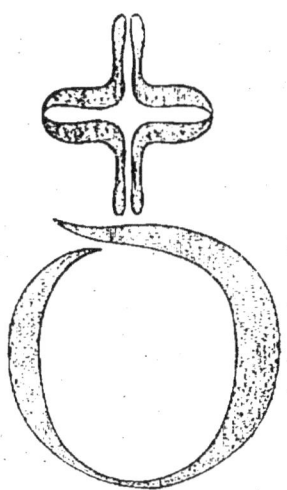

de nombreux fragments du corps de l'ouvrage. En voici d'abord un que nous regardons comme le plus important :

עפרת

♄, dans la kabbale naturelle, se rapporte à la sagesse, car sur ce plomb est fondée la terre métallique, qui est une poussière aurifère.

Ce ♄ est appelé du nom mystique כל, tout, parce qu'en lui est caché le germe de toutes choses. Sa figure en bas est un cercle, et au-dessus quatre daleth, dont les angles concourent dans un même point.

PASSAGE REMARQUABLE DE BASILE VALENTIN.

Véritablement le trésor des sages n'est pas l'or mondain, ni l'argent.

Ce n'est ni le mercure, ni le soleil, ni l'antimoine, le nitre, le soufre, ni autre chose semblable.

Mais c'est l'esprit de l'or, le mercure, qui est appelé des philosophes, la première et seconde matière propre, et seule de sa nature et propriété. Or

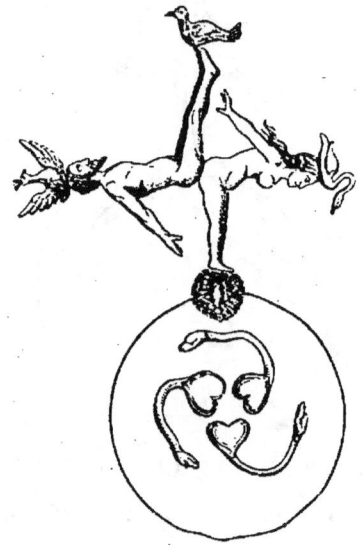

très pur oriental, n'ayant senti la force du feu, surtout excellent, plus mou et aisé à fondre que l'or du vulgaire.

Il est le vrai mercure de l'or et l'antimoine[1].

---

1. Attirant les qualités des corps, s'il est liquéfié, sa préparation n'est autre que de le bien laver et dissoudre par l'eau et le feu.
(Basile Valentin, *Traité de l'azoth*, p. 0).

Suivant Berzelius, Paykull ou Pat-Kull ayant fait de l'or pour Charles XII, laissa son secret au général Hamilton. Or, voici quel était ce secret, toujours suivant Berzelius :

« Obtenir du sulfure d'antimoine par des voies détournées et par des

COMPLÉMENT DES HUIT CHAPITRES DE L'ASCH MEZAREPH.

N. B. Les copistes de ce livre fondamental de la science en ont divisé, morcelé et confondu les chapitres pour le rendre inintelligible. Voici les fragments que nous en avons retrouvés et qui complètent les huit chapitres primitifs de l'œuvre.

CHAPITRE PREMIER.

Ce chapitre est intitulé *Elischeh*. — Il contient ce que nous avons divisé en deux paragraphes א et ב, plus l'explication du nom de Giesi que nous avons placée au paragraphe ה.

Au § 2 ב, page 2, ajoutez ce qui suit, à propos de l'étain.

בדיל, étain. Ce métal n'est pas jusqu'à présent de grand usage dans la science naturelle, d'autant qu'il dérive de séparer ; aussi sa matière reste-t-elle séparée de la médecine universelle. Zedech lui est donné pour attribut entre les planètes, ces étoiles

---

moyens dont plusieurs sont contraires aux lois connues de la chimie, et le combiner avec deux poudres, dont l'une est du cinabre, qu'on fait bouillir trois fois dans de l'esprit de vin jusqu'à la volatilisation de ce liquide, et l'autre de l'oxyde ferrique ou safran de mars, obtenu par la combinaison du nitre avec la limaille de fer. »
(Berzelius, *Chimie*, t. VIII, p. 7).

Plusieurs chimistes ont avancé que la dissolution de plomb dans l'acide nitreux pouvait être décomposée par l'eau seule et former un magistère de Saturne, comme cela arrive au bismuth. Cette précipitation doit être attribuée aux sels, et particulièrement à la *sélénite* contenue dans presque toutes les eaux ordinaires.
(*Dictionnaire de chimie*, p. 267.)

errantes et blanches, et les gentils ont donné à celle-ci un nom profane, qu'un Israélite ne doit jamais prononcer (*Exod*. XXIII, 13), un nom qui doit être effacé (*Os*. II, 17 ; *Zach*. XIII, 2). Entre les animaux il n'en est aucun dont l'emblème se rapporte mieux à lui à cause de son grognement que celui qui est appelé *Aper de Silva* (*Ps*. LXXX, 4), dont le nombre est 545, qui n'est pas composé seulement de 109 qui-

Septième figure de Flamel.

Dissolution des germes métalliques représentés par les innocents qu'Hérode fait égorger.

naires, mais son moindre nombre est aussi quinaire comme le nombre צרק, 194, qui fait 14, additionné ainsi :

$$\begin{array}{r} 1 \\ 9 \\ \underline{4} \\ 14 \end{array}$$

Et 14 de la même manière donne 5, qui, doublé, fait 10.

Or, 10 est le nombre analogue à celui de 46, qui est celui de l'étain, car 5 dizaines se réfèrent aux 50 portes de Binah et à la première lettre du Sephir Netsah, qui sont les classes séphirotiques auxquelles ce métal correspond. Dans les transmutations particulières sa nature sulfureuse seule ne sort pas, mais jointe aux trois soufres, surtout à ceux des métaux rouges, elle réduit en ☉ les ▽ visqueuses dûment torréfiées, ainsi que la ☾, s'il est introduit par le ☿, subtilisé dans la nature d'une ▽ délicate, ce qui se fait en ce cas, entre autres par le ♃.

Car sa nature visqueuse et aqueuse peut être améliorée encore, si elle est pulvérisée avec la chaux d'☉ passant par tous les degrés du △ et jetée peu à peu dans de l'☉ en flux sous la forme d'une pilule, ce que j'ai appris pouvoir se faire avec l'argent. Mais « non est sapiens nisi dominus experientiæ[1]. » C'est pourquoi je n'en ajoute pas davantage. Celui qui opère peut préparer les matières et les corriger par ses expériences réitérées, lorsqu'elles sont défectueuses.

SUITE DU CHAPITRE PREMIER.

Jusqu'ici nous avons traité des matières blanches, passons maintenant aux rouges. Premièrement, sous Geburah, selon la sentence ordinaire des kabbalistes, est placé l'or. Ce qui se réfère aussi au septentrion (Job XXXVI, 22), non seulement à cause de sa cou-

---

[1]. Ce passage a été attribué par des copistes au ch. IV, mais c'est à tort.

leur, mais aussi à cause de sa chaleur et de son soufre.

Le fer est attribué à Tiphereth, car il est en nature de « vir belli » (*Exod*. XV, 3), et il n'a le nom de Seir Anpin qu'à cause de sa colère prompte (*Ps*. II, v. dernier).

Netsah et Hod, double milieu du corps et réceptacles des semences, correspondent aux natures adrogynes du cuivre.

Jésod est le vif-argent; le surnom de vif lui est donné pour le caractériser; car c'est en nature vive le fondement et la substance de l'art métallique.

A Malchuth est rapportée la vraie médecine des métaux pour plusieurs raisons, et parce qu'ici sont représentées les autres natures à la droite ou à la gauche de l'☉ ou de ☾ et leurs métamorphoses graduelles. Nous en parlerons plus amplement ailleurs.

Ainsi je t'ai donné les clefs pour ouvrir plusieurs portes fermées. Je t'ouvrirai la porte des plus intimes sentiers de nature. Que si quelqu'un les dispose autrement, je n'aurai point de contestations avec lui, car toutes choses tendent à une même fin.

Je dis :

Que les trois sources supérieures sont analogues aux trois principes du règne métallique :

L'∇ visqueuse, Kether ☿.

⊖ ou ☉, Chocmah ♄.

♀ Binah, pour les raisons dites.

Ainsi les sept sources inférieures représentent :

Gedulah ☾.

Geburah ☉.

Tiphereth ♂.
Nesach ♃.
Hod ♀.
Jesod ♄.

Et Malchuth sera la femme métallique, l'argent des sages, le champ dans lequel ils doivent jeter leurs semences, celles des minéraux occultes, c'est-à-dire l'eau d'or, ainsi que ce nom se trouve dans la *Genèse* (XXXVI, 39). Mais sache, ô mon fils, que ces choses renferment de tels mystères qu'aucune langue humaine ne peut les révéler. Pour moi, désormais, « non peccabo lingua mea, sed custodiam os meum clausura. » (*Ps.* XXXIX, 2.)

CHAPITRE II.

אול L'OR.

Dans la nature métallique, Geburah est la classe à laquelle l'or est référé, et là commence une nouvelle décade sephirotique. En sorte que l'or a son Kether ou sa racine métallique obscure, son Chocmah, c'est-à-dire son principe saturnien, et ainsi des autres.

C'est au Kether de l'or qu'il faut rapporter cet or que le sir Haschirim attribue à la tête du fiancé כתם.

Au Chocmah il faut rapporter cet or caché entre les munitions de guerre בצר (*Job* XXII, 24 et 25, XXXIV, 19).

A Binah se rapporte l'or des fouilles, l'or exhumé, הרוע.

A Chesed, l'or amassé et tiré au laminoir (II *Paral.* IX, 5), parce que la miséricorde du Seigneur nous tient suspendus comme par un fil d'or sur l'abîme de la mort éternelle.

A Geburah, זהב, parce que l'or vient de l'aquilon (*Job* XXXVII et XXII).

A Tiphereth, פז (II *Reg.* X, 18) ; (IV *Reg.* XIX et XXI) ; (*Dan.* X, 1).

Car ainsi Tiphereth et Malchuth composent un trône d'or.

C'est ainsi que ☉ est appelé :

Vase d'or (*Job* XXVIII, 17) ;

Couronne d'or (*Ps.* XXI, 4) ;

Coupe d'or (*Cant.* V, 15).

A Netsah se rapporte le nom d'or renfermé, c'est-à-dire préparé pour les semailles (I *Reg.* VI, 10, 21 ; *Job* XXVIII, 15).

A Hod convient le nom d'or rouge (II *Paral.* III, 6 ; I *Reg.* VI, 20), pour sa ressemblance avec le sang des jeunes taureaux. C'est ainsi que rouge cet or au côté gauche de l'arbre séphirotique.

A Jesod le nom de bon or (*Gen.* II, 2), car c'est ici que le bon coïncide avec le juste.

A Malchut convient le nom secret de l'or philosophique dont le synonyme est *cendres,* et la raison de ce métal est admirable, car elle consiste en 6 fois 6 cellules, afin que de toute part renaissent les vertus admirables de la lettre ו, qui est celle de Tiphereth, par toutes les colonnes et toutes les lignes en tout sens. Observe cette particularité que leur moindre nombre est senaire, ternaire ou novenaire, savoir 3,

6, 9, nombres sur lesquels j'aurais mille choses à te révéler.

J'ajoute seulement que la somme représente le nombre 216, ארי, de notre admirable lion (X, 14), qui est le nombre du nom הגב, « supputa et ditesce ».

CHAPITRE III.

☾ L'ARGENT.

Chesed, dans le règne métallique est, sans contredit, l'argent. Le moindre nombre de Chesed est le même que celui des paroles qui désignent ce métal (*Prov.* XVI, 16, XVII, 3 ; *Ps.* XII, 7 ; *Job* XXVIII, 1). La ☾ a aussi sa décade séphirotique. Ainsi, dans l'*Exode* (XXXVIII, 17, 19), le chapiteau d'argent des colonnes est appelé Kether ; aux *Prov.* (II, 4), la sagesse Chocmah est comparée à l'argent. Binah de ☾ est exprimé (*Prov.* XVI, 16). Gedulah paraît dans l'histoire d'Abraham où l'argent est toujours offert pour apaiser les colères (*Gen.* XIII, 2).

Geburah est signifié lorsque l'argent est éprouvé au feu (*Prov.* XVII, 3 ; *Num.* XXXI, 22 ; *Ps.* LXX, 10; *Prov.* XXVII, 21 ; *Jos.* XLVIII, 10 ; *Ezech.* XXII, 22; *Zachar.* XIII, 9 (*Malach.* III, 3).

Tiphereth est la poitrine d'argent de la statue de Daniel ;

Netsah est la veine d'☾ (*Job* XXVIII, 1) ;

Hod, ce sont les trompettes d'argent (*Num.* X, 2) ;

Jesod se trouve au liv. des *Prov.* (X, 20) ;

Et Malchuth au *Ps.* XVII.

La demeure de ce métal représente 9 fois 9 carrés, qui donnent la même somme en tout sens. Cette somme est 369, et son moindre nombre 9, qui reparaît toujours et ne change jamais, « quoniam in æternum misericordia ejus ».

SUITE DU CHAPITRE III.

Traitant la matière métallique, voici comment Rabbi Mordechaï parle de l'argent :

« Prends de la minière rouge d'argent vif ☿ broie-la subtilement ; mêle à 6 onces de celle-ci ½ once de chaux de ♄ ; mets dans un fiole scellée. Au sable, donnes-y un △ doux pendant les huit premiers jours, crainte que son humidité radicale ne se brûle ; augmente d'un degré la seconde semaine, et l'accrois encore la troisième et la quatrième, de façon que le sable ne blanchisse pas, mais qu'il produise un sifflement lorsqu'on y jettera de l'eau, et ainsi, au haut du vase, tu auras une matière blanche qui est la matière première, l'arsenic teignant l'▽ vive des métaux, que tous les philosophes appellent ▽ sèche et leur ✢. Voici comment elle se purifie.

℞ ce sublimé blanc, cristallin, broie-le sur le marbre avec partie égale de chaux d'☾[1], mets-le de rechef dans une fiole scellée sur le sable ; le premier couple d'heures, emploie un feu doux, plus fort dans les deux suivantes ; augmente son intensité dans les troisièmes, et enfin emploie celui qui produit un sifflement dans le sable, et de nouveau notre ☉==○ se

---

1. *Calx lunæ est nitrum roris nocturnæ.*

sublimera en jetant des rayons étoilés. Comme tu auras besoin d'une certaine quantité, voici comment tu l'augmenteras :

Prends-en 6 onces ½, c'est-à-dire de cet émail de ☾ très pure, fais l'amalgame que tu sais, et tu le mettras en digestion dans la fiole scellée sur les cendres chaudes, jusqu'à ce que toute la ☾ soit dissoute et changée en △ ☉══☉ calc.

Prends ½ once de cet esprit préparé ; mets-le dans une fiole scellée sur des cendres chaudes, et la colombe montera et descendra. Il faut continuer cette chaleur jusqu'à ce qu'il ne s'élève plus d'humidité, et qu'elle soit fixe dans le fond et couleur de cendre. C'est ainsi que la matière est dissoute et putréfiée.

Prends de cette cendre une partie, et de l'▽ susdite, demi-partie ; mêle-les ensemble et mets-les dans le verre, afin qu'elles y soient comme ci-devant, ce qui se fait en huit jours ou environ. Quand la terre cendrée commence à blanchir, retire-la et l'arrose de 5 lotions de son ▽ lunaire et la digère comme ci-devant. Imbibe-la la troisième fois de 5 onces de cette eau et elle se coagulera de nouveau en huit jours. La quatrième imbibition demande 7 onces d'eau lunaire, et lorsque la matière aura fini de suer, cette préparation est terminée.

Pour l'œuvre au blanc, tu prendras 21 drachmes de cette terre blanche, 14 d'▽ lunaire et 10 de chaux de ☾ très pure, mets cela sur le marbre, et qu'il soit fait coaguler jusqu'à ce qu'il durcisse. Imbibe la matière avec 3 parties de son ▽, jusqu'à ce qu'elle ait bu cette portion, et répète cela autant de fois qu'il le faudra pour qu'elle coule sans fumer sur une lame de ♀ rougi au feu. Tu auras alors la teinture au blanc, que tu pourras augmenter par les procédés ci-dessus.

Pour le rouge, il te faudra la chaux de ☉[1] à un △ plus fort, et l'ouvrage durera environ quatre mois.

Jusqu'ici l'auteur confère et accorde ces renseignements avec les indications du sage arabe (sans doute Geber?) aux endroits où il traite au long de la matière arsenicale.

CHAPITRE IV.

יוהב

Johab la Colombe.

Entre les énigmes des choses naturelles, le nom de Colombe n'est jamais appliqué aux métaux mêmes, mais aux natures ministrantes et préparatoires.

Celui qui entend bien la nature de l'holocauste ne doit point se servir de la tourterelle, mais il prendra les deux fils de la Colombe (*Levit.* I, 14 ; XII, 8 ; XIV, 22).

Calcule la parole בנו, beni 62 et le binaire des Colombes, d'où vient la parole נוגה, noga, 64, qui est le nom de la cinquième planète, et tu fouleras le vrai

---

[1]. *Calx solis est sulphur vel aliquando sal albrot vel etiam, sal tartareus calx uvarum.* (Note du rabbin Mordechaï ou Mardochée).

Ce secret prétendu de Mardochée, inséré dans l'Asch Mézareph, a pour but d'égarer les profanes. L'œuvre doit se faire avec la seule terre mercurielle de Becker, sans mélange d'autre chose et la dissolution qui est la clef de l'œuvre, se fait au moyen d'un feu de chaux tiré de la terre elle-même. Le reste se fait au feu de lampe, en commençant au printemps et en suivant les opérations de la nature pendant tout le cours de l'année.

(Note importante d'Éliphas Lévi.)

sentier. Autrement ne travaille pas en vain dans l'espérance de l'enrichir ; cesse, à cause de ton défaut d'intelligence. Crains, toi qui es aveugle d'esprit, de perdre aussi les yeux du corps en t'échauffant à ce travail. Ce que tu cherches avec tant de peine, tu ne le trouveras pas. Mais le sage se fera des ailes et il volera au ciel comme l'aigle et c'est aussi ce que font les astres de la terre (*Prov.* XXIII, 4).

CHAPITRE V.

LA LANCE, רומה

Les conquêtes de la lance expliquent l'histoire des natures métalliques. C'est à cela qu'il faut rapporter le coup de lance de Phinéès qui perça ensemble au moment de leur conjonction, et *in locis genitalibus* l'Israélite ⊙ et la Madianite ☾ (*Num.* XXV), la dent ou la force du fer agissant sur la matière en purge toutes les souillures. Le ⊙ Israélite n'est autre en cet endroit que le △ masculin ⊙=○ cal et par la ☾ Madianite il faut comprendre l'▽ sèche dûment mêlée à la minière ou marcassite rouge.

Par la lance de Phinéès, non seulement le △ masculin est égorgé, mais sa femelle même est mortifiée et ils meurent en mêlant leur sang dans une même génération. Alors s'accomplissent les miracles de Phinéès (voyez le Targum H, L), car la nature du fer est admirable, étudiez-la dans la demeure que voici [1] :

---

1. Pour les carrés magiques, voir *Dogme et rituel de la haute magie.*

Son nombre est le quinaire et son carré לה, symbolise la nature féminine qui doit être corrigée par le métal, car dans le régime même de la vie animale, le ♂ en s'unissant à la lymphe du sang lui rend la vigueur virile et empêche l'épuisement. Le ♂ soutient ainsi le principe mâle génital et concourt puissamment à la procréation des êtres.

A Mars correspond Vénus, entre les planètes נחפה qui se rapportent au cuivre dont on fait les instruments de musique, parce qu'elle est l'instrument de la splendeur métallique. Mais elle aime à remplir le rôle du mâle plutôt que celui de la femelle. Ne t'abuse pas jusqu'à croire que la splendeur de Vénus te donne jamais ce que semble te promettre le nom de Noga.

Hod doit recevoir l'influence géburatique ! Remarque ceci, car c'est un des grands mystères ! Apprends donc à élever en haut le serpent qui est appelé Mechastau (II *Reg.* XVIII, 4), si tu veux guérir les natures infirmes à l'exemple de Moscheh.

CHAPITRE VI.

צפדת

♄ LE SATURNE.

Ce ♄ est appelé Tout; sa figure est un cercle et 4 daleth, afin que tu saches qu'en lui se trouve toute quaternité et les quaternes des quaternes, soit des éléments, soit des écorces, soit des lettres, soit des mondes.

Et dans ce ♄ des sages sont les 4 éléments, savoir : le △ ou 🜂 des philosophes, l'air diviseur des eaux, l'eau sèche et la terre du ☉ merveilleux ; en lui aussi se trouvent les 4 écorces décrites en Ezéchiel (I, 4) ; car, dans ses préparations, il te surviendra vent de tem-

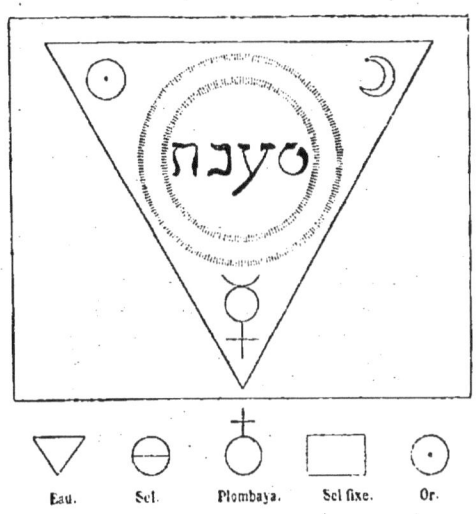

Eau.   Sel.   Plombaya.   Sel fixe.   Or.

pêtes et grandes nuées, et feu tourbillonnant, jusqu'à ce qu'enfin la splendeur désirée en provienne.

CHAPITRE VII.

LE VIF-ARGENT, כמוםי׳

Dans la sphère naturelle, Jesod gouverne le vif-argent, qui est le fondement ou le principe générateur de tout l'art transmutatoire, et son nom même indique la nature de ☾, parce que tous deux dérivent du Sephire de chesed (mais il faut attribuer la ☾ au chesed de la Sephire inférieure à Jesod, c'est-à-dire au chesed de Malchuth).

Aussi le nom אלהי est-il par gématrie presque le même que celui de כמפהי, ainsi que celui de ככב, cocab, qui est le nom planétaire du mercure des gentils. Son nombre est 49.

Souviens-toi seulement que le ♀ vulgaire et naturel ne conduit pas à ton œuvre, et qu'il diffère autant du ☿, que le lin diffère du byssus ou de la soie. Tu auras beau raffiner, préparer, empeser et lustrer le lin, tu n'en feras jamais de la soie ou du byssus.

Quelques-uns croient avoir trouvé la signature de cette ▽ : c'est, pensent-ils, lorsque, mêlée à l'☉, elle entre sur le champ en effervescence ; mais la solution de vif-argent ordinaire précipitée par le -|-, produit le même effet. Or, à quoi peut servir cette solution ?

Moi, je dis qu'il n'y a pas d'autre signe du ☿ que le suivant :

Savoir, que dans une chaleur convenable il se couvre d'une pellicule très mince à la vérité, mais qui est déjà un ☉ pur et légitime, et cela en très peu de temps, voire l'espace d'une seule nuit.

C'est cette fleur d'or qui n'est pas sans mystère appelée cocab, étoile, parce que, suivant la kabbale naturelle (*Num.* XIV, 17), « incedit stella Jacob ; » et si on la cherche dans la plaine, on la voit se lever en forme de verge et de rameaux, et de cette étoile terrestre découle l'influence dont nous parlons.

Le vif-argent est par gématrie pr.·. Giltin, chap. vii, f. 69, 6, appelé אמהדיכא, comme qui dirait eau sphérique, parce qu'elle découle de la sphère du monde.

Et en la *Genèse* (XXXVI, 39), elle est appelée par

une quasi-transposition des lettres, eau d'immersion, parce que le roi s'y plonge pour se purifier, ou par une semblable doctrine ▽ El Boni, car la vie et le bien ont ensemble la même analogie que la mort et le mal.

Voici comment parle la jeune fille appelée מטרדי, matredi, la fille de l'orfèvre, comme l'enseigne le Targum, de l'orfèvre qui travaille sans relâche et qui n'éteint pas ses fourneaux. Car on ne voit pas cette eau sourdre de la terre ni filtrer en excavant son ruisseau dans les mines. On l'extrait et on la perfectionne avec un grand labeur et une grande assiduité. La femelle de cet agent est appelée מיהב, eau d'or, c'est-à-dire ▽ qui produit l'☉.

Si l'artiste la conjoint avec celui-ci, elle engendre une fille qui sera ▽ de beauté royale, bien que d'autres prétendent que cette épouse signifie les eaux qui sont extraites de l'or. Quoi qu'il en soit, cette épouse n'est pas faite pour les amours des rustres, et les pauvres doivent la laisser aux intelligents et aux puissants qui peuvent l'honorer, la mettre en œuvre et lui donner un nom.

Le mari qui lui est réservé se nomme métal (Mehetabel), roi d'Edom et de rougeur qui est appelé הדר, ornement du royaume métallique (*Dan.* XI, 20). C'est le jeune ☉, mais dans ses rapports avec Tiphereth, car רוה représente 209, lequel nombre contient aussi le tétragramme multiplié par 8, qui est le nombre de la circoncision.

Il devient enfin Jésod, si l'on y ajoute le nombre de toute la parole. Mais, afin de l'apprendre que le Tiphereth de l'or est celui de Géburah, tu dois remarquer que le nombre ajouté dans son entier est aussi contenu dans צהק qui appartient aussi à la classe de l'or.

La ville de ce roi est appelée פעז à cause de son éclat (*Deut.* XXXIII, 2), nom qui équivaut à celui de יצף par lequel Jesod est désigné, car leur nombre est le même et c'est 159, afin que tu connaisses le vif-argent nécessaire à cet ouvrage, et qu'il soit impossible hors de cette cité resplendissante de trouver le trésor royal. Aux portes de cette ville sainte appartient le nom de חיים אלהים, comme qui dirait or vif, parce que Eloïm et or sont marqués de la même mesure. Aussi cette ▽ est-elle appelée ainsi, parce qu'elle est mère et principe de l'or vif. Car toute autre espèce d'or est censée morte, celle-là seule est vivante, et tu ne te tromperas pas en lui donnant le surnom qui lui est ordinaire : la source des eaux vives. Car par ces eaux les rois sont vivifiés afin qu'ils puissent donner la vie aux trois règnes de la nature.

La maison carrée de cette eau est admirable et montre suivant le nombre סס, qui signifie vif, dix-huit fois la même somme dans un carré de 64 nombres, qui est la somme du mot מיזהד, eau d'or, qui se reproduit à l'infini de cette façon[1].

Ici tu trouveras la somme de 260 en tous sens, somme dont le moindre nombre est 8.

Le symbole de la première somme est רסח, vassit, parce qu'en avançant toujours, la somme se retire

---

1. Ici se trouve dans le manuscrit le carré magique de Mercure. — Voir *Dogme et rituel de la haute magie.*

dans ses diverses variations ; par exemple si tu commences à 2, la somme sera 268 qui doit se résoudre en 7. Commençant à 3, la somme sera 276, qui se résout en 6 et ainsi des autres, car de la même manière et dans la même proportion ton ▽ décroît à mesure qu'augmente le nombre des purifications.

CHAPITRE VIII.

L'EAU BLANCHE, ירדן.

Jarden désigne l'eau minérale propre à la purification des métaux et des minéraux lépreux. Cette △ coule d'une double source dont le nom יאהד, Jeor, signifie demi-fluide, ayant la nature fixe à sa droite. Eau benigne d'une part et de l'autre רן, eau rigoureuse et nommée ainsi à cause de son âpreté. Elle coule à travers la mer salée. Remarque bien cette particularité, et enfin elle est censée se mêler et se perdre dans la mer rouge qui est la matière sulfureuse masculine connue de tous les vrais artistes.

Sache aussi que le nom וכו, pureté, multiplié par 8, qui est le nombre de Jésod, produit le nombre de טרד, ou de 264 qu'on trouve aussi dans le mot ידון, afin que tu te souviennes qu'il faut au moins 8 ordres de purifications avant que tu parviennes à la parfaite pureté ou blancheur.

Dans l'ordre des applications aux sciences naturelles la médecine au blanc ou l'eau blanche est un nom qu'on donne à la ☾, parce qu'elle reçoit du soleil la splendeur blanchissante qui brille d'un éclat imité et convertit en sa nature toute la terre, c'est-à-dire les métaux immondes, et d'elle peut être entendu mystiquement cet endroit de Josué (X, 12) :

« Adonc parla Josué au Seigneur, au jour qu'il livra l'Amorrhéen devant les enfants d'Israël, et dit en leur présence :

« Soleil, ne te mouve point contre Gabaon, et toi, lune, contre la vallée d'Aïalon. » Et le soleil et la lune s'arrêtèrent jusqu'à ce que le peuple de Dieu fût vengé de ses ennemis, c'est-à-dire que les sages achèveront leur œuvre et que la lune fixée de la fixité du soleil sera toute convertie en or.

C'est d'elle aussi qu'il est écrit au *Cantique des cantiques* :

« Qui est celle qui va s'élevant comme l'aube du jour, belle comme la lune, élue comme le soleil, puissante comme les armées rangées en bataille ? »

Le nom qu'on lui donne signifie nature de l'œuvre, et cela parce que dans sa formation elle est comme la ☾ croissante, et qu'elle est comme la pleine lune lorsqu'elle atteint sa perfection en son dernier état de fluidité et de pureté ; car par gématrie, les paroles, רי, lune et רזיא, secrets, ont le même nombre, de même que רבוי, multitude, parce que dans cette matière sont contenus tous les secrets de la multiplication.

RECOMPOSITION HYPOTHÉTIQUE DE L'ASCH MEZAREPH.

Le livre original de l'Asch Mezareph contient huit chapitres, c'est-à-dire une introduction et sept chapitres.

446   PHILOSOPHIE HERMÉTIQUE.

Chacun des sept chapitres est divisé en trois paragraphes correspondant l'un à l'autre, et le livre était ainsi disposé :

אבגדהוז } Les sept premiers paragraphes des sept chapitres.

Les trois premières figures de Flamel.

Aux sept lettres suivantes correspondaient les sept seconds paragraphes.

Aux sept dernières les sept derniers.

Ce livre contenait seulement sept figures sans compter les arbres séphirotiques et les carrés magiques.

Avec les arbres séphirotiques et les carrés magiques le livre en avait vingt-deux.

Les arbres séphirotiques étaient en tête des sept premiers paragraphes qui remplissaient chacun une page du livre de Flamel.

Les carrés magiques étaient les figures du second septénaire.

Les sept autres figures étaient ainsi placées, savoir : une en tête de chaque septaine et les quatre dernières à la fin.

PASSAGES DE DANIEL AUXQUELS IL EST FAIT ALLUSION DANS L'ASCH MEZAREPH.

LES QUATRE ANIMAUX MYSTÉRIEUX (*Dan*. VII).

Voilà que les quatre vents du ciel

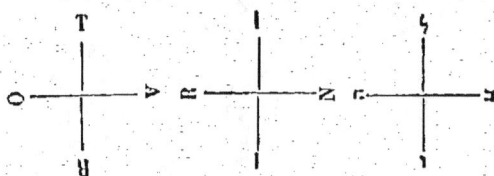

se combattaient sur la grande mer.

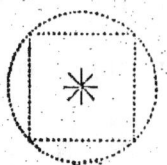

Et quatre bêtes grandes montaient de la mer diverses entre elles.

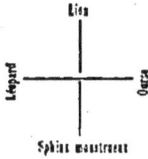

La première ressemblait à une lionne et elle avait les ailes de l'aigle.

La mère des deux lions, le vert et le rouge ; la matière fixe et volatile ; la substance première du cinabre des philosophes ; au corps de Mercure et aux ailes de soufre.

Je regardais jusqu'à ce que ses ailes fussent coupées, et elle se tint alors comme un homme sur ses pieds.

Sublimation et fixation de la matière ; l'eau mercurielle extraite du cinabre philosophique devient fluide de volatile qu'elle était d'abord.

Et le cœur de l'homme lui fut donné par l'influence du feu secret tiré du régime de Mars.

Les quatre animaux de Daniel correspondant au tétragramme expriment le mouvement universel des choses. Daniel en les appliquant aux empires, détermine leur signification dans le domaine de Malchuth. Ils doivent donc représenter l'équilibre, l'antagonisme et l'évolution cyclique de la forme, soit dans la nature, soit dans la vie humaine, soit dans la vie sociale. A la formation de l'homme parfait dans la nature et du royaume messianique dans l'histoire, correspondent la réalisation du sphinx dans le règne animal, le roman de la rose dans le règne végétal, et la formation de l'or dans le règne métallique.

La seconde bête était comme une ourse, elle se tint de son côté.

Alors se produit une nouvelle forme dans la matière. C'est alors qu'il faut la saturer de cette substance nommée pused par l'adepte et figurée par ce signe ⚍.

Et trois rangs de dents étaient dans sa gueule et on lui disait : Lève-toi et mange quantité de chairs.

Les trois rangs de dents représentent le triple feu philosophique.

Après cela je regardais, et voici une troisième bête semblable à un léopard, et elle avait quatre ailes d'oiseau, quatre têtes étaient sur la bête et la puissance lui fut donnée.

La matière rouge doit être sublimée, puis réimbibée de son eau. C'est ce qu'on appelle les colombes de Diane; alors elle se manifeste avec quatre têtes, c'est-à-dire quatre apparences ou couleurs successives, la tête de corbeau ou la couleur noire, la tête du cygne ou la couleur blanche, la tête de paon ou la couleur irisée, et la tête du phénix ou la couleur rouge.

Après cela vient une quatrième bête terrible et admirable, d'une force extrême : elle avait des dents de fer grandes et dévorantes ; elle foulait ses restes aux pieds. Elle différait des autres bêtes : elle avait dix cornes et au milieu une plus petite qui avait des yeux humains et une bouche parlante qui annonçait de grandes choses.

Cette quatrième bête est l'☉ vivant ou le dissolvant

universel qui a la force de tous les métaux et réunit tous les séphiroth métalliques. Elle révèle à celui qui la possède tous les secrets de la nature.

L'HOMME MÉTALLIQUE.

Tu voyais, ô roi, une statue grande ; cette statue était colossale et de la plus haute stature, elle était dressée devant toi et son aspect était terrible :

La tête de cette statue était de l'or le meilleur ☉ ;

La poitrine et les bras d'argent ☾ ;

Le ventre et les cuisses de cuivre ♀ ;

Les jambes de fer ♂ ;

Les pieds mi-parties de fer et d'argile ☿ ;

L'âme de la tête est Neschamah ;

L'âme de la poitrine et des épaules est Ruach ;

L'âme des parties inférieures est Nephesch.

Et voilà qu'une pierre détachée de la montagne vint frapper les pieds de fer et d'argile, et la statue tout entière fut réduite en poudre.

Cette pierre est le grand symbole philosophique des âges : la pierre angulaire, la pierre philosophale, la pierre de feu, la pierre de sang, le cinabre des sages, la médecine universelle ; dans l'ordre divin, la vraie religion ; dans l'ordre humain, la vraie science universelle ; carrée par la base, solide comme le tube, absolue comme les mathématiques ; dans l'ordre naturel, la vraie physique, celle qui doit rendre possibles à l'homme la royauté et le sacerdoce de la nature, en le faisant roi et prêtre de la lumière qui perfectionne l'âme, achève les formes, change les brutes en hommes, les épines en roses et le plomb en or.

La tête de la statue de Daniel est d'or. Cette tête correspond à Kethur qui est de plomb suivant l'asch mezareph, mais il faut observer que le plomb doit être changé en or, et que de son règne même émane la source de ☉. Il y a réciprocité entre la tête Kethur et le cœur Tiphereth, que entre le macroprosope et le microprosope du sohar.

Or, le microprosope arich Anpin n'est par représenté kabbalistiquement par l'or, mais bien par le fer. Il y a donc une seconde transposition en équerre de Tiphereth à Géburah, l'un et l'autre exprimant les règnes alternés de l'or et du fer.

Les quatre parties métalliques de la statue correspondent aux quatre âges des poètes et aux quatre grandes périodes du cycle historique universel. Ce règne de l'or, fondé sur le fer et l'argile, c'est-à-dire sur la violence et la faiblesse, doit être détruit par la révélation de la pierre cubique, c'est-à-dire du règne de la vérité et de la justice.

Les quatre animaux de Daniel correspondent aux métaux de la statue : le lion est d'argile aux ailes de fer, l'ourse est d'airain, le léopard d'argent et le sphinx d'or.

Le lion correspond aux temps primitifs, âges de guerre et de vie nomade.

Les ailes du lion sont coupées, l'humanité se fixe et les grands empires de la force brutale sont signifiés par l'ourse, les républiques et le morcellement des États sont représentés par le léopard aux quatre têtes, puis vient la féodalité financière et industrielle qui est l'empire de l'Antechrist; là finit l'histoire d'un monde.

Mais il n'y a pas un grain de sable qui ne puisse être le germe d'un monde, et la nature agit dans les petites choses comme dans les grandes. L'enfantement de l'or s'accomplit comme celui des civilisations et de la lumière.

Là est la base du dogme éternel d'Hermès.

La matière première de ☉, c'est quant à la substance la terre et quant à la forme la lumière.

La lumière est l'âme de la terre.

C'est une substance unique jouissant de toutes les propriétés des corps simples. C'est même le seul corps simple avec quatre formes élémentaires.

L'oxygène est de la lumière passée à l'état gazeux.

C'est l'arrangement symétrique des molécules qui fait la transparence des corps.

Le mouvement du rayon est en raison directe de la vivacité des couleurs. Le bleu noir est la couleur du repos absolu, le blanc celle du mouvement équilibré, le rouge celle du mouvement absolu.

La lumière séjourne dans les corps comme le calorique. Elle peut y être invisible et latente.

L'oxygène est la corporification positive de la lumière; l'hydrogène en est la forme négative.

Le mariage de ces deux gaz produit l'eau, et l'état gazeux se change en état fluide.

L'eau a deux propriétés : elle se volatilise par la chaleur et se condense par le froid.

Elle se transforme en sève dans les plantes, en sang dans les animaux, en mercure dans les métaux, puis par combustion, en cendres et en terre.

L'eau est un oxyde, c'est-à-dire le résidu négatif d'une combustion.

L'eau est bleue et le feu est rouge.

La suroxygénation de l'eau produit les acides. « Corpora non agunt nisi soluta. »

Les métaux malléables ont leurs molécules déterminées par la quantité d'oxygène qu'ils absorbent.

Les métaux oxydables ont leurs molécules composées d'un moindre nombre à égale capacité de chaleur.

L'alliance des métaux malléables et des oxydables produit des aimants qui attirent la lumière positive.

Le principe métallique réside dans les terres argileuses et spécialement dans l'alumine. La découverte de l'aluminium a été un avortement du grand œuvre. Le manganèse est le ♂ des Ph. ; il forme 3 oxydes : un vert-noir, un gris et un brun-rouge. L'iode qui fixe la lumière est un beurre de peroxyde de manganèse.

Le manganèse décompose l'eau avec une odeur d'asa-fœtida.

L'antimoine chauffé se combine avec l'oxygène ; il s'élève une fumée blanche qui donne un oxyde blanc.

Il y a trois oxydes d'antimoine : le protoxyde gris, le deutoxyde blanc et le peroxyde de couleur citrine.

Le peroxyde s'obtient par l'action du nitre.

Le peroxyde d'☉ s'obtient en y versant une partie d'acide nitrique et 4 d'acide muriatique. C'est une poudre d'un brun rougeâtre, sans saveur, insoluble dans l'eau et se dissolvant avec facilité dans l'acide muriatique.

Tout ceci n'a de valeur que comme renseignements qui peuvent mettre sur la voie du grand œuvre.

ANALYSE DES SEPT CHAPITRES D'HERMÈS.

CHAPITRE PREMIER.

א

Dieu seul peut donner la clef du grand œuvre, parce que Dieu c'est l'âme du vrai et du juste ; penser vrai et mesurer juste, c'est agir suivant l'inspiration de Dieu.

Le pouvoir d'agir ainsi ne se donne pas, il s'acquiert.

Celui qui voudrait dévoiler le grand œuvre prouverait qu'il ne le connaît pas.

Le commencement de l'intelligence du grand œuvre est celle des quatre éléments philosophiques.

Ces quatre éléments sont d'abord intellectuels ; le Verbe les nomme et les réalise.

Le Verbe est la formule suprême de la raison.

L'eau philosophique est la substance divisée et la force même qui divise ou dissout.

La terre philosophique est le divisible qui se coagule en sortant du diviseur.

Le feu est le mouvement.

L'air est la matrice du feu.

Le feu est à l'eau comme un est à trois.

L'air est à la terre comme un demi est à huit.

L'eau est l'humide radical des sages.

Le feu est l'âme du soleil et la vitalité de l'or.

L'air est la teinture citrine de la terre colorée par le soleil.

La terre est l'orpiment des sages.

La lune croît et décroît en trente jours.

Ce mouvement est celui qu'on exprime par *coagula* et *solve*.

Le mercure universel est partout.

Le vautour de la montagne crie : Je suis le blanc du noir, le jaune du blanc, et le rouge du jaune.

Surprenez la terre de l'air par le moyen du feu humide.

La tête de corbeau disparaît avec la nuit ; au jour l'oiseau vole sans ailes, il vomit l'arc-en-ciel, son corps devient rouge, et sur son dos surnage l'eau pure.

Il existe dans les cavernes métalliques une substance brillante qui contient une mer et dont l'esprit se sublime.

Ne la nommez pas aux profanes.

J'appelle cette substance une pierre ; mais on lui a a donné d'autres noms, magnésie femelle, salive blanche, cendre ou cinabre incombustible.

Toutes les couleurs sont cachées dans cette pierre, mais vous la trouverez voilée d'une seule couleur. Choisissez-la et conservez-la bien !

CHAPITRE II.

ב

Agis en Dieu, c'est-à-dire avec vérité et justesse. Le sage trouve en Dieu la puissance de tous les sages.

Ne fais rien sans savoir toi-même pourquoi, et

sache d'abord que les contraires se corrigent quand ils ne sont pas détruits par les contraires.

La science est la connaissance de l'équilibre.

Rends palpable le volatil pour t'en emparer, submerge le métal volant, sépare-le de la rouille qui le tue, fais-en la prison non volatile du volatil que tu délivreras à volonté, il te servira et tu seras le maître du chaos.

> Tire quand tu voudras le rayon de son ombre,
> Fais jaillir la splendeur de son nuage sombre ;
> Le soleil est caché dans la sombre rougeur,
> Abandonne ce voile au liquide rongeur,
> Comme le feu caché dort dans la cendre vive,
> Ainsi sommeille et fuit Mercure, ton convive ;
> Sache le réveiller, le prendre, l'enchaîner,
> Et sur un siège enfin, doucement l'amener.

Quand tu auras éteint le charbon de vie, réimbibe-le de son eau pendant les trente jours que tu sais, et te voilà roi couronné.

Tu sais que l'eau passe de l'air à la terre, et de la terre à l'air. Prépare ainsi ton eau philosophique, sépare-la doucement de sa terre rouge par évaporation et fais l'imbibition avec précaution et lenteur.

La graisse de notre terre est lumière ou feu, terre ou nitre, soufre ou air, et mercure ou eau. On en tire une huile de pierre et une substance cérébrale contenant les deux mercures qui attirent les deux lumières et qui contiennent la vertu créatrice de tous les corps[1].

Ce mercure fixe le soufre philosophique, c'est-à-

---

1. Unciæ sulphuribus aluminaris.

dire la lumière astrale et la change en teinture ; les deux forces agissent l'une sur l'autre et se font l'empreinte génératrice en se repoussant.

Le vase philosophique est unique et toujours le même, c'est un œuf bien autre que celui de la poule, mais fait un peu sur ce modèle. Les quatre forces élémentaires doivent s'y conjoindre et agir simultanément.

Le feu est double, céleste et terrestre. Nous appelons ciel, le principe générateur actif, et terre, le principe passif.

— Quel est le plus fort de ces deux ?

— C'est le troisième qui en résulte.

L'eau est dessus, le limon au milieu, la terre au-dessous.

Le dragon traverse ces trois milieux ; il monte de la terre noire et du limon gris dans l'eau blanche.

Fixe la fumée de l'eau, blanchis le limon et vivifie la terre morte, au moyen du feu médiateur qui est le dissolvant universel.

Toutes les sciences et tous les arts ont leurs principes dans ce que je viens de dire, mais il faut une grande rectitude d'intelligence, et par conséquent de volonté pour me comprendre.

Mortifier ou putréfier, exciter la génération, vivifier les esprits, purifier la matière, l'imprégner de lumière astrale, voilà tout l'œuvre.

Il y a dans notre pierre quatre éléments qu'il faut opposer les uns aux autres, féconder les uns par les autres, allumer la terre, condenser l'eau, fixer le feu dans le vase qui lui convient.

Notre instrument est une eau exaltée, une âme de l'eau, qui dissout les éléments et nous donne le vrai soufre ou le vrai feu ; alors la noirceur cède, la mort s'en va et l'immortalité commence avec la sagesse[1].

CHAPITRE III.

ג

Il faut laver la matière et incorporer l'esprit, de manière à le faire résister à l'action du feu.

Ainsi se fait l'argent qui vivifie les morts et teint les métaux en les changeant.

Cette matière unit ce qu'il y a de plus précieux à ce qu'il y a de plus vil : l'âme vivante à la matière cadavéreuse, le mercure occidental de la terre et le mercure oriental de la lumière aimantée qui est notre magnésie.

La nature, fille de la lumière, agit avec la lumière. L'œuf de la lumière c'est la nuit.

Marions le roi couronné à sa fiancée rougissante, ils mettront au monde un fils que la mère nourrira de feu.

Que le feu couve le soufre, qu'il le lave et qu'il le rougisse comme du sang.

Le dragon fuit le soleil, mais si tu découvres les

---

[1]. La matière est l'air de l'air, le feu du feu, l'eau de l'eau et la terre de la terre.

C'est-à-dire la substance première que modifient les quatre formes élémentaires.

L'air de l'air a pour enveloppe le nitre, le feu du feu a pour enveloppe le soufre, l'eau de l'eau c'est l'hydrogène et la terre de la terre c'est le sel mercuriel.

sentiers de sa caverne, le mercure revivra, caché encore dans un sperme semblable à du lait virginal.

Réjouissons-nous, car notre fils est vivant, il est emmaillotté de rouge, il est baigné dans le Kermès.

CHAPITRE IV.

ר

Le plan de ce traité est alphabétique et s'explique par les nombres des sept premières lettres de l'alphabet sacré.

Ces sept lettres s'expliquent par deux $\overset{3}{\underset{2\,1}{A}} \overset{4}{\underset{6}{|)}} \overset{}{\underset{}{\lambda}} \overset{5}{\underset{7}{(|}}$

Cet alphabet est un grand arcane.

Cherchez-donc, et si vous cherchez bien, vous trouverez.

Nature engendre nature, nature suit nature; les raisins ne viennent que sur la vigne, ils naissent du surgeon de la grappe par leur sève naturelle et non autrement.

Si tu veux faire des raisins artificiels, trouve la vigne, la sève et le surgeon, empare-toi des éléments naturels et la nature t'obéira[1].

Tout se fait par génération.

Vénus seule n'engendre pas une parfaite lumière; mais si elle est unie avec Mars par les réseaux de Vulcain, sa force s'augmente et sa lumière se corrige.

Elle devient alors capable de liquéfier, de dérouiller et de dépouiller la substance des métaux. (Vénus est

1. Caute lege.

prise ici, non pour le cuivre, mais pour la femelle philosophique.)

L'or est le résultat d'une génération métallique, complète et universelle.

C'est ce que dit l'empereur couronné, le Jupiter kabbalistique, qui est aussi notre Apollon, sur le trône du quaternaire.

CHAPITRE V.

ה

Prends ce qui vient du corbeau, c'est-à-dire la matière dégagée de sa noirceur, mets-la au ventre du cheval quatorze ou vingt et un jours, tu auras le dragon qui mange sa queue et ses ailes ; passe et mets au fourneau, la matière restera désormais dans l'œuf, qui restera lui-même fermé jusqu'au moment de l'imbibition.

Voici quelle aura été la première préparation après la liquéfaction et la combustion, tu auras pris la cérébrote mercurielle, et tu l'auras broyée avec le vinaigre très aigre, alors se fait une putréfaction, et il s'élève une fumée épaisse. Le mercure mort devient vivant, il faut qu'il meure encore pour revivre.

Pour lui donner la mort ou la vie nous emploierons les esprits ; eux présents, il vit, eux absents, il meurt.

Le signe de sa vie, c'est lorsqu'il se tient fixe.

CHAPITRE VI.

L'agent de l'œuvre est l'esprit universel qu'il faut attirer, et non dissiper par la chaleur.

Il faut l'extraire et non le brûler ; par son moyen nous tirons une eau d'une pierre, de cette eau nous faisons de l'or, et de cet or un or plus parfait encore.

Pour cela il nous faut une eau sans fumée, un limon sans noirceur et une terre vivante ; là est tout le secret de l'œuvre.

CHAPITRE VII.

Mettez à l'œuvre le sceau royal et vivifiez votre matière avec la quintessence de l'or.

Votre matière tout entière est la lune qui attend sa fécondation du soleil.

La première partie de l'œuvre est une sorte de végétation.

La seconde une incubation, en quelque sorte animale, comme dans l'œuf de la poule.

La troisième est la perfection minérale et la vivification de l'or par l'âme même de la nature.

Le mercure doit être détruit comme mercure, et le soufre comme soufre. Il faut que l'alliage de ces deux substances en produise une troisième, qui est le sel[1].

---

1. Les quatre éléments, dit Thilorier, ne sont pas le feu, l'air, l'eau

Tout le travail préparatoire est d'empêcher la semence mercurielle de se mercurifier, car une fois déterminée en mercure, elle est morte.

Il faut en dire autant du soufre.

Le soufre et le mercure, à l'état séminal, sont du sperme d'or. C'est pourquoi les sages disent qu'il faut prendre de l'or.

La pierre philosophale est un sel de lumière, la lumière dans les métaux est la quinessence de l'or.

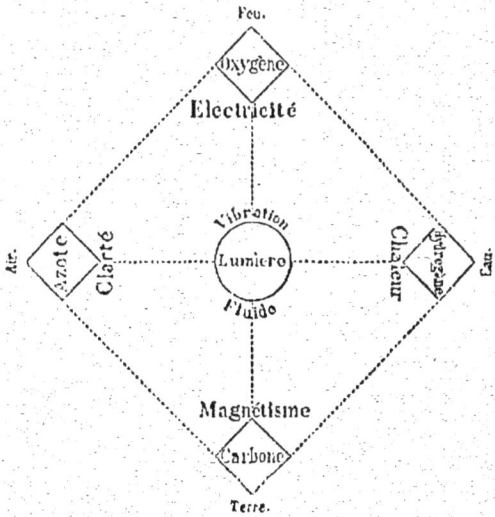

La substance en est cristalline et cassante; c'est pourquoi elle est nommée vitriol par Basile Valentin. Vitriol signifie espèce de verre en diminutif.

Il faut bien distinguer de la matière première les matières auxiliaires préparatoires.

Le plomb, le fer, l'antimoine, le nitre, l'or même, peuvent servir aux préparations, mais il ne doit pas

et la terre : mais l'oxygène, l'azote, l'hydrogène, le carbone. C'est le mot scientifique mis à la place du nom vulgaire.

entrer dans la matière une seule molécule de ces substances.

Il faut encore bien distinguer le stibium des anciens de l'antimoine de Basile Valentin.

Le stibium est l'aimant philosophal, rien de plus, rien de moins.

Numa Pompilius avait ainsi divisé et caractérisé les heures du jour, du soleil.

Cette figure représente la progression et l'antithèse métallique[1].

Tous les secrets de la nature s'y trouvent indiqués par analogie.

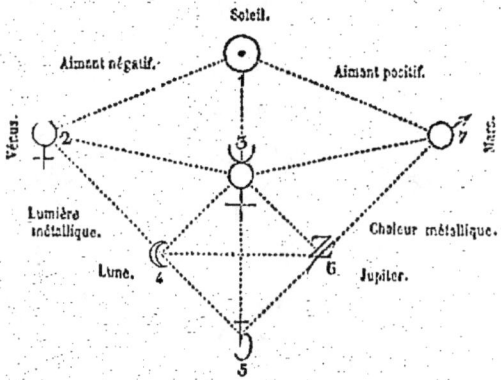

Les extrêmes antithèses ou pôles magnétiques sont ♂ et ♀, ♄ et ☉.

L'antithèse moyenne est ☾ et ♃.

Tout est plein, le vide n'existe nulle part.

Tout est plein de la même substance infiniment diverse dans les formes.

Le mouvement des formes c'est la vie.

La substance de la vie c'est la lumière.

---

1. Voir à la page précédente.

La vie de la lumière c'est la chaleur.

Dieu crée éternellement la lumière.

Le *fiat lux* est le Verbe éternel.

Les soleils ne sont pas des foyers de lumière, mais de chaleur.

C'est la chaleur qui rend la lumière visible.

Le feu change les formes.

La métallurgie est la science du feu combiné avec la terre.

La lumière est le mercure universel.

Le soufre est le feu conglutiné.

Le sel c'est la terre.

Le stibium des anciens paraît être la mine d'antimoine rouge, qui se trouve à l'état naturel dans les terrains de la Hongrie. Le régule y est minéralisé par l'arsenic et le soufre. C'est pourquoi les anciens l'ont nommé arsenic rouge (voir Philostrate, *Vie d'Appollonius*). Cette mine ressemble à la mine de fer, on la distingue par sa grande fusibilité, qui est telle, qu'on peut la fondre à la flamme d'une chandelle.

Beckher et d'autres chimistes modernes ont reconnu l'existence d'une terre mercurielle dont les principes existent dans certains métaux et dans l'acide du sel marin. C'est cette terre mercurielle qui contient la matière première du grand œuvre à l'état de petite lune ou de femelle blanche.

Khunrath a décrit cette terre, elle est rouge avant d'être lavée dans le ☿ ph.que, elle est grasse à cause du 🜍 qu'elle contient, sa densité est légère, sa saveur âcre; quand elle est lavée, elle devient blanche, et c'est alors le laiton ph.que.

Il n'entre dans la matière ni arsenic, ni antimoine, ni teinture d'arsenic ou d'antimoine, ni vitriol, ni sel marin, ni salpêtre ou sel nitre, ni mercure vulgaire ni soufre commun. La matière ne saurait être un métal, c'est un sel mercuro-sulfureux très exalté, c'est de la lumière astro-métallique condensée.

Cependant les vrais philosophes n'ont pas donné en vain à la matière les noms de ces substances communes qui servent à la préparer. La plus importante de toutes est l'antimoine de Basile Valentin ou le stibium du juif Abraham.

Il y a deux voies : la voie humide et la voie sèche. Ces voies sont alternatives.

Le vase hermétique devant être scellé, ne peut rien contenir d'humide, autrement la vapeur ferait éclater le vase.

Notre eau est sèche et ne mouille pas les mains. Ce qu'on met dans l'œuf hermétique est un pur sperme des métaux sans autre mélange élémentaire.

Les couleurs de l'œuvre se produisent deux fois, une fois pendant les travaux préparatoires une seconde fois dans l'œuf philosophique.

Dans la première putréfaction on obtient la tête de corbeau, qu'il faut couper, suivant Flamel.

On a ensuite la terre blanche feuillée, qu'il faut soigneusement recueillir pour en faire, par l'imbibition de son menstrue, l'eau virginale de l'œuvre.

Vient ensuite l'huile rouge des sages, c'est-à-dire le ☉ élémentaire du ♃ qu'il faut marier avec la ☾ du ♀.

Ces premières couleurs annoncent et préparent les secondes.

Dans l'œuf apparaît le *nigrum nigro nigrius,* qui n'est pas seulement une superficie, mais un obscurcissement de toute la matière. Ce n'est donc plus la tête de corbeau, mais le marais du crapaud philosophique. La matière en cet état est le plomb des sages.

Elle devient ensuite d'une éclatante blancheur et prend la qualité de lune.

Puis elle arrive au pourpre le plus éclatant, et le soleil philosophique est achevé.

Beckher a suivi la physique des anciens lorsqu'il a divisé la terre en Inflammable,

Mercurielle,

Vitrifiable.

La terre mercurielle étant la plus disposée à l'assimilation ne se trouve jamais pure à l'état naturel et ne peut s'extraire des composés parfaits, parce qu'alors elle a entièrement changé de nature. Quelques alchimistes ont cru la trouver dans une marne rougeâtre, qui, mise dans des vases de terre poreuse et unie, pousse au dehors des végétations blanchâtres.

Le problème hermétique est de former un sel terrestre essentiel en vitrifiant un mélange de terre mercurielle et de terre inflammable.

Suivant la division de Pott, la terre se divise en :

Terre vitrifiable,

Terre calcaire,

Terre argileuse,

Et terre gypseuse.

Les marnes sont à la fois calcaires et argileuses.

Les anciens, outre les sept métaux, admettaient cinq demi-métaux, que nous appelons maintenant :

Régule d'antimoine,
Bismuth,
Zinc,
Régule d'arsenic,

Et régule de cobalt (mais les anciens ne connaissaient pas ce dernier).

Les métaux sont composés de terre vitrifiable et de phlogistique, suivant certains chimistes.

Le phlogistique c'est la lumière latente, qu'un courant de calorique entraîne plus ou moins facilement.

La pierre philosophale est un phlogistique concentré, par le moyen d'un principe intermédiaire qui est la quintessence mercurielle.

Beckher et Stahl ont reconnu l'existence et la nécessité de cette quintessence pour la formation des métaux.

Beckher est l'auteur d'une découverte qu'il nommait *minera arenaria perpetua,* et offrait de tirer de l'or d'un sable quelconque.

On peut tirer le minéral du végétal par la combustion. Les cendres végétales donnent la potasse, et la potasse donne le potassium, qui est une déviation du $\overset{\text{lvt}}{\mercury}$. Le potassium est l'aimant de l'oxygène, comme le stibium est l'aimant de la lumière colorante métallique; il faut en dire autant du sodium, du lithium, du baryum, du strontium et du calcium, avortements mercuriels tirés des sels auxquels est mêlée la terre mercurielle de Bekher.

Pour extraire ♀ et ♃ de ♄ino ♃reo oxydule électro-magnétique d'△ ⊕rée avec chaux ou poudre ♄ino métalloïde on y adjoint l'armure de ♂.

DOCTRINES OCCULTES DE L'INDE
SUR LES ESPRITS.

Voici l'abrégé de ce que dit M. Holwel de l'origine du *Code sacré des bramins*. M. Dow, qui n'est pas d'accord avec lui, commence par avertir qu'on appelle *Bedas,* mot qui veut dire science, les quatre livres ou traités qui composent le Code de religion de l'Indostan. Les Bedas ou lois divines furent révélés aux hommes, d'abord après la création, par le ministère de *Brimha;* ensuite un sage, nommé Beass Muni, ou Beass l'inspiré, les rédigea dans la forme où ils sont à présent, il y a environ 4886 ans, ou 3118 avant l'ère chrétienne. Il observe que les mahométans, ainsi que les chrétiens, se sont trompés en prenant *Brimha,* cet être allégorique duquel nous avons déjà parlé, pour un philosophe de l'Indostan, qui n'exista jamais, et qu'on a nommé, en défigurant le premier nom, *Bruma* et *Brahma.* L'historien Ferishta dit à la vérité positivement que Brimha vécut sous *Krishen,* le premier monarque de l'Indostan, mais les bramins en nient absolument l'existence. Les peuples de l'Indostan suivent cependant deux différents Codes ou *Shasters,* mot qui signifie aussi un Code de doctrine ; le premier est communément désigné en Europe sous le nom de Vedam, mais M. Dow prétend qu'on doit dire *Bedang,* mot composé de *Beda* et *Ang,* c'est-à-dire *corps* de *doctrine* ou de science. C'est ce Code compilé par Beass Muni[1]. Les habitants des côtes de Coromandel, de Malabar et du Decan suivent ce Code. On l'appelle aussi *Bedang Shaster*, ce dernier mot, qu'on a ajouté, signifie aussi doctrine ou corps de doctrine. Les habitants du Bengale et ceux qui demeurent sur les bords du Gange, suivent un autre

[1]. Comme on a des idées fort différentes du *Vedam* et que ce nom paraît sous toutes sortes de sens dans les ouvrages des voyageurs et des savants, il ne sera pas inutile d'observer ici que *Vedam* ou *Bedang*, selon la définition de M. Dow, signifie un corps de doctrine qu'on a généralement appelé de ce nom le *Code sacré des bramins*. Cela n'empêche pas que cette dénomination qui est générale, n'ait été aussi donnée à des traités de théologie, et à des commentaires très différents de l'original, faits en différents temps par les bramins de l'Inde. Quelquefois aussi ils donnent aux différentes parties de leur Code ce nom général, auquel ils ajoutent un mot distinctif.
L'abbé Mignot parle de l'*Ezour Vedam*, qui est un commentaire sur le *Vedam*, dont il a vu une traduction française déposée dans la bibliothèque du roi de France. L'illustre auteur de la *Philosophie de l'histoire* nous apprend, au chapitre de l'Inde, que cet ouvrage a passé dans la bibliothèque du roi par un heureux hasard. Ce qu'il y a de singulier, c'est que la traduction française a été faite dans l'Inde, par un brahmine, qui était attaché à la compagnie des Indes françaises. Il faut lire aussi attentivement ce que le même écrivain philosophe nous dit des livres saints des bramins en divers chapitres de son *Essai sur l'histoire générale*, et surtout au chapitre de l'Inde, inséré dans le supplément, où il parle de l'*Ezour Vedam*, et ajoute que c'est lui qui en a déposé la copie dans la bibliothèque du roi, ainsi que celle du *Cormo Vedam*, qui est un livre rituel des bramins.
Le P. Bouchet, dont nous avons cité la lettre à l'évêque d'Avranches, dit que le Vedam est composé de quatre parties, dont la première, qui s'appelle Irroucou Vedam, traite de la première cause et de la création. Il observe même qu'au rapport des bramins il est dit dans ce livre qu'au commencement du monde, Dieu était porté sur les eaux, ce qu'il ne manque pas de faire valoir pour établir que les bramins ont connu la Genèse. Il ajoute qu'on appelle *Sama Vedam* le troisième livre qui traite des préceptes moraux, et *Adarana Vedam* le quatrième, qui traite des cérémonies religieuses et du rituel. Il ne dit pas quel nom porte le deuxième livre. Mais il reste vrai que le nom *Vedam* ou *Bedang*, sans adjectif, n'appartient proprement qu'au Code même, que les Indiens disent avoir été dicté par la divinité. Le nom *Shaster* ou *Shastab* en langue shanscrita, est également un nom énergique qui signifie un livre divin ; nous verrons plus bas ce que les Anglais en disent. Ce nom, ainsi que celui de Vedam, ont été ensuite donnés à plusieurs ouvrages théologiques écrits par les bramins. On trouve dans le chapitre cité de l'*Essai sur l'histoire générale*, quelques passages du Vedam, tirés de l'Ezour Vedam qui est, comme on a dit, un commentaire du Vedam même.

Code qu'ils appellent *Neadirsen Shaster*. Le mot *Neadirsen* est composé, dit-il, de *Nea*, qui veut dire *vrai, juste*; et *dirsen*, qui signifie *expliquer*; et le composé, *explication de la vérité*. Ce Code, dit-il, est de 900 ans plus récent que le *Bedang*, et a été écrit il y a environ 4000 ans par un sage nommé *Goutam*. L'un et l'autre de ces Codes sont écrits en langue *sanscrite*, qu'il écrit *shanscrita*.

Voilà ce que dit M. Dow sur l'âge et les auteurs des livres sacrés des peuples de l'Indostan.

Quant à la doctrine contenue dans ces Codes, voici le sommaire que M. Holwel nous donne du *Chartab Bhade* :

« Dieu est un, éternel, tout-puissant, omniscient, excepté la prescience des actions des êtres libres. Dieu, par le mouvement de sa bonté et de son amour pour les créatures, créa trois êtres ou esprits célestes d'un ordre supérieur : *Birmah, Bistnoo* et *Sieb*. Il créa ensuite la multitude des anges ou esprits célestes, auxquels il donna *Birmah* pour chef, à qui il donna pour coadjuteurs Bistnoo et Sieb ; Dieu avait donné à tous ces anges le libre arbitre, et ne leur avait prescrit d'autre loi que celle d'adorer leur Créateur et de lui rendre un hommage religieux, ainsi qu'aux trois esprits ou êtres supérieurs. Après un certain espace de temps, il arriva, par les mauvais conseils et la séduction de l'ange *Moisasoor* et de quelques autres, qu'une grande partie des bandes célestes abandonna l'obéissance et le culte de leur Créateur. Dieu les punit, en les bannissant pour jamais des régions célestes et de sa présence, et les condamna à des ténèbres et des afflictions éternelles. Mais, après un autre espace de temps, les trois êtres, Birmah, Bistnoo et Sieb, ayant intercédé pour eux, l'Éternel, touché de miséricorde, ordonna que ces anges rebelles, après avoir passé par une certaine période de punition et de pénitence, retourneraient à leur premier état de béatitude. Ensuite Dieu créa dans un instant le monde des êtres visibles et invisibles, pour être la demeure des anges rebelles. Ce monde est composé de quinze globes, dont celui du milieu est le globe terrestre. Les sept inférieurs sont destinés au cours de pénitence et de punition, et les sept supérieurs à la purification des anges pénitents. Dieu créa ensuite et plaça sur le globe de la terre les corps mortels, pour être animés par ces esprits, qui devaient être assujettis aux maux physiques et moraux, en proportion du degré de leur désobéissance passée. Dieu créa quatre-vingt-neuf de ces formes mortelles, dont les deux dernières étaient les formes *Ghoij* et *Murd*, ou de *vache* et d'*homme*. Ceux des esprits célestes qui sous cette dernière forme auront persévéré dans leur désobéissance et auront négligé de se repentir, seront replongés dans le globe le plus bas, pour recommencer une nouvelle carrière de punition. Ceux de ces anges, au contraire, qui auront parcouru tous les quinze globes, en faisant pénitence et obéissant aux préceptes divins, doivent retourner à leur premier état de félicité et à la présence de Dieu. Les anges fidèles obtinrent la permission de descendre dans ces mêmes régions de pénitence, pour servir de guides et de gardiens à leurs frères pénitents, et les garantir des pièges de Moisasoor et des autres chefs de la rébellion. Ce fut alors aussi que Dieu envoya un des anges, qui est appelé *Bramah,* dans la partie orientale du globe terrestre ; il lui révéla, par le ministère de Brimha, la doctrine de la divinité et du salut, qu'il mit ensuite en langage sanscrit, connu alors parmi les hommes. » L'auteur ajoute ce que les bramins disent des quatre âges du monde, dans lesquels Dieu a renfermé tout le cours de la pénitence et de la purification des esprits. Ces âges sont appelés *Jogues* ou *Jug.* Le premier s'appelle *Suttee Jogue,* sa durée est de 100,000 ans ; le second est le *Tirta Jogue,* et comprend 10,000 années. C'est dans le cours du *Tirta Jogue* que, selon la tradition des bramins, le demi-dieu *Rhaam* vint au monde, pour protéger et garder les anges pénitents contre les pièges et les attentats de Moisasoor et de ses adhérents. Le troisième, appelé *Dunpar Jogue,* a 1000 ans ; le dernier est de 100 ans et s'appelle *Kolee Jogue,* ce qui veut dire âge de *corruption.* Cet âge, disent les bramins, produira un grand nombre de crimes. L'auteur se rappelle d'avoir souvent entendu, pendant qu'il présidait dans le tribunal civil de la ville de Calcutta, des Indiens qui excusaient toutes sortes de délits et de crimes portés devant les juges, en disant que l'âge Kolee était arrivé. Il observe sur ces quatre âges que, vraisemblablement, c'est des Indiens que cette tradition a passé dans la mythologie des Grecs, d'où le poëte Ovide a emprunté ce qu'il dit au 1er livre des *Métamorphoses* des quatre âges du monde. Voilà le précis que M. Holwell nous donne de la doctrine du Code *Charthah*

Bhade, dont il nous a donné les cinq premières sections, en s'excusant de n'avoir pas été en état de rendre la force et le sublime de l'original, mais en assurant que sa traduction est à peu près littérale. Quoique le livre de M. Holwell soit aujourd'hui traduit en français, on verra avec plaisir ce fragment, tel que je l'ai rendu d'après l'anglais, d'autant plus que la cinquième section fera voir en quoi consiste proprement la doctrine du purgatoire des Indiens, telle qu'elle est enseignée dans leurs livres sacrés.

SECTION I.
DE DIEU ET DE SES ATTRIBUTS.

« Dieu est un, éternel, créateur de tout l'univers. Il est semblable à une sphère, sans fin et sans commencement. Dieu gouverne ce monde par des lois éternelles et immuables. Mortel, ne fais pas trop de recherches sur l'essence et la nature de l'Être éternel, ni sur les lois, par lesquelles il gouverne. C'est une curiosité aussi vaine que criminelle. C'est assez pour toi de contempler jour et nuit la grandeur de ses œuvres, sa sagesse, sa puissance et sa bonté. Fais-en ton profit. »

SECTION II.
LA CRÉATION DES ANGES.

« L'Éternel, absorbé dans la contemplation de son Être, résolut, dans la plénitude des temps, de partager sa gloire et ses perfections à des êtres capables de sentiments et de félicité. Ces êtres n'existaient pas. L'Éternel voulut, et ils furent. Il les tira de sa propre essence, il les rendit capables de perfection et d'imperfection, leur ayant donné une volonté libre. L'Éternel créa premièrement Brimah, Bistnoo et Sieb, ensuite Moisasoor et toute l'armée céleste (le Debtahlogue). Il mit à leur tête *Birma*, qu'il établit son viceroi dans les cieux, et lui donna pour ministres *Bistnoo* et *Sieb*. L'Éternel partagea l'armée céleste en différentes bandes et donna un chef à chacune. Ils adoraient autour du trône de l'Éternel, placés selon leur rang, et le ciel retentissait d'harmonie ; Moisasoor, chef de la première bande, conduisait les chants de louanges du Créateur et chantait l'obéissance de son premier créé Birmah. Et l'Éternel se réjouit dans son ouvrage. »

SECTION III.

LA CHUTE DES ANGES.

« Depuis la création du Debtahlogue, le trône de l'Éternel retentissait de joie et d'harmonie pendant des milliers de milliers d'années ; cet état aurait duré jusqu'à la fin des temps, mais l'envie s'empara de Moisasoor et de quelques autres chefs angéliques, parmi lesquels *Rhaabon* était le second après Moisasoor. Oubliant les bienfaits du Créateur et ses lois, ils renoncèrent au pouvoir de perfection, dont il les avait doués, et firent du mal devant la face de l'Éternel. Ils renoncèrent à leur première obéissance et refusèrent de reconnaître son lieutenant Birmah et ses ministres Bistnoo et Sieb, en disant : *Régnons nous-mêmes ;* méprisant la puissance et les courroux du Créateur, ils répandirent la sédition parmi les bandes célestes, qu'ils entraînèrent dans leur révolte. Ils se séparèrent du trône de l'Éternel : l'affliction saisit les anges fidèles, et la douleur fut connue pour la première fois dans le ciel. »

SECTION IV.

PUNITION DES ANGES REBELLES.

« L'Éternel, dont l'omniscience et l'influence se répandent sur tout, excepté sur les actions des êtres libres, vit avec déplaisir la révolte de Moisasoor, Rhaabon et de leurs sectateurs. Plein de miséricorde, au milieu de son indignation, il leur envoie Birmah, Bistnoo et Sieb, pour les avertir de rentrer dans leur première obéissance. Mais ce fut en vain, aveuglés par leur orgueil, ils persistèrent dans la révolte. Alors l'Éternel envoya Sieb, armé de sa toute-puissance, avec ordre de les chasser du ciel supérieur au *Mahah Surgo*, et de les plonger dans les ténèbres (ou l'*Onderah*) où il les condamna à souffrir des tourments sans fin, pendant des milliers de siècles. »

SECTION V.

MITIGATION DE LA SENTENCE DE DIEU CONTRE LES ANGES REBELLES.

« La bande des anges rebelles gémit sous le poids du courroux de Dieu, pendant l'espace d'un *Munnun-*

tur[1], pendant lequel Birmah, Bistnoo et Sieb ne cessèrent d'intercéder auprès de l'Éternel, pour obtenir leur pardon. A la fin, il se laissa toucher, et quoiqu'il ne pût pas prévoir l'usage qu'ils feraient de sa miséricorde, il ne désespéra pas de leur repentance, et déclara sa volonté en ces termes : « Que les rebelles seraient délivrés de l'*Onderah* et placés dans un état d'épreuve où ils seraient capables de travailler à leur salut. » Remettant alors le gouvernement du ciel entre les mains de Birmah, l'Éternel se retira dans lui-même et se rendit invisible aux bandes célestes, pendant l'espace de 5000 années ; après cette période, il revint sur son trône, entouré des rayons de gloire. Les bandes célestes célébrèrent des chants de joie sur son retour. L'Éternel fit faire silence et dit : « Que le monde des quinze *Boboons* ou globes de purification paraisse, pour être la demeure des anges rebelles ; » et les quinze globes parurent ; et l'Éternel dit encore: « Que Bistnoo, armé de mon pouvoir, descende dans une nouvelle création, qu'il retire les rebelles de l'*Onderah*, et qu'il les place dans le dernier globe. » Bistnoo se présenta devant le trône et dit : « O Éternel, j'ai rempli tes ordres. » Et toutes les bandes des anges fidèles furent remplies d'admiration en voyant les merveilles du nouveau monde. Et l'Éternel parla encore à Bistnoo et dit : « Je veux créer des corps qui doivent servir pendant quelque temps de prison et de demeure aux anges rebelles ; ils y supporteront des maux naturels, proportionnés aux degrés de leur

---

1. Ce mot signifie, selon M. Holwell, un espace d'un grand nombre de siècles.

désobéissance. Va-t-en et ordonne-leur d'aller habiter ces corps. » Et Bistnoo parut encore devant le trône de l'Éternel et dit : « Tes ordres sont remplis. » Et les bandes fidèles furent encore remplies d'admiration, et chantèrent les merveilles et la miséricorde du Créateur. Quand tout fut en silence, l'Éternel adressa encore la parole à Bistnoo et dit : « Les corps que j'ai destinés aux anges rebelles seront sujets à changement et destruction, et seront ensuite capables de se reproduire ; c'est à travers ces formes mortelles que les anges rebelles passeront par 89 changements ou migrations, où ils seront assujettis aux maux physiques ou spirituels, en proportion de leur désobéissance et de leur conduite, pendant qu'ils habiteront ces corps, qui seront pour eux un état d'épreuve et de purification. Et quand ils auront passé par ces 89 formes, ils passeront dans celle de Ghoij ou de vache ; et quand ce dernier corps sera détruit par le cours que la nature lui a prescrit, ils animeront, par un effet de ma bonté, la forme humaine dans laquelle je leur rendrai leurs pouvoirs intellectuels, qui seront semblables à leur premier état, et sous cette dernière forme ils soutiendront leur principal état d'épreuve. Les Ghoijs (ou vaches) seront sacrées pour eux, et leur fourniront un aliment nouveau et agréable, et les soulageront dans les travaux auxquels je les ai destinés. Et ils ne mangeront pas de la chair des Ghoijs ni d'aucun corps mortel qui vit sur la terre, ou qui nage dans l'eau, ou qui vole dans l'air, parce que je les ai destinés pour être leur demeure ; ils se nourriront du lait de Ghoij et des fruits de Murto (de la terre). Les formes mortelles, qui sont mon ouvrage, ne doivent périr que par leur mort naturelle ; c'est pourquoi, si quelqu'un des anges délinquants détruit à dessein prémédité quelqu'une de ces formes habitées par leurs frères, toi, Sieb, le replongeras dans l'Onderah, d'où il sera condamné à repasser de nouveau par les 89 transmigrations, à quelque terme qu'il puisse être déjà parvenu alors ; et si quelqu'un d'eux osait attenter à sa propre vie, tu le plongeras à jamais dans l'Onderah, sans qu'il puisse repasser par les quinze globes de purification et d'épreuve. Et je distinguerai ces corps mortels en diverses classes qui se perpétueront chacune séparément, par un instinct que je mettrai en elles. Et si quelqu'un des *Debtah* (ou anges délinquants) se mêle avec quelque forme qui ne soit pas de sa classe, toi, Sieb, tu le replongeras dans l'Onderah, d'où il sera obligé de recommencer les 89 transmigrations. Et si quelqu'un d'eux osait s'unir avec une autre forme, d'une manière contraire à l'instinct naturel que je leur ai donné, tu le plongeras à jamais dans l'Onderah. Les anges délinquants auront le pouvoir d'adoucir leurs peines par les charmes de la société ; et s'ils s'aiment entre eux et s'encouragent réciproquement dans la carrière de leur repentance, je les assisterai et leur donnerai des forces ; mais si quelqu'un d'entre eux persécute son frère, je protégerai le faible et je ne permettrai pas que le persécuteur rentre dans les globes de purification. Et celui d'entre eux qui n'aura pas fait un bon usage de la 89e forme, tu le replongeras dans l'Onderah pour recommencer sa carrière, jusqu'à ce qu'il atteigne le

9º Boboon, qui est le premier des sept Boboons ou globes de purification, après avoir passé par les huit Boboons de punition. »

« Quand les bandes célestes eurent entendu les décrets de l'Éternel, elles chantèrent sa bonté et sa justice. Et l'Éternel leur dit : « Je veux partager le terme de ma grâce en quatre jogues, dont le premier durera cent mille ans, le second dix mille, le troisième mille, et le quatrième cent ; durant ces quatre jogues les anges délinquants essuieront leur état d'épreuve sous la forme humaine. Et quand les quatre âges seront écoulés, alors s'il reste encore quelqu'un des anges rebelles qui n'ait pas atteint le premier globe de purification, après avoir passé par les huit globes de punition, *toi, Sieb,* le plongeras pour jamais dans l'*Onderah.* Et tu détruiras alors les huit globes de punitions, mais tu conserveras encore quelque temps les sept globes de purification, afin que les anges qui auront profité de ma bonté achèvent de se purifier de leurs péchés ; et quand ils auront achevé leur carrière et qu'ils seront admis en ma présence, alors tu détruiras encore les sept Boboons de purification. » Et l'armée céleste frémit aux paroles de l'Éternel. Et il dit encore : « Je n'ai pas retiré ma miséricorde de dessus Moisasoor, Rhaboon et les autres chefs de la sédition ; mais, quoiqu'ils aient été altérés de pouvoir et d'ambition, je leur augmenterai le pouvoir de faire du mal ; ils pourront entrer dans les huit globes de punition et d'épreuve, et les anges délinquants seront exposés à leurs pièges comme ils l'ont été avant leur première désobéissance. Mais l'usage que feront les premiers de ce pouvoir de séduire, aggravera leur punition ; tout ainsi que la résistance que feront les autres sera pour eux une preuve de la sincérité de leur repentance. » L'Éternel se tut. Les bandes célestes entonnèrent des chants de louange mêlés de larmes pour le sort de leurs malheureux frères. Ils se réunirent à supplier l'Éternel, par la voix de Bistnoo, de leur permettre de descendre quelquefois dans les globes de punition, sous la forme humaine, pour garder et soutenir leurs frères par leurs conseils et leur exemple, contre les pièges de Moisasoor et des autres chefs. L'Éternel consentit, et les bandes célestes firent retentir leurs chants de louange et de grâce. Alors l'Éternel dit encore : « Toi, *Birmah,* va-t-en, entouré de ma gloire, dans le dernier Boboon de punition et fais connaître aux *Debtahs* les décrets que je viens de rendre et fais-les passer dans les corps que je leur ai destinés. » Et Birmah se présenta devant le trône de l'Éternel et dit : « J'ai fait ce que tu m'avais commandé. Les Debtahs se réjouissent de ta miséricorde, ils confessent la justice de tes décrets, ils sont remplis de remords et de repentance et sont entrés dans les corps que tu leur as destinés. »

Nos lecteurs remarqueront l'étrange ressemblance qui existe entre ces doctrines indiennes et les visions de l'halluciné Vintras dont nous avons parlé assez au long dans notre *Histoire de la Magie*. Il n'y a rien de nouveau, même au pays des rêves !

DÉLICES DE LA GRANDE-BRETAGNE.

(Extrait de Beverell, tome VIII.)

LE PURGATOIRE DE SAINT-PATRICE.

A deux lieues, à l'orient de Dungall, on rencontre un petit lac, nommé Dirg ou Derg, anciennement Liffer, au milieu duquel est une île fort célèbre autrefois pendant le catholicisme, parce qu'on croyait que le faubourg du purgatoire était là. Cette île s'appelle Reglis ou Raghles, et les Irlandais la nomment *Ellanu purgadory*, c'est-à-dire l'île du purgatoire. Les moines y avaient bâti une cellule auprès d'une profonde caverne et avaient fait croire au monde que quiconque avait le courage d'y entrer allait en purgatoire, où il voyait et entendait des choses extraordinaires. Pour soutenir cette fantaisie, on disait que le bon saint Patrice, prêchant dans cette île à des Irlandais obstinés et incrédules, obtint de Dieu, par ses prières, que la terre s'ouvrît en cet endroit jusqu'au purgatoire, afin que ses auditeurs fussent convaincus, par leurs propres yeux, de la vérité de sa prédication au sujet de l'immortalité de l'âme et des peines des méchants après cette vie. Mais il est certain que dans le temps de saint Patrice on ne savait ce que c'était, et qu'on n'en a ouï parler que plusieurs siècles après sa mort. L'imposture n'a été découverte que dans le siècle dernier, vers la fin du règne de Jacques Ier.

Deux seigneurs, savoir Richard Boile, comte de Corke, et Adam Lostus, chancelier d'Irlande, poussés de la légitime curiosité de découvrir le vrai de cette affaire, envoyèrent faire d'exactes perquisitions sur les lieux par des personnes de probité. On trouva que cette caverne, qu'on faisait passer pour le chemin du purgatoire, n'était autre chose qu'une petite cellule creusée dans le roc, où il n'entrait de jour que par la porte, si basse qu'à peine un homme de grande taille s'y pouvait tenir debout, et si étroite qu'elle ne contenait que six ou sept hommes à la fois. Quand il venait quelqu'un dans l'île pour faire le voyage du purgatoire, un petit nombre de moines, qui demeuraient proche de la caverne, le faisaient jeûner et veiller extraordinairement, et ne l'entretenaient cependant que des visions merveilleuses qu'il aurait. Toutes ces idées affreuses de diables, de flammes, de feu, de damnés, s'imprimaient fortement dans la cervelle affaiblie et démontée par les jeûnes et les insomnies. Après l'avoir préparé de la sorte à faire des rêves surprenants, ils l'enfermaient dans cette caverne ténébreuse et l'en retiraient au bout de quelques heures. Le pauvre voyageur croyait avoir vu tout ce qu'on lui avait dit, peut-être aussi s'en trouvait-il qui mentaient pour ne pas laisser paraître qu'ils avaient été dupés et pour aider à en duper d'autres. Les seigneurs que je viens de nommer ayant découvert ces honteuses impostures, qui déshonoraient la religion, obligèrent les moines à se retirer; et, pour empêcher à l'avenir leurs fourberies, ils firent démolir leurs habitations et rompre la caverne, qui a toujours été découverte et exposée aux yeux depuis ce temps-là. Voici ce qu'en dit Beverell :

« Comme la légende de saint Patrice, telle qu'on la lit dans notre manuscrit, paraîtrait sans doute ennuyeuse et trop longue dans un siècle aussi impatient que le nôtre, j'ai préféré donner ici un extrait des *Acta sanctorum;* on y trouvera l'essentiel du récit de la légende, et de plus quelques détails sur les cérémonies qui se pratiquaient parmi les pénitents, avant d'entrer dans la caverne merveilleuse, qu'on ne trouve pas dans notre légende. Voici donc la substance de ce qu'on lit dans les *Acta sanctorum,* sous le 18 mars.

« Dans la province d'Ulton, en Irlande, est un petit lac nommé Liffer ou Derg, qui entoure une petite île, dans laquelle se trouve placé le purgatoire ou caverne de Saint-Patrice, à qui Dieu révéla cet endroit, avec le pouvoir d'y montrer aux incrédules, qu'il voulait convertir, le spectacle des peines de l'autre vie qui était suivi de la rémission des péchés pour tous ceux qui seraient entrés dans la caverne de Saint-Patrice avec un cœur vraiment pénitent. La vertu de ce saint lieu se conserva depuis le temps de saint Patrice, quoique tous ceux qui entraient dans cette caverne ne s'en soient pas tirés également. Vers l'année 1153, il arriva, au rapport de Matheus Westmonasteriensis, historien anglais, et d'un religieux, nommé Henricus Salteriensis Monachus, qu'un chevalier, nommé Œnus, entra dans cette caverne où il vit des choses merveilleuses, que le religieux assure lui avoir ouï raconter. Cette dernière histoire engagea les chanoines réguliers de Saint-Augustin, nouvellement établis en Angleterre, et de là transplantés en Irlande par la conquête des Anglais, à s'établir dans le couvent, qui existait déjà avant eux dans la petite île du lac Derg. Le chevalier Œnus, animé d'un saint zèle, se soumit aux cérémonies qu'on exigeait du pénitent avant d'entrer dans la caverne sainte. D'abord il fallait se présenter à l'évêque pour en obtenir la permission. Le prélat cherchait d'abord à détourner le suppliant de son dessein et lui représentait les dangers de l'entreprise, et combien de gens, qui étaient entrés dans la caverne, n'en étaient jamais revenus. Quand le pénitent persévérait, l'évêque l'envoyait au prieur du couvent, qui renouvelait les mêmes remontrances. Quand rien ne l'effrayait, on le menait à l'église, où il passait quinze jours dans les jeûnes et les prières. Ensuite le prieur lui administrait le sacrement de l'eucharistie et l'eau bénite, et le conduisait en procession de religieux qui chantaient des litanies jusqu'à la porte de la caverne. Là, il renouvelait la remontrance, et, quand le pénitent insistait dans l'entreprise, il recevait la bénédiction de tous les religieux ; et après s'être recommandé à leurs prières et s'être signé, il entrait dans la caverne. Le prieur en fermait la porte après lui et retournait en procession au couvent. Le lendemain à la même heure, la procession retournait, on ouvrait la porte, et, quand le pénitent se retrouvait, on le reconduisait à l'église, où il passait quinze autres jours en jeûnes et oraisons; mais quand le pénitent ne se retrouvait pas le second jour à la porte de la caverne, alors on le jugeait perdu et on refermait. »

L'évêque d'Offory, David Roth, qui a écrit un traité du même purgatoire de Saint-Patrice, décrit dans un plus grand détail toutes les cérémonies usitées dans ce dangereux voyage, qu'il dit tenir d'un religieux digne de foi de ce couvent. Il observe que les lecteurs chrétiens ne doivent rien trouver d'étrange dans ces rits sacrés qui sont, dit-il, conformes aux austérités pratiquées dans la primitive Église. Le pénitent se transporte dans un bateau construit d'un seul tronc d'arbre dans l'île du Purgatoire, qui est située au milieu d'une eau stagnante ou d'un lac; à deux ou trois cents pas environ de laquelle on voit une autre petite île où est le monastère des chanoines réguliers de Saint-Augustin; le pénitent passe neuf jours dans l'île du Purgatoire, durant lesquels il ne se nourrit que de pain sans sel, cuit exprès pour cet usage, pétri avec l'eau du lac; cette eau lui sert de boisson; il ne doit prendre qu'un repas par jour; mais il peut bien éteindre sa soif de temps en temps. Les eaux du lac ont la propriété singulière de ne jamais surcharger l'estomac, quelque quantité qu'on en boive. Le pèlerin doit faire trois fois par jour le tour du lieu saint et passer la nuit couché sur la paille sans autre couverture qu'un seul manteau. Avant de faire ces diverses stations, il se présente au père spirituel, préposé pour cet effet par les chanoines réguliers. Après s'être déchaussé, il entre pieds nus dans l'église de Saint-Patrice, et après y avoir prononcé ses oraisons, il fait sept tours dans l'intérieur du temple et sept tours en dehors sur le cimetière. Il se rend ensuite aux cellules qu'on nomme pénitentielles, qui entourent l'église, et en fait sept fois le tour en dehors pieds nus, et sept fois en dedans sur les genoux. Ensuite il fait sept fois le tour de la croix placée sur le cimetière, et autant de fois celui d'une autre croix placée sur un tas de pierres. Après toutes ces processions fatigantes, sur un terrain rempli de pierres et de roc, il va baigner la plante de ses pieds dans l'eau du lac en les appuyant sur une table de marbre, où l'on dit que saint Patrice se tenait autrefois quand il récitait ses prières, et sur laquelle on prétend qu'on voit les vestiges des pieds du saint imprimés. Le pèlerin récite dans cette attitude l'Oraison Dominicale, la Salutation Angélique et le Symbole Apostolique, après quoi il sent ses pieds soulagés; il répète sept jours de suite ces cérémonies. Le huitième jour il redouble toutes les processions, parce qu'il doit se reposer le neuvième, qui est celui de l'entrée dans la caverne. Mais avant qu'il entreprenne ce pas dangereux, le père spirituel lui fait les représentations les plus vives sur les périls qu'il va courir et lui raconte des exemples effrayants de quantité de pèlerins qui y ont péri avant lui. Lorsqu'il persiste courageusement, le père spirituel le prépare par la confession et le sacrement de l'eucharistie contre les puissances des ténèbres et les attaques du démon. Après qu'il a reçu l'absolution, le père spirituel tenant l'étendard de la croix, le conduit à l'entrée de la caverne, où après avoir fait une renonciation sincère et pénitente à toutes ses habitudes pécheresses et avoir promis à Dieu une vie sainte et religieuse, on l'asperge d'eau bénite; il prend congé des assistants comme s'il allait quitter ce monde, et, accompagné de leurs prières, versant lui-même un torrent de larmes, il entre dans la caverne et l'on ferme la porte après lui ; ensuite la procession funèbre s'en retourne. La caverne a la figure d'une petite maison de pierre ; l'entrée en est si basse qu'un homme de taille ordinaire n'y peut entrer qu'en se baissant. L'intérieur ne contient précisément que l'espace qu'un homme couché est capable de remplir ; au fond se trouve une grosse pierre qui couvre l'entrée du gouffre, que Dieu ouvre au pénitent, et dans lequel il voit le spectacle terrible des peines de l'autre vie. Après que le pèlerin a resté l'espace de vingt-quatre heures dans cette demeure effrayante sans avoir pris aucune nourriture, excepté quelque peu d'eau, le père spirituel revient à l'entrée et le reconduit aux eaux du lac, où il se baigne tout nu, et après s'être ainsi lavé et purgé, comme devant être un nouveau soldat du Christ, on le reconduit à l'église, où il rend grâces à Dieu de l'avoir conduit dans ce dangereux pèlerinage et fait vœu de porter la croix du Sauveur le reste de ses jours. Voilà le détail que fait l'évêque d'Ossory, qui ajoute que de son temps encore la garde de ce saint lieu était confiée aux chanoines réguliers. Nous ne savons pas précisément en quel temps elle a passé aux frères mineurs de Saint-François.

Le détail du spectacle que voyait le pèlerin dans la sainte caverne et qu'on trouve dans notre manuscrit, est effroyable. Imaginez-vous tout ce qu'un cerveau échauffé ou malade peut songer de plus terrible :

Non mihi si lingua centum sint oraque centum,
Ferrea vox, omnes comprendere formas
Omnia pœnarum percurrere nomina possim.

Les fleuves des enfers n'y sont pas oubliés ; le pèlerin parvient enfin aux demeures célestes et voit aussi les joies des bienheureux. Est-il besoin après cela de répéter combien ceci ressemble aux *Mystères de Cérès* et au sixième livre de l'*Énéide!* Pour satisfaire cependant la curiosité de quelques lecteurs, je vais joindre un fragment de ma légende.

EXTRAIT DU PURGATOIRE DE SAINT-PATRICE, TEL QU'ON LE LIT DANS LE MANUSCRIT 208 DE LA BIBLIOTHÈQUE DE BERNE.

L'auteur anonyme, après avoir fait l'histoire de la révélation de saint Patrice, telle qu'on vient de la lire, et de l'établissement des chanoines réguliers dans l'île Derg, vient au récit du pèlerinage et de la descente que fit le chevalier OEnus, qu'il appelle Élans. Voici donc une partie de sa vision :

« Ors de celle maison fut mené le chevalier des deables en une montaigne qui estoit plaine de gens de divers aages et lui feu advis que tout ce qu'il avoit veu par avant si nestoit que ung peu de chose au regard de celle vision, car celle gent la devant se seoient tous sur les dois de leurs pies, et si regardaient vers galerne et sembloit pour vrai qu'ils attendissent la mort tant trembloient durement, et adonc lui dist ung deable, tu t'émerveilles pour quoy ce peuple cy a si grant paour et quil atanst, mais se ne te veult retorner tu le sauras tantost. A peine avoit le deable dit ce mot, que soubdainement tout a cop ung estorbillon de vent leva et ravi et lui et les deables, et si les getta en ung fleuve froit et puant moult loing de celle montaingne, la plouroient et se complaignoient moult amerement, car ils mouroient de froit de paour et de puour, et quant ils s'efforcoient de issir hors, les deables les replungeoient dedans, mai le chevalier si appela le nom de nostre Seigneur, et adonc fut tantost delivré de ces tormens.

« Les deables derechief se retrainerent vers le chevalier, et le menerent vers orient, et il regarda devant lui, si vit une flamme toute noire et toute puante aussi dun goffre denfer, aussi comme se ce feust de souffre toute puante, et celle flamme se commancoit a monter se lui estoit advis, et si y estoient ilec hommes et femmes de divers aages tous nus ardens qui vouloient en lair aussi comme se ce feussent estancelles, et quant la flambe se rabaissoit elle les flatissoit dessoubs le feu, ainsi qu'ils vindrent pres, il sembla au chevalier que cestoit ung puis dont la flambe sailloit, et adonc les deables lui distrent, ce puis que tu vois, cest l'entrée du goffre denfer, or vois tu bien cy est nostre habitacle, et pour ce que tu nous as si bien suivi jusques maintenant, tu y demourras toujours avec nous, car cest le loier de ceulx qui nous servent, et saches de vray, que se tu y entres tu perdras et corps et ame, mais se tu nous veulx croirre comme par avant tavons dit, et ten retorner nous te menons sain et sauf à la porte par ou tu entras. Le chevalier tousjours aiant fiance en Dieu, leurs paroles point ne pensoit ne ne doubtoit, a doncques le prindrent et le getterent ou puis, et tant plus avaloit et plus large le trouvoit, et ainsi plus grant peine y souffroit, et tant y souffri et endura si angoisseuse douleur que bien peu s'en failli quil ne oblia le nom de nostre Seigneur, toutefois ainsi comme Dieu le velt, il nomma le nom de Jesuscrist et tantost la flambe le getta en lair avec les autres et descendi delées le puis et la fut il grant pieça tout seul et se trait a terre, et adonc ainsi comme il estoit tout en paix et ne savoit quele part il deust aler, et adonc aucuns deables qui ne cognoissoit pas issirent alors hors du puis et vindrent à lui et lui disoient que cestait enfer, mais nostre coustume si est de mentir tousjours, car nous te decevons volentiers par mentir, puis que par bon voir dire nous ne te povons decevoir, si nest mie encore le lieu d'enfer, mais nous ty menrons.

« Grant tempeste et grant noise faisoient et le menerent les deables loing de la et vindrent a ung fleuve moult long et moult large et moult puant, et si sembloit que ce fleuve feust couvert de flambe embrasee et de soufre puant tout enlume, et avec ce il estoit tout plain de deables, et adoncques les deables qui la lavoient amene lui dirent. Saichent que enfer si est cy dessoubs ce fleuve, et dessus ce fleuve avoit un pont, lors lui dirent ces deables la, il te convient aler sur ce pont, et si tost que tu y seras, le vent qui nous gettera en lautre fleuve te flattera et te gettera arriere en cestui et nos compaignons qui sont la dessoub sans nombre te plungeront dedens et te getteront au plus profont denfer et maintenant sauras quel aler il y fait, et adonc le prindrent les deables et le jetterent sur ce pont. Touteffois ce pont avoit en lui trois choses qui faisoient moult a rasongier et à doubter, la premiere chose si estoit si glaissant posé quil fut bien large si nestoit il homme tant feust soubtil qui se peust soustenir dessus. Lautre il estoit tant estroit quils embloit que on ny peust passer. La tierce, il estoit si hault, que cestoit moult doubteuse chose a regarder dune part et dautre, adonc lui disrent : Se tu nous veulx croire, tu eschapperas de ce torment. Lors se pourpensa le chevalier quelz perils nostre Seigneur lavoit gette et mis hors ; adonc il monta sur le pont et se ala de petit en petit plus que avant, et comme plus quil aloit avant et plus aloit seurement et trouvoit plus large voie, car le pont par sa vertu divine se elargissoit par telle maniere que ung char ou deux si seu feussent bien passez par dessus lun de coste lautre. Adonc les deables qui avoient amene la le chevalier sarresterent à la rive du fleuve, et quant ils virent quil estoit au milieu du pont et quil aloit tout oultre le pont seurement et ainsi sainement, si firent moult grand dueil et se firent ensemble uns si terribles cris quils greverent plus le chevalier que la double des tourmens quil avoir eus, et avec ce, les deables qui estaient en espece de poisson dessoubs ce pont, tant comme il mist a passer ledit pont braioient tous en une terrible voix en l'espoventant, afin quil chaist dedens et lui gettoient cros de fer, mais oneques point ne le peurent toucher ne nul mal faire par la vertu du nom de Jesuscrist, et ainsi passa le chevalier sur ce pont ainsi comme sil ny eust este, qui leust destourbé. Et quant il vit bien avant se regarda le pont et le fleuve de loing, car il ne lavoit osé regarder de pres, et ce fut apres ce que les deables l'eurent laissie et sen furent retrait dentour lui.

« Or sen va le chevalier tout delivré des deables et adonc vit devant lui ung mur bien hault et de moult merveilleuse façon, et en ce propre mur avoir une porte moult merveilleuse qui reluisoit comme or, et si estoit toute artificiclement construite et faite de pierres precieuses et si estoit toute cler et lors quant il vint a demie lieue pres de la porte adonc la porte sen ouvri pour soy et en issi si grand odeur que se tout le mont eust este plain d'espices aromatiques, il lui sembloit bien que ils neussent pas peu rendre plus grant odeur, et le remit en si grant force et en si grant vertu que il lui sembloit que il eust bien souffert sans peine et sans douleur tous les tormens quil avait veus par avant. Et adonc il regarda dedans la porte et vit ung pais moult tres bel et cler, asses plus que nest la clarte du soleil. Et adonc il eut moult grant desir dentrer la dedans, mais ains qu'il y entrast au devant de lui vint une grant procession que oncques mies navoit veu en ce monde si grande ne si belle et si portoient croix, cierges, bannieres et rams de palmes, qui sembloient estre de fin or. La adonecques vindrent hommes de divers aages, la estoient arcevesques, abbez, moines, prestres et dautres cleres asses si comme ils sont establis pour faire le service de Dieu en saincte eglise, et si estoit chacun vestu de tele robe comme a son ordre appartenoit, et comme en ce siecle avoient estes vestus tous semblablement en tels maniere ne plus que ne moins.

« Et ainsi adoncques fut le chevalier receu a grant honneur et à grant joie et le menerent avec eulx la dedans, et chantoient moult doulcement une maniere de chansons quil navait oncques mais oyes, et quant ils eurent asses chantes, vindrent a lui deux arcevesques qui le prindrent par le poing et le menerent deduire et esbatre en celle contree et aussi pour regarder les merveilles qui ilec estoient, et avant quils parlassent a lui, ils loerent et benoirent nostre Seigneur qui si ferme propos et si ferme creance lui avoit donné pour quoi avoit ainsi vaincus et surmontez les temptations des ennemis denfer et que il estoit ainsi sainement eschapé de leurs mains avec tant de tormens ou il avoit esté, et de la apres le menerent par tous ces lieux et lui monstrerent asses plus de solaz et de joies quil neust sceu ne peu raconter, et ce y faisoit bel et cler, car tout ainsi comme une lampe ardent soit extainte par vertu de la clarte du soleil, tout aussi eust este apres midy au regart de la clarte qui leans estoit le soleil obscurcy et tenebreux. Le païs si estoit tant long et large que on ne povoit veoir la fin de nulle part, et si estoit tout plain et habondant de toutes delices et plaisirs que cestoit joieuse et plaisant chose a raconter, comme de pres verts, darbres portans nobles et precieux fruiz, herbes souefues et odorans et toutes autres semblances de plaisirs que on pourroit au monde desirer ou soubhaiter, ne nul temps ny est nuit, car la grant clarté du pur ciel il reluist tousjours yver et este.

« La avoit si grant planté de gent quil ne cuidoit mie que lui ne lui autre eust point veu autant de ce monde cy, et si estoient ordonnez ensemble chacun selon son ordre, par couvens si comme gens dordre, mais ils aloient a leur voulonte veoir lun l'autre pour eulx deduire esbatre et solacier, et se faisoient moult grant feste ensemble lun avec lautre, et chantoient par moult grant solempnite en louant nostre Seigneur et aussi comme vous voies que aucunes estoilles sont plus reluisant les uns que les autres, tout aussi estoient les uns plus excellemment vestus que les autres. Les uns si estoient vestus de draps dor, les autres de drap de pourpre, les autres de vert, les autres de blanc, et tout en celle forme comme ils avoient en ce monde Dieu servi, et la lui raconterent comment le premier homme de la endroit par son peche en avoit este gecte hors, et puis en fut cheus et trabuches en la douleur de monde, et avec ce lui diserent ainsi : de cy endroit veoit il Dieu nostre Creatour en toute la joie du ciel, et estoit en la compaignie des anges, mais par son pechie comme dit l'avons il en fut mis hors et nous tous avons este conseus et enfantez en douleur, mais depuis pour lamour de la charite nostre Seigneur Jesuschrist, et par le baptesme et sainte foy et autres moult belles ordonnances quil a ordonnees et baillees a gardera tous vrais catholiques et a tous vrais Christians, et aussi pour ce que nous eusmes tousjours ferme creance et vraie esperance que apres la mortelle vie la ou nous estions, nous sommes par la grace de

Dieu cy venus, mais pour aucun pechies que nous avons faits ou temps passé, il nous a fallu avant passer par les peines de purgatoire que tu as passees, touteffois combien que nous qui avions tousjours esperance, et ferme creance davoit ceste joie toutefois nous navions pas si clere cognoissance comme Adam avoit eu, car il en avoit eu ja cognoissance par experience comme nous avons ja dit et ce que nous sommes ainsi passez par les peines de purgatoire ce a esté pour aucuns pechies dont nous navions pas fetes ne accomplies les penitences, et ceux que tu as veu ainsi estormentes de purgatoire, venront ici avec nous quant ils seront purgez et quittez de leurs pechies, excepté eux qui sont en la gueule du puis denfer, et sachiez de vray, quil n'est jour que aucun ne viengne a nous et nous alons ainsi a l'encontre de lui, aussi comme nous avons fait à l'encontre de toy, et le recevons a grant joie et solempnite, et de ceulx qui sont en purgatoire, lun y demeure plus que lautre, et si ny a celluy deulx qui sache quant il en istra, mais par les messes que on chante pour eulx, ils sont allegez de leurs torments, jusques a tant quils soient delivres, et quand ils viengnent cy, ils ne scavent combien ils y demourront, car nulz ne le scet, fors tant seulement Dieu delaissus (en haut) et tantost ainsi comme ils ont esperance, et font pour leurs pechies espurger, aussi nous qui sommes cy avons esperance de y demourer, selon les biens que nous avons faits, et combien que nous soions delivres des peines de purgatoire ja ne sommes nous pas dignes encore de monter es joies du ciel, et touteffois nous sommes cy en grant joie et repos comme tu vois, mais quant il plaira à Dieu nous monterons en la joie perdurable quant nous partirons dicy, et sachez bien que nostre compaignie croist et descroit chaque jour, ainsi comme de ceulx du purgatoire qui chascun jour en partent et viengnent de nouveaulx a nous quand ils sont expurgiex, ainsi est il de nous autres qui sommes en ce paradis denfer, car chascun jour montent de nos compaignons ou paradis celestiel. »

FIN.

TABLE DES MATIÈRES.

PREMIÈRE PARTIE. — Mystères religieux. — Problèmes à résoudre. 1
Considérations préliminaires.. 2
  Article Ier. — Solution du premier problème (le vrai Dieu). . 12
Esquisse de la théologie prophétique des nombres. 14
    I. — L'unité. 14
    II. — Le binaire. 19
    III. — Le ternaire.. 20
    IV. — Le quaternaire.. 21
    V. — Le quinaire. 26
    VI. — Le sénaire. 31
    VII. — Le septénaire.. 32
    VIII. — Le nombre huit. 38
    IX. — Le nombre neuf. 41
    X. — Nombre absolu de la Kabbale.. 44
    XI. — Le nombre onze. 44
    XII. — Le nombre douze. 46
    XIII. — Le nombre treize. 48
    XIV. — Le nombre quatorze. 54
    XV. — Le nombre quinze. 60
    XVI. — Le nombre seize.. 63
    XVII. — Le nombre dix-sept. 66
    XVIII. — Le nombre dix-huit. 68
    XIX. — Le nombre dix-neuf. 69
  Art. II. — Solution du deuxième problème (la vraie religion).. 75
  Art. III. — Solution du troisième problème (raison des mystères). 80
  Art. IV. — Solution du quatrième problème (la religion prouvée par les objections qu'on lui oppose). 85

ART. V. — Solution du dernier problème (séparer la religion de la superstition et du fanatisme). 92
Résumé de la première partie en forme de dialogue. 94
La foi, la science, la raison. 94

DEUXIÈME PARTIE. — Mystères philosophiques. 103
  Considérations préliminaires. 103
  Solution des problèmes philosophiques. 107
    Première série. 107
    Deuxième série. 110

TROISIÈME PARTIE. — Les mystères de la nature. . . . 115
  Le grand agent magique. 115

LIVRE Ier. — Les mystères magnétiques. 117
  Chapitre Ier. — La clef du mesmérisme. 117
  Chap. II. — La vie et la mort. — La veille et le sommeil. . . 126
  Chap. III. — Mystères des hallucinations et de l'évocation des esprits. 137
  Les fantômes à Paris. 139
  Chap. IV. — Des fantômes fluidiques et leurs mystères. . . 214

LIVRE II. — Les mystères magiques. 252
  Chapitre Ier, — Théorie de la volonté. 252
  Chap. II. — La puissance de la parole. 258
  Chap. III. — Les influences mystérieuses. 264
  Chap. IV. — Mystères de la perversité. 277

QUATRIÈME PARTIE. — Les grands secrets pratiques, ou les réalisations de la science. 289
  Chapitre Ier. — De la transformation. — La baguette de Circé. — Le bain de Médée. — La magie vaincue par ses propres armes. — Le grand arcane des jésuites et le secret de leur puissance. 293
  Chap. II. — Comment on peut conserver et renouveler la jeunesse. — Les secrets de Cagliostro. — La possibilité de la résurrection. — Exemple de Guillaume Postel, dit le Ressuscité, — d'un ouvrier thaumaturge, etc. 298
  Chap. III. — Le grand arcane de la mort. 306
  Chap. IV. — Le grand arcane des arcanes. 310
    Épilogue. 314
    Supplément. 318

TABLE DES MATIÈRES.

Articles sur la Kabbale qui ont été publiés ou devaient être publiés dans la *Revue philosophique et religieuse*.... 318
De la religion au point de vue kabbalistique. 334
Les classiques de la Kabbale. — Les Talmudistes et le Talmud. 350
Pièces justificatives et citations curieuses. 383
Une prophétie et diverses pensées de Paracelse. . . . 383
Préface de la pronostication du docteur Théophraste Paracelse. 383
La génération des esprits de l'air.. 391
Le respir astral. 391
Résumé de la pneumatique kabbalistique. 393
Pneumatique occulte. 394
Le sphynx ; correspondances de ses formes. 397
Pièces relatives à la magie noire. 400
Prières et conjurations extraites d'un manuscrit intitulé le *Grimoire des bergers*.. 400
    Prière du matin. 400
    La patenôtre blanche. — Prière du soir. 401
    A l'*Angelus*. 402
    L'oraison des vierges. 402
    L'oraison mystérieuse de la Barbe à Dieu. 404
    Le charme du chien noir. 404
    La prière du sel. 405
    Le château de Belle-Garde.. 406
Renseignements sur les grands mystères de la philosophie hermétique. 407
Asch Mezareph. 408
Passage remarquable de Basile Valentin. 427

Complément des huit chapitres de l'Asch Mezareph. . . 428

    CHAPITRE Ier. 428

    CHAP. II. — L'or. 432

    CHAP. III. — L'argent. 434

    CHAP. IV. 437

    CHAP. V. — La lance. 438

    CHAP. VI. — Le saturne. 439

    CHAP. VII. — Le vif-argent. 440

    CHAP. VIII. — L'eau blanche. 444

Recomposition hypothétique de l'Asch Mezareph. . . . 445
Passages de Daniel auxquels il est fait allusion dans l'Asch Mezareph.. 447
Les quatre animaux mystérieux. 447
L'homme métallique. 450

Analyse des sept chapitres d'Hermès. 454

CHAPITRE Ier.. 454

CHAP. II.. 455

CHAP. III.. 458

CHAP. IV. 459

CHAP. V. 460

CHAP. VI. 461

CHAP. VII. 461

Doctrines occultes de l'Inde sur les esprits.. 468

SECTION I. — De Dieu et de ses attributs. 473

SECTION II. — De la création des anges. 473

SECTION III. — La chute des anges. 474

SECTION IV. — Punition des anges rebelles.. 475

SECTION V. — Mitigation de la sentence de Dieu contre les anges rebelles.. 475

Délices de la Grande-Bretagne. — Le purgatoire de Saint-Patrice. 481

Extrait du purgatoire de Saint-Patrice, tel qu'on le trouve dans le manuscrit 208 de la bibliothèque de Berne. . . . 488

FIN DE LA TABLE DES MATIÈRES.

CHARTRES. — IMPRIMERIE DURAND, RUE FULBERT.

FÉLIX ALCAN, ÉDITEUR
108, BOULEVARD SAINT-GERMAIN, PARIS

OUVRAGES
SUR
LE MAGNÉTISME, L'HYPNOTISME, LE SOMNAMBULISME, LES SCIENCES OCCULTES ET LA MAGIE

AZAM. Hypnotisme et double conscience. Préfaces de MM. PAUL BERT, CHARCOT et RIBOT. 1 fort vol. grand in-8. . . . . 9 fr. »

BINET (A.). La psychologie du raisonnement. Recherches expérimentales par l'hypnotisme. 1 vol. in-18, 1886. . . . . 2 fr. 50

BINET (A.) Les altérations de la personnalité. 1 vol. in-8 cart. à l'angl. 1892. . . . . 6 fr. »

BINET (A.) et Ch. FÉRÉ. Le magnétisme animal. 1 vol. in-8, 4ᵉ édition, 1894. . . . . 6 fr. »

BONJEAN. L'hypnotisme, ses rapports avec le droit, la thérapeutique, la suggestion mentale. 1 vol. in-8, 1890. . . . . 3 fr. »

BOURDEAU. Le Problème de la mort. Ses solutions imaginaires et la science positive, 1 vol. in-8. . . . . 5 fr. »

CAHAGNET. Voy. p. 503.

CHARPIGNON. Physiologie, médecine et métaphysique du magnétisme. 1 vol. in-8. . . . . 6 fr. »

DELBŒUF. Le magnétisme animal, à propos d'une visite à l'École de Nancy. 1 br. in-8, 1889. . . . . 2 fr. 50

DELBŒUF et LEPLAT. De l'étendue de l'action curative de l'hypnotisme, in-8, 1893. . . . . 1 fr. 50

DU POTET (le baron). Voy. p. 502.

DURAND DE GROS. Le Merveilleux scientifique. — Le Mesmérisme (Magnétisme animal, bio-magnétisme, agent télépathique, etc.) — Le Braidisme (Hypotaxis ou fascination sensorielle). — Le Fario-grimisme (Suggestion exprimée, Idéoplastie). Occultisme et Spiritisme. 1 volume gr. in-8. . . . . 6 fr. »

FABRE. Le magnétisme animal, satire. 3ᵉ édit., in-4. . . . . » 75

FRANCK (Ad.) (de l'Institut). La philosophie mystique en France au XVIIIᵉ siècle : Saint-Martin et don Pascalis. 1 vol. in-18. . . 2 fr. 50

GARCIN. Le magnétisme expliqué par lui-même ou nouvelle théorie des phénomènes de l'état magnétique, comparés aux phénomènes de l'état ordinaire. 1 vol. in-8. . . . . 4 fr. »

GAUTHIER (Aubin). Histoire du somnambulisme, connu chez tous les peuples sous les noms divers d'extases, songes, oracles, visions. Examen des doctrines de l'antiquité et des temps modernes sur ses causes, ses effets, ses abus, ses avantages et l'utilité de son concours avec la médecine. 2 vol. in-8. . . . . 10 fr. »

— Revue magnétique, journal des cures et faits magnétiques et somnambuliques. Décembre 1844 à octobre 1856. 2 vol. in-8. . . . 8 fr. »
Les numéros de mai, juin, juillet, août et septembre 1846 n'ont jamais été publiés et forment dans le tome II une lacune des pages 241 à 432.

ENVOI FRANCO CONTRE MANDAT-POSTE, SANS AUGMENTATION

GURNEY, MYERS et PODMORE. Les hallucinations télépathiques, adaptation de l'anglais par L. Marillier, agrégé de l'Université. Préface par M. Ch. Richet. 1 vol. in-8. 2ᵉ édit., 1893.. . . . . 7 fr. 50

KINSFORD (Anna) et Ed. Maitland. La voie parfaite ou le Christ Ésotérique. 1 fort vol. grand in-8, préface d'Ed. Schuré, 1892. . 6 fr.

JANET (Pierre). L'automatisme psychologique, essai de psychologie expérimentale sur les formes inférieures de l'activité humaine. 1 vol. in-8, 2ᵉ édit., 1893.. . . . . 10 fr.

LAFONTAINE (Charles). Voy. p. 503.

LÉVI (Éliphas). Voy. p. 503.

MESMER. Mémoires et aphorismes, suivi des procédés de d'ESLON. Nouvelle édit. avec des notes par J.-J.-A. Ricard, in-18. . . 2 fr. 50

NIZET (H.). L'hypnotisme, étude critique. 1 vol. in-18, 1892.. . 2 fr. 50

PHILIPS (J.-P.). Cours théorique et pratique de braidisme ou hypnotisme nerveux, considéré dans ses rapports avec la psychologie, la physiologie et la pathologie, et dans ses applications à la médecine, à la chirurgie, à la physiologie expérimentale, à la médecine légale et à l'éducation. 1 vol. in-8.. . . . . 3 fr. 50

RECÉJAC, docteur ès-lettres. Essai sur les fondements de la connaissance mystique. 1897. 1 vol. in-8. . . . . 5 fr.

REGNIER (L.-R.). Hypnotisme et croyances anciennes. In-8 avec figures et planches. . . . . 6 fr.

Dʳ J. REGNAULT. La Sorcellerie. Ses rapports avec les sciences biologiques. 1896. 1 vol. in-8. . . . . 7 fr.

DE LA SALZÉDE. Lettres sur le magnétisme animal, considéré sous le point de vue psychologique et pathologique. 1 vol. in-12. . 2 fr. 50

SERGUEYEFF. Physiologie de la veille et du sommeil. 2 forts vol. in-8. 1890.. . . . . 20 fr.

TISSIÉ. Les Rêves, psychologie et pathologie, contribution à l'hypnotisme. 1890. 1 vol. in-8. . . . . 2 fr. 50

W. WUNDT. Hypnotisme et suggestion. 1 vol. in-12. . . . . . 2 fr. 50

ŒUVRES DU BARON DU POTET

Traité complet de magnétisme, cours complet en 12 leçons, 4ᵉ édit. 1 vol. in-8.. . . . . 8 fr.

Manuel de l'étudiant magnétiseur, ou Nouvelle instruction pratique sur le magnétisme, fondée sur trente années d'expériences et d'observations. 5ᵉ édit., 1894. 1 vol. grand in-18 avec figures. . . . . 3 fr. 50

Le magnétisme opposé à la médecine. Histoire du magnétisme en France et en Angleterre. 1 vol in-8.. . . . . 6 fr.

La magie dévoilée ou principes des sciences occultes, 2ᵉ tirage (il ne reste que très peu d'exemplaires de cet ouvrage). 1 vol. in-4 sur papier fort, avec un portrait de l'auteur et de nomb. grav., relié. . 100 fr.

ŒUVRES DE CH. LAFONTAINE

L'art de magnétiser, ou le magnétisme animal considéré sous le point de vue théorique, pratique et thérapeutique, 6ᵉ édition. 1890. 1 volume in-8... . . . . 5 fr.

Mémoires d'un magnétiseur. 2 vol. gr. in-18. . . . . 7 fr.

ŒUVRES DE CAHAGNET

Sanctuaire du spiritualisme, ou *Étude de l'âme humaine et de ses rapports avec l'univers d'après le somnambulisme et l'extase.* 1 vol. in-18. 5 fr. »

Magie magnétique, ou *Traité historique et pratique de fascinations, de miroirs kabbalistiques, d'apports, de suspensions, de pactes de charmes des vents, de convulsions, de possessions, d'envoûtement, de sortilèges, de magie de la parole, de correspondances sympathiques et de nécromancie.* 2ᵉ édition. 1 vol. gr. in-8. . . . . 7 fr. »

Méditations d'un penseur ou mélanges de philosophie et de spiritualisme, d'appréciations, d'aspirations et de déceptions. 2 vol. in-18.
10 fr. »

Encyclopédie magnétique et spiritualiste, *traité de faits physiologiques.* Magie magnétique, swendenborgianisme, nécromancie, magie céleste. 1854 à 1860. 7 vol. gr. in-18. . . . . 28 fr. »

ŒUVRES D'ÉLIPHAS LÉVI

Les travaux d'Éliphas Lévi sur la science des anciens mages forment un cours complet divisé en trois parties :

La première partie contient le *Dogme* et le *Rituel de la haute magie ;* la seconde, l'*Histoire de la magie ;* la troisième, la *Clef des grands mystères.*

Chacune de ces parties, étudiée séparément, donne un enseignement complet et semble contenir toute la science ; mais pour avoir une intelligence pleine et entière de l'une, il sera indispensable d'étudier avec soin les deux autres.

Dogme et rituel de la haute magie, 3ᵉ édit., 1894, augmentée d'un *Discours préliminaire sur les tendances religieuses, philosophiques et morales des livres de M. Éliphas Lévi sur la magie,* et d'un article sur la *Magie des campagnes* et la *Sorcellerie des bergers.* 2 vol. in-8 avec 24 figures.
18 fr. »

Histoire de la magie, avec une exposition claire et précise de ses procédés, de ses rites et de ses mystères. 2ᵉ édit., 1893, 1 vol. in-8 avec 90 figures.
12 fr. »

La clef des grands mystères, *suivant Hénoch, Abraham, Hermès Trismégiste et Salomon.* Nouvelle édition, 1 vol. in-8 avec 22 planches. 12 fr. »

La science des esprits, *révélations du dogme secret des kabbalistes, esprit occulte des évangiles, appréciations des doctrines, et des phénomènes spirites.* 1 vol. in-8, 2ᵉ édit., 1891. . . . . 7 fr. »

BIBLIOTHÈQUE DIABOLIQUE

I. Le sabbat des sorciers, par Bourneville et Teinturier. — Papier vélin, in-8. . . . . 3 fr. »

II. Françoise Fontaine. — Procès-verbal fait pour délivrer une fille possédée par le malin esprit à Louviers, par Bénet. Papier vélin, in-8.
3 fr. 50

III. Jean Wier. — Histoires, Disputes et Discours des illusions et impostures des Diables, etc., par Jean Wier. 2 vol. in-8, sur papier vélin.
15 fr. »

IV. La possession de Jeanne Féry. Papier vélin, in-8. . . . . 3 fr. »

ENVOI FRANCO CONTRE MANDAT-POSTE, SANS AUGMENTATION

V. Sœur Jeanne des Anges, supérieure des Ursulines à Loudun, par LEGUÉ et GILLES DE LA TOURETTE. Papier vélin, in-8. . . . . . . 6 fr. »
VI. Procès de la dernière sorcière brûlée à Genève le 6 avril 1652, par LADAME. Papier vélin, in-8. . . . . 2 fr. 50
VII. Barbe Buvée, en religion sœur Sainte Colombe et la prétendue possession des Ursulines d'Auxonne (1658), par le Dʳ S. GARNIER. Préface de BOURNEVILLE. 1 vol. in-8 sur papier vélin. . . . . . . 3 fr. »
VIII. La foi qui guérit, par le professeur J. M. CHARCOT. Papier vélin, in-8. 2 fr. »

ANNALES
DES
SCIENCES PSYCHIQUES
Recueil d'Observations et d'Expériences

Directeur : M. le Dʳ DARIEX

SEPTIÈME ANNÉE, 1897

Les *Annales des Sciences psychiques*, dont le plan et le but sont tout à fait nouveaux, paraissent tous les deux mois depuis le 15 janvier 1891. Chaque livraison forme un cahier de quatre feuilles in-8 carré, de 64 pages, renfermé sous une couverture.

Elles rapportent, avec force preuves à l'appui, toutes les observations sérieuses qui leur sont adressées, relativement aux faits soi-disant occultes de **télépathie**, de **lucidité**, de **pressentiment**, de **mouvement d'objets**, d'**apparitions objectives**.

En dehors de ces recueils de faits, sont publiés des documents et discussions sur les *bonnes conditions pour observer et expérimenter*, des *analyses*, des *bibliographies*, des *critiques*, etc.

S'adresser pour la rédaction : à M. le Dʳ DARIEX, 6, rue du Bellay, Paris ;
— pour l'administration : à M. Félix ALCAN, éditeur, 108, boul. St-Germain, Paris.

Abonnements, un an, du 15 janvier, 12 fr. ; la livraison 2 fr. 50.
La première année (1891) se vend 12 francs.

On s'abonne également chez tous les libraires et dans tous les bureaux de poste de la France et de l'Étranger.

ENVOI FRANCO CONTRE MANDAT-POSTE, SANS AUGMENTATION

FÉLIX ALCAN, ÉDITEUR
108, BOULEVARD SAINT-GERMAIN, PARIS

ŒUVRES D'ÉLIPHAS LÉVI

Les travaux d'Éliphas Lévi sur la science des anciens mages forment un cours complet divisé en trois parties :
La première partie contient le *Dogme* et le *Rituel de la haute magie;* la seconde, l'*Histoire de la magie;* la troisième, la *Clef des grands mystères.*
Chacune de ces parties, étudiée séparément, donne un enseignement complet et semble contenir toute la science ; mais, pour avoir une intelligence pleine et entière de l'une, il sera indispensable d'étudier avec soin les deux autres.

Dogme et rituel de la haute magie. 3ᵉ édit., 1894, augmentée d'un *Discours préliminaire sur les tendances religieuses, philosophiques et morales des livres de M. Éliphas Lévi sur la magie*, et d'un article sur la *Magie des campagnes* et la *Sorcellerie des bergers.* 2 vol. in-8 avec 25 figures. . . . . 18 fr.

Histoire de la magie, avec une exposition claire et précise de ses procédés, de ses rites et de ses mystères. 2ᵉ édit., 1893, 1 vol. in-8 avec 90 figures. . . . . 12 fr.

La clef des grands mystères, *suivant Hénoch, Abraham, Hermès Triémegiste et Salomon.* 1 vol. in-8 avec 22 planches. Nouvelle édition. . . . . 12 fr.

La science des esprits, *révélations du dogme secret des kabbalistes, esprit occulte des évangiles, appréciations des doctrines et des phénomènes spirites.* 1 vol. in-8, 2ᵉ édit. 1891. . . . . 7 fr.

ŒUVRES DU BARON DU POTET

Traité complet de magnétisme, cours complet en 12 leçons, 4ᵉ édit., 1 v. in-8. 8 fr.

Manuel de l'étudiant magnétiseur, ou *Nouvelle instruction pratique sur le magnétisme, fondée sur trente années d'expériences et d'observations.* 5ᵉ édit., 1894, 1 vol. gr. in-18 avec figures. . . . . 3 fr. 50

Le magnétisme opposé à la médecine, *Histoire du magnétisme en France et en Angleterre.* 1 vol. in-8. . . . . 6 fr.

La magie dévoilée ou principes des sciences occultes, 2ᵉ tirage (il ne reste que très peu d'exemplaires de cet ouvrage), 1 vol. in-4 sur papier fort, avec un portrait de l'auteur et de nombreuses gravures, relié. . . . . 100 fr.

ŒUVRES DE CH. LAFONTAINE

L'art de magnétiser, ou *le Magnétisme animal considéré sous le point de vue théorique, pratique et thérapeutique,* 6ᵉ édit., 1 vol. in-8. . . . . 5 fr.

Mémoires d'un magnétiseur. 2 vol. gr. in-18. . . . . 7 fr.

ŒUVRES DE CAHAGNET

Sanctuaire du spiritualisme, ou *Étude de l'âme humaine et de ses rapports avec l'univers a après le somnambulisme et l'extase.* 1 vol. in-18. . . . . . . 5 fr.

Magie magnétique, ou *Traité historique et pratique de fascinations, de miroirs kabbalistiques, d'apports, de suspensions, de pactes, de charmes des vents, de convulsions, de possessions, d'envoûtement, de sortilèges, de magie de la parole, de correspondances sympathiques et de nécromancie.* 2ᵉ édit. 1 vol. gr. in-8. . . . . . . 7 fr.

Méditations d'un penseur, ou mélanges de philosophie et de spiritualisme, d'appréciations, d'aspirations et de déceptions. 2 vol. in-18. . . . . 10 fr.

Encyclopédie magnétique et spiritualiste, *traité de faits physiologiques. Magie magnétique, swendenborgianisme, nécromancie, magie céleste,* 1854 à 1860, 7 vol. gr. in-18. . . . . 28 fr.

www.ingramcontent.com/pod-product-compliance
Lightning Source LLC
Chambersburg PA
CBHW051131230426
43670CB00007B/763